D1943244

15. XII. 92

Matthias Zimmer

Zu diesem Buch

Herfried Münkler untersucht in seinem neuen Buch die wirkungsmächtigen Begriffe und Bilder von Krieg und Frieden seit der Antike: bei Thukydides, Platon und Aristophanes ebenso wie bei Clausewitz, Carl Schmitt und Mao Tse-tung. Auf diesen »ideengeschichtlichen Teil« folgen drei Grundsatz-Kapitel: »Der Partisan«, »Guerillakrieg und Terrorismus« und »Schlachtbeschreibung. Über Kriegsberichterstattung« (vom Siebenjährigen Krieg bis zum Golf-Konflikt).

Dieses Buch, das uns mit »Denk-Bildern« von bewaffneter und friedlicher Konfliktaustragung und ihren Auswirkungen auf das politische Handeln vertraut macht, hat durch die gegenwärtigen Ereignisse in Ost- und Südosteuropa (und ihre Folgen) eine höchst aktuelle Bedeutung gewonnen.

Der Autor

Herfried Münkler, geboren 1951, studierte Germanistik, Politik und Philosophie; seit 1987 Professurvertretung an der Johann Wolfgang Goethe-Universität in Frankfurt am Main, seit 1992 Professor für Politikwissenschaft an der Humboldt-Universität in Berlin. Er veröffentlichte Aufsätze zur politischen Philosophie und zur Ideengeschichte. 1984 erschien von ihm im Fischer Taschenbuch Verlag *Machiavelli. Die Begründung des politischen Denkens der Neuzeit aus der Krise der Republik Florenz* (Band 7342), 1990 *Odysseus und Kassandra. Politik im Mythos* (Band 7433), 1987 veröffentlichte er bei S. Fischer *Im Namen des Staates. Die Begründung der Staatsraison in der Frühen Neuzeit.*

HERFRIED MÜNKLER

Gewalt und Ordnung

Das Bild des Krieges im politischen Denken

FISCHER TASCHENBUCH VERLAG

FISCHER WISSENSCHAFT

Originalausgabe
Veröffentlicht im Fischer Taschenbuch Verlag GmbH,
Frankfurt am Main, August 1992

Umschlaggestaltung: Buchholz / Hinsch / Hensinger
Gesamtherstellung: Clausen & Bosse, Leck
Printed in Germany
ISBN 3-596-10424-6

Inhalt

Vorwort

Das Ende der Ost-West-Konfrontation, das für einen kurzen Augenblick sich als der Beginn eines dauerhaften und stabilen Friedens in Europa und den angrenzenden Regionen ausgenommen hatte, hat den Krieg wieder führbar gemacht – nicht nur in den an Europa angrenzenden Regionen, wo es auch auf dem Höhepunkt des Ost-West-Konflikts immer wieder zu zeitlich begrenzten Kriegen gekommen war, sondern nunmehr auch in Europa selbst. Viele Konflikte, die lange, sei es durch die lastende Hand der sowjetischen Macht, sei es durch die Drohung, ein begrenzt angelegter Krieg werde zum atomaren Konflikt eskalieren, gleichsam ›eingefroren‹ waren, sind jetzt wieder aufgetaut: klassische Nationalitätenkonflikte oder Auseinandersetzung um die Rechte ethnischer Minderheiten wie im zerfallenden Jugoslawien, von denen die europäische Geschichte des 19. und 20. Jahrhunderts voll ist, ebenso wie Konflikte um Ressourcen bzw. die legitime Form ihrer Aneignung, wie am Golf. Im nachhinein hat sich die verschiedentlich geäußerte These von der friedensichernden Funktion der Atompotentiale in Europa bestätigt – aber in einer ganz anderen Form, als diejenigen meinten, die diese These vertreten haben. Offensichtlich hing der Zwang zum Frieden nicht an den Atomwaffen selbst, denn die sind, wenn auch reduziert, nach wie vor in Europa vorhanden; der Zwang zum Frieden, unter dem Europa nach dem Ende des Zweiten Weltkriegs über vierzig Jahre lang gestanden hat, ging aus von der Verbindung zwischen Atomwaffen und der machtpolitischen Konstellation der Bipolarität. Unter der Bedingung dieser Verbindung sind alle Veränderungen, die nur mittels Gewalt hätten vonstatten gehen können oder doch zumindest die Gefahr der gewaltsamen Konfliktaustragung eingeschlossen hätten, unterbunden worden. Daß eine solche Konstellation als Modell der Friedenssicherung auf Dauer gewollt sein und ertragen werden kann, muß bezweifelt werden: Gewaltverhinderung ist in dieser Ordnung nämlich davon abhängig, daß die Gewaltdrohung allgegenwärtig wird. Die Verhinderung des konventionellen durch die Drohung des atomaren Krieges ist Gewaltvermeidung durch wechselseitige Geiselnahme: Man schützt die eigene Bevölkerung vor der atomaren Drohung des angenommenen Gegners, indem man seinerseits dessen Bevölkerung mit Atomwaffen bedroht. Die Friedensbewegungen der achtziger Jahre können als Indikatoren dafür verstanden werden, daß diese Form der Kriegsvermeidung unerträglich geworden war. Die elaborierte Nuklearstrategie der Supermächte war an die Grenzen der Akzeptierbarkeit durch die Bevölkerung gestoßen – zumindest da, wo die Bevölkerung sich ihrer Geiselsituation bewußt geworden war und dieses Bewußtsein politisch zu artikulieren vermochte. Ein weiterer Nachrüstungsbeschluß wäre, in der Bundesrepublik Deutschland jedenfalls, politisch nicht durchsetzbar gewesen. Eine Ordnung, die den offenen Ausbruch der Gewalt durch die permanente Drohung mit der Gewalt vermied, verlor zunehmend den Charakter von Ordnung und geriet in den Verdacht, eine Variante der Unordnung zu sein.

Aber auch die Friedensbewegung, die bei der Neubestimmung des Verhältnisses zwischen Gewalt und Ordnung eine herausgehobene Rolle gespielt hat, hat in wesentlichen Punkten nicht recht behalten: So war das Ende der Ost-West-Konfrontation nicht, wie zumeist unterstellt worden war, gleichbedeutend mit dem Ende der Gewaltanwendung, weder im zwischenstaatlichen noch im innerstaatlichen Bereich. Eruptive Gewalt als ein Faktor bei der Auflösung und Neukonstituierung sozialer wie politischer Ordnung ist wieder hervorgetreten. Was heraufkam, war nicht der Frieden, sondern ein verändertes Arrangement von Gewalt und Ordnung, eines, in dem die atomare Drohung, zum Teil zumindest, wieder durch den begrenzten Krieg und die latente Drohung der Gewalt wieder durch deren manifesten Ausbruch ersetzt worden sind. Und in dem Maße, wie das Ziel der allgemeinen und umfassenden Ächtung des Krieges als Mittel der Politik mißlang, wurde erneut die Hegung des Krieges, die Begrenzung seiner destruktiven Gewalt auf bestimmte Ziele unter weitestgehender Schonung der Zivilbevölkerung zur politischen Aufgabe. Solange die Herstellung einer Ordnung ohne Gewalt nicht gelingt, kommt es darauf an, die Gewalt in eine bestimmte Ordnung zu bringen. Davon unter anderem handelt dieses Buch.

Unter dem Eindruck der Verheerungen des Zweiten Weltkrieges, nicht nur in Europa, sondern auch in Ostasien, insbesondere nach dem Abwurf der Atombomben auf Hiroshima und Nagasaki, war der Krieg als Instrument und beschleunigender Faktor der Veränderung im politischen Denken zurückgetreten. Allenfalls in eschatologisch-apokalyptischen Vorstellungen, etwa der maoistischen Idee von der Unvermeidbarkeit des Dritten Weltkrieges als Ermöglichungsbedingung einer sozial gerechten Welt oder in den Konzeptionen des Partisanenkrieges bzw. des Terrorismus als Initialzündern der sozialen Revolution, wurde die Führung eines Krieges weiterhin als Mittel der Politik gedacht. Am bedeutsamsten hierbei waren sicherlich die verschiedenen Konzeptionen des Partisanenkrieges, in denen die partisanische Gewalt entweder als das entscheidende Mittel bei der Schaffung einer neuen gerechten Ordnung (Mao Tse-tung, Che Guevara) oder als letzte Möglichkeit, den schleichenden Ordnungsverlust aufzuhalten (Carl Schmitt, Ernst Jünger) vorgestellt wurde. Sieht man von den – politisch nicht folgenreichen – Theorien Schmitts und Jüngers ab, so zeichnen sich diese Konzeptionen dadurch aus, daß sie durch den Bezug auf eine Ordnung gerechtfertigt sind, die in einem emphatischen Sinne Ordnung ist, weil aus ihr die Gewalt gänzlich verschwunden ist oder allenfalls an der Peripherie zeitweise fortbesteht, um aber auch hier in absehbarer Zeit zu verschwinden. Deshalb ist der Partisan in seinen unterschiedlichen Gestalten eines der Themen dieser Untersuchung.

Vor allem aber geht es um Clausewitz, dessen Theorie des Krieges im Hinblick auf verschiedene ihrer Facetten untersucht wird. Die häufige Zitierung der Formel vom Krieg als Fortsetzung der Politik mit anderen Mitteln hat die Beschäftigung mit Clausewitz eher behindert als befördert. Eine genauere Beschäftigung mit Clausewitz und der Entwicklung seiner Theorie wird zeigen, daß er selbst erst sehr spät zu der Formel von der instrumentellen Subsumtion des Krieges unter die Politik gelangt ist. Lange Zeit nämlich hat er im Krieg auch ein Mittel der Selbstvergewisserung und Selbstbestätigung einer Gemeinschaft als Gemeinschaft gesehen, was heißt, daß der Krieg auch als ein Instrument ohne ein identisches Subjekt verstanden werden kann. In diesen beiden Auffassungen des Krieges, der instrumentellen und der existentiellen, hat Clausewitz, wie hier im einzelnen gezeigt werden soll, die beiden Möglichkeiten entworfen, in denen der Krieg gedacht werden kann und die als Grundlage für das Bild des Krieges in der Geschichte des politischen Denkens dienen können.

Der Band schließt mit einer Abhandlung über die verschiedenen Formen der ›Kriegsberichterstattung‹, wobei der ›Blick von oben‹ und der ›Blick von unten‹ unter der Frage nach der Authentizität des jeweiligen Blickfeldes miteinander verglichen werden. Diese Frage wird kompliziert durch den Umstand, daß der Bericht über den Krieg nicht erst im Zeitalter der elektronischen Medien zu einer Ressource des Krieges geworden ist, so daß die Inszenierung von Authentizitäten selbst zu einem Element der Legitimitätsbeschaffung bzw. des Legitimitätsentzugs werden kann. Am Golf ebenso wie in Jugoslawien ist der Krieg einerseits vor den und für die Kameras geführt, andererseits dem Blick der Öffentlichkeit entzogen worden – sei es durch Zensur, sei es durch gezieltes Feuer auf Journalisten und Fotografen, die im Kampfgebiet als solche erkennbar geworden sind. Es handelt sich dabei um den Versuch, die Gewalt wenigstens in der Berichterstattung einer gewissen ›Ordnung‹ zu unterwerfen: entweder durch die Darstellung der Zielgenauigkeit des eigenen Angriffs und der Begrenzung der dabei angerichteten Schäden auf exakt bestimmbare militärische Ziele – oder durch die Darstellung des Gegenteils, toter Zivilisten, vor allem toter Kinder. Dahinter steht die Vorstellung, daß derjenige, der den Krieg aufgrund seiner Waffentechnologie zu begrenzen vermag, ihn auch (zur Abwehr eines zuvor erlittenen Unrechts) führen darf, während demjenigen, der ihn – in der Darstellung – entweder nicht begrenzen kann oder nicht begrenzen will, auf diese Weise die Legitimität des Gewalteinsatzes, mag er im übrigen durchaus völkerrechtlich gedeckt sein, entzogen wird.

Die Rückkehr des Krieges in die europäische Politik legt nahe, sich dem Bild des Krieges in der Geschichte des politischen Denkens zuzuwenden, um hier jene Kriterien und Maßstäbe zu finden, deren wir in der politischen Welt nach dem Ende des Ost-West-Konflikts erneut und zunehmend bedürfen.

Frankfurt/M., Januar 1992

Krieg und Frieden

1. Krieg und Frieden: Begriffe, Typologien, Übergänge

Begriffliche Konstruktion und politische Realität

Nur auf den ersten Blick scheint es, als seien Krieg und Frieden zwei klar voneinander unterschiedene politische Zustände: Herrscht Frieden, dann ist kein Krieg und umgekehrt. Krieg und Frieden, Frieden und Krieg – so haben Leo Tolstoi, Joseph Proudhon und Raymond Aron ihre monumentalen Werke betitelt. Krieg und Frieden, voneinander getrennt durch Kriegserklärung und Friedensvertrag, wären danach einander ausschließende politische Zustände, von denen immer einer vorherrscht: Krieg *oder* Frieden, ein Drittes gibt es nicht. Doch schon der Begriff des ›Kalten Krieges‹ zeigt, daß die politische Realität vielschichtiger ist als die binäre Konstruktion von Krieg und Frieden. »Die Scheidelinie zwischen Krieg und Frieden ist verschwunden«, erklärte im Jahre 1950 James Burnham (*Strategie des Kalten Krieges*, S. 100). Libanon, Grenada, Afghanistan, um jüngere Beispiele herauszugreifen, drei Fälle, in denen geschossen wird, Truppen ein-, vor- und abrücken, und das alles ohne Kriegserklärung. Vietnam ist ein Beispiel dafür, daß ein Frieden ausgehandelt werden kann, ohne daß zwischen den Konfliktparteien zuvor je ein Krieg erklärt worden wäre. Zwischen Krieg und Frieden gibt es die Demimonde dessen, was nicht mehr Frieden ist, aber im strengen Sinn auch noch nicht Krieg. Schon ein flüchtiger Blick auf die Konflikte seit Ende des Zweiten Weltkriegs zeigt, daß Auseinandersetzungen, die unterhalb der Schwelle des ›regelrechten‹ Krieges ausgetragen werden, ständig angewachsen sind. ›Klassische Kriege‹ hingegen, wie die Nahostkriege zwischen Israel, Syrien, Ägypten und Jordanien, sind selten geworden.

Handelt es sich bei der Unterscheidung zwischen Krieg und Frieden also um eine juristische Fiktion? Die Thesen der Verhaltensforscher, der Ethologen, scheinen das zu bestätigen. Die Ethologie, die wissenschaftliche Beobachtung tierischen und menschlichen Verhaltens, spricht von einem Kontinuum der Aggression, an dessen äußerstem Ende der Krieg steht. So hat Irenäus Eibl-Eibesfeldt den Krieg zwar von anderen Formen innerartlicher Aggression, etwa Kommentkämpfen, abgegrenzt, als er ihn als »bewaffneten Konflikt zwischen Gruppen« definierte (*Krieg und Frieden*, S. 205), aber den von ihm beschriebenen Zustand des Nicht-Krieges wird man kaum als Frieden bezeichnen können. Ohnehin ist die strikte Unterscheidung zwischen Krieg und Frieden der Ethologie fremd; sie geht davon aus, daß der Aggression bei der weitgehend instinktgebundenen Selbsterhaltung und Selbststeigerung einer Art (Ausschaltung der Schwachen und Kranken von der Fortpflanzung) und bei der Verteilung knapper Ressourcen eine sozial funktionale Aufgabe zukommt (vgl. Lorenz, *Das sogenannte Böse*, S. 8). Dies gilt auch für den Krieg: »Der Krieg«, so schreibt Eibl-Eibesfeldt (*Krieg und Frieden*, S. 225), »ist weder auf entartete, fehlgeleitete, tierische Instinkte noch auf Nekrophilie oder andere pathologische Entartungen des menschlichen Antriebslebens zurückzuführen. Es handelt sich nicht um eine funktionslose Entgleisung, sondern um eine spezifisch menschliche Form der Zwischengruppen-Aggression, mit deren Hilfe Menschengruppen um Land und Naturgüter konkurrieren.«

Gleichzeitig hat die Ethologie aber auch auf instinktive Tötungshemmungen bei Tieren und Menschen sowie die sozialen Rituale der Konflikthegung bei Naturvölkern hingewiesen, wie etwa den Verzicht auf die Verwendung lebensgefährlicher Waffen oder auf die Verfolgung Flüchtender (Eibl-Eibesfeldt, *Der vorprogrammierte Mensch*, S. 147f.; ders., *Krieg und Frieden*, S. 49). Für Eibl-Eibesfeldt war die Entwicklung von Kriegswaffen der entscheidende Schritt bei dem Funktionswandel der Aggression:

»Die Waffe war sicher ein entscheidender Faktor in der Entwicklung destruktiver Aggression. Die Waffentechnik hat unsere angeborenen Hemmungen bis zu einem gewissen Grad überlistet. Ein schneller Schlag mit der Waffe kann einen Mitmenschen ausschalten, bevor er Gelegenheit hat, durch entsprechende Unterwerfungsgesten an unser Mitleid zu appellieren. Noch besser gelingt dies, wenn das Töten auf Distanz etwa mit einem Pfeil erfolgt« (*Krieg und Frieden*, S. 148).

Aus der Sicht der Verhaltensforscher sind Krieg und Frieden also eher unscharfe Begriffe für zwei nicht eindeutig gegeneinander abgrenzbare Zustände auf einem Kontinuum arterhaltender und artsteigernder Aggression, wobei die Entwicklung der Waffentechnik (und der militärische Drill, der den Fluchtinstinkt ausschaltete) die instinktiven Hemmungen herabsetzten und Krieg zu einer instinktentbundenen Form innerartlicher Konfliktaustragung werden ließen. Wenn Eibl-Eibesfeldt dem Krieg dennoch bescheinigt, »durch die scharfen Selektionsbedingungen die biologische und die kulturelle Evolution« zu beschleunigen (*Krieg und Frieden*, S. 148), so handelt es sich, bei allen zutreffenden Beobachtungen der Ethologie, um wissenschaftlich verbrämten Sozialdarwinismus.

Während die Ethologie den Krieg terminologisch auflöst und qua Aggression in Bereiche vorverlagert, die gemeinhin als Frieden bezeichnet werden, hat Carl von Clausewitz, der wohl bedeutendste Theoretiker des Krieges, den Kriegsbegriff sehr eng gefaßt: Der Krieg, so seine These, beginnt nicht mit dem Angriff, sondern mit der Verteidigung.

»Wenn wir uns die Entstehung des Krieges philosophisch denken, so entsteht der eigentliche Begriff des Krieges nicht mit dem Angriff, weil dieser nicht... den Kampf als (vielmehr) die Besitznahme zum absoluten Zweck hat, sondern er entsteht erst mit der Verteidigung, denn diese hat den Kampf zum unmittelbaren Zweck, weil abwehren und kämpfen offenbar eins ist« (Clausewitz, *Vom Kriege*, S. 644).

Tatsächlich erfolgen Eroberungen friedlich, wenn sich der Angegriffene nicht zur Wehr setzt, und sind dann kein Krieg. Leistet der Angegriffene Widerstand, so beginnt der Krieg. Der Krieg ist hier nicht durch die Aggression, sondern durch den Widerstand gegen die Aggression definiert. So hat auch der Zweite Weltkrieg nicht mit dem »Sudetenfeldzug« im Herbst 1938, auch nicht mit der Zerschlagung der »Resttschechei« im Frühjahr 1939 begonnen, sondern erst in dem Augenblick, als Polen, gestützt auf die Westmächte, dem deutschen Zugriff Widerstand entgegensetzte. Und auch während des sog. Zweiten Golfkrieges hatte es, da die Kuwaitis den Irakern nur geringen Widerstand geleistet hatten, den Anschein, als habe der Krieg erst mit der alliierten Luftoffensive als Krieg begonnen. Clausewitz' Definition des Krieges, die einerseits wohl die Aggressionshandlung nicht zwingend mit dem Krieg verbindet, sondern diesen von der Reaktion auf die Aggression abhängig macht, andererseits aber den Vorteil hat, den landläufigen Gebrauch des Begriffs exakt zu treffen, ist die äußerste Konsequenz des neuzeitlichen Völkerrechts, das jedem souveränen Staat das *ius ad bellum* zugebilligt und insofern Aggression entkriminalisiert hat.

Demgegenüber hat Michael Walzer (*Gibt es den gerechten Krieg?*) unter Anknüpfung an die spätmittelalterliche Lehre vom gerechten

Krieg Aggression als ein Verbrechen bezeichnet (»In der Aggressionstheorie wird die alte Doktrin des gerechten Krieges neu formuliert, denn sie erklärt, wann es ein Verbrechen und wann der Kampf erlaubt oder gar moralisch anzustreben ist«, S. 100) und darauf bestanden, daß auch eine »Aggression, gegen die kein Widerstand geleistet wird, doch Aggression (bleibt), obwohl kein ›Blut floß‹« (S. 90). Als Beispiel dienen Walzer die Besetzung der Tschechoslowakei und Polens im Jahre 1939 durch die deutsche Wehrmacht. In beiden Fällen wurde die Nazi-Führung im Nürnberger Kriegsverbrecherprozeß angeklagt und unterschiedslos für schuldig befunden. Der Tatbestand eines Aggressionskrieges ist dieser Auffassung zufolge nicht an das Kriterium von Kampfhandlungen im engeren Sinne gebunden. Clausewitz hat den Krieg definiert als einen »Akt der Gewalt, um den Gegner zur Erfüllung unseres Willens zu zwingen« (*Vom Kriege*, S. 191 f.); er selbst verstand unter Gewalt die Mittel, die eingesetzt werden, um einen Widerstand leistenden Gegner gefügig zu machen. Für Walzer dagegen ist bereits das Gewalt, was einem Gegner angedroht wird, um ihn davon abzuhalten, überhaupt Widerstand zu leisten.

Johan Galtung hat Gewalt noch weiter gefaßt, als er unter dem Konzept der »strukturellen Gewalt« (im Unterschied zu »personaler Gewalt«) die verschiedenen Formen sozialer Ungerechtigkeit in den Gewaltbegriff einbezog: »Gewalt liegt dann vor, wenn Menschen so beeinflußt werden, daß ihre aktuelle somatische und geistige Verwirklichung geringer ist als ihre potentielle Verwirklichung ... Gewalt wird hier definiert als die Ursache für den Unterschied zwischen dem Potentiellen und dem Aktuellen, zwischen dem, was hätte sein können, und dem, was ist« (»Gewalt, Frieden und Friedensforschung«, S. 57; ders., *Strukturelle Gewalt*, S. 9). Indem Galtung an den Begriff des Friedens einen der aristotelischen Anthropologie entnommenen, universalistisch gewendeten normativen Maßstab anlegt, kommt er zu der Unterscheidung zwischen *negativem Frieden*, verstanden als Abwesenheit von Krieg bei fortbestehender struktureller Gewalt, und *positivem Frieden* im Sinne von vollkommener sozialer Gerechtigkeit. Es muß jedoch bezweifelt werden, daß das Ziel eines positiven Friedens jemals erreichbar ist, da das, was der Mensch sein kann, historisch variabel ist und darum selbst Gegenstand gewaltsam ausgetragener politischer Kontroversen werden kann. Der maximalistische Friedensbegriff Galtungs muß insofern seinen höheren normativen Anspruch gegenüber dem minimalistischen Friedensbegriff (Nicht-Krieg) mit einem Verlust an Konsensfähigkeit, das heißt dem Verlust seiner Pazifizierungsfunktion, bezahlen.

Das führt zurück zu der spezifischen Distinktion zwischen Krieg und Frieden am Beginn der Neuzeit: Unter dem Eindruck der Konfessions- und Bürgerkriege in Europa koppelten so gegensätzliche Theoretiker wie Francisco Suárez (*De charitate*, disp. 13) und Thomas Hobbes (*Leviathan*) den Zustand des Friedens von materialen Forderungen der Gerechtigkeit ab und waren bestrebt, den Krieg als Krieg auf einen bewaffneten Konflikt zwischen den Staaten zu beschränken.[1] Die Limitierung des Krieges als rechtlich geregelter Form bewaffneter Konfliktaustragung (Völkerrecht, Kriegsrecht) auf den Staatenkrieg und die Definition des Friedens als Nicht-Krieg ließen Krieg und Frieden zu politisch operationalisierbaren Konstrukten werden. Sie sind dabei nicht das begriffliche Pendant politisch-sozialer *Zustände*, sondern politisch-juristische *Konstruktionen*, mit denen die Vielfalt der sozialen und politischen Konfliktlagen begrifflich dichotomisiert wurde – historisch in eindeutig friedenstiftender Absicht. Nur wo Frieden begriffsrealistisch mißverstanden wird, d. h. wo an die Konstruktion des Friedens der Anspruch herangetragen wird, die sozialen und politischen Verhältnisse müßten ihr exakt entsprechen, können Zustand und Begriff polemisch gegeneinander ausgespielt werden.

Typologien von Krieg und Frieden

Die politisch-juristische Dichotomisierung von Krieg und Frieden entbindet freilich nicht von der Einsicht, daß Krieg nicht gleich Krieg und Frieden nicht gleich Frieden ist. Die maximalistischen Definitionen beruhen darauf, daß sie einen bestimmten Typus als *den* Krieg oder *den* Frieden auszeichnen und den Rest nur als Vorstufen akzeptieren. Galtungs *positivem Frieden* entspricht als systematisches Pendant Ludendorffs *totaler Krieg*:

»Der totale Krieg, der nicht nur Angelegenheit der Streitkräfte ist, sondern auch unmittelbar Leben und Seele eines jeden Mitgliedes der kriegführenden Völker berührt, war geboren, nicht durch eine veränderte Politik allein, (...) sondern auch die Einführung der allgemeinen Wehrpflicht bei steigenden Bevölkerungszahlen und von Kampfmitteln, deren Wirkung sich immer vernichtender gestaltete. (...) Kämpften im Weltkriege die feindlichen Heere schon an der Front in tiefen Gefechtszonen von vielen, vielen Kilometern, die die Bevölkerung des betroffenen Landes, wie schon der Krieg selbst, in schwerstem Maße berührten, so erstreckt sich heute der Kriegsschauplatz im wahren

Sinne des Wortes über das gesamte Gebiet der kriegführenden Völker. (...) So richtet sich also der totale Krieg nicht nur gegen die Wehrmacht, sondern auch unmittelbar gegen die Völker.«

Durch die Absolutsetzung der äußersten militärischen Anstrengung (Ludendorff) oder des pazifistisch-sozialegalitären Ideals (Galtung) werden Krieg und Frieden jeweils der Ebene politischer Operationalisierbarkeit enthoben, was im Fall des Friedens objektiv friedensgefährdend sein kann, insofern der Frieden als Nicht-Krieg wertmäßig herabgesetzt und die eindeutige Trennlinie zwischen Krieg und Frieden tendenziell verwischt werden. Im Fall des Krieges entspricht dem ein Zwang zur Eskalation der eingesetzten Mittel: Es gibt keinerlei Ressourcen mehr, die dem Kriegsgeschehen entzogen werden dürfen und entzogen werden können.

Ludendorff hat seine Skizze des totalen Krieges mit einem heftigen Angriff gegen Clausewitz verbunden, insbesondere gegen dessen berühmt-berüchtigte Definition des Krieges als »Fortsetzung des politischen Verkehrs, ein Durchführen desselben mit anderen Mitteln« (*Vom Kriege*, S. 993). Auf der Grundlage dieser These hatte Clausewitz drei *eskalierende* und drei *moderierende* Wechselwirkungen unterschieden. Die erste Wechselwirkung der Eskalation ist unmittelbar aus dem Begriff des Kampfes abgeleitet: Wer sich der Gewalt am rücksichtslosesten bedient, bekommt ein Übergewicht. Da dies beide Gegner wissen, steigern sie sich bis zum äußersten. Die zweite eskalatorische Wechselwirkung resultiert aus der Unkenntnis der gegnerischen Kräfte, die überboten werden müssen, die dritte aus der Undurchschaubarkeit der gegnerischen Motive und dem daraus resultierenden Zwang, sie ebenfalls zu überbieten (*Vom Kriege*, S. 192 ff.). Den drei eskalierenden stellt Clausewitz drei moderierende Wechselwirkungen entgegen: Die erste ist, daß Kräfte und Motive nie gänzlich undurchschaubar sind, weil sich die Gegner kennen. Als zweite Moderation kommt hinzu, daß jede selbst unterlassene Eskalation den Gegner davon abhalten kann, ebenfalls zu eskalieren. Drittens wissen beide Kriegsparteien, daß jede Kriegsentscheidung zu einem späteren Zeitpunkt (unter besseren Bedingungen, bei kleinerem Einsatz) revidierbar ist, was sie dazu veranlassen kann, größere Anstrengungen zum gegenwärtigen Zeitpunkt zu unterlassen (vgl. Vollrath, »Neue Wege der Klugheit«, S. 58 ff.).

Clausewitz' These von der Instrumentalität des Krieges beruht letzten Endes darauf, daß der politische Zweck Motiv und Maß des Krieges ist: »Man fängt keinen Krieg an, ohne sich zu sagen, was man mit und was man in demselben erreichen will, das erstere ist der Zweck, das andere das Ziel« (*Vom Kriege*, S. 952). Die Politik bestimmt die Zwecke, die Strategie die Ziele. Das heißt: »Je kleiner das Opfer ist, welches wir von unserem Gegner fordern, um so geringer dürfen wir erwarten, daß seine Anstrengungen sein werden, es uns zu versagen. Je geringer aber diese sind, um so kleiner dürfen auch die unsrigen bleiben« (ebd., S. 200). Und umgekehrt!

Auf der Grundlage von Clausewitz' analytischer Trias von *Zweck*, *Ziel* und *Mittel* ist es möglich, die unterschiedlichen Formen des Krieges zu unterscheiden: Kabinettskrieg und Guerilla, Staatenkrieg und Volkskrieg, Niederwerfungs- und Ermattungskrieg. Sie unterscheiden sich nach dem jeweiligen Verhältnis von Zweck, Ziel und Mittel, wobei freilich zu berücksichtigen ist, daß diese nicht beliebig kombiniert werden können, sondern ihre Verbindung entscheidend von den politischen und sozialen Verhältnissen der Kriegführenden abhängt. Die Aufstellung von Volksheeren etwa, wie sie von der amerikanischen, französischen und russischen Revolution vorgenommen wurde, war für den aufgeklärt-absolutistischen Staat unmöglich, nicht dagegen für eine religiös unterbaute Autokratie (wie etwa die des russischen Zaren).

Bei der Suche nach Beispielen für die unterschiedlichen Typen des Krieges ist man nicht auf historisch weit zurückliegende Beispiele angewiesen: Der Falkland / Malvinas-Krieg ist eines der (wenigen) Beispiele für einen – fast im Stil der Kabinette geführten – klassischen Staatenkrieg: begrenztes Schlachtfeld, reguläre Armeen, klare Unterscheidung zwischen Kombattanten und Nonkombattanten, weitgehende Einhaltung der Kriegsrechtsbestimmungen. Afghanistan dagegen ist ein Beispiel für den klassischen Partisanenkrieg: Dem Gegner waffentechnisch deutlich unterlegene Freischärler machen diese Unterlegenheit durch erhöhte Kampfmotivation, hohe Beweglichkeit und optimale Ausnutzung des Geländes tendenziell wett (vgl. unten, S. 127 ff.). Israel, das seine Nahostkriege stets als Niederwerfungskriege (Entscheidungsschlacht, Kapitulation / Waffenstillstand) zu führen bestrebt war, hat im Libanon die Erfahrung machen müssen, daß dies gegen politisch und insbesondere gegen religiös motivierte Guerilleros kaum möglich ist. Der erste Golfkrieg zwischen Iran und Irak war ein Ermattungskrieg zwischen Staaten, der von beiden Seiten tendenziell als Volkskrieg geführt wurde, während der zweite Golfkrieg ein vorzügliches Beispiel für einen durch begrenzte Zwecke limitierten Krieg ist. Die Beispiele ließen sich beliebig vermehren.

Zu unterscheiden ist weiterhin zwischen *Land*- und *Seekrieg*. Clausewitz z. B. hat den Krieg allein unter dem Aspekt von Manövern und

Schlachten dargestellt, was für den Landkrieg typisch ist, aber nicht für den Seekrieg, dessen bevorzugtes Instrument weniger die Seeschlacht als vielmehr die Handelsblockade ist. In seiner kleinen Schrift *Land und Meer* hat Carl Schmitt die Weltgeschichte als »eine Geschichte des Kampfes von Seemächten gegen Landmächte und von Landmächten gegen Seemächte« (S. 16) bezeichnet und den Kriegen der Landmächte gegeneinander nur den Status von Fußnoten in dem großen Konflikt zwischen Land und Meer zugewiesen.[2] In der kabbalistischen Deutung des Kampfes zwischen den mythischen Tieren Leviathan und Behemoth (Hiob 40/41) sieht Schmitt ein Symbol für den Krieg zwischen Landmacht und Seemacht: Der Behemoth bemühe sich, den Leviathan mit Hörnern und Zähnen zu zerreißen, der Leviathan dagegen halte dem Behemoth mit den Flossen Maul und Nase zu, damit er nicht mehr atmen und nicht mehr essen könne: Entscheidungsschlacht gegen Wirtschaftsblockade.

Für den Landkrieg gilt, Schmitt zufolge, seit dem 16. Jahrhundert:

»Als Feinde stehen sich nur die kämpfenden Heere gegenüber, während die nichtkämpfende Zivilbevölkerung außerhalb der Feindseligkeiten bleibt... Dem Seekrieg dagegen liegt der Gedanke zugrunde, daß Handel und Wirtschaft des Feindes getroffen werden sollen. Feind ist in einem solchen Krieg nicht nur der kämpfende Gegner, sondern jeder feindliche Staatsangehörige und schließlich auch der Neutrale, der mit dem Feinde Handel treibt und zu ihm in wirtschaftlichen Beziehungen steht. Der Landkrieg hat die Tendenz zur entscheidenden offenen Feldschlacht. Im Seekrieg kann es natürlich auch zur Seeschlacht kommen, aber seine typischen Mittel und Methoden sind Beschießung und Blockade feindlicher Küsten und Wegnahme feindlicher und neutraler Handelsschiffe nach Prisenrecht. Im Wesen dieser typischen Seekriegsmittel liegt es begründet, daß sie sich gegen Kämpfende wie Nichtkämpfende richten. Eine Hungerblockade insbesondere trifft unterschiedslos die Bevölkerung des ganzen blockierten Gebietes, Militär und Zivilbevölkerung, Männer und Frauen, Greise und Kinder« (*Land und Meer*, S. 87f.).

So hat der Seekrieg – nach Schmitt – immer die Tendenz zum totalen Krieg, während der Landkrieg – prinzipiell zumindest – die Möglichkeit bietet, den Konflikt zu ›hegen‹ und die Kampfhandlungen weitgehend auf die Kombattanten einzuschränken.

Der publizistische Streit um den Seekrieg erreichte während der napoleonischen Kriege seinen ersten Höhepunkt: Die französische Kritik an der englischen Kriegführung kulminierte in dem Vorwurf, England sei ein Feind des Völkerrechts, weil es nicht mit Waffen, sondern mit der Marine kämpfe, weil es nicht siege, um Tribute aufzuerlegen, sondern um seine Waren einzuführen, und weil es auf See grundsätzlich keine Neutralität anerkenne, sondern alle ›Blockadebrecher‹ aufbringe. »Von Frankreich aus«, so hat Roman Schnur (»Land und Meer«, S. 42) diese Kritik zusammengefaßt, »erschien das von England beanspruchte Seekriegsrecht als flagrante Verletzung des Völkerrechts. Man leugnete in Frankreich die Unterscheidung von Landkrieg und Seekrieg und damit auch die Eigenständigkeit der diesen beiden Kriegsarten zugeordneten Begriffe. Von den Regeln des Landkriegsrechts her gesehen war das Seekriegsrecht überhaupt kein Recht.« Zum Unterschied zwischen Land- und Seekrieg gehören auch die divergierenden Wertmuster in beiden Offizierskorps: Standen beim Heer persönliche Tapferkeit und Ehre im Vordergrund, so dominierten in der Marine schon früh finanzielle, logistische und administrative Fähigkeiten (vgl. McNeill, *Krieg und Macht*, S. 99) – eine Variante des mythischen Bildes vom Kampf zwischen Leviathan und Behemoth.

Carl Schmitt hat den Unterschied zwischen See- und Landkrieg letzten Endes auf die Möglichkeit oder Unmöglichkeit der Territorialisierung von Ordnung zurückgeführt: »Die Ordnung des festen Landes besteht darin, daß es in Staatsgebiete aufgeteilt ist; die hohe See dagegen ist frei, d. h. staatsfrei und keiner staatlichen Gebietshoheit unterworfen« (*Land und Meer*, S. 86). So jedenfalls hatte das über Jahrhunderte gültige Ergebnis des Disputs zwischen Selden und Grotius gelautet. In seiner 1617/18 verfaßten Schrift *Mare clausum* hatte John Selden die See als Land behandelt und gleichsam territorialisiert, freilich um den Preis, daß er sich im wesentlichen auf Küstengewässer beschränkte und den Ozean nicht erfaßte. Dagegen hatte Hugo Grotius in seiner 1609 anonym erschienenen Schrift *Mare liberum* die Idee des freien Seehandels verfochten. Wiewohl historisch-konkret gegen englische Monopolansprüche gerichtet, wurde sie zu einer Legitimationsschrift der britischen Seemacht, da die führende Seemacht aus der Meeresfreiheit die größten Vorteile zog.

Auch wenn im Gegensatz zu ›Krieg‹ von ›Frieden‹ ein Plural nicht bildbar ist, gibt es doch mehrere Typen des Friedens. Wir sprechen von Friedhofsruhe, wenn wir einen *Unterwerfungsfrieden* meinen (systematisch das Pendant des *Siegfriedens*), von dem ein auf Interessenausgleich beruhender Frieden, ein *Verhandlungsfrieden*, zu unterscheiden ist. Schließlich gibt es auch einen Frieden, der nur die Zwischenzeit zweier Kriege ist. Thukydides hat den Nikias-Frieden so beschrieben und den Archidamischen und Dekeleischen Krieg als *einen* Krieg, den Peloponnesischen Krieg, dargestellt. Seine Auffassung hat sich bekanntlich durchgesetzt (dazu unten, S. 80ff.). Von Napoleon stammt der Satz: »Ohne Frieden mit England sind alle Friedensschlüsse nur Waffenstillstände.« Das sollte heißen: Alle, mit denen er Frieden geschlossen hatte, warteten nur darauf, unter günstigeren Bedingungen den Krieg wieder aufzunehmen, und sie taten dies, solange England Krieg führte und sie von ihm Unterstützung erwarten durften.

Thukydides und Napoleon hatten die machtpolitische Seite der Friedensverträge im Auge, und sie bezweifelten deren Stabilität, wenn keine völlige Unterwerfung oder kein fairer Interessenausgleich stattgefunden hatte. Stabil sind Friedensverträge demnach nur, wenn die unterlegene Seite entweder keinen *Grund* oder keine *Möglichkeit* hat, auf Revanche zu sinnen. Der englische Philosoph Henry Sidgwick, der Friedensschlüsse unter dem Aspekt ihrer moralischen Gültigkeit untersucht hat, ist zu ähnlichen Ergebnissen gelangt. So bezeichnete er den deutsch-französischen Frieden von 1871, in dem Frankreich in die deutsche Annexion des Elsaß und von Teilen Lothringens einwilligte, als »zeitweilige Aussetzung der Feindseligkeiten, die jederzeit von dem Staate, dem Unrecht geschehen ist, aufgehoben werden kann«. Aber er hat einschränkend hinzugefügt:

»Es ist immerhin denkbar, daß Zeit, Gewohnheit und eine milde Regierung sich dahingehend auswirken, daß die Mehrheit der Bevölkerung keine Wiedervereinigung mehr wünscht; hinzu mag kommen, daß die glühendsten Vertreter des alten Patriotismus freiwillig ins Exil gehen. (...) Wenn ein solcher Wandel eingetreten ist, muß die moralische Auswirkung der ungerechten Übereignung als erloschen gelten, so daß nun jeder Versuch, das übereignete Land zurückzugewinnen, selbst ein Akt der Aggression wird« (zit. nach Walzer, *Gibt es den gerechten Krieg?*, S. 96).

Der Lauf der Zeit löscht das Unrecht der Annexion und hat so friedenstiftende Wirkung. Im Prinzip ist die Debatte über die nationale Integrität und das Selbstbestimmungsrecht der Völker bis heute über die Position Sidgwicks nicht hinausgekommen. Das Problem ist freilich, daß »Zeit, Gewohnheit und eine milde Regierung« politisch und juristisch nur schwer zu fassende Kategorien sind. In den meisten Fällen gibt es unter der Bevölkerung eines annektierten Gebietes zwei Auffassungen: Die eine behauptet, die neue Regierung sei milde, die andere meint das Gegenteil, und letztere verfügt mit dem Terrorismus (dazu unten, S. 152ff.) über ein Instrument, mit dem sie oft genug eine zuvor milde Regierung zu zwingen vermag, weniger milde zu sein, und so diejenigen, die diese Auffassung schon immer vertreten haben, ins Recht setzt. Die Fragen, ob eine Regierung tatsächlich milde ist oder ob es sich hierbei nur um ein Täuschungsmanöver handelt und ob sich eine Bevölkerung wirklich daran gewöhnt hat, zu einem bestimmten Staat zu gehören, oder ob darin nur eine ›Resignation auf Zeit‹ zu sehen ist, sind selbst politisch umstrittene Fragen, die durch philosophische Kategorien kaum ein für allemal beantwortet werden können.

Dolf Sternberger (*Über die verschiedenen Begriffe des Friedens*, S. 10) hat einen *politischen* von einem *eschatologischen* Friedensbegriff unterschieden. Die großartigste Ausformung des eschatologischen Friedens sei die Vision des Propheten Jesaja (11,6–7) von den Wölfen, die bei den Lämmern ruhen, von den Kühen und Bären, die miteinander weiden, und von den Löwen, die Stroh fressen. Hier ist endgültig Frieden nicht mehr Zwischenzeit zweier Kriege, sondern glückliche Folge der Totalreformation der Welt. Derlei traut Sternberger der Politik freilich nicht zu, denn er bezweifelt, daß eschatologische Ergebnisse mit politischen Mitteln erzielt werden können (wenngleich auch er davon ausgeht, daß die Politik heute apokalypsefähig geworden ist). Der eschatologische Frieden, so Sternberger (ebd., S. 13), beruhe auf Einung, *Communio*, der politische hingegen auf Einigung, *Communicatio*. Der eschatologische Frieden sei nur durch *Bekehrung* erreichbar, der politische hingegen allein durch *Verständigung*. Um im Bilde des Propheten Jesaja zu bleiben: Die Politik vermag die Wölfe, Bären und Löwen nicht zu denaturieren, aber sie kann ihnen Beschränkungen auferlegen, abgegrenzte Bereiche einräumen, gegebenenfalls auch Fesseln anlegen. Wo sie sich dagegen qua Bekehrung an der Denaturierung versucht, scheitert sie schnell – oder sie wird totalitär.

Vom Krieg zum Frieden: soziologische Analysen und geschichtsphilosophische Perspektiven

Daß das Wort ›Frieden‹ einer Pluralbildung (im Deutschen zumindest) nicht fähig ist, hat Günther Anders zu der Feststellung veranlaßt: »Der Friede hatte – ob zu Recht oder nicht, das können wir hier dahingestellt sein lassen – als das Kontinuum gegolten, und die Kriege als dessen Unterbrechungen« (*Die atomare Bedrohung*, S. 67). Stellte für Anders der Frieden den Ausgangspunkt der Überlegungen dar, so hatte Carl Schmitt demgegenüber darauf beharrt, »daß die Geschichte des Völkerrechts eine Geschichte des Kriegsbegriffs ist«, denn »man muß (...) stets vom Kriege her definieren. Was nicht ›Krieg‹ ist, ist dann eben ›Frieden‹« (*Die Wendung zum diskriminierenden Kriegsbegriff*, S. 1 u. 48). Hier hängt alles davon ab, was man unter Krieg und Frieden versteht: Vor der Ausbildung fester Staatswesen, so die These von Helmut Berve (*Friedensordnungen in der griechischen Geschichte*, S. 4), sei der Krieg im antiken Griechenland der Normalzustand gewesen. Sippen und Gefolgschaften lagen in ständigem Streit, Rinder- und Frauenraub waren an der Tagesordnung. Die großen Epen scheinen das zu bestätigen. Erst nach der Ausbildung von Staatlichkeit, so Berve, wurden regelrechte Friedensverträge (*spondai*) geschlossen, welche Zeiten des Friedens aus der Permanenz des Kriegszustandes ausgrenzten (ebd., S. 7). Der Frieden ist hier – in historischer Sicht – etwas, was erst durch menschliche Übereinkunft, also im weiteren Sinn durch die Ausbildung von Staatlichkeit, geschaffen worden ist – und insofern entspricht Berves Sicht der Geschichte den völkerrechtlich-systematischen Überlegungen Carl Schmitts. Dagegen hat Ekkehart Krippendorff (*Staat und Krieg*, passim) weniger freilich auf die antike als vielmehr auf die neuzeitliche Geschichte bezogen, die Auffassung vertreten, daß erst durch die Ausbildung von Staatlichkeit der Krieg als wirklicher Krieg entstanden und möglich geworden sei, da ihm nunmehr durch die Staatsorganisation Ressourcen zugeführt würden, die seine Dauer und Intensität vergrößerten. Zusammenfassend wird man sagen können, daß es vor der Ausbildung der Staatlichkeit weder Krieg noch Frieden im strikten Sinne gab, sondern nur eine permanente Belligerenz, die jedoch erheblich unterhalb der Schwelle dessen lag, was seit der Entstehung der Staatlichkeit Krieg heißt. Frieden wurde mit der Bildung von Staaten zum Normalzustand, aber die bewaffneten Konflikte wurden dafür härter und blutiger. Der Pazifizierungsfunktion der Staatlichkeit entspricht die bellizistische Intensivierung der Konfliktaustragung.

Den Ambivalenzen der historischen Betrachtungsweise korrespondiert ein grundsätzlicher Dissens in den systematischen Thematisierungen von Krieg und Frieden. Klar und prägnant hat die These vom Vorrang des Krieges gegenüber dem Frieden Heraklit in Frgm. 53 formuliert, wo es heißt (Diels-Kranz, *Vorsokratiker*, S. 162): »πόλεμος πάντων μὲν πατήρ ἐστι... Krieg ist aller Dinge Vater, aller Dinge König. Die einen erweist er als Götter, die anderen als Menschen, die einen macht er zu Sklaven, die anderen zu Freien.« Man würde Heraklit sicherlich mißverstehen, wenn man den Begriff des Krieges allzu eng fassen würde und darunter etwa eine bewaffnete Konfliktaustragung nach den Grundsätzen des neuzeitlichen Völkerrechts verstünde. Heraklit trägt vielmehr die These vor (vgl. Wolfgang Schadewaldt, *Die Anfänge der Philosophie*, S. 389f.), daß der Streit als ein metaphysisches Prinzip den Gang der Ereignisse beherrsche. Streit, wie πόλεμος im älteren Griechisch noch allgemein übersetzt werden kann, bringt alle und alles hervor und herrscht darüber; er setzt die Unterschiede, auch die größten, nämlich die zwischen Menschen und Göttern. Streit, Krieg ist es Heraklit zufolge also auch, der die Städte und Staaten hervorbringt, und es ist pure Illusion, wenn die Stadtstaaten und ihre Politiker meinen, sie seien es, die über Krieg und Frieden entschieden. »Man soll aber wissen«, so Heraklit im Fragment 80, »daß der Krieg allgemein ist – τὸν πόλεμον ἐόντα ξυνόν – und das Recht der Zwist und daß alles geschieht auf Grund von Zwist und Schuldigkeit« (Diels-Kranz, *Vorsokratiker*, S. 169). Wie das Recht den Streit nicht suspendiert, sondern Form des Streits ist, so suspendiert demzufolge auch der Frieden nicht den Krieg, sondern ist nur eine andere Form seiner Austragung. Krieg bzw. Streit geht Frieden bzw. Übereinstimmung systematisch wie zeitlich voraus. Der Krieg wird zum Metasubjekt des politischen Geschehens. Die Gegenposition zu Heraklits Kriegsepigramm ist die antithetische Gegenüberstellung von Krieg und Frieden, wobei der Frieden als der anzustrebende, der Krieg hingegen als der zu vermeidende Zustand begriffen wird. Ein frühes Beispiel für diese Kontrastierung von Krieg und Frieden findet sich in dem bedeutendsten Kriegsgedicht der abendländischen Literatur, Homers *Ilias*, in der berühmten Beschreibung des Schildes, den Hephaistos für Achill schmiedet (XVIII, 478ff.): Zwei Städte sind auf dem Schild zu sehen, die eine im Frieden, die andere im Krieg. Hochzeitsfeste und Gelage in der einen Stadt, Tänzer und Flötisten treten auf; der unvermeidliche Streit unter den Menschen wird von Schiedsleuten und durch den Rat der Ältesten geschlichtet. In der anderen Stadt dagegen herrscht Krieg, weil man sich nicht zu einigen vermag, wie die Reichtümer in einer für alle angemessenen Form zu verteilen sind; Verwundete und Tote bedecken das Schlachtfeld. Indem Homer Krieg und Frieden einander gegenüberstellt, zeichnet er den Frieden als das zu Erstrebende und den Krieg als das zu Vermeidende aus.

Die Gegenposition zu Heraklit tritt dann bei Aristoteles klar hervor, wenn er Krieg und Frieden in eine Finalrelation bringt und den Krieg dem Frieden instrumentell subsumiert (*Politik* VII, 1333a 30–36): »So ist denn auch das ganze Leben zweigeteilt in Arbeit und Muße, in Krieg und Frieden, und von den Zielen des Tuns sind die einen notwendig und nützlich, die andern edel. Da muß es denn dieselbe Entscheidung geben wie bei den Seelenteilen und ihren Tätigkeiten, daß nämlich der Krieg um des Friedens willen und das Notwendige und Nützliche um des Edlen willen zu betreiben ist.« Aristoteles redet nicht einer grundsätzlichen Ächtung des Krieges das Wort, sondern bezeichnet den Krieg indirekt als etwas Notwendiges und Nützliches, wenn er denn dem Frieden als dem edlen Ziel, das zu erreichen alles andere nur Mittel ist, subsumiert ist. Aus einem metaphysischen Prinzip bei Heraklit, einem Metasubjekt der Geschichte, ist der Krieg bei Aristoteles zu einem rationalem Kalkül unterworfenen Mittel geworden, das sein Gegenteil sichern und befestigen soll: den Frieden. Aufs äußerste gesteigert ist diese durch die finalrelationale Auflösung der Antithese von Krieg und Frieden entstandene, sich also aus der instrumentellen Subsumtion des Krieges unter den Frieden ergebende Paradoxie in der altrömischen Herrschaftsmaxime »Si pacem vis para bellum« – Wenn du den Frieden willst, so bereite den Krieg vor. Hugo Grotius hat an dieser instrumentellen Subsumtion des Krieges unter den Frieden mitsamt ihren paradoxen Implikationen festgehalten, als er zu Beginn seines Werks *De iure belli ac pacis* (I,1) feststellte: »Da jedoch der Krieg des Friedens wegen begonnen wird und es keinen Streitfall gibt, aus dem nicht ein Krieg hervorgehen könnte, so ist es bei dem Kriegsrecht der passende Ort, die möglichen Streitfälle zu erörtern. Der Krieg selbst wird uns dann zum Frieden als seinem Ziele führen.«

Bei Aristoteles ebenso wie bei Grotius unterliegt die Finalrelation zwischen Krieg und Frieden den Kriterien von Recht und Gerechtigkeit, d. h. die Entscheidung über Krieg und Frieden ist (noch) nicht in das keiner Überprüfung unterliegende Belieben des jeweils Machthabenden gestellt, sondern kann an normativen Kriterien überprüft werden. Es war somit möglich, gerechte und ungerechte Kriege voneinander zu unterscheiden, was auch heißt, daß bestimmte Kriege philosophisch und / oder theologisch gerechtfertigt werden konnten. In den europäischen Konfessionskriegen der Frühen Neuzeit ist dieses theologisch-philosophische Definitionsmonopol bezüglich der Kriege gescheitert: Carl Schmitt zufolge an seiner normativen Überlastung. An die Stelle der Theologen und Philosophen traten die Souveräne selbst; diese Entwicklung ist, ihren Anfang nehmend bei Vitoria, Ayala und Gentili (vgl. Grewe, *Epochen der Völkerrechtsgeschichte*, S. 241 ff.), in dem den Dreißigjährigen Krieg beendenden Friedensschluß von Münster und Osnabrück (1648) zum Abschluß gekommen. Danach hatte jeder souveräne Staat, d. h. der Souverän eines jeden Staates, das moralisch wie rechtlich nicht diskriminierte *ius ad bellum*. Der Krieg galt als *ultima ratio*, wenn sich die Konflikte nicht anders beilegen ließen. Der Krieg war das letzte, das äußerste Mittel der Herrscher bei der Durchsetzung ihres Willens, der, bei aller Betonung ihrer Souveränität, in der Regel den Direktiven der Staatsraison zu folgen hatte. Nicht ein dem Staat übergeordnetes *Recht*, sondern die wie sorgfältig auch immer kalkulierte und kontrollierte Verfolgung staatlicher *Interessen* war nunmehr ausschlaggebend bei der Entscheidung über Krieg und Frieden (vgl. Münkler, *Im Namen des Staates*, S. 270ff.). Der preußische Kriegstheoretiker Carl von Clausewitz stand ganz in dieser Tradition, als er den berühmten, später immer wieder zitierten Satz schrieb: »Der Krieg ist nichts als eine Fortsetzung des politischen Verkehrs mit Einmischung anderer Mittel« (*Vom Kriege*, S. 990). Und fast gleichlautend an anderer Stelle: »Wir sehen also, daß der Krieg nicht bloß ein politischer Akt, sondern ein wahres politisches Instrument ist, eine Fortsetzung des politischen Verkehrs, eine Durchführung desselben mit anderen Mitteln« (ebd., S. 210). Gleichsam zur Bekräftigung seiner instrumentellen Kriegsdefinition betonte Clausewitz, die Politik, »welche die Feder mit dem Degen vertauscht«, die, statt diplomatische Noten zu verfassen, die Truppen marschieren läßt, habe darum doch nicht aufgehört, Politik zu sein (ebd., S. 997). Clausewitz' Definition des Krieges als »fortgesetzte Staatspolitik mit anderen Mitteln« (ebd., S. 179) ist die kriegstheoretische Konsequenz eines Völkerrechts, das jedem souveränen Staat das Recht der Kriegserklärung zugestand.[3] »Wir sagen mit Einmischung anderer Mittel«, so Clausewitz (ebd., S. 991), »um damit zugleich zu behaupten, daß dieser politische Verkehr durch den Krieg selbst nicht aufhört, nicht in etwas ganz anderes verwandelt wird, sondern daß er in seinem Wesen fortbesteht, wie auch seine Mittel gestaltet sein mögen, deren er sich bedient, und daß die Hauptlinien, an welchen die kriegerischen Ereignisse fortlaufen und gebunden sind, nur seine Lineamente sind, die sich zwischen dem Krieg durch bis zum Frieden fortziehen. Hören denn mit den diplomatischen Noten je die politischen Verhältnisse verschiedener Völker und Regierungen auf? Ist nicht der Krieg bloß eine andere Art von Schrift und Sprache ihres Denkens? Er hat freilich seine eigene Grammatik, aber nicht seine eigene Logik.«

Finalrelation wie instrumentelle Subsumtion des Krieges unter den Frieden sind immer wieder aus ganz unterschiedlichen Positionen polemisch umgekehrt worden – mit dem Ziel, die Subsumtion des Krieges unter den Frieden als Verschleierung des Gegenteils zu dechiffrieren.

So meinte Wilhelm Dilthey (in: *Dt. Rundschau*, 27. Jg., 1919, S. 215): »Der Frieden ist selbst nur eine Fortsetzung des Krieges mit anderen Waffen.« Das war für viele Deutsche unter dem Eindruck des Versailler Vertrages ebenso plausibel wie Clausewitz' Kriegsepigramm. So heißt es auch bei Oswald Spengler in *Jahre der Entscheidung* (S. 49), der Friede sei »die Fortsetzung des Krieges mit anderen Mitteln: der Versuch des Besiegten, die Folgen des Krieges in der Form von Verträgen abzuschütteln, der Versuch des Siegers, sie festzuhalten«.

Vor allem die konservativen Revolutionäre der Weimarer Republik haben der Finalrelation zwischen Krieg und Frieden bzw. der Subsumtion des Krieges unter die Politik widersprochen; weniger aus empirischen als vielmehr aus normativen Gründen (vgl.Mohler, *Die Konservative Revolution*, S. 32 ff.). Ihr Widerspruch entzündete sich nicht daran, daß der Krieg *in der Realität* der Politik nicht untergeordnet *wurde*, sondern daß er ihr nicht untergeordnet *werden sollte*, und sie bestritten gegen Spencer u. a. (vgl. unten, S. 28 f.), daß es eine geschichtliche Entwicklung zum Frieden *gebe*, bzw. polemisierten dagegen, daß es diese Entwicklung *geben solle*. Die konservativen Revolutionäre haben Heraklits Philosophie, wie sehr auch immer sie deren metaphysischen Gehalt mit politischen Handlungsanweisungen verwechselt haben mögen, politisch auszumünzen versucht, indem sie entweder die Heraklitsche Formel vom Krieg als »Vater aller Dinge« auf sich selbst bezogen und sich als Kinder des Krieges reklamierten oder Heraklits Kriegsepigramm als historisch-politisches Gesetz verstanden und so die herkömmliche Finalrelation, in welcher der Krieg dem Staat untergeordnet war, umkehrten und den Staat zum Mittel des Krieges erklärten: »Weltgeschichte ist Staatengeschichte«, heißt es in Spenglers *Preußentum und Sozialismus* (S. 52 f.), »Staatengeschichte ist die Geschichte von Kriegen. Ideen, wenn sie zur Entscheidung drängen, (...) wollen mit Waffen, nicht mit Worten ausgefochten werden. (...) Krieg ist die ewige Form höheren menschlichen Daseins, und Staaten sind nur um des Krieges willen da; sie sind Ausdruck der Bereitschaft zum Kriege« (vgl. Felken, *Spengler*, S. 198 f.). Ganz ähnlich hatte Hans Freyer in seiner Schrift *Pallas Athene* (S. 82) erklärt: »Wie die Einheit des politischen Volks aus Gewalt und Krieg geboren wurde und billiger nicht zu haben ist, so stellt sich der Staat vom ersten Augenblick seiner Existenz an in den Krieg mitten hinein und verpflichtet sich zur Gewalt. (...) Der Krieg ist nicht nur der klarste Fall der staatlichen Aktion, er sei das Element, in dem der Staat steht.« Oder Ernst Jünger in *Blätter und Steine* (S. 87 f.): »Der Krieg ist nicht ein Zustand, der völlig seinen eigenen Gesetzen unterworfen ist, sondern eine andere Seite des Lebens, die selten an die Oberfläche tritt, aber eng mit ihm verbunden ist. Wie der Krieg nicht nur ein Teil des Lebens, sondern das Leben in seiner vollen Gewalt zum Ausdruck bringt, so ist dieses Leben selbst im Grunde durchaus kriegerischer Natur.«

Weltgeschichte und Leben, auf Entscheidung drängende Ideen und um Einheit ringendes Volk – in allen Fällen ist der Krieg kein Instrument der Politik oder eine dem Frieden subsumierte Größe, sondern ein Medium der Selbststeigerung; die Bezugspunkte des Krieges sind diesem weder logisch noch genetisch vor- und übergeordnet, sondern sie sind mit ihm entweder unlösbar verbunden oder aber entstehen selbst durch den Krieg. Da ein identisches politisches Subjekt der Geschichte fehlt, das sich des Krieges als Instrument zu bemächtigen vermöchte, avanciert der Krieg selbst zum Subjekt der Geschichte. Da ist es zuletzt nur folgerichtig, wenn Ernst Jünger, Heraklits Formel aufgreifend, den Krieg für sich und seinesgleichen als *Vater* reklamiert: »Der Krieg«, so schreibt er in *Der Kampf als inneres Erlebnis* (S. 2), »aller Dinge Vater, ist auch der unsere, er hat uns gehämmert, gemeißelt und gehärtet zu dem, was wir sind.« Nicht die Menschen machen Jünger zufolge den Krieg, sondern der Krieg macht die Menschen. Durch Brennen und Schmieden, Hämmern und Meißeln formt er sie und macht sie hart. »Der Krieg ist unser Vater«, schreibt er im Vorwort zu dem von seinem Bruder Friedrich Georg herausgegebenen Sammelband *Aufmarsch des Nationalismus* (S. XI), »er hat uns gezeugt im glühenden Schoße der Kampfgräben als ein neues Geschlecht, und wir erkennen mit Stolz unsere Herkunft an. Daher sollen unsere Wertungen auch heroische, auch Wertungen von Kriegern und nicht solche von Krämern sein, die die Welt mit ihrer Elle messen möchten.«

Wie Werner Sombart in seiner gleichnamigen Kriegsschrift *Händler* und *Helden* gegeneinander gestellt hat, so Ernst Jünger *Krieger* und *Krämer*. Was Sombart wie Jünger an Händlern und Krämern verabscheuen, ist, daß sie den Krieg, wenn sie ihn überhaupt in ihre Überlegungen einbeziehen, äußerstenfalls als bewaffnete Interessendurchsetzung begreifen. »Da er«, so Sombart über den (englischen) Händler (*Händler und Helden*, S. 40), »keine anderen Interessen als die materiellen kennt, so kann der Krieg für ihn auch immer nur die Bedeutung haben, daß er materielle Interessen schützt oder verteidigt«; dem steht der Held gegenüber, dessen Einstellung zum Krieg nicht durch die Idee des Schutzes, sondern durch die des Opfers geprägt ist (ebd., S. 67): »Die Überzeugung, daß wir dazu berufen sind, für dieses Ganze, das über uns lebt, das da ist, auch ohne uns und gegen unseren Willen, zu leben und zu sterben, daß nur sein Leben wirkliches Leben ist, weil es ein Leben in Gott und im Geiste ist: Dieses sittliche Bewußtsein bildet den Inhalt der Vaterlandsidee.«

Deutlicher noch als Sombart hat Max Scheler in dem Bändchen *Der Genius des Krieges und der deutsche Krieg* (S. 36, 64) davon gesprochen, daß erst und nur im Kriege die Nation sich existentialisiere, weswegen er auch jede Restriktion des Krieges auf bloße Interessenverfolgung und -durchsetzung entschieden ablehnte. Interessenpolitik, und sei es auch eine mit gewaltsamen Mitteln, war danach die Politik der Händler und Krämer, kurzum der Bürger, und gegen sie setzten die Helden und Krieger die Idee des Opfers, und sie begriffen den Krieg nicht als Durchsetzung materieller Interessen, sondern als Säuberung und Läuterung des Menschen und der Nation (vgl. dazu auch den Abschnitt »Instrumentelle und existentielle Auffassung des Krieges«, unten, S. 92ff.).

Gegen diese heraklitische Geschichtskonstruktion haben immer wieder Soziologen und Philosophen den Versuch unternommen, das wechselseitige Bedingungsverhältnis von Krieg und Frieden historisch aufzulösen und gesellschaftliche Modernisierung als Beseitigung des Krieges darzustellen (vgl. Wachtler, *Militär, Krieg, Gesellschaft*). So hat Auguste Comte in seinem Drei-Stadien-Gesetz Krieg und militärischem Geist eine eigene Epoche zugewiesen, von der er annahm, sie sei welthistorisch überwunden, da nun das Zeitalter von Wissenschaft und Industrie begonnen habe. Auch Herbert Spencer hat kriegerische und industrielle Gesellschaften gegeneinandergestellt und ist davon ausgegangen, daß die Konstitutionsprinzipien industrieller Gesellschaften (Vertragsfreiheit und freier Warentausch) mit denen kriegerischer Gesellschaften unvereinbar seien. Noch Joseph Schumpeter hat den Krieg als einen Atavismus unter den Bedingungen des Kapitalismus bezeichnet; deshalb auch werde der Krieg, sobald sich der Kapitalismus erst vollständig durchgesetzt habe, gänzlich verschwinden.

Dagegen haben andere von der Modernisierung gesellschaftlicher Strukturen kein Verschwinden, sondern eine Intensivierung des Krieges erwartet. Alexis de Tocqueville hat in seinem Werk *Über die Demokratie in Amerika* das Gesetzesparadox aufgestellt, »daß von allen Armeen die demokratischen Heere den Krieg am brennendsten ersehnen und daß von allen Völkern die demokratischen Völker den Frieden am meisten lieben; und die Sache wird dadurch vollends außergewöhnlich, daß diese gegensätzlichen Wirkungen beide durch die Gleichheit hervorgerufen werden« (Bd. 2, S. 391). Max Weber hat die Durchsetzung militärischer Disziplin in den europäischen Heeren seit dem 16. Jahrhundert als Vorschule der modernen Arbeitsdiszipin gesehen: »Die Disziplin des Heeres ist aber der Mutterschoß der Disziplin überhaupt. Der zweite große Erzieher zur Disziplin ist der ökonomische Großbetrieb.« Werner Sombart schließlich hat Krieg und Kapitalismus in ein wechselseitiges Steigerungsverhältnis gestellt: Nicht nur wurden im Militär Disziplin, Zucht und Zeitgefühl gefördert, sondern die Heere waren als Abnehmer und Markt eine Voraussetzung kapitalistischer Vermögensbildung, und der Krieg erst hat die Börse geschaffen (Nachweise bei Wachtler, *Militär, Krieg, Gesellschaft*).

Die mit geschichtsphilosophischen Perspektiven verbundenen soziologischen Analysen haben zu unterschiedlichen Ergebnissen geführt. Daß die Verbindung von Industrialisierung und Pazifizierung sich zuletzt als nicht zwingend erwiesen hat, lag offenbar daran, daß sie die Möglichkeit des Krieges allzusehr an eine kriegerische Gesellschaft und militärische Ideale gekoppelt haben; dabei wurde außer acht gelassen, daß auch der technologische Fortschritt mit dem Krieg eine explosive Verbindung eingehen kann. Wie schwierig es ist, dies in seiner ganzen Tragweite nachzuvollziehen, zeigt die genauere Betrachtung der Friedensparole »Schwerter zu Pflugscharen«: Sie geht zu Unrecht davon aus, daß Pflugscharen das ganz Andere der Schwerter seien. Die Herstellung der Pflugschar nämlich war historisch die Voraussetzung für die Aufstellung größerer und besser ausgerüsteter Heere (vgl. McNeill, *Krieg und Macht*, S. 21; Gellner, *Pflug, Schwert und Buch*, S. 20ff., 168ff.). Das Dilemma der reinen pazifistischen Moral zeigt sich an einer modernen Variante der Pflugscharherstellung: Der russische Finanzminister Witte unterstützte die zaristische Abrüstungsinitiative von 1898, da er hiervon das Freiwerden von Geldern aus dem Rüstungsetat erhoffte, mit denen das Eisenbahnnetz – und damit die Einsetzbarkeit der russischen Armee – vergrößert werden sollte (vgl. Dülffer, *Regeln gegen den Krieg?*, S. 34f.). Die budgetäre Abrüstung des zaristischen Rußlands und seiner Nachbarn und Konkurrenten hätte demnach objektiv deren militärische Bedrohung vergrößert – und so eine neue Runde des Wettrüstens eingeleitet.

2. Die Führung des Krieges

Geschichte und Zukunft des Krieges: der politische und der technologische Ansatz

Eine lange Zeit nur für Historiker wichtige Frage ist zum politischen Zentralproblem der Gegenwart geworden: Sind kriegsgeschichtliche Revolutionen wesentlich *politisch* oder wesentlich *technologisch* bedingt? Das geradezu klassische Beispiel bei der Erörterung dieser Frage waren die Erfolge der französischen Armeen nach der Revolution von 1789 und vor allem unter der Führung Napoleon Bonapartes. Diese Erfolge waren das Ergebnis der gesellschaftlichen Veränderungen durch die Revolution, die zur Vergrößerung der Truppenzahl und zur Erhöhung ihrer Motivation geführt hatte – so die eine These, die von Clausewitz bis Vagts (*History of Militarism*, S. 104ff.) vertreten wird (vgl. unten, S. 54ff.). Diese Erfolge waren das späte Ergebnis der technologischen Neuerungen in der Artillerie, lautet die Gegenthese (McNeill, *Krieg und Macht*, S. 153f.; Zinn, *Kanonen und Pest*, passim; technologische und politische Entwicklungen verbindend: Parker, *Die militärische Revolution*, passim). Überhaupt die Artillerie: War ihre neue Wertschätzung eine Folge des gesellschaftlichen Wandels oder ihrer besseren Einsetzbarkeit durch die technologischen Neuerungen? Eine scheinbar akademische Frage, die – auf die Atomwaffen bezogen – plötzlich politische Brisanz erhielt.

Sind nämlich kriegsgeschichtliche Revolutionen wesentlich *politisch* bedingt, so hat sich mit Einführung und Einsatz der Atomwaffen nichts daran geändert, daß der Krieg weiterhin ein Mittel der Politik ist. Das ist die Position der »Neo-Clausewitzianer« (Aron, Kissinger), die an der politischen Instrumentalität des Krieges festhalten, jedoch darauf bestehen, daß er im Atomzeitalter nicht mehr »geführt«, sondern nur noch »gedacht« werden kann (vgl. Aron, *Clausewitz*), was das politische Element des Krieges noch gesteigert habe. Das etwa ist gemeint, wenn von Atomwaffen als *politischen* Waffen die Rede ist.

Sind die Umschlagspunkte der Kriegsgeschichte jedoch nicht politisch, sondern *technologisch* bestimmt, so ist nicht auszuschließen, daß der Krieg infolge eines dieser technologischen Umschwünge als Mittel der Politik ausscheidet. Exakt dies habe sich mit dem Abwurf der Atombombe ereignet, lautet die These der Vertreter des Absurditätsarguments (Anders, *Die atomare Bedrohung*[4]; Schell, *Das Schicksal der Erde*): Der Krieg ist nicht länger ein Mittel der Politik, weil das Mittel durch seine Verwendung den Zweck, dem es dienen soll, obsolet machen würde. Insofern ist jeder Krieg absurd, auch der nur ›gedachte‹, weil seine Szenarien auf der Drohung beruhen, ihn auch zu ›führen‹, und deswegen nicht ausgeschlossen werden kann, daß der ›gedachte‹ in den ›geführten‹ Krieg umschlägt – gleichgültig, ob aus menschlichem oder technischem Versagen. Albert Einstein hat diese Position in ihrer äußersten Konsequenz vertreten, als er erklärte: »Die Atomkraft hat alles verändert, außer unserer Art zu denken. So treiben wir in eine beispiellose Katastrophe. Wir benötigen eine grundsätzlich neue Art zu denken, wenn die Menschheit überleben soll.« Alles entscheidend war dabei, daß der Krieg als Möglichkeit der Konfliktaustragung aus dem menschlichen Denken verschwinden mußte.

Neo-Clausewitzianer und Absurditätstheoretiker sind sich einig in der Überzeugung, daß der nukleare Krieg unter allen Umständen verhindert werden muß; aber sie dissentieren in den daraus zu ziehenden Schlußfolgerungen, weil sie unterschiedliche Vorstellungen von Politik und Technologie haben. Für die Neo-Clausewitzianer ist die militärtechnologische Entwicklung politisch beherrschbar, aber das Politische ist ein gefährliches Konfliktfeld, und deswegen plädieren sie für die *Abschreckung* als einzig erfolgreiche Strategie der Kriegsverhinderung. Die Absurditätstheoretiker von Einstein bis Russell dagegen bezweifeln die Kompetenz der Politik gegenüber der Technologie, halten politische Konflikte für friedlich lösbar und plädieren darum für vollständige *Abrüstung* als einzige Möglichkeit, der atomaren Katastrophe zu entgehen.

Davon zu unterscheiden ist eine grundsätzlich entgegengesetzte Position, die auch im Zeitalter der Atomwaffen auf der Möglichkeit zur Führung eines Krieges besteht. Auch diese Position zerfällt in zwei unterschiedliche Varianten angesichts der Frage nach dem Primat von Politik oder Technologie. Die eine Variante vertritt die Parole von der *Führbarkeit von Atomkriegen* durch ihre Begrenzung. Grundlage dieser neuen strategischen Doktrin ist die Idee einer ›Entpolitisierung‹ und ›Remilitarisierung‹ der Atomwaffen: Durch verkleinerte Vernichtungskraft und erhöhte Zielgenauigkeit der Atomwaffen sei der Krieg auch als Atomkrieg wieder zu führen, ohne mit der Auslöschung der Menschheit zu enden. Zur Begrenzung des Atomkrieges gehört auch die Stationierung von Raketenabwehrsystemen im Weltraum (SDI), die das eskalierende Übergreifen des Atomwaffeneinsatzes auf strategisch privilegierte Territorien militärisch verhindern sollen. Diese neue Doktrin folgt letzten Endes der Überzeugung, daß die technologischen

Neuerungen den Krieg nur für einige Zeit als politisches Mittel ausgeschaltet haben, daß aber die Fortführung der technologischen Entwicklung den Krieg wieder hat führbar werden lassen.

Davon zu unterscheiden ist die Theorie der *Hegung des Krieges*, die ebenfalls darauf besteht, daß der Krieg als Form politischer Konfliktaustragung unverzichtbar ist, die aber der Beherrschung der militärtechnologisch eröffneten Möglichkeiten mißtraut und darum auf die moralische und rechtliche Ächtung von Massenvernichtungswaffen setzt. Dabei nimmt sie in Kauf oder strebt bewußt an, daß der konventionelle Krieg wieder führbar wird. Als Beispiel kann diese Doktrin den Verzicht der japanischen Krieger am Ende des 16. Jahrhunderts auf den Einsatz von Feuerwaffen anführen (vgl. Perrin, *Keine Feuerwaffen mehr*). Sie kann aber auch an Überlegungen anknüpfen, die Carl Schmitt (*Der Nomos der Erde*, S. 285 ff.) unter dem Eindruck der Flächenbombardements auf Großstädte mit Verweis auf die Hegung des Krieges durch das *Jus publicum europaeum* am Beginn der Neuzeit entwickelt hat; dann setzt diese Doktrin auf politische Übereinkünfte über den Verzicht auf den Einsatz von Massenvernichtungswaffen, damit die Politik den Krieg als eines ihrer wichtigen Mittel (»ultima ratio«) zurückerhält (vgl. das Kapitel »Dialektik des Militarismus oder Hegung des Krieges«, unten, S. 54 ff.). Die Theorie der Hegung des Krieges bleibt von ihren Intentionen her ambivalent: Begrenzung der Opfer und Schäden oder Führbarmachung des Krieges – im Ergebnis hat das erstere das letztere zur Folge.

Der Krieg: bewaffnete Rechtsexekution oder Staatenduell

Der Krieg als bewaffnete Austragung eines Interessenkonflikts kann moralisch wie juristisch grundsätzlich in zwei Modellen gefaßt werden: Entweder handelt es sich um einen Konflikt, bei dem die eine Seite im Recht und die andere im Unrecht ist, oder aber beide Seiten können begründete Rechtsposition für sich in Anspruch nehmen. Dies ist hier weniger als empirische Frage im Hinblick auf bestimmte Konflikte relevant, sondern als moralisch-juristische Entscheidung über das Recht zum Kriege: Ist der Krieg legitim nur als bewaffnete Rechtsexekution oder auch als Staatenduell? Die Auffassung, Krieg sei eine Rechtsexekution und nur als solche legitim, hatte während der Antike im republikanischen Rom (vgl. Albert, *Bellum iustum*, S. 12 ff.) und während des

Mittelalters vorgeherrscht, sie fand sich auf geschichtsphilosophischer Grundlage im offiziellen Marxismus, weniger in der Sowjetunion, wo seit Breschnew die Doktrin der friedlichen Koexistenz vorherrschend war, als vielmehr im China Mao Tse-tungs, und sie besteht heute fort in der moralischen Dualisierung der Welt in bestimmten außenpolitischen Doktrinen der USA, zuletzt etwa während des sog. Zweiten Golfkriegs. Dagegen hatte die Neuzeit spätestens seit 1648 bis zum Ausbruch des Ersten Weltkriegs den Krieg als Staatenduell begriffen und jedem Staat (jedenfalls jedem europäischen Staat!) ein moralisch nicht diskriminiertes *ius ad bellum* zugesprochen. Der Krieg galt als *ultima ratio*, wenn Konflikte sich anders nicht mehr beilegen ließen. Nach neuzeitlicher Auffassung war ein europäischer Staatenkrieg ein *bellum iustum ex utraque parte* (vgl. Kimminich, »Die Entstehung des neuzeitlichen Völkerrechts«, S. 93 ff.); die Theologen des Mittelalters hingegen erklärten, es könne keinen Krieg geben, der von beiden Seiten her gerecht sei (vgl. Walzer, *Gibt es den gerechten Krieg?*, S. 100).

Eine der extremsten Auffassungen des gerechten Krieges, des *bellum iustum*, war und ist dessen religiöse Heiligung, wie sie sich in der islamischen Vorstellung des ǧihād (vgl. Rajewski, »Der gerechte Krieg im Islam«, S. 16 ff.) und in der christlichen Kreuzzugstheologie des hohen Mittelalters findet. Wer im ǧihād fiel, kam direkt ins Paradies, und wer nach Jerusalem zog, dem wurden die Kirchenstrafen erlassen und, nach einer verbreiteten Auffassung, auch die Sünden vergeben. Diese Vorstellung findet sich noch in Luthers Kampfschrift *Wider die räuberischen und mörderischen Rotten der Bauern*, in der es am Schluß heißt: »Steche, schlage, würge hier, wer da kann. Bleibst du darüber tot – wohl dir! Einen seligeren Tod kannst du niemals erreichen« (*Werke*, III, S. 74).

Die mittelalterliche Kriegslehre hat aber nicht nur den Kreuzzug gegen die Heiden oder den Kampf gegen Aufrührer im Innern unter die Vorstellung vom gerechten Krieg gestellt, sondern auch den mit Waffen ausgetragenen Konflikt zwischen zwei christlichen Staaten. Von Augustinus über Gratian bis Thomas wurde das Recht zur Kriegserklärung an drei Bedingungen geknüpft: Sie mußte durch die rechtmäßige Obrigkeit erfolgen (*auctoritas*), Kriegsursache mußte die Verhinderung oder Wiedergutmachung von Unrecht sein (*causa iusta*), und der Krieg mußte in rechter Gesinnung, d. h. nicht in Rachgier, Vergeltungswut oder Eroberungssucht geführt werden, sondern mit dem Ziel des Friedens (*intentio recta*). Waren diese drei Bedingungen erfüllt, so handelte es sich um einen gerechten Krieg (vgl. Engelhardt, »Die Lehre vom gerechten Krieg«, S. 72 ff.; Repgen, *Kriegslegitimationen*, S. 11 ff.).

Der Krieg ist hier definiert als eine bewaffnete Aktion zur Durchsetzung bzw. Wiederherstellung des Rechts, was zur Folge hat, daß die beiden Kriegsparteien nicht denselben moralischen und rechtlichen Status haben: Die eine Seite ist Rechtsverteidiger, die andere Rechtsbrecher. Daran schließt sich die entscheidende Frage an, ob die Kriegspartei, die das *ius ad bellum* zu Unrecht für sich in Anspruch genommen hat und einen ungerechten Aggressionskrieg führt, damit auch den Anspruch auf die Respektierung des *ius in bello* verwirkt hat. Einem altrömischen Sprichwort zufolge schweigen im Waffenlärm die Gesetze. Aber das *ius in bello* hatte den Kriegszustand in einen Rechtszustand verwandelt, indem es die Form des Kampfes bestimmten Normen und Regeln unterworfen hat, wie etwa der Pflicht zur Versorgung gegnerischer Verwundeter oder zum Schutz von Kriegsgefangenen. Michael Walzer (*Gibt es den gerechten Krieg?*, S. 191 ff.) hat diese Frage eingehend erörtert und festgestellt, daß auch in dem Fall, daß die eine Seite den Krieg mit Grund als *bellum iustum* ihrerseits ansieht (wie sich etwa die USA im Zweiten Weltkrieg sahen), sie dennoch nicht berechtigt ist, die Regeln des *ius in bello* zu brechen, selbst wenn der Bruch der Kriegskonventionen den Krieg verkürzen würde. In diesem Sinn waren die anglo-amerikanischen Bombenangriffe auf Dresden oder der Abwurf der Atombomben auf Hiroshima und Nagasaki Kriegsverbrechen.

Entgegen der Auffassung Carl Schmitts, der die Ideen der *causa iusta* und des *iustus hostis* (des nicht für kriminell erklärten Gegners) in einem Gegensatz zueinander sah (*Der Nomos der Erde*, S. 91), schließen sich danach die Idee des gerechten Krieges und die Anerkennung der Kriegskonventionen nicht eo ipso aus (vgl. auch Repgen, *Kriegslegitimationen*, S. 17 ff.), aber Michael Walzer, der auf der Respektierung des *ius in bello* auch im Falle des *bellum iustum* besteht, muß doch eingestehen, daß diejenigen, die die Gerechtigkeit auf der eigenen Seite meinen, *dazu neigen*, das Recht des Gegners zu beschneiden. Ein Beispiel ist Churchill, der 1939/40 mit folgenden Argumenten die Verminung der norwegischen Küstengewässer und damit den Bruch der norwegischen Neutralität gefordert hatte:

»Wir haben das Recht, ja die Pflicht, vorübergehend die Gültigkeit gerade der Gesetze aufzuheben, denen wir wieder Geltung verschaffen wollen... Der Buchstabe des Gesetzes darf nicht in höchster Not diejenigen hemmen, die mit seinem Schutz und seiner Ausführung betraut sind... Es ist noch wichtiger, Humanität zu unserem Leitstern zu machen als Legalität« (zit. nach Walzer, *Gibt es den gerechten Krieg?*, S. 351).

Churchill vertrat dabei offen die These, der Zweck heilige die Mittel. Im Nürnberger Kriegsverbrecherprozeß wurde später die deutsche Führung angeklagt, die norwegische Neutralität gebrochen zu haben (nach der Verminung der Küstengewässer durch die Engländer hatten deutsche Truppen Norwegen überfallen und besetzt). Das hat nicht nur dem Anspruch des Nürnberger Tribunals, *Recht* und nicht *Siegerrecht* zu sprechen, erheblichen Abbruch getan, sondern verweist auch auf ein grundsätzlicheres Problem der Theorie des gerechten Krieges: Wer stellt abschließend fest, welche Gründe gerecht und welche ungerecht sind?

Genau an diesem Punkt hatte die vom europäischen Völkerrecht aufgestellte These vom *bellum iustum ex utraque parte* angesetzt, die jeder Kriegspartei unbesehen gleichrangige Gründe und Absichten unterstellte und insofern allen den gleichen moralischen und rechtlichen Status zubilligte: Die Legitimität des Krieges in Europa hing nun nicht mehr am Anspruch der bewaffneten Rechtexekution, sondern der Krieg wurde zum Staatenduell als die nicht länger materiell, sondern nur noch formell normierte bewaffnete Auseinandersetzung zweier Staaten.[5] Nur noch metaphorisch konnte hier von Gerechtigkeit die Rede sein, wenn man nicht die je eingetretenen Kriegsergebnisse als Sieg der Gerechtigkeit definieren wollte. Francis Bacon hat dies so formuliert: »Kriege sind Anfragen vor dem Tribunal der Gerechtigkeit Gottes, wenn es keinen Höheren auf Erden gibt, um den Fall zu entscheiden.« Diesen Höheren aber gab es in Europa nicht mehr, seitdem die Könige von sich sagten, in weltlichen Fragen stehe keiner höher als sie (*in temporalibus superiorem non recognoscens*), und diese Bestimmung zum Wesensmerkmal der Souveränität machten. Historisch gesehen war das Verständnis des Krieges als Staatenduell die Konsequenz des Niedergangs, den zunächst das Kaisertum und dann das Papsttum hatten erfahren müssen. Im Friedensvertrag von Münster und Osnabrück (1648) wurde erstmals juristisch fixiert, daß die europäischen Souveräne keinen Höheren über sich anerkannten, und damit blieb bis zur Gründung des Völkerbundes die zentrale Frage der Theorie des gerechten Krieges *Quis iudicabit?* unbeantwortet.

Damit war das Recht der Kriegführung zum natürlichen Vorrecht des souveränen Staates geworden – ein Recht, das keinerlei rechtlicher oder moralischer Beurteilung durch einen Höheren unterlag und von dem allein aus Gründen der *Staatsraison* Gebrauch gemacht wurde.[6] Der Krieg wurde zur *ultima ratio regum*. Das hieß zugleich, daß die Soldaten einander moralisch und rechtlich gleichgestellt waren (*iustus hostis*), daß Kombattanten (erkennbar an ihrer Uniform) und Nonkombattanten voneinander unterschieden wurden und nach den Greueln des Dreißigjährigen Krieges, unter dem vor allem die Zivilbevölkerung zu leiden gehabt hatte, der Krieg wieder von Armeen gegeneinander geführt wurde, während die Zivilbevölkerung weitgehend geschützt war. Sie war am Krieg nur insoweit beteiligt, als ihre Steuerzahlungen die Aufstellung und Unterhaltung stehender Heere (*miles perpetuus*) ermöglichte; diese Heere, über Jahre exerziert, wurden zu einem kostbaren und nur schwer ersetzbaren Instrument der Kriegführung. Die Schlachten wurden dadurch seltener, die Kriege unblutiger, bis die Französische Revolution durch die Ausrufung der *levée en masse* den Generälen wieder billiges ›Menschenmaterial‹ zur Verfügung stellte.

Die völkerrechtliche Regelung, die jedem Souverän das Recht zubilligte, einem anderen den Krieg zu erklären, hatte Gültigkeit bis zum Ende des Ersten Weltkriegs, als das Deutsche Reich im Friedensvertrag von Versailles schuldig gesprochen wurde, einen Angriffskrieg geführt zu haben. Demgegenüber hielt die holländische Regierung an den Bestimmungen des Vorkriegs-Völkerrechts fest, als sie die Auslieferung des nach Holland geflohenen deutschen Kaisers mit der Begründung verweigerte, das Oberhaupt eines Staates dürfe nach geltendem Völkerrecht nicht wegen seiner Entscheidung, Krieg zu führen, zur Rechenschaft gezogen werden (vgl. Kimminich, »Der gerechte Krieg«, S. 214).

Die Satzung des neu gegründeten *Völkerbundes* erlegte den Souveränen eine Friedenspflicht auf (partielles Kriegsverbot) und brachte so einen Grundpfeiler des neuzeitlichen Völkerrechts zum Einsturz: Seit dem Frieden von Münster und Osnabrück galten Krieg und Frieden als gleichwertige Zustände; jetzt wurde durch die Formulierung eines »Kriegsverhütungsrechts« (Streitschlichtungsverfahren) der Frieden moralisch und rechtlich privilegiert und der Krieg diskriminiert. Die Satzung des Völkerbundes zog damit Konsequenzen aus der neuen Qualität, die die bewaffnete Konfliktaustragung im Verlauf des Ersten Weltkriegs angenommen hatte, als sich das Duell zahlenmäßig begrenzter Heere in eine mit ungeheurem Materialaufwand betriebene Massenschlächterei verwandelt hatte und mit der englischen Handelsblockade sowie dem (uneingeschränkten) U-Boot-Krieg der Deutschen die Unterscheidung zwischen Kombattanten und Nonkombattanten obsolet geworden war. Der Luftkrieg und der Einsatz von Atomwaffen während des Zweiten Weltkriegs markieren weitere Formen der »Enthegung« (Schmitt) des Krieges. Der Briand-Kellogg-Pakt von 1928 hatte das partielle Kriegsverbot der Völkerbundsatzung zum generellen

Kriegsverbot ausgeweitet; Ziff. 4 der UNO-Satzung steigerte es zu einem allgemeinen Gewaltverbot. Hinsichtlich des Völkerrechts hat Kimminich (»Der gerechte Krieg«, S. 216) daraus gefolgert: »Vom ius ad bellum des klassischen Völkerrechts ist somit nichts übriggeblieben. Der Krieg ist als Mittel der internationalen Politik verboten und geächtet. Eine Rechtfertigung des Krieges gibt es nicht.«

Koloniale und antikoloniale Kriege

Dennoch ist der Krieg auch nach 1945 nicht von der politischen Tagesordnung verschwunden, aber er hat unverkennbar seine Erscheinungsform geändert. Der Staatenkrieg, ausgetragen nach den Normen und Regeln des europäischen Völkerrechts, ist selten geworden; an seine Stelle ist zeitweilig der – in der Regel als *Partisanenkrieg* geführte – antikolonialistische Befreiungskrieg getreten, der nicht zwischen zwei sich prinzipiell als gleichberechtigt anerkennenden Staaten, sondern zwischen Rebellen und Regierung bzw. Kolonial- oder Schutzmacht ausgetragen wird. Von Algerien über Vietnam bis Afghanistan zeigt sich die unerhörte Grausamkeit dieser Kriege, in denen die Kriegskonventionen keine Beachtung finden. Einer der Gründe dafür ist, daß sich die Konfliktparteien gegenseitig nicht als *iusti hostes* anerkennen, sondern die gegnerischen Soldaten bzw. Kämpfer als Verbrecher ansehen, die zu vernichten alle Mittel erlaubt sind.

Die Debatte um die Berechtigung kolonialer Eroberungen und den Widerstand der autochthonen Völker gegen die fremden Herren steht bereits am Anfang der Völkerrechtsgeschichte im neuzeitlichen Europa. Man wird also kaum sagen können, daß es sich hier um grundlegend neuartige Vorgänge handele, die einem Zeitalter der Ideologisierung und des Weltbürgerkriegs geschuldet seien. Die Kampfweise des Partisanenkrieges läßt sich sowohl während des Dreißigjährigen Krieges in der Konfliktaustragung zwischen Landbevölkerung und requirierenden (plündernden) Streifscharen (Partisanen) beobachten wie in der spanischen *Guerilla* (kleiner Krieg) gegen die Armeen Napoleons, deren bestialische Grausamkeiten in den Bildern Goyas festgehalten sind.

Die Frage nach dem Recht der Europäer zu gewaltsamer Kolonialisierung der Neuen Welt hatte schon im 16. Jahrhundert in der Debatte zwischen Bartolomé de Las Casas und Juan Ginés de Sepúlveda Eingang in das Völkerrecht gefunden, wobei christliche Missionierung und politische Unterwerfung eng miteinander verbunden wurden. So erklärte Sepúlveda: »Die Kirche kann den Auftrag Christi, das Evangelium aller Welt zu verkünden, nur erfüllen, wenn die Ungläubigen vorher politisch den Christen unterworfen werden.« Das hieß konkret: Missionierung durch Feuer und Schwert. Demgegenüber hat Las Casas jedem ›Recht‹ zur gewaltsamen Unterwerfung autochthoner Völker durch die Europäer eine entschiedene Absage erteilt und zuletzt sogar die These aufgestellt, die Kriege und Eroberungen der Spanier in der Neuen Welt seien sämtlich ungerecht. In der vorherrschenden Völkerrechtslehre hat sich mit Francisco de Vitoria eine Position durchgesetzt, die der des Las Casas näherstand als der Sepúlvedas (vgl. Kimminich, »Die Entstehung des neuzeitlichen Völkerrechts«, S. 79ff., sowie Engelhardt, »Der gerechte Krieg«, S. 88ff.).

Für die Praktiken des Kolonialismus hatte dies über Jahrhunderte hinweg jedoch kaum Folgen, zumal im 19. Jahrhundert, dem Zeitalter des Kolonialismus und Imperialismus, die christlichen Motive bei der Kolonisierung auch offiziell in den Hintergrund und die wirtschaftlichen Interessen in den Vordergrund traten. Erst im 20. Jahrhundert wurde die seit der zweiten Hälfte des 16. Jahrhunderts kursierende völkerrechtliche Auffassung vom Selbstbestimmungsrecht der Völker politische Wirklichkeit – in vielen Fällen jedoch erst nach erbitterten Partisanenkriegen, in denen Kriegskonventionen keinerlei Beachtung fanden. Die Weigerung der europäischen Kolonialmächte, in Kriegen gegen kolonisierte Völker die völkerrechtlichen Konventionen zu respektieren, zeigte sich bereits 1899 während der 1. Haager Friedenskonferenz, als Großbritannien es unter Hinweis auf seine Kolonialkriege ablehnte, einem Vertrag zur Ächtung von Dum-Dum-Geschossen (abgeplattete Gewehrmunition, die besonders große Wunden reißt) beizutreten. Im Verlauf der Diskussion erklärte der britische Vertreter, in Europa könne man auf derlei Munition verzichten, weil sich hier ein Verwundeter aus der Schlacht zurückziehe. »Es ist ganz anders bei einem Wilden. Auch wenn er zwei- oder dreimal getroffen ist, hört er nicht auf, vorwärts zu marschieren, ruft nicht die Sanitäter, sondern geht weiter, und bevor irgend jemand Zeit hat, ihm zu erklären, daß er die Entscheidungen der Haager Konferenz handgreiflich verletze, schneidet er einem den Kopf ab« (zit. nach Dülffer, *Regeln gegen den Krieg?*, S. 76f., 151). Der Krieg der »Zivilisierten« untereinander wurde gehegt, im Kampf gegen die »Wilden« hingegen waren alle Mittel erlaubt. In den Augen vieler Europäer konnte der Kolonialkrieg ohnehin kaum den Status eines Krieges im rechtlichen Sinne beanspruchen.

»Barbaren«, heißt es noch bei John Stuart Mill, »haben keine Rechte als Nation«, d. h., sie hatten auch kein *ius ad bellum*, woraus dann die Neigung resultierte, ihnen auch das *ius in bello* vorzuenthalten.

Ein politisch-juristischer Aspekt trug zur Grausamkeit der Entkolonialisierungskriege nach dem Zweiten Weltkrieg zusätzlich bei: Diese Kriege lagen staats- und völkerrechtlich zwischen Staatenkrieg und Bürgerkrieg, oder genauer: Sie begannen als *Bürgerkrieg* und endeten, wenn die Insurgenten Erfolg hatten, als *Staatenkrieg* (vgl. Aron, *Frieden und Krieg*, S. 47f.). Der in einem Bürgerkrieg eingebrachte Gefangene unterliegt jedoch nicht dem Schutz der Haager Landkriegsordnung und der Genfer Konvention; er wird also nicht als *iustus hostis* anerkannt, sondern kann allenfalls die Respektierung der allgemeinen Menschenrechte für sich reklamieren. Rein rechtlich ist er ein Krimineller, der wegen (versuchten) Mordes zum Tode verurteilt werden kann. In der Tat ist die *Rechts*frage hier eine *Macht*frage: Erst wenn die Insurgenten eine bestimmte militärische Stärke erreicht haben, haben sie eine Chance, als regulärer Gegner mit allen Schutzansprüchen akzeptiert zu werden. Symbol dieser Anerkennung ist in der Regel der Austausch von Kriegsgefangenen – ein symbolischer Anerkennungsvorgang, um den heute im Nahen Osten zwischen Israel und der PLO gerungen wird.

Das gilt ebenso für die Anerkennung einer Sezessions- oder Befreiungsbewegung durch Dritte. John Stuart Mill hat diese Frage am Beispiel des Ungarnaufstandes gegen die habsburgische Herrschaft in den Jahren 1848 und 1849 und dem Problem der moralischen und rechtlichen Legitimität britischer Hilfe für die Aufständischen erörtert. Er ist dabei zu dem bis heute weitgehend akzeptierten Ergebnis gekommen, die Anerkennung und Unterstützung von Aufständischen sei legitim, wenn diese *im Kampf* die Ernsthaftigkeit ihrer Ansprüche und die Möglichkeit ihrer Durchsetzung unter Beweis gestellt hätten. Mill schreibt:

»Als aber, nachdem sich erwiesen hatte, daß die Ungarn als Sieger aus diesem Kampf hervorgehen würden, der russische Despot eingriff, seine Kräfte mit denen der Österreicher vereinigte und die Ungarn, an Händen und Füßen gefesselt, wieder ihrem aufs höchste verbitterten Unterdrücker zurückgab, wäre es ein ehrenhafter und tugendhafter Akt von seiten der Engländer gewesen, zu erklären, daß dies nicht sein dürfe und daß England, wenn Rußland der falschen Seite half, der richtigen helfen würde« (zit. nach Walzer, *Gibt es den gerechten Krieg?*, S. 145).

Pointiert formuliert: Voraussetzung für die rechtliche Anerkennung von Befreiungsbewegungen ist in jedem Fall die erfolgversprechende Gewaltanwendung; aber der mit Blut erbrachte Nachweis für die Ernsthaftigkeit der Befreiungsbestrebungen ist keine Garantie für die Anerkennung durch sympathisierende Dritte, weil möglicherweise Gebote der *politischen Klugheit* die völkerrechtliche Anerkennung und militärische Unterstützung der Aufständischen verbieten. Ein Beispiel hierfür ist der ungarische Aufstand von 1956 und die überaus zurückhaltende Rolle der USA, ein weiteres das lange Zögern der europäischen Staaten, Slowenien und Kroatien als eigenständige Staaten anzuerkennen.

Die Intensität der Feindschaft wird in Befreiungskriegen durch drei Faktoren gesteigert: Zu der bereits genannten rassistischen Verachtung der Aufständischen (in antikolonialistischen Kriegen) und dem Umstand, daß der Aufstand als Bürgerkrieg beginnt, kommt hinzu, daß er in der Regel als Partisanenkrieg ausgetragen wird. Allgemein kann die Guerilla als Relativierung der Trennung zwischen Kombattanten und Nonkombattanten (Zivilisten) und als Auflösung der Unterscheidung zwischen Front und Hinterland definiert werden. Im Partisanenkrieg wird der Kampf als potentieller Kampf, d. h. als Bedrohung, permanent und ubiquitär. Der Krieg wird buchstäblich ›enthegt‹, es gibt (tendenziell) keine Friedens- und Ruhezonen mehr, für keine der beiden Seiten. Doch während die Permanenz und Ubiquität des Kampfes das Wesen des Partisanen ausmacht, ist der reguläre Soldat dieser Kampfweise kaum gewachsen: Da er diesen Kampf regulär, d. h. unter Anerkennung der kriegsrechtlichen Konventionen, nicht zu führen vermag, führt er einen Vernichtungsfeldzug gegen Partisanen und Zivilisten, oder er gleicht seine Kampfweise der des Partisanen an. In beiden Fällen wird der politisch-militärische Gegner zum persönlichen Feind; dies ist ein durchgängiges Signum des Partisanenkrieges.

Der Partisanenkrieg ist die genuine Kampfform der (militärisch) Schwachen; er ist die Fortsetzung des Widerstandes nach der Vernichtung der eigenen regulären Armee oder der Beginn des Kampfes für eine Idee oder ein Land, das noch nicht über eine reguläre Armee verfügt. Dieser Krieg der Schwachen bezieht seine Stärke daraus, daß er die Zuordnungen des großen Krieges in ihr Gegenteil verkehrt: Beschützen dort die Soldaten die Zivilisten, so werden im Partisanenkrieg die Guerilleros von den Zivilisten geschützt, indem sie in deren Mitte unerkannt untertauchen – die Partisanen bewegen sich in der Bevölkerung wie die Fische im Wasser, heißt es in einer berühmten Wendung Mao

Tse-tungs. Um den Schutz der Haager Landkriegsordnung und der (nach dem Zweiten Weltkrieg entsprechend weit gefaßten) Genfer Konvention zu unterliegen, müssen sich Partisanen durch charakteristische, aus der Entfernung gut sichtbare Zeichen kenntlich machen und ihre Waffen offen tragen. Damit freilich verlieren sie den Schutz, den sie aus der Ununterscheidbarkeit von den Zivilisten bezogen haben, und sie nähern sich den Bedingungen der regulären Kriegführung an. Dies können sich Partisanen jedoch erst leisten, wenn sie ein relatives militärisches Gleichgewicht mit dem Gegner erreicht haben; unter der Bedingung ihrer Unterlegenheit müssen sie den Schutz durch die Zivilisten dem durch die Kriegskonvention (die den Zwang zur ›Waffengleichheit‹ einschließt) vorziehen. Die Folge dessen ist, daß der (reguläre) Gegner die Kampfhandlungen sehr bald auf die Zivilbevölkerung ausdehnt bzw. gegen diese Pressionen (Geiselnahme, Häusersprengung, Erschießungen) einsetzt, um die Partisanen zu isolieren oder von weiteren Angriffen abzuhalten. Maos Bild variierend: Um die Fische zu fangen, wird der Teich trockengelegt. Von Algerien über Vietnam bis Afghanistan resultieren hieraus die spezifischen Grausamkeiten des Partisanenkrieges.

In einem Zeitalter, in dem der große Krieg durch die bloße Existenz der Massenvernichtungswaffen unführbar geworden ist, da ihn zu beginnen das Ende der Menschheit wäre, hat der Partisan das Interesse all der Theoretiker gefunden, die am Krieg als Modus politischer Konfliktaustragung festhalten wollen. So hat Rolf Schroers den Partisanen als einen Menschen beschrieben, der auf der personalen Autonomie gerade unter den Bedingungen einer umfassenden Technisierung der Welt und der Verwaltung des Menschen insistiert. Der Partisan ist die »elementare Gegenfigur der technischen Zivilisation« (*Der Partisan*, S. 32), er ist sich der Würdelosigkeit eines fügsamen Lebens bewußt, und er gewinnt, indem er sich dem Tode preisgibt, die Würde des Lebens zurück. Für Schroers ist der Partisan ein radikaler Existentialist. »Die Solidarität der Bande sichert die Unantastbarkeit der Würde als das Geheimnis eines jeden einzelnen, das niemals der Tod, aber dauernd die Lebensgier selbst gefährdet« (ebd., S. 330). Zweifellos gehen in diese, wie Schroers es nennt, »politisch-anthropologische« Betrachtung des Partisanen Momente der Stilisierung und Heroisierung ein; aber sie eröffnet gleichzeitig den Zugang zu einem Problem, auf das die rein militärtechnische Darstellung der Guerilla keine Antwort zu geben weiß: die vom Partisanen ausgehende Faszination, den Mythos der Guerilla, wie er in Westeuropa Ende der sechziger Jahre in dem berühmten Poster von Che Guevara Verbreitung gefunden hat. Und unter dem Schroersschen Zugriff wird auch sichtbar, warum und worin sich der *Typus des Guerillero* von dem des *Soldaten* unterscheidet: Der Soldat sieht, ganz im Sinne von Clausewitz, den Krieg *instrumentell*, der Guerillero hingegen, darin dem Freikorpsmann ähnlich, erfährt ihn *existentiell*. Gute Guerilleros werden nie gute Soldaten – und umgekehrt. Vor allem aber unterscheiden sie sich darin: Soldaten sind demobilisierbar, Guerilleros im existentiellen Sinne nie; von Che Guevara bis Eden Pastora müssen sie bis zu ihrem Tod weiterkämpfen.

Demgegenüber hat Carl Schmitt den Partisanen über die spezifischen Kriterien seiner Kampfweise zu definieren versucht: Danach sind *Irregularität* (fehlende Uniformierung), *gesteigerte Mobilität* (die Ubiquität der Front), *gesteigerte Intensität des politischen Engagements* (Kampf nicht auf Befehl, sondern aus eigener Überzeugung) und der *tellurische Charakter* (die Erdverbundenheit im Sinne einer prinzipiell defensiven Grundeinstellung) die vier Wesensmerkmale des echten Partisanen (*Theorie der Partisanen*, S. 20ff.). Auf der Suche nach dem Wesen des Partisanen hat Schmitt jedoch Unvereinbares miteinander verbunden: Zwar hat er zwischen dem »defensiv-autochthonen Verteidiger der Heimat« und dem »weltaggressiven, revolutonären Aktivisten« unterschieden (ebd., S. 35), dieser Unterscheidung bei den definitorischen Kriterien des Partisanen aber keine Bedeutung beigemessen. Tatsächlich sind jedoch die Unterschiede zwischen dem »Partisanen der Tradition« und dem »Partisanen der Revolution« tiefgreifender als deren strategische und taktische Gemeinsamkeiten: Der eine kämpft für das alte Recht, der andere für eine bessere Zukunft, der eine will überkommene Traditionen verteidigen, der andere ein abstraktes Ideal verwirklichen, der eine ist politisch defensiv, der andere offensiv (dazu der Abschnitt »Partisanen der Tradition«, unten, S. 127ff.). Nur wenn die Politik – entgegen der Clausewitzschen Definition des Krieges – hinter Strategie und Taktik zurücktritt, überwiegen die Gemeinsamkeiten die Unterschiede.

3. Die Sicherung des Friedens

In der wissenschaftlichen Diskussion über Krieg und Frieden, wie sie in den letzten 20 Jahren seitens der Friedens- und Konfliktforschung geführt worden ist (vgl. Senghaas, *Kritische Friedensforschung* sowie Eberwein/Reichel, *Friedens- und Konfliktforschung*), wird – im Gegensatz zu voluntaristischen Theorien, die den Willen der Politiker zur

Erklärungsgrundlage nehmen – durchgängig herausgestellt, daß ökonomische und soziale, politische und geographische Rahmenbedingungen den Frieden begünstigen oder den Krieg wahrscheinlicher machen können (vgl. dazu den Abschnitt »Die Weisheit der Regierenden, unten, S. 80ff.). Die beiden alternativen Modelle der Friedenssicherung, *Universalreich* oder *Gleichgewicht* (alle anderen Modelle sind Kombinationen aus diesen beiden), müssen darum auch im Hinblick auf die spezifischen Rahmenbedingungen untersucht werden, unter denen sie ihre Wirkung entfalten sollen. So kann – beispielsweise – eine imperiale Friedensordnung umschlagen in die imperialistische Vorherrschaft des Hegemonialstaates, oder ein Gleichgewichtssystem kann sich als Grundlage des Kalten Krieges und eines endlosen Wettrüstens entpuppen. In beiden Fällen erfolgen die Umschläge jedoch nicht automatisch infolge der immanenten Funktionslogik des Modells, sondern resultieren aus externen Faktoren, die hier als Rahmenbedingungen diskutiert werden sollen.

Einen besonderen Status beansprucht allein die *demographische* Erklärung von Krieg und Frieden, weil von ihr die jeweiligen Modelle der Friedenssicherung als eher kontingent angesehen werden. Dieser von einigen Ethologen und Historikern vertretene Ansatz sucht den Schlüssel zur Erklärung von Krieg und Frieden in der Bevölkerungsdichte eines Gebiets: Danach wächst die Wahrscheinlichkeit von Kriegen entsprechend der Bevölkerungszahl und nimmt auch ihr entsprechend ab. So referiert Eibl-Eibesfeldt ethnographische Berichte über Konfliktfelder in vorhochkulturellen Gesellschaften und kommt zu dem Ergebnis: »Die Wahrscheinlichkeit, daß es zum Streit kommt, steigt in einem größeren Umfange, als die Bevölkerung wächst, und zwar bei linearem Populationszuwachs etwa in geometrischer Perspektive« (*Krieg und Frieden*, S. 221). Auch der Historiker McNeill hat die Kriege in der Dritten Welt mit der Bevölkerungsexplosion in diesen Ländern in Verbindung gebracht und prognostiziert, daß mit der Fortdauer der »demographischen Krise (...) Kriege und Kriegsvorbereitungen (...) mit Wahrscheinlichkeit auch künftig im größten Teil der Dritten Welt verbreitete Erscheinungen sein« werden (*Krieg und Macht*, S. 336). Eine modifizierte Sicht findet sich bei Michael Mann (*Geschichte der Macht*, Bd. 1, S. 88f.), der die Häufigkeit und Intensität von Kriegen mit der regionalen Immobilisierung der Bevölkerung, ihrem Seßhaftwerden in den fruchtbaren Tälern und dauerhafter Investition in Bewässerungstechnologien, in Verbindung bringt, wobei demographische Entwicklung und regionale Immobilisierung miteinander in Zusammenhang stehen.

Das intentional unkomplizierteste Modell der Friedenssicherung ist die Idee eines Universalreiches, weil hier – modelltheoretisch – Absicht, Methode und Ergebnis unmittelbar in eins fallen – im Gegensatz zu der altrömischen Regierungsdevise, daß, wer den Frieden wolle, Vorbereitungen zum Krieg treffen müsse: *Si pacem vis, para bellum*. Während es in dieser paradoxen Finalrelation am zweckmäßigsten ist, das Gegenteil dessen ins Auge zu fassen, was man erreichen will, garantiert die Universalmonarchie die Identität von Mittel und Wirkung. An ihrer Spitze steht der universale Herrscher, der – als verkörperte Gerechtigkeit – Recht spricht und dieses Recht notfalls auch mit Gewalt durchsetzt. Diese Gewalt freilich ist rechtsförmige Gewalt, Macht (vgl. Arendt, *Macht und Gewalt*); der ordnende Eingriff erfolgt im (modelltheoretisch unterstellten) objektiven Interesse derer, gegen die er sich richtet, und nichts und niemand kann sich dieser Macht mit Recht widersetzen. Die friedensichernde Pointe dieses Modells ist die (unterstellte) völlige Subsumtion der Gewalt unters Recht und das Verschwinden aller rechtsfreien Bereiche, in denen Gewalt Recht setzt (›normative Kraft des Faktischen‹).

Papst und Kaiser haben während des Mittelalters – zumeist in Konkurrenz gegeneinander – die Stellung eines Universalherrschers für sich reklamiert. Sie beanspruchten dabei nicht, über alle Menschen unmittelbar zu herrschen, sondern verlangten die Anerkennung als letzte Entscheidungsinstanz über den Königreichen im christlichen Europa. Die Idee des Universalreiches ist der Versuch, die Frage *Quis iudicabit* durch die Inthronisation einer obersten inappellablen Instanz zu beantworten; die Idee des Universalreiches ist darin die Konsequenz aus der mittelalterlichen Überzeugung, daß *Gewalt* niemals *Recht* setzen kann, sondern als *Macht* legitimiert sein muß und Gewalt nur zur Rechtsexekution angewendet werden darf – was nicht heißt, daß die Verhältnisse tatsächlich immer so gewesen wären. Im Gegensatz zu dieser mittelalterlichen Überzeugung erfuhr am Beginn der Neuzeit mit der Ausformung der Vorstellungen vom Gleichgewicht der Kräfte die Gewaltanwendung einen begrenzten, aber deutlichen Zuwachs an Legitimität: Gewalt wurde ein ›Argument‹. Der Schlüsselbegriff dieser Entwicklung heißt *Staatsraison* (vgl. Meinecke, *Die Idee der Staatsräson*; Münkler, *Im Namen des Staates*, S. 248 ff.).

Die Idee eines kaiserlichen Universalreiches hat in Dantes *De monarchia* ihre großartigste Ausprägung erfahren – und dies zu einem Zeitpunkt, als die politischen Voraussetzungen ihres Funktionierens, die überlegene Macht des Kaisers und die Anerkennung seiner Autorität durch die europäischen Könige, bereits dahingeschmolzen waren. Mit zukunftsweisenden Argumenten begründete Dante eine zu seiner Zeit politisch bereits obsolete Idee; Modernität und Nostalgie, politischer Realismus (i. S. der These von der ›normativen Kraft des Faktischen‹) und idealistische Friedenssehnsucht fließen in seiner Schrift ineinander (vgl. Seidlmayer, »Dantes Reichs- und Staatsidee«). Gerade dies hat Dantes Schrift von Erasmus über Rousseau bis hin zu den Völkerbundsmodellen des 20. Jahrhunderts zu einem ständigen Bezugspunkt der Diskussion über die Sicherung des Friedens werden lassen (zu Erasmus vgl. Diesner, *Krieg und Frieden im Renaissance-Humanismus*, S. 21 ff.; zu Rousseau vgl. Fischbach, *Krieg und Frieden in der französischen Aufklärung*, S. 67 ff.).

Das 1. Buch der *Monarchie* geht der Frage nach, »ob eine Monarchie (i. e. eine Universalmonarchie; H. M.) zum Heile der Welt vonnöten ist«, das 2. Buch erörtert, »ob sich das römische Volk von Rechts wegen das Amt der Monarchie beigelegt hat«, das 3., »ob die Autorität der Monarchie unmittelbar von Gott abhängt oder von einem Diener oder Stellvertreter Gottes« (I,2). Im 1. Buch wird also die *Funktionalität* der Universalmonarchie untersucht, im 2. die *Begründung ihrer Legitimität* und im 3. die *Weitergabe dieser Legitimität*. Frieden ist nötig, so Dantes Antwort auf die erste Frage, damit die Menschheit ihr von Gott und der Natur vorgegebenes Ziel, ihr *telos* im aristotelischen Sinn, erreichen kann. Und dieser Frieden ist nur durch die Errichtung einer Universalmonarchie zu gewährleisten, denn wo zwei herrschen, ist immer Streit möglich; wo aber nur einer herrscht, gibt es keine Begehrlichkeit mehr, weil er schon alles hat – ein Argument, das später Erasmus aufnimmt und das fortan immer wieder vorgetragen wird. Konkret bezog Dante damit Position gegen die Publizisten des französischen Königs Philipp des Schönen und die italienischen Guelfen, die die Notwendigkeit einer Universalmonarchie bestritten und statt dessen auf ein System unabhängiger Territorial- und Stadtstaaten setzten. Ihnen wirft Dante vor: »Sie heucheln Gerechtigkeit, wollen aber keinen haben, der die Gerechtigkeit zur Durchführung bringt« (I,12).

Woraus aber bezieht dieser eine, wer auch immer er sei, die Legitimität, letztinstanzliche Entscheidungen zu fällen? Oder mit den Worten des Johann von Salisbury, die auf den Suprematieanspruch der staufischen Kaiser gemünzt waren: »Wer hat die Deutschen zu Richtern über die Völker gemacht? Wer hat diesen plumpen und wilden Menschen das Recht gegegen, nach Willkür einen Herrn über die Häupter der Menschen zu setzen?« Darauf waren grundsätzlich zwei Antworten möglich: ein anderer, der über ihnen stand, oder sie selbst; konkret: der Papst oder das Schwert, was heißt: durch rechtliche Übertragung oder durch kriegerische Aneignung. War nun das Recht zu richten vom Papst übertragen, so war dieser – und nicht der Kaiser – die oberste Entscheidungsinstanz der Christenheit, da er auch über den Kaiser zu richten hatte, über ihn selbst aber nur Gott richtete. Papst Bonifaz VIII. hatte in der Bulle *Unam sanctam* (1302) diesen Gedanken zur äußersten Konsequenz gesteigert: »Die geistliche Macht hat die weltliche einzusetzen und richtet über sie, wenn sie nicht gut ist (...) somit erklären wir denn, daß alle menschliche Kreatur dem Papst in Rom untertan sein muß, wenn sie nicht die Seligkeit ihrer Seele verlieren will; so sagen und bestimmen wir.« Hier ist der Papst oberste Entscheidungsinstanz, Universalmonarch, und die Legitimität seiner Ansprüche resultiert unmittelbar aus seiner Einsetzung durch Gott. Eine gemilderte Version dieses päpstlichen Suprematieanspruchs ist die Berufung auf die Konstantinische Schenkung, derzufolge Kaiser Konstantin an Papst Sylvester die kaiserliche Macht abgegeben habe, um sie anschließend aus dessen Hand zurückzuerhalten. Lorenzo Valla hat im 15. Jahrhundert nachgewiesen, daß das Dokument, auf das die Kurie sich berief, eine Fälschung war.

Die Gegenposition, der zufolge das Recht zu richten mit dem Schwert errungen worden sei, stand von vornherein auf schwachen Füßen, da sie im Widerspruch zur Idee der Universalmonarchie stand: Diese nämlich war in ihrem Kern eine Absage an die Recht setzende Kraft der Gewalt – und eben sie sollte hier selbst auf Gewalt begründet werden. Ein möglicher Ausweg aus diesem Dilemma war die Sakralisierung der Gewalt durch den Sieg im Kreuzzug, da hierin, so die Unterstellung, Gott selbst den Sieg verleihe. Der erfolgreiche Kreuzzug verwandelte bloße Macht in göttlich legitimierte Macht. Friedrich Barbarossa ist diesen Weg der Sakralisierung seiner Macht gegangen: Bereits auf dem Reichstag von Roncaglia wurde aus dem *imperium* das *sacrum imperium*, und als er während seines Kreuzzuges im Saleph ertrank, war er seinem Ziel zweifellos sehr nahe gekommen. Da es ihm und seinen Kanzlern – im Gegensatz zum Papsttum – aber nicht gelungen war, Amt und Person voneinander zu trennen, ertrank mit dem Kaiser auch ein Stück seiner imperialen Idee mitsamt deren Legitimität.

Als Dante im 2. Buch der »Monarchie« begründete, warum den Römern die Universalmonarchie zu Recht zugefallen sei, hat er in gewisser

Hinsicht diesen staufischen Gedanken wiederaufgenommen, dabei jedoch die Würde der Universalmonarchie von der Person des Amtsinhabers getrennt. Der Aufstieg Roms habe sich, wie man bei den Historikern nachlesen könne, mit Hilfe von Wundern vollzogen. Wunder sind Ausdruck göttlichen Willens, also hat Gott Roms Aufstieg zur Universalmonarchie gewollt; darum ist dieser Aufstieg Rechtens. Auf dem Umweg über die Wunder ist hier Gewalt legitim, Erfolg legitimierend geworden.

Dantes Konstruktion wurde eingehend vorgestellt, weil ihre Antworten und die mit ihnen verbundenen theoretischen Probleme im Prinzip über Erasmus, den Abbé de Saint-Pierre und Rousseau bis heute die gleichen geblieben sind. Immer noch dreht sich die Diskussion vor allem um die Frage, ob die räumlich begrenzte und nicht universelle Hegemonie (bzw. Suprematie) eines bestimmten Staates durch ihre friedensichernde Funktion (pax romana, pax britannica, pax americana, pax sovietica) legitim ist oder ob es sich um einen unter dem Deckmantel der Friedenssicherung verborgenen (illegitimen) Imperialismus handelt. Gleichgültig, ob sich diese Hegemonie auf einen Kontinent beschränkt (Monroe-Doktrin) oder, zum Beispiel in F. D. Roosevelts Idee von den »vier Weltpolizisten« (vgl. Craig/George, *Zwischen Krieg und Frieden*, S. 125f.), universal wird – die Frage nach der Legitimität, mit der ein Staat die Hegemonie über andere Staaten innehat, bleibt dieselbe. Im Osten wie im Westen, im Warschauer Pakt wie in der Nato, war die hegemoniale Stellung der jeweiligen Führungsmacht das Ergebnis militärischer Stärke und wirtschaftlicher Ressourcen. Ob dies hinreichende Legitimität bei den Bündnisstaaten verschaffte, hing offensichtlich ab von der Konfrontation der Blöcke: Mit verschärfter Konfrontation wuchs die Anerkennung der Legitimität, mit schwindender Konfrontation sank die Anerkennung der Legitimität. Für eine dauerhafte Friedensordnung ist das freilich eine dysfunktionale Konstruktion, weil in ihr die innere Harmonie eines Bündnisses mit erhöhter Spannung nach außen erkauft wird.

Das Gleichgewicht der Kräfte

Die Idee, den Frieden durch ein Gleichgewicht miteinander konkurrierender und konfligierender Kräfte zu sichern, ist das genaue Gegenteil zur Friedensicherung durch die Errichtung eines Universalreiches. Hier wird das *Quis iudicabit* nicht mit der Einsetzung einer personalisierten Entscheidungsinstanz beantwortet, sondern in einer mechanischen Balancierung der Kräfte gesucht, wobei der Krieg als *ultima ratio* nicht ausgeschlossen ist. Die Idee des Gleichgewichts der Kräfte ist immer wieder mit dem Bild der Waage verbunden worden (vgl. Vagts, *Bilanzen und Balancen*, S. 144): Die merkantilen Bilanzaufstellungen im ökonomischen Bereich und das Modell der Mischverfassung mit seinen *checks and balances* in der Innen- und Verfassungspolitik wurde als Gleichgewicht der Kräfte auf die zwischenstaatlichen Beziehungen übertragen. An die Stelle des hierarchisch strukturierten Modells eines Universalreiches trat hier das egalitäre Modell eines politischen Pluriversums, eines präzise ausbalancierten Staatensystems, für dessen Funktionieren Craig und George (*Zwischen Krieg und Frieden*, S. 19) drei Voraussetzungen benennen: ein stehendes Heer in jedem Staat, eine funktionierende Verwaltung und eine Politik gemäß den Prinzipien der Staatsraison. Die friedensichernde Wirkung des Gleichgewichts beruht also auf Rüstung, Effizienz und skrupelloser Verfolgung der eigenen Interessen. Anders formuliert: die Friedensicherung erfolgt hier durch Kriegsvorbereitung, und jeder Krieg resultiert in der Logik des Gleichgewichtssystems weniger aus mangelndem Friedenswillen des Angreifers, sondern vor allem aus unzureichender Aufrüstung des Angegriffenen.

Die meisten Aufklärer, auch noch Immanuel Kant in seiner Schrift *Zum ewigen Frieden*, haben deswegen das Gleichgewichtsmodell kritisiert, ihm die friedenssichernde Wirkung abgesprochen und statt dessen auf einen Staatenbund gesetzt, der dem universalistischen Modell deutlich näherstand als dem Gleichgewicht. Stehende Heere, eine der Funktionsvoraussetzungen des Gleichgewichts, sollten abgeschafft werden; »denn«, so Kant (*Werke*, Bd. 9, S. 197), »sie bedrohen andere Staaten unaufhörlich mit Krieg, durch die Bereitschaft, immer dazu gerüstet zu erscheinen; reizen diese an, sich einander in Menge der Gerüsteten, die keine Grenze kennt, zu übertreffen, und, indem durch die darauf verwandten Kosten der Friede endlich noch drückender wird als ein kurzer Krieg, so sind sie selbst Ursache von Angriffskriegen, um diese Last loszuwerden«.

Tatsächlich hat das Gleichgewicht wohl mehr das politische Pluriversum als den Frieden in Europa gesichert. Ludwig Dehio (*Gleichgewicht oder Hegemonie*) spricht von den sukzessiven Hegemonialbestrebungen Spaniens, Frankreichs (Ludwig XIV.), Englands (Pitt) und wieder Frankreichs (Napoleon), die allesamt am europäischen Gleichgewichtsmechanismus gescheitert seien. Man wird dem alten Gleichgewichtssystem in Europa jedoch auch konzedieren müssen, daß es während des 18. Jahrhunderts Kriege zwar nicht verhindert, aber doch stark eingedämmt hat. Der Wiener Kongreß (1815) konnte sich das Ziel einer »Wiederherstellung des Gleichgewichts« auch darum setzen, weil dessen Wirkung nach den Napoleonischen Kriegen als friedensichernd in Erinnerung war (vgl. Craig/George, *Zwischen Krieg und Frieden*, S. 43 ff.).

Der Höhepunkt in der Wirkungsweise des Gleichgewichts war zweifellos das 19. Jahrhundert nach dem Wiener Kongreß; doch bereits im Frieden von Utrecht (1712) wurde dieses Gleichgewicht vertraglich fixiert: Der Frieden wurde geschlossen »ad conservandum in Europa equilibrium« (Vagts, *Bilanzen und Balancen*, S. 142). Schon zweieinhalb Jahrhunderte zuvor war in Italien vom Gleichgewicht die Rede und wurde mit dem Frieden von Lodi (1454) nach seinen Prinzipien gehandelt: In seinen *Mémoires* hat Philippe de Commynes als erster den Gleichgewichtsmechanismus beschrieben.

»Alles in allem scheint es mir, als ob Gott in dieser Welt nichts geschaffen hat, weder Mensch noch Tier, dem er nicht etwas gesetzt hat, das sein Gegner ist, um es in Demut und Furcht zu erhalten... Denn dem Königreich Frankreich hat er zum Gegner die Engländer gegeben, und den Engländern die Schotten, und dem Königreich Spanien Portugal... Man muß darum wissen, angesichts der Schlechtigkeit der Menschen und im besonderen der Großen, die sich weder selbst erkennen noch auch glauben, daß ein Gott sei, daß es eine Notwendigkeit ist, daß jeder Monarch und Fürst seinen Gegner habe, um ihn in Furcht und Demut zu erhalten; denn sonst könnte keiner unter ihnen noch auch neben ihnen leben« (*Memoiren*, S. 222 f.).

Bald danach haben Machiavelli und Guicciardini die Wirkungsweise des Gleichgewichts beschrieben – ohne alle religiösen Beiklänge, was ihnen die Möglichkeit gab, in ihren biographischen Porträts des Lorenzo de' Medici diesen als den politischen Architekten des italienischen Gleichgewichts darzustellen. Aus einer göttlichen Vorgabe bei Commynes wurde das Gleichgewicht damit bei Machiavelli und Guicciardini zu einem politischen Artefakt. In der politischen Analyse der beiden wurde gleichzeitig erstmals sichtbar, daß ein System des Gleichgewichts im Innern der einzelnen Staaten in der Regel konservative Wirkung hat (vgl. Münkler, *Machiavelli*, S. 353 ff.; Fetscher, *Modelle der Friedenssicherung* S. 30 f.).

Mit der Übertragung der Gleichgewichtsmechanismen auf Europa (Konflikt Frankreich–Habsburg) und der Ausbildung des europäischen Staatensystems (vgl. Fueter, *Europäisches Staatensystem*) ging die

Rolle des Gleichgewichtsstabilisators auf England über; England wurde, begünstigt durch seine Insellage, zum Zünglein an der Waage des europäischen Gleichgewichts (vgl. Elliot, *Das geteilte Europa*, passim). Der Herzog von Rohan hat in *De l'interest des princes et Etats de la chrestienté* (1638) die europäischen Verhältnisse als ein Gleichgewicht zwischen Spanien und Frankreich beschrieben, um das sich die anderen Staaten gruppieren:

»Das oberste Interesse aller anderen Staaten ist, die Waage zwischen diesen beiden Monarchien so im Gleichen zu halten, daß keine von ihnen, sei es durch die Waffen, sei es durch Verhandlungen, jemals einen beträchtlichen Vorsprung erlange. Auf diesem Gleichgewicht beruht ganz allein die Ruhe und die Sicherheit aller anderen« (zit. nach Windelband, *Auswärtige Politik*, S. 27).

Die Waage im Gleichgewicht zu halten schloß unter Umständen ein, auch einen Präventivkrieg zu führen. Die Mechanismen des Gleichgewichts und die Lehre vom gerechten Krieg waren miteinander unvereinbar. Francis Bacon war sich dessen bewußt:

»Auf die Meinung einiger Gelehrter ist nicht zu hören, die behaupten, daß ein gerechter Krieg nur die Folge einer vorangegangenen Verletzung oder Provokation sein kann. Die begründete Furcht vor einer drohenden Gefahr – selbst wenn noch kein Schlagabtausch stattfand – ist zweifellos ein rechtmäßiger Grund für einen Krieg« (zit. nach Walzer, *Gibt es den gerechten Krieg?*, S. 123).

Krieg war danach eine Frage der Staatsraison, und somit war die Theorie des gerechten Krieges obsolet. Gerechtfertigt war ein Krieg, wie David Hume in seiner Schrift »Über das Machtgleichgewicht« bemerkte, bereits dadurch, daß eine Seite fürchtete, die andere werde auf die Dauer übermächtig werden. Ein Krieg, der aus diesem Grund notwendig sei, sei auch gerecht. Edmund Burke hat daraus die Konsequenz gezogen und die Aufgaben des Gleichgewichts weniger in der Friedens- als in der Freiheitssicherung gesucht: »Das Gleichgewicht der Kräfte«, schrieb er 1760, »der Stolz der modernen Politik..., das erfunden wurde, um den allgemeinen Frieden und die Freiheit Europas zu erhalten, bewahrte lediglich die Freiheit; es war der Ursprung zahlloser und fruchtloser Kriege« (zit. nach Walzer, *Gibt es den gerechten Krieg?*, S. 122). Friedrich Gentz, Burkes deutscher Übersetzer, hat sich dieser Auffassung im Prinzip angeschlossen, als er in seinen »Fragmenten aus der Neuesten Geschichte des politischen Gleichgewichts in Europa« (1806) das Gleichgewicht als »die Verfassung der europäischen Staaten« bezeichnete, »vermöge deren keiner unter ihnen die Unabhängigkeit oder die wesentlichen Rechte eines anderen ohne wirksamen Widerstand von irgendeiner Seite und folglich ohne Gefahr für sich selbst beschädigen kann« (zit. nach Windelband, *Auswärtige Politik*, S. 26).

Auch kleine, relativ machtlose Staaten lebten dieser Doktrin zufolge sicher unter dem Dach des europäischen Gleichgewichts, da ihnen im Fall der Bedrohung durch eine Großmacht Schutz durch eine andere zuteil wurde – nicht aus Menschenfreude oder Vorliebe für die Unabhängigkeit kleiner Staaten, sondern allein aus Eigennutz, nämlich um zu verhindern, daß der Konkurrent und potentielle Gegner durch die Einverleibung kleinerer Staaten mächtiger und zuletzt übermächtig würde. »Die politischen Interessen, Anziehungen und Abstoßungen«, schrieb Clausewitz über diese Zeit (*Vom Kriege*, S. 968), »hatten sich zu einem sehr verfeinerten System ausgebildet, so daß kein Kanonenschuß in Europa geschehen konnte, ohne daß alle Kabinette ihren Teil daran hatten. Ein neuer Alexander mußte sich also neben seinem Schwerte auch eine gute Feder halten, und doch brachte er es mit seinen Eroberungen selten weit.«

In ihrer ausdifferenzierten Form wurde die Theorie des Gleichgewichts etwa zu derselben Zeit formuliert wie die Theorie der freien Marktwirtschaft durch Adam Smith, und beide beruhen auf denselben Grundüberzeugungen: Wenn jeder nur seine eigenen Interessen konsequent verfolgt, wird, gleichsam wie durch ›eine unsichtbare Hand‹ geordnet, das allgemein Beste dabei herauskommen. Es gab freilich auch warnende Stimmen wie etwa die des Satirikers Jonathan Swift, der das europäische Gleichgewicht als ein Haus von so ausgeklügeltem Bau bezeichnete, daß es einstürze, wenn sich nur ein Spatz daraufsetze. Der ›Spatz‹ hieß im einen Fall Napoleon, im anderen Serbien.

Wenn auch in unterschiedlichen Konstellationen, so hat doch das auf dem Wiener Kongreß restaurierte Gleichgewicht der Mächte in Europa bis 1914 gehalten. Craig und George (*Zwischen Krieg und Frieden*, S. 42 ff.) haben drei Hauptphasen dieses Gleichgewichts unterschieden: zunächst den Zeitraum, während dessen die liberalen Staaten England und Frankreich auf der einen Seite der Waage und die konservativen Staaten Preußen, Rußland mitsamt der Donaumonarchie auf der anderen standen. Trotz dieser Ballung auf zwei Polen wurde das Gleichgewichtssystem nicht bipolar, sondern die »europäische Pentarchie« stand in vielfältigen Beziehungen zueinander: So griffen weder Preußen noch die Donaumonarchie auf russischer Seite in den Krimkrieg ein. Die relative Neigung zur Polarisierung wurde weiter abgeschwächt in der Zeit der Kanzlerschaft Bismarcks im Deutschen Reich. Nach dem Erfolg der Reichsgründung hatte Bismarck erklärt, Deutschland sei saturiert und das Reich durch diese Bescheidung und ob seines relativen Übergewichts in Europa in die Rolle eines Garanten und Stabilisators des Gleichgewichts gebracht. Das änderte sich am Ende des 19. Jahrhunderts, als Bismarcks Nachfolger die Saturiertheitsthese sowie die damit verbundene ›Besitzgarantie‹ zurücknahmen und – zumindest verbal aggressiv – in die Weltpolitik einzudringen versuchten. Jetzt polarisierten sich die Machtverhältnisse in Europa in zwei große Bündnissysteme: Auf der einen Seite standen das Deutsche Reich und die Donaumonarchie sowie Italien (Dreibund), auf der anderen England, Frankreich und Rußland (Entente). Der Beginn der großen Rüstungswettläufe in Europa fällt mit dieser Polarisierung zusammen.

Es hat den Anschein, als ginge von einem *bipolaren* Gleichgewicht ein stärkerer ›Aufrüstungszwang‹ aus als von einem *multipolaren* Gleichgewicht (zur allgemeinen Unterscheidung vgl. Aron, *Frieden und Krieg*, S. 166 ff.). »Das Gleichgewichtssystem multipolarer Gestaltung«, schreibt Aron (ebd., S. 186), »tendiert zur Stabilisierung der Beziehungen zwischen Einheiten, die sich gegenseitig anerkennen, und zur Begrenzung der Konflikte, die die Einheiten in Gegensatz bringen.« In einem multipolaren Gleichgewicht nämlich können Rüstungsanstrengungen eines Staates ohne »Nachrüstung« eines anderen Staates kompensiert werden, indem eine mit dem Aufrüstenden bisher verbündete Macht auf Distanz geht und so dessen Zuwachs an militärischer Stärke egalisiert. In einem bipolaren Gleichgewicht dagegen ist Aufrüstung in der Regel mit einem tatsächlichen Zuwachs an Stärke identisch. Idealtypisch gesehen führt in einem multipolaren Gleichgewicht militärische Aufrüstung zu politischer Isolation, d. h. in der Regel zu militärischer Schwächung, während in einem bipolaren Gleichgewicht Aufrüstung sich unmittelbar in wachsendem politischen Einfluß niederschlägt. In dem einen Fall dämpfen also politische Sanktionen die Rüstungsspirale, im anderen wird sie durch militärische Gratifikationen beschleunigt.

Nach dem Ende des Zweiten Weltkriegs hatten sich im globalen Rahmen bipolare Konstellationen herausgebildet, die einerseits den ›Großen Krieg‹ verhindert, andererseits sich jedoch als überaus konfliktträchtig erwiesen haben (vgl. Lukacs, *Konflikte der Weltpolitik*, S. 15 ff., sowie Bracher, *Europa in der Krise*, S. 286 ff.). Warschauer Pakt und Nordatlantik-Pakt, sonst durch neutrale Staaten mit ›Pufferfunktion‹ (Schweden, Österreich, Jugoslawien) voneinander getrennt, stießen in Deutschland, dem Verursacher und Verlierer des Zweiten Weltkriegs, unmittelbar aneinander. Die Gefahr, daß politische in militärische Konflikte umschlagen, war hier mithin am größten: In allen militärischen Szenarien war Deutschland ›Hauptkriegsschauplatz‹. Die Politik des amerikanischen Außenministers Kissinger, die mit dem Begriff der Entspannung belegt worden ist, ist von Craig und George (*Zwischen Krieg und Frieden*, S. 150) als der Versuch interpretiert worden, die weltpolitische Bipolarität durch die Einbeziehung Chinas, Japans und Europas zu überwinden und so zu einem neuen multipolaren Gleichgewicht zu gelangen.

Craig und George haben auf einen weiteren Unterschied zwischen dem alten multipolaren Gleichgewicht in Europa und dem neuen bipolaren Gleichgewicht im globalen Maßstab hingewiesen: die »Revolution der Diplomatie«, die sich mit der russischen Oktoberrevolution ereignet habe. Für die junge Sowjetunion sei die Diplomatie mehr gewesen »als ein Instrument zur Wahrung und Förderung der nationalen Interessen; sie war eine Waffe im unaufhörlichen Kampf gegen den Kapitalismus« (*Zwischen Krieg und Frieden*, S. 105). Doch nicht nur die Sowjetunion, auch Hitler habe sich der Diplomatie in revolutionärer Weise bedient, weswegen Craig und George zwischen der »Diplomatie der totalitären und der demokratischen Staaten« unterscheiden (ebd., S. 102 ff.). Doch weniger »demokratisch« und »totalitär« als vielmehr interessenrational und ideologiefixiert scheinen sich die Gegensätze darzustellen, um die es hier geht. So unterscheidet sich der diplomatische Umgang zwischen Staaten, die ihre eigenen Interessen konsequent, aber mit rationalem Kalkül, d. h. Schaden und Nutzen abwägend, vertreten, grundlegend von den diplomatischen Aktivitäten jener, für die Diplomatie eines von vielen Mitteln ist, um ein großes Ziel zu verwirklichen – ein Ziel, für das es sich sogar lohnt, die staatliche Existenz aufs Spiel zu setzen. Was dahinter aufscheint, ist einmal mehr die Differenz zwischen einer instrumentellen und einer existentiellen Auffassung des Krieges, die ja das diplomatische Agieren anleitet. Diese Differenz hat nach dem Zerfall des Ostblocks nichts von ihrer analytischen Bedeutung verloren.

Dialektik des Militarismus oder Hegung des Krieges. Krieg und Frieden bei Clausewitz, Engels und Carl Schmitt

Die Enthegung des Krieges durch die Französische Revolution

»Von diesem Augenblick an bis zu dem Zeitpunkt, da alle Feinde vom Territorium der Republik verjagt werden, befinden sich alle Franzosen im ständigen Aufgebot für den Armeedienst.« Mit dieser Deklaration der *levée en masse*, des Aufgebots der breiten Masse des Volkes für den Krieg, durch das Konventsdekret vom 23. August 1793 hat die Französische Revolution der einhundertfünfzigjährigen Ära der mit Söldnerheeren geführten Kabinettskriege ein abruptes Ende gesetzt. »Die jungen Männer«, so fährt das Dekret fort, »ziehen in den Kampf; die verheirateten werden Waffen schmieden und die Versorgungsgüter befördern; die Frauen werden Zelte und Kleidung herstellen und in den Krankenhäusern arbeiten; die Kindern werden aus alter Wäsche Verbandmull herstellen, und die alten Leute begeben sich auf die öffentlichen Plätze, um dort die Kampfmoral der Krieger zu stärken und den Haß auf die Könige und die Einheit der Republik zu verkünden« (zit. nach Soboul, *Die Große Französische Revolution*, S. 295).

Was sich im amerikanischen Unabhängigkeitskrieg bereits angedeutet hatte, fand nun auf dem europäischen Kontinent seine Vollendung: die Ablösung kleiner, jahrelang exerzierter Eliteheere durch das Aufgebot der Masse des Volkes; die Verdrängung gepreßter und gedungener Söldner[1] und »unsicherer Kantonisten« durch Freiwillige und Wehrpflichtige; die Ersetzung von Drill und Stock durch politische Motivation und, dies alles zusammenfassend, die Verwandlung des Kriegs der Kabinette in den Krieg der Völker.[2] Die »rationale Staatsraison der Kabinette«, heißt es bei Gerhard Ritter, wurde durch die »Leidenschaft des nationalen Siegwillens« verdrängt (Ritter, *Staatskunst und Kriegshandwerk*, I, S. 61). Hatte Friedrich II. von Preußen in seinem »Militärischen Testament« noch erklärt, die Schlagkraft seiner Infanterie hänge davon ab, daß der Soldat »seine Offiziere mehr fürchtet als die Gefahren, welchen man ihn aussetzt«, so unterzogen sich die Soldaten der Revolution solchen Gefahren aus revolutionär-patriotischer Begeisterung. Während der preußische Absolutismus nach der militärischen

Katastrophe von Jena und Auerstedt (1806) nur zu erklären wußte: »Der König hat eine Bataille verloren. Ruhe ist die erste Bürgerpflicht«, hat die Revolution im Jahre 1793 gerade auf die Beunruhigung des Volkes durch die Niederlagen der französischen Heere gesetzt. Wo das Volk selbst eine Bataille verlor, war nicht mehr Ruhe, sondern öffentlich gepredigter Haß auf seine Feinde die erste Bürgerpflicht.

Die revolutionären Veränderungen haben auch das Verhältnis zwischen Volk und Armee grundlegend gewandelt. War Friedrich II. nach seinem Sieg bei Hohenfriedberg (1745) der Überzeugung: »Die Welt ruht nicht sicherer auf den Schultern des Atlas als Preußen auf einer solchen Armee«, so ruhten für die französischen Revolutionäre – und anschließend auch die preußischen Reformer – nicht Staat und Volk auf den Schultern der Armee, sondern umgekehrt die Armee auf den Schultern des Volkes. Die Kriege, die während des Absolutismus in Europa geführt worden sind, waren Kriege der Könige und ihrer Armeen, an denen die Bürger keinen anderen Anteil hatten, als daß sie durch ihre Steuerleistung den königlichen Kriegsschatz auffüllten.[3] Dagegen verlangte die Revolution mehr als nur Steuern von ihren Bürgern; sie erhob, wie die Deklaration der *levée en masse* zeigt, Ansprüche auf Leib und Seele.

Exemplarisch zeigen sich die revolutionären Veränderungen auch an der Militärmusik: Gaben die preußischen Märsche den Takt für die mechanische Schrittfolge der Infanterie, so entflammte die Marseillaise den Siegeswillen derer, die Frankreich (»la patrie«) gegen die Intervention der europäischen Fürstenkoalition (»contre nous de la tyrannie«) verteidigten. Hatten die friderizianischen Märsche nur die Bewegung der Glieder reglementiert, so zielte die Marseillaise auf das Innere der Konskribierten, ihren Patriotismus und ihre revolutionäre Begeisterung. Die Märsche waren Klänge allein für die Armee, selbst dann, wenn sie sich bei Paraden ihrem König und dessen Untertanen zeigte[4]; die Marseillaise aber wurde zum Lied des Volkes.[5]

»Die Quelle des Unglücks«, so schrieb Scharnhorst damals in dem Aufsatz »Entwicklung der allgemeinen Ursachen des Glücks der Franzosen in den Revolutionskriegen«, »welches die verbundenen Mächte in dem französischen Revolutionskrieg betroffen hat, muß tief in ihren inneren Verhältnissen (physischen wie moralischen) und denen der französischen Nation verwebt seyn« (*Militärische Schriften*, S. 195f.). Es spricht für Scharnhorsts politisch-militärischen Scharfblick, daß er – im Gegensatz zur überwiegenden Mehrheit der hohen preußischen Offiziere – nicht taktische Einzelfragen, sondern die grundlegenden politischen Verhältnisse für die Niederlage der Koalitionsheere verantwortlich machte. Dementsprechend erklärte er, »daß die Franzosen mit den Hülfsquellen der ganzen Nation Krieg führten« und »alles (...) der Fortsetzung des Krieges im strengsten Verstande aufgeopfert« hätten.

Clausewitz, Scharnhorsts berühmtester Schüler, hat in dem seinen Lehrer gewidmetem Aufsatz »Über das Leben und den Charakter von Scharnhorst« diesen Gedanken zu Ende geführt: »Die Franzosen«, so heißt es dort, »hatten mit ihren revolutionären Mitteln das alte Instrument der Kriegführung wie mit Scheidewasser angegriffen; sie hatten das furchtbare Element des Krieges aus seinen alten finanziellen und diplomatischen Banden losgelassen: er schritt nun mit seiner rohen Gewalt daher, wälzte eine ungeheure Masse von Kräften mit sich fort; und man sah nichts als Trümmer der alten Kriegskunst auf der einen Seite und unerhörte Erfolge auf der anderen« (zit. nach Hahlweg, »Clausewitz und die Französische Revolution«, S. 242). Der »wirkliche Krieg«, so Clausewitz' Resümee, begann sich dem »absoluten Krieg« anzunähern. Indem die Kabinette den Krieg »nicht bloß seinen Mitteln, sondern auch seinem Ziel nach immer mehr auf das Heer selbst beschränkt« hatten, hatten sie ihn zugleich doch auch »zu einem bloßen Geschäft der Regierungen gemacht und dem Interesse des Volkes (...) entfremdet« (Clausewitz, *Vom Kriege*, S. 969). Durch die Deklaration der *levée en masse* nun wurde der Krieg »urplötzlich eine Sache des Volkes (...) und zwar eines Volkes von 30 Millionen, die sich alle als Staatsbürger betrachteten«. Jetzt, da »das Volk mit seinem ganzen natürlichen Gewicht in die Waagschale« getreten war, »hatten die Mittel, welche angewandt, die Anstrengungen, welche aufgeboten werden konnten, keine bestimmte Grenze mehr« (*Vom Kriege*, S. 970 f.). Der Volkskrieg hatte alle Hegungen der Kabinettskriege abgestreift (dazu allgemein Fiedler, *Kriegswesen und Kriegführung*, passim; Best, *War and Society*, S. 63 ff.).

Damit aber wurden auch jene aufklärerischen Friedensutopien obsolet, wie sie – auf einer moralischen Verurteilung des Krieges beruhend – vom Abbé de St. Pierre über Rousseau, Herder und Kant bis zum jungen Fichte das politische Denken des 18. Jahrhunderts beherrscht hatten (vgl. Fetscher, *Modelle der Friedenssicherung*, S. 18 ff., 44 ff.; Fischbach, *Krieg und Frieden*, S. 17–100). So hatte Kant in seiner Schrift »Zum ewigen Frieden« gegen die Rede von »der inneren Würde des Krieges« und seine vorgebliche Tendenz zu »einer gewissen Veredelung der Menschheit« schroff eingewandt: »Der Krieg ist darin schlimm, daß er mehr böse Leute macht, als er deren wegnimmt« (Kant,

Werke IX, S. 222). Ganz ähnlich hatte auch Fichte in seinem »Beitrag zur Berichtigung der Urteile des Publikums über die französische Revolution« gegen die Behauptung, der Krieg kultiviere die Menschen, argumentiert: »Nur solche Seelen erhebt der Krieg zum Heroismus, welche schon Kraft in sich haben; den Unedlen begeistert er zum Raube und zur Unterdrückung der wehrlosen Schwäche; er erzeugt Helden und feige Diebe, und welches wohl in größerer Menge?« (Fichte, *Schriften zur Revolution*, S. 125f.). Die patriotische Begeisterung der französischen Revolutionäre jedoch schob alle moralischen Einwände, wie sie die Aufklärung gegen den Krieg geltend gemacht hatte, beiseite und sprach dem Krieg – insofern er als Revolutionskrieg geführt wurde – statt dessen selbst politisch-moralische Eigenschaften zu. So erklärte Jean Pierre Brissot anläßlich der Debatten um die Fortsetzung des Krieges gegen die Koalitionsmächte: »Ein Volk, welches die Freiheit nach Jahrhunderten der Sklaverei erobert hat, braucht den Krieg. Es braucht den Krieg, um sie zu befestigen; es braucht ihn, um sie von den Lastern des Despotismus zu reinigen; es braucht ihn, um aus ihrem Schoße die Menschen verschwinden zu lassen, welche sie verderben können« und: »Das einzige Unglück, das wir zu fürchten haben, ist, daß es keinen Krieg geben wird« (zit. nach Markov, *Revolution im Zeugenstand*, II, S. 198ff.).

Hatte Kant noch 1795 von der Ersetzung stehender Söldnerheere durch eine aus dem Volk rekrutierte Miliz auf lange Sicht die Abschaffung des Krieges erwartet (Kant, *Werke*, Bd. IX, S. 197f., ähnlich Fichte, *Schriften zur Revolution*, S. 130), so hat die Deklaration der *levée en masse* gerade die gegenteiligen Folgen gezeitigt: Die aufgebotenen Heere wurden größer, weil der Einberufung von Wehrpflichtigen nicht mehr jene finanziellen Grenzen gesetzt waren wie der Anwerbung von Söldnern. Ende 1794 verfügte Lazare Carnot, der Organisator der französischen Revolutionsarmeen, über eine Streitmacht von mehr als einer Million Soldaten (Howard, *Der Krieg*, S. 110 und Vagts, *History of Militarism*, S. 126); von nun an waren die Revolutionsarmeen den Heeren der Fürstenkoalition an allen Fronten zahlenmäßig überlegen. Zugleich wurde die Kriegführung billiger, weil die Armeen nicht mehr aus Magazinen verproviantiert werden mußten, sondern in Feindesland requirieren konnten. Hätten die Söldnerheere das Requisitionssystem übernommen, so wären sie infolge von Disziplinverfall und Desertion sehr schnell zusammengeschmolzen und hätten sich in marodierende Banden aufgelöst. Selbst zum Holz- und Wasserholen hat Friedrich II. seine Soldaten in Reih und Glied marschieren und durch Offiziere und Kavallerie flankieren lassen (Delbrück, »Über die Verschiedenheit der Strategie Friedrichs und Napolens«, S. 233). Demgegenüber konnten sich die Heere der Revolution durch Requisitionen verpflegen, da sie nicht durch äußeren Zwang, sondern politische Motivation zusammengehalten wurden.[6]

Die Kriege wurden nun aber auch grausamer, weil sich nicht mehr jene internationale Militäraristokratie bekriegte, für die der Krieg Spiel und Lebensunterhalt zugleich war (Howard, *Der Krieg*, S. 103), sondern die unter die Waffen gerufenen Völker mit der Feindschaft bis zum Tod Ernst machten. So wurden die auf seiten der Koalitionsheere kämpfenden französischen Emigranten, wenn sie den Revolutionsarmeen in die Hände fielen, auf Betreiben der Kriegsfreiwilligen und häufig gegen den Widerstand der altgedienten Berufssoldaten wegen Hoch- und Landesverrats hingerichtet (Vagts, *History of Militarism*, S. 106, 114). Schließlich wurden auch die Schlachten häufiger und verlustreicher, weil sich die nur kurz ausgebildeten Konskribierten schneller und leichter ersetzen ließen als die jahrelang exerzierten Söldner. Bis zum Jahre 1806 haben allein Frankreich und seine Verbündeten etwa 1 700 000 Soldaten verloren (ebd., S. 127).

»Soldaten sind dazu da, getötet zu werden«, soll Napoleon einmal gesagt haben. Wenngleich Friedrichs II. berühmt-berüchtigte Bemerkung bei Kolin (1757) – »Hunde, wollt ihr ewig leben?« – den Anschein zu erwecken vermag, als sei er der gleichen Meinung gewesen, so ist doch genau das Gegenteil der Fall: Das unersetzliche Instrument seiner glänzend exerzierten Armee war für ihn viel zu wertvoll, als daß er es ohne allergrößten Zwang in einer Schlacht aufs Spiel gesetzt hätte. Schlachten seien die »Auskunftsmittel ungeschickter Generale«, wenn sie sich nicht mehr anders zu helfen wüßten – diese Sentenz Friedrichs verweist auf die doppelpolige Strategie des 18. Jahrhunderts, in der Manöver und Schlacht zumindest gleichberechtigt nebeneinander standen, in der Regel jedoch das Manöver gegen die Magazine und Versorgungslinien des Gegners, die unblutige Form der Kriegführung, höher geschätzt wurde als die Schlacht. Prinz Heinrichs hämische Bemerkung über Friedrich – »Mein Bruder wollte immer bataillieren, das war seine ganze Kriegskunst« – zeigt dies nur zu deutlich. Lloyd, Berenhorst und Bülow, die Kriegstheoretiker der zweiten Hälfte des 18. Jahrhunderts, haben dementsprechend Strategien entwickelt, die den Krieg ohne Schlacht zum Ideal erhoben und, getragen von dem Optimismus der Aufklärung, eine zukünftige Kriegführung ohne jedes Blutvergießen in Aussicht stellten (vgl. Rothfels, *Carl von Clausewitz*, S. 38 ff.).

Wie die Friedensutopien der Aufklärer, so zerbrachen mit der Deklaration der *levée en masse* auch die auf eine Humanisierung des Krieges abzielenden strategischen Doktrinen. »Agir toujours en masse«, war die Forderung, mit der Lazare Carnot seine gewaltigen Armeen dirigierte. »Keine Manöver mehr, keine Kriegskunst mehr, sondern Feuer, Stahl und Vaterlandsliebe«, befahl er seinen Soldaten (zit. nach Reinhart, *Le Grand Carnot*, I, S. 100ff.). Nicht mehr komplizierte Manöver gegen die Versorgungsbasen des Gegners, sondern die bedingungslos gesuchte Entscheidungsschlacht wurde zur Devise der neuen revolutionären Kriegführung. Unter ihrem Eindruck hat Clausewitz dann in seiner Theorie des Krieges die Schlacht eindeutig über das Manöver gestellt. »Man sieht«, so schrieb er über die Manöver, »daß sie unaufhörlich vorkommen und gewissermaßen die Scheidemünze im strategischen Haushalt ausmachen, während die Hauptschlachten und alles, was mit ihnen auf gleicher Linie steht, die Gold- und Talerstücke sind« (Clausewitz, *Vom Kriege*, S. 448). Und an anderer Stelle: »Die Waffenentscheidung ist für alle großen und kleinen Operationen des Krieges, was die bare Zahlung für den Wechselhandel ist« (S. 226). Clausewitz wußte aber auch: »Die Hauptschlacht ist der blutigste Weg der Lösung; zwar ist sie nicht bloßes gegenseitiges Morden und ihre Wirkung mehr ein Totschlagen des feindlichen Mutes als der feindlichen Krieger (...), allein immer ist Blut ihr Preis und Hinschlachten ihr Charakter wie ihr Name«; und er merkte an: »Davor schreckt der Mensch im Feldherrn zurück« (S. 469).

Mit dem neuen Übergewicht der Schlacht über das Manöver aber hatte, wie Clausewitz meinte, der Krieg »sich seiner wahren Natur, seiner absoluten Vollkommenheit sehr genähert«. Im Gefolge der Revolution ist »das kriegerische Element, von allen konventionellen Schranken befreit, mit seiner ganzen natürlichen Kraft losgebrochen« (S. 972). Wiewohl der Wiener Kongreß (1815) den Krieg in seine alten Hegungen zurückzuführen versucht hat, ist Clausewitz im Hinblick auf zukünftige Kriege skeptisch geblieben; er befürchtete, daß die Schranken, »wenn sie einmal eingerissen sind, sich nicht leicht wieder aufbauen lassen und daß, wenigstens jedesmal, sooft ein großes Interesse zur Sprache kommt, die gegenseitige Feindschaft sich auf eine Art entledigen wird, wie es in unseren Tagen geschehen ist« (S. 973). Die Revolution hat die Statik der alten Kriegführung ein für allemal eingerissen; sie hat, wie im Sozialen und Politischen so auch im Militärischen, eine Dynamik in Gang gesetzt, die danach in keine der vorrevolutionären Situation vergleichbare Ruhelage mehr gekommen ist.

Clausewitz, in dessen Theorie *Eskalation* und *Mäßigung* der Gewalt die opponierenden Prinzipien des Krieges bilden (vgl. Aron, *Clausewitz*, S. 106f.), hat sich zuletzt eine neuerliche Hegung des Krieges durch ein europäisches Gleichgewicht und die Eindämmung der von der Revolution freigesetzten Kräfte erhofft; aber er hat auch jene Spirale der Eskalation gesehen, wie sie von der Französischen Revolution erstmals in Gang gesetzt worden ist. Clausewitz hat weder doktrinär auf die Eskalation noch auf die Mäßigung gesetzt, sondern in seiner Theorie des Krieges beide Prinzipien als einander entgegengesetzte Kräfte gedacht, aus deren jeweiligem Verhältnis zueinander er eine Typologie der Kriege entwarf, die bei der »bewaffneten Beobachtung« begann und beim »Niederwerfungskrieg« endete. Die Intensität, mit welcher der Krieg jeweils geführt wurde, war für ihn zum einen abhängig vom »Takt des Urteils« der politischen und militärischen Führung (wobei er der politischen grundsätzlich den Vorrang vor der militärischen Führung zuerkannt hat), zum anderen aber ganz entscheidend geprägt durch die gesellschaftlichen Rahmenbedingungen, unter denen die jeweiligen politischen und militärischen Führungen ihre Entscheidungen trafen.

Ist der Krieg, wie es bei Clausewitz heißt, »ein Akt der Gewalt, um den Gegner zur Erfüllung unseres Willens zu zwingen« (Clausewitz, *Vom Kriege*, S. 191 f.), so wird »der Zwang, welchen wir unserem Gegner antun müssen, (...) sich nach der Größe unserer politischen Forderungen richten« (S. 960). Da nun aber die Größe der gegnerischen Forderungen und das Maß der möglichen Anstrengungen zu ihrer Durchsetzung nicht genau bekannt und auch nicht exakt meßbar sind und »da im Kriege aus unzureichenden Anstrengungen nicht bloß ein Nichterfolg, sondern positiver Schaden entstehen kann«, folgt daraus eine Tendenz zur Eskalation des Krieges, in der die beiden Kontrahenten sich wechselseitig zu überbieten suchen. Die Tendenz zur Eskalation ruft sogleich aber auch die ihr entgegengesetzte Kraft der Mäßigung auf den Plan, denn würden allein die eskalatorischen Kräfte wirken, so würde jede »Rücksicht auf die Größe der politischen Forderungen verlorengehen, das Mittel alles Verhältnis zum Zweck verlieren und in den meisten Fällen diese Absicht einer äußersten Anstrengung an dem Gegengewicht der eigenen inneren Verhältnisse scheitern«. Durch dieses Wechselspiel von Eskalation und Mäßigung »wird der Kriegsunternehmer wieder in einen Mittelweg zurückgeführt, in welchem er gewissermaßen nach dem direkten Grundsatz handelt, nur diejenigen Kräfte aufzuwenden und sich im Kriege dasjenige Ziel zu stellen, welches zur Erreichung seines politischen Zwecks eben hinreicht« (S. 960ff.). Die Bestimmung dieses Mittelwegs war für Clausewitz, wie er in offensichtlicher Anlehnung an Kant erklärte[7], keine Aufgabe der Logik, sondern eine Kunst und hing darum von dem »Takt des Urteils« ab (S. 901).

Dieser »Takt des Urteils«, oszillierend zwischen den Prinzipien der Eskalation und der Mäßigung, hat die inneren Verhältnisse des eigenen wie des gegnerischen Staates ebenso zu berücksichtigen, wie er seinerseits selbst von diesen Verhältnissen abhängig ist. »Die zwanzigjährigen Siege der Revolution«, erklärte Clausewitz, »sind hauptsächlich die Folge der fehlerhaften Politik der ihr gegenüberstehenden Regierungen.« Die Kabinette der europäischen Fürstenkoalition hatten auf für sie verhängnisvolle Weise die von der Revolution freigesetzten kriegerischen Potenzen unterschätzt. Clausewitz hatte die sozialen und politischen Voraussetzungen der jeweiligen Kriegführung richtig erkannt, als er schrieb: »Die ungeheuren Wirkungen der französischen Revolution nach außen sind (...) offenbar viel weniger in neuen Mitteln und Ansichten ihrer Kriegführung als in der ganz veränderten Staats- und Verwaltungskunst, in dem Charakter der Regierung, in dem Zustande des Volkes usw. zu suchen. Daß die anderen Regierungen alle diese Dinge unrichtig ansahen, daß sie mit gewöhnlichen Mitteln Kräften die Waage halten wollten, die neu und überwältigend waren: das alles sind Fehler der Politik« (*Vom Kriege*, S. 997).

Die militärische Kraft des revolutionären Frankreichs überstieg jedoch die der absolutistischen Königreiche bei weitem. Konkret hieß dies: Wenn in den absolutistischen Staaten die inneren Verhältnisse bereits eine Mäßigung der Kriegsanstrengungen nahelegten, begann für den Staat der Revolution eigentlich erst die Eskalation. Clausewitz warf der Politik der Kabinette nach 1793 also vor, die inneren Verhältnisse ihrer Staaten nicht derart reformiert zu haben, daß sie über dieselben Fähigkeiten kriegerischer Eskalation verfügten wie das revolutionäre Frankreich.[8] Dies war zugleich die Quintessenz im politischen Programm der preußischen Reformer (vgl. Meinecke, *Das Zeitalter der deutschen Erhebung*, S. 53ff.).

Clausewitz hat die opponierenden Kräfte von Eskalation und Mäßigung in die Wechselwirkung zwischen außenpolitischen Erfordernissen und den Zwängen der inneren Verhältnisse eingepaßt. Welcher der beiden Seiten hierbei der Primat zuzuerkennen war, war für ihn keine ein für allemal ausgemachte Sache, sondern von Fall zu Fall zu entscheiden – ganz ähnlich wie für Machiavelli (vgl. Münkler, *Machiavelli*, S. 369ff.), als dessen Schüler man Clausewitz zu Recht bezeichnet hat (Aron, *Clausewitz*, S. 22 und Rothfels, *Carl von Clausewitz*, S. 29). Hatte Clausewitz im Jahre 1812 in seiner »Bekenntnisdenkschrift«, als er sich lossagte »von der leichtsinnigen Hofnung einer Errettung durch die Hand des Zufalls« und »von der kindischen Hofnung, den Zorn des Tirannen durch freiwillige Entwafnung zu beschwören« (Clausewitz, *Schriften*, I, S. 688), auf die Eskalation des Krieges bis zum Äußersten gesetzt – denn »die Philosophie lehrt uns unsere Pflicht zu thun, unserem Vaterlande selbst mit unserem Blut treu zu dienen, ihm unsere Ruhe, ja unser ganzes Daseyn aufopfern« (S. 684) –, so hat er später auf die »Tendenz des Gleichgewichts« vertraut, welche »die Erhaltung des vorhandenen Zustandes« begünstige (Clausewitz, *Vom Kriege*, S. 640; vgl. dazu auch den nachfolgenden Abschnitt »Instrumentelle und existentielle Auffassung des Krieges«, S. 92ff.).

Raymond Aron (*Clausewitz*, S. 167) hat dies »die Zweideutigkeit der Urteile von Clausewitz« genannt, »der sich bewußt ist, daß die europäischen Kriege der Zukunft nationale Kriege sein werden, und der sich auch wünscht, daß sie das europäische Gleichgewicht nicht in Frage stellen und die Könige nicht zwingen, ihre Völker zu bewaffnen, oder die Völker, sich selbst zu bewaffnen, um die Unabhängigkeit des Staates oder der Nation zu bewahren«. Gerade in dieser »Zweideutigkeit« hat Aron den entscheidenden Gedanken der Clausewitzschen Analyse des Krieges gesehen: »Clausewitz' Ergebnis seines Nachdenkens über seine Erfahrung, über die dreiundzwanzig Kriegsjahre von 1792 bis 1815, sind die beiden Gedanken: Die Kriege sind Nationalkriege geworden und werden es bleiben; die Kriege nähern sich der absoluten Form, wenn die revolutionäre Erneuerung die implizite Verständigung verbietet, welche die Mäßigung begünstigt. Die Geschichte hat beides bestätigt« (S. 267).

Aufgrund dieser Zweideutigkeit konnte Clausewitz auch zum gemeinsamen Bezugspunkt sowohl für Friedrich Engels als auch für Carl Schmitt werden, die sich beide intensiv mit seiner Theorie beschäftigt haben.[9] Während Engels jedoch das Clausewitzsche Teilprinzip der Eskalation zu einer geschichtsphilosophisch begründeten *Dialektik des Militarismus* fortentwickelte, hat Carl Schmitt sich auf das Teilprinzip der Mäßigung konzentriert und es in seiner Theorie einer *Hegung des Krieges* juristisch zu unterbauen versucht. Eine moralische Verurteilung des Krieges überhaupt, wie die Aufklärung sie vorgetragen hatte, war beiden – ebenso wie auch Clausewitz – gleichermaßen fremd. Im Gegensatz zu Clausewitz versuchten sie jedoch, eine Antwort auf die von diesem aufgeworfene Frage zu geben, »ob diese neue Verstärkung des kriegerischen Elements« durch die Verwandlung des Kriegs der Kabinette in den Krieg der Völker »der Menschheit überhaupt heilsam ist oder nicht; eine Frage, die sich wohl ganz so beantworten dürfte wie die Frage über den Krieg selbst – wir überlassen beide den Philosophen« (Clausewitz, *Vom Kriege*, S. 800). Engels und Schmitt haben nicht nur diese von Clausewitz offengelassene Frage zu beantworten gesucht, sondern auch – wenngleich entgegengesetzte – Mittel und Wege angeben wollen, um die von der Französischen Revolution entfesselte Dynamik der Kriegführung in eine neue Ruhelage zu bringen.

Friedrich Engels: Die Dialektik des Militarismus

Für Friedrich Engels stand fest, daß alle großen Revolutionen der Kriegführung nicht durch geniale Feldherren, sondern, wie es im *Anti-Dühring* heißt, durch »die Erfindung besserer Waffen und die Veränderung des Soldatenmaterials« bewirkt worden sind (MEW, XX; 155).[10] Bereits in der 1866 verfaßten Artikelserie »Betrachtungen über den Krieg in Deutschland« hatte er implizit die These von der untergeordneten Bedeutung des Feldherrn und der entscheidenden Rolle der Waffentechnik und des »Soldatenmaterials« vertreten: Nachdem er darin zunächst, noch ganz im Banne der *exzentrischen* Operationen Napoleons I. stehend, Moltkes *konzentrische* Strategie falsch eingeschätzt, von einem »groben taktischen Schnitzer« der Preußen gesprochen und ihre »völlige Vernichtung« vorausgesagt hatte, führte er den preußischen Sieg bei Sadowa-Königgrätz schließlich auf die waffentechnische Überlegenheit des Zündnadelgewehrs und die nationale Begeisterung der Preußen (MEW, XVI, S. 183ff.), nicht aber auf Moltkes strategische Devise der Konzentration von im Anmarsch getrennten Kräften auf dem Schlachtfeld zurück.[11] Die geringfügige Bedeutung, die Engels dem Feldherrn zuspricht, war sicherlich auch eine Reaktion auf die hypertrophen Lobpreisungen, wie sie die bürgerliche Geschichtsauffassung in der zweiten Hälfte des 19. Jahrhunderts den großen Individuen und ihrer vorgeblichen Geschichtsmächtigkeit zukommen ließ. Andererseits bedurfte die von Engels entworfene Dialektik des Militarismus, analog zur Marxschen Theorie der krisenhaften Selbstverwertung des Kapitals, eines geschichtlich bedeutenden Individuums auch nicht, da sie sich gleichsam selbsttätig vollzog und gerade nicht auf den »Takt des

Urteils« angewiesen war, der bei Clausewitz Eskalation und Mäßigung gegeneinander auszuwiegen hatte.

Militärische Gewalt, so Engels' Grundthese, ist nicht aus sich selbst erklärbar, sondern beruht auf Waffen und anderem Kriegsgerät, deren Qualität vom jeweiligen Stand der Entfaltung der Produktivkräfte abhängig ist.[12] Engels' kriegsgeschichtliches Hauptaugenmerk galt darum der Französischen Revolution und der Ära der Napoleonischen Kriege (vgl. Wallach, *Die Kriegslehre von Friedrich Engels*, S. 13), denn er glaubte, hier den mit der politischen Durchsetzung der bürgerlichen Gesellschaft möglich gewordenen Einsatz von Massenheeren und die militärischen Folgen der sich anbahnenden industriellen Revolution am besten beobachten zu können. Die Armeen, wiewohl der »älteste Teil des Regierungsapparates«, wurden, wie Otto Kirchheimer schreibt, »notwendigerweise am ehesten zu Trägern der Massenproduktion« (Kirchheimer, »Zur Frage der Souveränität«, S. 86)[13], nachdem die diplomatischen und finanziellen Hegungen des Krieges durch die Französische Revolution niedergelegt worden waren.

Entscheidend für die Erfolge der revolutionären und später napoleonischen Heere waren der Engelsschen Theorie zufolge die Einführung der Tirailleur- und Kolonnentaktik und der neue konzentrierte Einsatz der Artillerie. Die zunächst angenommene Gleichrangigkeit zwischen der »Erfindung besserer Waffen« und der »Veränderung des Soldatenmaterials« modifizierend, legt Engels im weiteren Verlauf seiner Argumentation den Akzent weniger auf die politischen als vielmehr auf die technischen Voraussetzungen der mit der Französischen Revolution einhergehenden Umwälzung des Kriegswesens: die 1777 in Frankreich eingeführte Schweifung des Kolbens bei den Armeegewehren, die im Gegensatz zum ungezielten Salvenfeuer der Pelotons erst das gezielte Schießen der Tirailleurs möglich machte, und die von Gribeauval konstruierte leichtere Lafette der Feldgeschütze, welche die technische Voraussetzung für die napoleonische Konzentrierung von Artillerie in vorderster Front bildete (MEW, XX, S. 157). In der Voranstellung der Technik vor das Politische liegt die entscheidende Differenz zwischen den kriegshistorischen Studien Friedrich Engels' und denen Hans Delbrücks, der in seiner *Geschichte der Kriegskunst im Rahmen der politischen Geschichte* von der umgekehrten Gewichtung ausgegangen ist: Nicht technische Innovationen, sondern politische Veränderungen haben die grundlegenden Revolutionen der Kriegführung ausgelöst. Hatte Engels zufolge »die Einführung des Schießpulvers und der Feuerwaffen« die waffentechnische Überlegenheit der schwergepanzerten Ritterschaft beendet (MEW, XX, S. 155), so ist die Brechung der ritterlichen Überlegenheit nach der Auffassung Delbrücks vor allem die Leistung der zu einem »festgeschlossenen Haufen«, zu einem eigenständigen Verband formierten Fußtruppen gewesen – jener im 15. Jahrhundert entstandenen, vor allem aus bäuerlichen und bürgerlichen Elementen rekrutierten Infanterie (Delbrück, *Kriegskunst*, IV, S. 4ff.).[14]

Ähnliches gilt für die Zeit der Revolutionskriege. Delbrück steht ganz in der Tradition von Clausewitz (*Vom Kriege*, S. 997), wenn er nicht die Erfindung neuen Kriegsgeräts, sondern seine durch die Revolution begünstigte neuartige Verwendung als die grundlegende Veränderung dieser Epoche angesehen hat. Der Delbrück-Schüler Alfred Vagts hat dies am Beispiel der Artillerie zu belegen versucht: Während die absolutistischen Heere des 18. Jahrhunderts die Artillerie – als die am stärksten von bürgerlichem Geist durchdrungene Waffengattung – durchweg zur Linken der Front aufgestellt hatten, zum Zeichen dafür, daß sie den übrigen Heeresteilen Vorrang einzuräumen und Ehre zu erweisen hatte (Vagts, *History of Militarism*, S. 45), hat die Revolution, als deren bester Truppenteil sich die Artillerie bei Valmy und Jemappes erwies, diese ins Zentrum der Front gestellt (vgl. Keegan, *Die Schlacht*, S. 166f.). Zugleich änderte sie die traditionelle Rangfolge des Heeres, in der die Artillerie erst hinter dem 64. Infanterieregiment rangierte; nun übernahm sie die Führung aller Waffengattungen, gefolgt von Pionieren, Infanterie und Kavallerie. »Honor corresponds to usefullness, according to bourgeois notions« (Vagts, *History of Militarism*, S. 109). Es kam wohl nicht von ungefähr, daß sowohl Napoleon, der Vollender der revolutionären Kriegführung, als auch Scharnhorst, sein preußischer Gegenspieler, der Artillerie entstammten.

Solche genuin politischen Erwägungen blieben für Engels von untergeordneter Bedeutung. In Umkehrung der berühmten Bemerkung Hegels über die Erfindung des Schießpulvers – »Die Menschheit bedurfte seiner, und alsobald war es da« (Hegel, *Werke*, XII, S. 481)[15] – bildete für Engels die Geschichte der technischen Innovationen und ihrer industriellen Verwertung den Schlüssel zur jüngeren Geschichte der Kriegführung. Es war vor allem die *industrielle* Produktion der Waffen, die – nach seiner Auffassung – dem Krieg immer gigantischere Ausmaße verliehen hat. Gegen die militärische Ausnutzung von Technik und Industrie mit moralischen Argumenten anzugehen, hielt er nicht nur für sinnlos, sondern obendrein auch für reaktionär, da dies nur auf eine Wiederherstellung des ehemaligen Vorrangs der aristokratischen Waffengattungen hinausgelaufen wäre.

Statt dessen setzte er auf die *Dialektik des Militarismus*, jenen fortwährenden gegenseitigen Zwang der Staaten zur Vergrößerung der Heere und zur Einführung neuer Waffen, durch die der Krieg, wie er glaubte, schließlich gänzlich aus der Geschichte verschwinden werde. Die unbegrenzte Wirkung des Clausewitzschen Teilprinzips der Eskalation werde die Menschheit einer neuen Ruhelage zuführen, welche die vorrevolutionäre Statik durch die Verwirklichung von Freiheit, Gleichheit und Gerechtigkeit normativ weit übertreffen werde. Wie Marx in seiner Analyse der ökonomischen Entwicklung, so hat Engels in seiner Kriegstheorie die Entwicklung der Technik und ihre industrielle Verwertung als treibende Geschichtsfaktoren begriffen, welche die Menschheit den großen historischen Zielen von Frieden und Sozialismus näherbringen.

Dementsprechend hat sich Engels in seiner Schrift *Die preußische Militärfrage und die deutsche Arbeiterpartei*, mit der er in in den preußischen Verfassungskonflikt intervenierte, auch für die Vergrößerung des preußischen Heeres durch die »wirkliche Durchführung der allgemeinen Wehrpflicht« engagiert (MEW, XVI, S. 50, ebenso XX, S. 425f.)[16]; denn er sah in der allgemeinen Wehrpflicht »die notwendige und natürliche Ergänzung des allgemeinen Stimmrechts«. Sie erst gebe dem Volk die Möglichkeit, seine Beschlüsse »gegen alle Staatsstreichversuche mit den Waffen in der Hand« durchzusetzen (MEW, XVI, S. 66).[17] Die Dialektik des Militarismus zeige sich hierbei darin, daß Preußens außenpolitische Großmachtorientierung, die eine Vergrößerung des Heeres auf der Basis der allgemeinen Wehrpflicht verlangte[18], innenpolitisch zur Bedrohung des reaktionären Systems, zur »politischen Verderbnis der mobilen Armee für absolutistische Zwecke« werde (MEW, XVI, S. 63). »Auf diesem Punkt«, so Engels im *Anti-Dühring*, »schlägt das Fürstenheer um in ein Volksheer, die Maschine versagt den Dienst, der Militarismus geht unter an der Dialektik seiner eigenen Entwicklung« (MEW, XX, S. 158).

Der Ende des 19. Jahrhunderts in Deutschland ausgetragene Streit zwischen Generalstab und preußischem Kriegsministerium über eine weitere Heeresvergrößerung durch eine intensivere Ausschöpfung der Wehrpflicht bei gleichzeitiger Verkürzung der Dienstzeit kann als Beleg für die partielle Richtigkeit der Engelsschen Auffassung herangezogen werden (vgl. Craig, *Die preußisch-deutsche Armee*, S. 277): Während der Generalstab unter strategischen Aspekten die Vergrößerung des Feldheeres um drei Armeekorps forderte, wehrte sich das Kriegsministerium angesichts des Mangels an »zuverlässigen« – d. h. adligen –

Infanterieoffizieren aus innenpolitischen Gründen gegen diese Reform. Sie würde, wie Kriegsminister von Einem an den Chef des Generalstabs Graf Schlieffen schrieb, dazu zwingen, »in vermehrtem Umfang demokratische und sonstige Elemente aufzunehmen, die für den Stand nicht passen«. Eckhart Kehr hat das Dilemma, in dem sich der preußisch-deutsche Militarismus befand, so beschrieben: »Strategisch muß das Heer sowohl groß sein wie nur aus jungen Soldaten bestehen, innenpolitisch muß die Armee klein und zuverlässig sein« (Kehr, *Der Primat der Innenpolitik*, S. 101 f.).

Unter anderem auch an seiner Unfähigkeit, dieses Dilemma aufzulösen[19], ist Preußen-Deutschland historisch gescheitert. Anläßlich der im November 1918 von einigen Offizieren angestellten Erwägung, der Kaiser könne an der Spitze des Heeres die Revolution in Deutschland niederwerfen, notierte Ludendorffs Nachfolger General Groener, »daß die revolutionäre Bewegung mit den Truppen des reinen Volksheeres, zu dem die alte Kaiserliche Armee längst geworden war, nicht mehr niederzuschlagen war« (zit. nach Craig, *Die preußisch-deutsche Armee*, S. 381 f.). In diesem Punkt jedenfalls hat sich – trotz der gravierenden Unterschätzung der vom Nationalismus freigesetzten Kräfte – Engels' Prognose bewahrheitet.[20]

Gleichzeitig war Engels der Überzeugung, daß der hohe Verschleiß der modernen Waffen über kurze Zeit zum finanziellen Ruin der europäischen Staaten führen werde (MEW, XX, S. 158). Als Beispiel verwies er auf den Schlachtschiffbau, diesen »Wettkampf zwischen Panzerung und Geschützwirkung«, der regelmäßig doch nur dazu führe, daß die gerade vom Stapel gelaufenen Schiffe technisch bereits veraltet seien. Das moderne Schlachtschiff diene »vornehmlich (...) zur Erzeugung von Geldverschwendung« (MEW, XX, S. 160). Auch hier vertraute Engels auf die Dialektik des Militarismus als den gegenseitigen Zwang der Staaten, sich durch alljährlich höhere Rüstungsaufgaben finanziell zu ruinieren und die Bourgeoisie in ihren Untergang hineinzuziehen. »Der Militarismus beherrscht und verschlingt Europa. Aber der Militarismus trägt auch den Keim seines eigenen Untergangs in sich« (ebd., S.158).

Daß sich diese Tendenz zum finanziellen Ruin der Staaten in lange andauernden Kriegen noch verstärken würde, hat auch der preußische Generalstabschef Helmuth von Moltke gesehen, als er seine Doktrin kurzer, auf eine schnelle Entscheidung hin angelegter Kriege entwarf. »Der Charakter der heutigen Kriegführung«, so schrieb er 1869, »ist bezeichnet durch das Streben nach großer und schneller Entscheidung.

Die Stärke der Armeen, die Schwierigkeit, sie zu ernähren, die Kostspieligkeit des bewaffneten Zustandes, die Unterbrechung von Handel und Verkehr, dazu die schlagfertige Organisation der Heere und die Leichtigkeit, mit der sie gesammelt werden – alles drängt auf rasche Beendigung des Krieges« (zit. nach Kehr, *Der Primat der Innenpolitik*, S. 90). Was Moltke 1866 und tendenziell noch 1870/71 zu realisieren vermocht hatte, wurde jedoch in den beiden letzten Dekaden des 19. Jahrhunderts immer unwahrscheinlicher. Zudem hätten Moltke und seine Nachfolger zur Umsetzung dieser strategischen Doktrin einer größeren mobilen Armee bedurft, als ihnen aus innenpolitischen Erwägungen zugestanden werden konnte.[21] So verhinderte der eine Strang der von Engels skizzierten Dialektik des Militarismus, daß der andere in seiner vollen Wirkung beeinträchtigt worden wäre. Die partielle Richtigkeit der Engelsschen These vom Bankrott der Staaten und dem damit einhergehenden Ruin der Bourgeoisie haben Teile des europäischen, insbesondere des deutschen Bürgertums im 20. Jahrhundert erfahren müssen.

Engels hat also der Negativität von Krieg und Militarismus gerade keine politischen Limitierungen oder juristischen Hegungen auferlegen wollen; er hat vielmehr darauf gebaut, daß das große historische Ziel von Frieden und Sozialismus vermittels dieser Negativität erreicht werde. Ganz wie Hegel auf den dialektischen Gang der Weltgeschichte vertrauend, hat er Krieg und Militarismus eine geschichtsphilosophische Absolution erteilt, da er in ihnen die Kräfte sah, welche die Menschheit einem Frieden, der mehr sein sollte als das bloße Schweigen der Waffen, näherbrachten.[22] So konnte Engels im Jahre 1887, nachdem er in der »Einleitung zu Sigismund Borkheims Broschüre ›Zur Erinnerung an die deutschen Mordspatrioten. 1806–1807‹« das düstere Bild eines heraufziehenden Weltkrieges visionär entworfen hatte – »Acht bis zehn Millionen Soldaten werden sich untereinander abwürgen (...); rettungslose Verwirrung unseres künstlichen Getriebs in Handel, Industrie und Kredit, endend im allgemeinen Bankrott; Zusammenbruch der alten Staaten (...), derart, daß die Kronen zu Dutzenden über die Straßenpflaster rollen und niemand sich findet, der sie aufhebt« (MEW, XXI, S. 350 f.) – schließlich doch mit einem Anflug von historischem Optimismus erklären: »Absolute Unmöglichkeit, vorherzusehen, wie das alles enden und wer als der Sieger aus dem Kampf hervorgehen wird; nur ein Resultat absolut sicher: die allgemeine Erschöpfung und die Herstellung der Bedingungen des schließlichen Siegs der Arbeiterklasse« (S. 351).

Es spricht für den politischen Mut und Weitblick von Friedrich Engels, daß er in den letzten Jahren seines Lebens die über Jahrzehnte vertretene These von der Dialektik des Militarismus einer Revision unterzogen hat. Hatte er im *Anti-Dühring* noch die überraschend naive Auffassung vertreten, die waffentechnische Entwicklung – wenigstens in der Landkriegführung – sei »im wesentlichen abgeschlossen« (MEW, XX, S. 158), so wies er 1893 in dem Artikel »Kann Europa abrüsten?« auf die »Unberechenbarkeiten (...) dieser ununterbrochenen Revolutionierung der technischen Grundlagen der Kriegführung« hin (MEW, XXII, S. 380). Unter diesen Umständen schwand sein Vertrauen, die Dialektik des Militarismus werde historisch schließlich zu Frieden und Sozialismus führen. So sprach er nunmehr – noch einmal in der 1895 verfaßten »Einleitung zu Marx' ›Klassenkämpfe in Frankreich‹« – nur noch von der Alternative zwischen dem ökonomischen Ruin der Völker oder dem allgemeinen Vernichtungskrieg, die unausweichlich eintreten werde, wenn die in vollem Gang begriffene Entwicklung nicht bald gestoppt werden könne (MEW, XXII, S. 371, 517); vom anbrechenden Sozialismus war in diesem Zusammenhang keine Rede mehr. Die Dialektik des Militarismus war für ihn nicht mehr der Weg durch die Barbarei zu Frieden und Sozialismus, sondern eine in der Barbarei endende Sackgasse der Geschichte.

Engels' politische Konsequenz bestand darum seit 1893 in der Forderung nach einer allgemeinen Abrüstung in Europa. Damit aber hat er nicht nur auf den zuvor seinen Erwägungen zugrunde gelegten normativen Friedensbegriff verzichtet, sondern auch, ohne sich freilich darüber hinreichend Rechenschaft zu geben, den Bruch mit der dialektischen Geschichtsauffassung eingeleitet und die Negativität von Krieg und Militarismus nicht mehr als konstitutives Element einer in ihrer Gesamtheit *sinnvollen* Geschichte akzeptiert, sondern sie als für jede weitere Geschichte bedrohlich und sinnlos bezeichnet. Engels hat sich damit der von Clausewitz vertretenen Auffassung, den eskalatorischen Kräften seien die Elemente der Mäßigung entgegenzustellen, wieder deutlich angenähert. Wenn er zur Abrüstung in Europa aufrief, so appellierte er an jenen »Takt des Urteils« bei den politisch Verantwortlichen, auf den er in seiner Dialektik des Militarismus gänzlich hatte verzichten können. Die politische Entscheidung, der Mut und die Weitsicht erlangten damit einen gegenüber dem Automatismus der selbsttätig wirkenden Kräfte deutlich höheren Stellenwert.

Die später von Bebel vertretene Militärpolitik der SPD vor dem Ersten Weltkrieg, die auf ein deutsch-englisches Flottenabkommen und deutsch-französische Rüstungsvereinbarungen abzielte, um so die stetig wachsenden Militärausgaben limitieren und einen allgemeinen Rüstungsstopp vorbereiten zu können (vgl. Groh, *Negative Integration*, S. 197 f.; ders., »Die Sozialdemokratie im Verfassungssystem«, S. 79 f.), kann in vieler Hinsicht als die politische Umsetzung der von dem späten Engels vertretenen Auffassungen interpretiert werden. So erklärte Bebel in der später unter dem Titel »Zukunftsstaat und Sozialdemokratie« veröffentlichten Reichstagsrede vom 3. Februar 1893 warnend: »Und wenn es nun weiter dazu kommen wird, daß die famose äußere Politik, die Sie seit Jahrzehnten treiben, über kurz oder lang uns einen europäischen Krieg auf den Hals zieht, wenn wir dann bei enorm geschwächten Kräften von Millionen Menschen in eine neue Krise eintreten, wie wir eine solche zuvor in keiner Periode durchgemacht haben, wenn Massenbankrotte über Massenbankrotte kommen, Tausende und Abertausende in das Nichts geschleudert werden, wenn die größten Unternehmungen aus Arbeitsmangel zugrundegehen, wenn durch die Hinderung der Zufuhr eine Lebensmittelteuerung in kolossalstem Maßstabe eintritt, wenn endlich auf den Schlachtfeldern die Massenschlächtereien stattfinden, die das Entsetzen von ganz Europa hervorrufen werden, dann, meine Herren, haben Sie etwas geschaffen, an dem möglicherweise Ihre ganze Gesellschaft mit einem Mal zu Grunde geht« (zit. nach Viebrock [Hrsg.], *Studien zur Rhetorik des 19. Jahrhunderts*, Wiesbaden 1984, IV, S. 40). Ganz ähnlich hatte auf französischer Seite Jean Jaurès argumentiert, als er 1905 angesichts der durch die Marokkokrise hervorgerufenen Spannungen erklärte: »Ein europäischer Krieg könnte wohl eine *Revolution* gebären – und die herrschenden Klassen werden gut daran tun, dies zu bedenken. Aber er kann ebensogut eine lange *Periode von Krisen der Konterrevolution*, einer wütenden *Reaktion des erbitterten Nationalismus*, der erstickenden Diktatur, des ungeheuerlichen Militarismus und eine endlose Kette rückschrittlicher Gewalt, niedrigen Hasses, der Repressalien und der Knechtschaft hervorrufen. Und wir wünschen nicht, ein solches barbarisches Glücksspiel zu spielen; wir wünschen nicht, auf einen Wurf der Kriegswürfel alle Sicherheit und fortschreitende Emanzipation des Proletariats zu setzen, alle die Sicherheit einer gerechten Autonomie, die – über alle Trennung und Zersplitterung hinweg – der volle Sieg der europäischen sozialistischen Demokratie jedem Volk und jeder nationalen Minderheit bietet« (zit. nach Fetscher, »Jean Jaurès«; in: *FS Carlo Schmid*, Stuttgart 1972, S. 73 f.). Weder Bebel noch Jaurès besitzen jenes Vertrauen noch, das Engels zeitweise in die Dialektik des Militarismus gehabt hat, ganz anders als Lenin, dessen spätestens seit 1915 verfolgtes Ziel einer Verwandlung des (*ungerechten*) Staatenkrieges in den (*gerechten*) Klassenkrieg dem von Engels zeitweilig vertretenen Konzept der Dialektik des Militarismus in vieler Hinsicht verpflichtet war, insofern er sich von einer weiteren Eskalation der Gewalt, hier der Neubestimmung der Fronten durch die Ersetzung des nationalen durch den sozialen Feind, die schließliche Abschaffung der Gewalt, zwischenstaatlich wie innerstaatlich, versprach.

Carl Schmitt hat die von Engels am Ende seines Lebens vollzogene Wende in seiner Kriegstheorie ausgesprochen ungünstig vermerkt, als er schrieb: »Infolgedessen konnte sich auch ein ganz unpartisanischer Revisionismus auf Marx und Engels berufen. Demgegenüber war es Lenin, der die Unvermeidlichkeit (sic!) der Gewalt und blutiger revolutionärer Bürger- und Staatenkriege erkannte« (Schmitt, *Theorie des Partisanen*, S. 53). Schmitts zustimmende Haltung zu Gewalt und Krieg verfolgte jedoch gänzlich andere Ziele, als sie Engels in der Dialektik des Militarismus ins Auge gefaßt hatte.

Carl Schmitt: Die Hegung des Krieges durch die Entstehung von Staatlichkeit

Die großartige Leistung des klassischen Kriegsrechts, wie es mit den Friedensschlüssen von Münster, Osnabrück und Utrecht in Europa für 250 Jahre Gültigkeit erlangte, bestand Schmitt zufolge in jener *Hegung des Krieges*, die in der Unterscheidung zwischen Kombattanten und Nonkombattanten ihren nachhaltigsten Ausdruck gefunden hat. Während der Friedensschluß von Münster und Osnabrück (1648) den Landkrieg durch die Entkriminalisierung des feindlichen Soldaten und seine Anerkennung als »iustus hostis« in eine rechtlich gehegte Form brachte (Schmitt, *Der Begriff des Politischen*, S. 29 ff.; ders., *Der Nomos der Erde*, S. 23, 112 ff.)[23], bewirkte der Friedensschluß von Utrecht (1713) dasselbe für den Seekrieg, jedoch mit den gegenteiligen Mitteln, indem er das zuvor staatlich geduldete und oft genug sogar geförderte Piratentum unterschiedslos kriminalisierte (Schmitt, *Der Nomos der Erde*, S. 153; ders., *Land und Meer*, S. 23 f.). Wurde in Münster und Osnabrück das Gleichgewicht der europäischen Kontinentalmächte fixiert, so wurde in Utrecht die uneingeschränkte Seeherrschaft Großbritanniens festgeschrieben.

Insofern die in Münster, Osnabrück und Utrecht eingeleitete Verwandlung der Religions- und Bürgerkriege in Staatenkriege der Schmittschen Theorie zufolge die wichtigste Voraussetzung für die Hegung des Krieges gewesen ist[24], hat die Französische Revolution durch die Rückverwandlung des Kriegs der Kabinette in den Krieg der Völker und die damit verbundene »Re-Ideologisierung« des Krieges diese Hegungen grundsätzlich wieder in Frage gestellt. Das Zeitalter der gehegten Kriege beruhte für Schmitt im wesentlichen auf der Identifikation des Staatlichen mit dem Politischen (Schmitt, *Der Begriff des Politischen*, S. 10), wodurch erst die Bildung eines »Pluriversums« gleichberechtigter souveräner Staaten in Europa möglich wurde (ebd., S. 54). Der Staat wurde zum ausschließlichen Träger des Politischen, während die ihm subsumierte Sphäre der Gesellschaft entpolitisiert wurde. Die »Ent-Theologisierung des öffentlichen Lebens« hatte nicht nur die suprastaatlichen Parteiungen der Religionskriege beseitigt (Schmitt, *Der Nomos der Erde*, S. 112), sondern bildete zugleich den entscheidenden Schritt bei der Neutralisierung des Innenlebens der Staaten als »einer in sich befriedeten, territorial in sich geschlossenen und für Fremde undurchdringlichen, organisierten politischen Einheit« (Schmitt, *Der Begriff des Politischen*, S. 47). Am Anfang dieser Entwicklung steht für Schmitt darum auch das von ihm immer wieder zitierte »Silete theologi in munere alieno« des Alberico Gentili (Schmitt, »Die vollendete Reformation«, S. 54 f.). »Politik im großen Sinne«, schreibt er, »hohe Politik, war damals nur Außenpolitik, die ein souveräner Staat als solcher gegenüber anderen souveränen Staaten, die er als solche anerkannte, auf der Ebene dieser Anerkennung vollzog, indem er über gegenseitige Feindschaft, Freundschaft oder Neutralität entschied« (Schmitt, *Der Begriff des Politischen*, S. 11). Dies hieß zugleich aber auch: Im Innern eines solchen Staates gab es tatsächlich nur Polizei, und nicht mehr Politik, es sei denn, daß man Hofintrigen, Rivalitäten, Fronden und Rebellionsversuche von Malkontenten, kurz ›Störungen‹, als Politik bezeichnet« (ebd., S. 10). Das war eine knappe und prägnante Beschreibung des absolutistischen Staates.

Die wechselseitig anerkannte staatliche Existenz im System gleichermaßen souveräner Staaten in Europa machte, insofern sie auch das Recht der Kriegserklärung (*ius ad bellum*) einschloß, die Inanspruchnahme einer »causa iusta« bei der Eröffnung von Kriegshandlungen obsolet bzw. gab *beiden* Kontrahenten die Möglichkeit, für sich in Anspruch zu nehmen, einen »gerechten Krieg« zu führen. Als erster hat Alberico Gentili im Jahre 1588 den Begriff des »bellum iustum ex utraque parte« geprägt (vgl. Kimminich, »Der gerechte Krieg«, S. 210) und damit die neuentstandene völkerrechtliche Situation präzise beschrieben. Der Feind wurde dementsprechend in einen »iustus hostis«, einen rechtlich geschützten Gegner verwandelt, der nicht mehr als Verbrecher, sondern gemäß seinem völkerrechtlich definierten Status zu behandeln war (Schmitt, *Der Nomos der Erde*, S. 113).[25] Vorbedingung hierfür war jedoch die *Regularität* der Soldaten, gekennzeichnet durch Uniform[26] und demonstratives Tragen der Waffe (Schmitt, *Theorie des Partisanen*, S. 21), was Kombattanten und Nonkombattanten überhaupt erst unterscheidbar machte. Erst nachdem aus der Gesamtheit des Volkes eine kleine Gruppe Kampfteilnehmer ausgesondert war, wurde es möglich, die am Kampf nicht Teilnehmenden auch nicht mit kriegerischer Gewalt zu überziehen und sie an Leib und Leben, wenn auch nicht immer an ihrem Eigentum, zu schonen.

Zugleich schuf die damit – unter den Bedingungen einer sich nur unmerklich wandelnden Kriegstechnologie – im Prinzip hergestellte Waffengleichheit der Kombattanten (Schmitt, *Der Nomos der Erde*, S. 298) die Voraussetzungen für jene Relativierung der Feindschaft, wie sie später im Austausch von Parlamentären, im Schutz der Gefangenen, in der ehrenhaften Kapitulation und in einem nicht auf die Vernichtung des Gegners oder auch nur auf seine Diskreditierung zielenden Friedensschluß ihren Niederschlag gefunden hat. Dementsprechend enthielt, wie Carl Schmitt polemisch erklärte, »ein nach den Regeln des europäischen Völkerrechts korrekt geführter Krieg in sich mehr Sinn für Recht und Reziprozität, aber auch mehr an rechtlichem Verfahren (...) als ein von modernen Machthabern inszenierter Schauprozeß zur moralischen und psychischen Vernichtung des politischen Feindes« (Schmitt, *Der Begriff des Politischen*, S. 12). Der Krieg hatte – ganz wie in der Zeit des Rittertums – einen fast protokollarischen Charakter angenommen (Howard, *Der Krieg*, S. 103; Schmidtchen, *Kriegswesen*, S. 41 ff.).

Die in der Regularität der Kombattanten erreichte Hegung des Krieges implizierte freilich, daß auf alle Limitierung der Gewaltanwendung gegenüber Irregulären verzichtet wurde.[27] In Kolonial- und Bürgerkriegen, in Kriegen also, in denen sich entweder Gegner gegenüberstanden, bei denen einer den anderen als nicht souverän diskriminierte, oder aber die Einheit des Staates von innen her in Frage gestellt war, wurde nicht die bewaffnete Zurückweisung der Ansprüche eines als gleichberechtigt anerkannten *Gegners*, sondern die Vernichtung des *Feindes* angestrebt. In solchen Kriegen wurde auch die Differenzierung zwischen Kombattanten und Nonkombattanten weitgehend relativiert, insofern hier das Volk als Massenaufgebot oder in der Anwendung oder Unterstützung partisanischer Gewalt auf den Schauplatz des Krieges zurückkehrte.[28] Schmitt hat solche Kriege als »ideologische Kriege« klassifiziert; in ihnen werde der »iustus hostis« wieder durch eine »causa iusta« ersetzt, mit der Folge, daß die sie jeweils in Anspruch nehmende Partei sich selbst eine höhere Legitimität der Gewaltanwendung attestiere als der Gegenseite. Im Gegensatz zur »Humanität« einer zur Gegnerschaft relativierten Feindschaft, wie sie staatlich gehegte Kriege kennzeichnet, sind, darin ist Schmitt sicherlich zuzustimmen, »ideologische Kriege« besonders intensiv und unmenschlich, weil in ihnen der Feind mit moralischen und ästhetischen Kategorien herabgesetzt und zum Scheusal gemacht wird. Die deutsche Kriegführung gegen die Sowjetunion ist dafür ein Beispiel – auch wenn Schmitt dies wohl selbst bestritten hätte. Schmitt zufolge wird hier die genuin politische Letztunterscheidung von Freund und Feind von den moralischen und ästhetischen Letztunterscheidungen »gut und böse«, »schön und häßlich« überlagert und in diese aufgelöst (Schmitt, *Der Begriff des Politischen*, S. 21).[29]

Die Hegung des Krieges im klassischen Kriegsrecht, wie sie von Carl Schmitt vorgestellt wird, bestand letzten Endes also in der Entwaffnung des Volkes und der ausschließlichen Übertragung der gewaltsamen Interessenwahrung des politischen Verbandes nach außen an einen besonderen Stand: den des regulären Soldaten mit einem eigenen Ethos und ausgeprägtem Korpsgeist. In der Sicherstellung seines besonderen Status besteht die Pointe von Schmitts Theorie der Hegung des Krieges, die ihre Voraussetzung in der völligen Entpolitisierung der Gesellschaft hatte. So drohte Graf Hoym, der preußische Minister in Schlesien, am 2. März 1794 jedem, der auch nur ein Wort über die Französische Revolution verlor – gleichgültig ob positiv oder negativ – Verhaftung und Spießrutenlaufen an (Epstein, *Die Ursprünge des Konservativismus*, S. 428). Der Anschlag des Berliner Stadtkommandanten von 1806 – »Der König hat eine Bataille verloren. Ruhe ist die erste Bürgerpflicht« – war der reinste Ausdruck solchen Geistes; wohingegen der 1813 gegen den erbitterten Widerstand konservativer Offiziere und Beamten veröffentlichte Aufruf Friedrich Wilhelms III. »An mein Volk« den Krieg, wie es bei Clausewitz heißt, wieder »zur Volkssache« gemacht hat (Clausewitz, *Vom Kriege*, S. 971).[30] Dementsprechend hieß es im § 1 der bald danach erlassenen »Landsturmverordnung«: »Jeder Staatsbürger ist verpflichtet, sich dem andringenden Feind mit Waffen aller Art zu widersetzen, seinen Befehlen und Ausschreibungen *nicht* zu gehorchen, und wenn der Feind solche mit Gewalt betreiben will, ihm durch alle nur aufzubietenden Mittel zu schaden.«[31]

Wo aber der Staat selbst die Sekurität seiner Bürger in Frage stellte und ihnen das Opfer des Eigentums und sogar des Lebens abverlangte, konnte er auch den Gegner nicht länger als einen nur in Schranken zu weisenden »iustus hostis« definieren; er mußte ihn – mit welchen Mitteln auch immer – zum absoluten Feind erklären, den es unter allen Umständen zu vernichten galt. Dies belegen die Kriegsaufrufe von St. Just und Carnot, aber auch die von Fichte, Kleist und Ernst Moritz Arndt. »Wir müssen vernichten«, forderte Lazare Carnot 1793, »vernichten bis zum bitteren Ende« (zit. nach Reinhart, *Le Grand Carnot*, S. 108). Fichte, der »Philosoph der Napoleon-Feindschaft«, wie er bei Carl Schmitt heißt (»Clausewitz als politischer Denker«, S. 492), rief im Winter 1807/1808 seinen Zuhörern zu: »Besiegt sind wir; ob wir nun zugleich auch verachtet, und mit Recht verachtet sein wollen, ob wir zu allem andern Verluste auch noch die Ehre verlieren wollen, das wird noch immer von uns abhängen. Der Kampf mit den Waffen ist beschlossen; es erhebt sich, so wir es wollen, der neue Kampf der Grundsätze, der Sitten, des Charakters« (*Reden an die Deutsche Nation*, S. 217). Kleist schließlich hat in seinem auf die aktuelle politische Lage Preußens im Jahre 1809 bezogenen Drama *Die Hermannsschlacht* – für Carl Schmitt »die größte Partisanendichtung aller Zeiten« (*Theorie des Partisanen*, S. 15) – sogar den Schutz der Kriegsgefangenen in Frage gestellt, als er den Cheruskerherzog Hermann gegenüber einem gefangenen römischen Offizier erklären ließ: »Du weißt was Recht ist, du verfluchter Bube,/Und kamst nach Deutschland, unbeleidigt,/Um uns zu unterdrücken?/Nehmt eine Keule doppelten Gewichts,/Und schlagt ihn tot!« (*Sämtliche Werke*, S. 738). Im Kriegswinter 1812/1813 schließlich lag für Ernst Moritz Arndt des Deutschen Vaterland dort, »wo jeder Franzmann heißet *Feind*, wo jeder Deutsche heißet *Freund*«.

Es ist somit nur folgerichtig, wenn Carl Schmitt in den militärischen Folgen der Französischen Revolution eine einschneidende Bedrohung für die Hegung des Krieges gesehen hat (*Der Nomos der Erde*, S. 123; *Theorie des Partisanen*, S. 17). *Levée en masse*, Freikorps und Franktireurs gaben der Kriegführung eine Wendung ins Absolute, die alle der Eskalation entgegengesetzten Schranken der Mäßigung niederriß. Doch im Gegensatz zu Engels zielten Schmitts Analysen gerade nicht darauf ab, durch eine unlimitierte Eskalation von Krieg und Kriegsvorbereitung diesen schließlich gänzlich aus der Geschichte verschwinden zu lassen. Im Gegenteil: Um ihn als prinzipielle Möglichkeit der Politik bewahren zu können, hat er auf die Limitierung der Auswirkungen des Krieges gesetzt. Da »jede Bewegung eines Rechtsbegriffs mit dialektischer Notwendigkeit aus der Negation hervorgeht«, sei nicht nur dem Feind gegenüber dem Freund der Primat bei der Kennzeichnung des Politischen zuzuweisen, sondern hänge das Politische auch wesensmäßig von der Möglichkeit der Feindschaft ab (*Der Begriff des Politischen*, S. 14f.). Insofern ist Schmitt davon überzeugt, »eine Welt ohne die Unterscheidung von Freund und Feind« – also eine Welt vollkommenen Friedens – wäre eine »Welt ohne Politik« (ebd., S. 35), und die ist für Schmitt kein erstrebenswertes Ziel. Er folgert daraus, daß dem Krieg wohl kein normativer, aber doch ein existentieller Sinn zukomme, »und zwar in der Realität der Situation eines wirklichen Kampfes gegen den wirklichen Feind« (S. 49).[32]

Michael Stolleis hat diesen Gedanken Carl Schmitts so zusammengefaßt: »Der Krieg ist der Akt ›existentieller Teilhabe‹, in dem sich entscheidet, ob das Volk stark genug ist, am Politischen zu partizipieren und sich zu bewähren. Nur ein Volk, das sich auf die Entscheidung zwischen Freund und Feind zu konzentrieren und die Entscheidung ohne Rücksicht auf liberalistische und formalistische Hemmungen durchzusetzen vermag, ist wert, als politisches Volk zu gelten« (Stolleis, »Carl Schmitt«, S. 137). Hierzu ist freilich anzumerken, daß die von Stolleis vorgenommene Akzentuierung des *Volkes* in Schmitts Theorie des gehegten Krieges so zumindest nicht vorkommt und die Entscheidung über Freund und Feind für Schmitt immer eine Entscheidung der politischen und militärischen Führung ist, bei der das Volk besser nicht mitreden sollte. Es ist darum sehr die Frage, ob Schmitt in die Nähe jener metaphysischen Weihe des Krieges gebracht werden kann und darf, wie sie sich etwa bei Oswald Spengler, Ernst Jünger u. a. findet (vgl. Wette, »Von Kellogg bis Hitler«, S. 245ff.; den Gegensatz zwischen Schmitt und Jünger betonen Maschke, *Der Tod des Carl Schmitt*, S. 128f., sowie Meier, *Carl Schmitt, Leo Strauss*, S. 74f.; insbes. Anm. 74).

Die Bedeutung des Volkes wächst bei Schmitt parallel mit der Faszination, die der Partisanenkrieg auf ihn ausübte, als die auf seiten der Weltmächte aufgehäuften nuklearen Vernichtungspotentiale den Krieg als Nachweis »existentieller Teilhabe« am Politischen unmöglich machten und die Hegungen des Krieges – seien es nun die des Völkerrechts zwischen souveränen Staaten oder seien es solche geopolitischer Art, wie sie Schmitt Ende der dreißiger/Anfang der vierziger Jahre in seiner Großraumtheorie entworfen hat, als er den Versuch unternahm, »dem bisherigen Zentralbegriff des Völkerrechts, dem Staat, einen einfachen, völkerrechtlich brauchbaren, aber durch seine Gegenwartsnähe überlegenen, höheren Begriff entgegenzusetzen« und diesen im Begriff des Reiches gefunden zu haben glaubte (»Der Reichsbegriff im Völkerrecht«, S. 305, 303), den er der Alternative eines universalistischen Völkerrechts entgegensetzte (»Großraum gegen Universalismus«, S. 302) – endgültig niederrissen.[33] Angesichts der nuklearen Bewaffnung wurde der mit konventionellen Waffen geführte Partisanenkrieg für Schmitt zum positiven Surrogat des gehegten Krieges, insofern er die Möglichkeit des Krieges als der physischen Zurückweisung des Gegners noch offenließ. Zugleich konstatiert Schmitt umgekehrt, daß der nukleare Staatenkrieg keiner genuin politischen Begründung mehr fähig ist, vielmehr in ein radikalisiertes moralisches Problem übergeht und damit die negative Dialektik moralisch legitimierter Kriege verschärft: »Konkret gesprochen bedeutet das: Die suprakonventionelle Waffe supponiert den suprakonventionellen Menschen. Sie setzt ihn nicht etwa nur als ein Postulat der ferneren Zukunft voraus; sie unterstellt ihn vielmehr als eine bereits vorhandene Wirklichkeit. Die letzte Gefahr liegt also nicht einmal in dem Vorhandensein der Vernichtungsmittel und einer prämeditierenden Bosheit der Menschen. Sie besteht in der Unentrinnbarkeit des moralischen Zwanges. Die Menschen, die jene Mittel gegen andere Menschen anwenden, sehen sich gezwungen, diese anderen Menschen, d. h. ihre Opfer und Objekte, auch moralisch zu vernichten. Sie müssen die Gegenseite als Ganzes für verbrecherisch und unmenschlich erklären, für einen totalen Unwert. Sonst sind sie eben selber Verbrecher und Unmenschen« (Schmitt, *Theorie des Partisanen*, S. 95).

Unter diesen Bedingungen wurde für Schmitt der Partisanenkrieg zum letzten Refugium »wirklicher Feindschaft« – d. h. des Politischen –, während die gegenseitige nukleare Geiselnahme der Staaten Politik in Moral aufgelöst hat: »In einer Welt, in der sich die Partner auf solche Weise gegenseitig in den Abgrund der totalen Entwertung hineinstoßen, bevor sie sich physisch vernichten, müssen neue Arten der absoluten Feindschaft entstehen. Die Feindschaft wird so furchtbar werden, daß man vielleicht nicht einmal mehr von Feind und Feindschaft sprechen darf und beides sogar in aller Form vorher geächtet und verdammt wird, bevor das Vernichtungswerk beginnen kann. Die Vernichtung wird dann ganz abstrakt und ganz absolut. Sie richtet sich überhaupt nicht mehr gegen einen Feind, sondern dient nur noch einer angeblich objektiven Durchsetzung höchster Werte, für die bekanntlich kein Preis zu hoch ist. Erst die Ableugnung der wirklichen Feindschaft macht Bahn für das Vernichtungswerk einer absoluten Feindschaft« (ebd., S. 95 f.).

Es ist somit nicht die waffentechnische Entwicklung allein, die in den

Augen Carl Schmitts letzten Endes für diesen Zustand verantwortlich ist, sondern jene in dem Versailler Vertrag erstmals ihren Niederschlag findende Ächtung des Krieges durch die westlichen Demokratien, die die von der Aufklärung vorgetragene moralische Verurteilung des Krieges reaktualisierte.[34] Als der politische Moralismus, so Schmitt, den Angriffskrieg als Verbrechen definierte, habe er nicht nur den existentiellen Sinn wirklicher Feindschaft geleugnet, sondern damit auch den Weg frei gemacht für eine Auffassung, die im Krieg eine »Polizeiaktion gegen Störenfriede, Verbrecher und Schädlinge« sieht (Schmitt, *Der Nomos der Erde*, S. 299). Hegels Bemerkung über die Erfindung des Schießpulvers – »Die Menschheit bedurfte seiner, und alsobald war es da« – aufgreifend, fragt Schmitt: »Sollten auch die modernen Vernichtungsmittel erschienen sein, weil die moderne Menschheit ihrer bedurfte?« (ebd.) Auch wenn Schmitt selbst die Frage offenläßt, so legt er implizit doch nahe: Weniger die waffentechnische Entwicklung, sondern die fast gleichzeitige Revokation der Idee des gerechten Krieges durch die westlichen Demokratien und die russischen Revolutionäre hat die nachmaligen Kriegsszenarios möglich gemacht. Schmitt dürfte mit dieser These sicherlich auch den Gedanken einer Rechtfertigung Deutschlands und seiner Kriegspolitik im 20. Jahrhundert verfolgt haben (vgl. Faber, »Großraumordnung«, S. 135ff.), doch muß seine Theorie unabhängig von diesem Hintergedanken auf ihre Richtigkeit überprüft werden.

Die Feststellung, »daß neue Freundschaftslinien geschichtlich fällig sind«, aber es nicht gut wäre, »wenn sie nur durch neue Kriminalisierungen zustande kämen« (Schmitt, *Der Nomos der Erde*, S. 299), macht deutlich, worin für ihn allein die Lösung des Problems liegen kann: nicht in der Fortsetzung einer generellen moralischen Ächtung des Krieges, sondern in der Erneuerung seiner Hegungen – möglicherweise durch die Abgrenzung von Gebieten, in denen Kriege geführt werden können oder dürfen. Die geographische Verortung des Krieges, so scheint Schmitt gehofft zu haben, würde ihn weiterhin führbar machen und zugleich seine Auswirkungen limitieren.

Möglichkeit des Friedens?

Engels ging es um die endgültige Abschaffung von Krieg und Militarismus, als er auf ihre geschichtsphilosophisch prognostizierte Selbstaufhebung setzte. Schmitt faßt das strikte Gegenteil ins Auge: die Sicherstellung der Möglichkeit eines Krieges als des letzten Mittels der Politik durch Eingrenzung seiner Verheerungen. Oder anders formuliert: Zielte Engels auf die Beseitigung der Negativität von Krieg und Militarismus durch deren ungezügelte Folgen, so hat Carl Schmitt die Beibehaltung limitierter Negativität als Bedingung der Möglichkeit von Politik überhaupt nahegelegt. Meinte Engels, wenn er vom Frieden sprach, einen Zustand der Freiheit, Gleichheit und Gerechtigkeit für die Menschen, also einen Frieden, der durch moralische Kriterien normiert und dessen Legitimität darum höherstufig ist als die des Krieges, so ist für Schmitt Frieden vertraglich garantierter Nicht-Krieg, wobei Krieg und Frieden grundsätzlich gleich legitim sind, dem Krieg jedoch infolge der dialektischen Notwendigkeit der Negation bei der Konstitution von Rechtszuständen der theoretische Primat zugewiesen wird.

Schmitt und Engels stellen damit die Eckpunkte in der Bandbreite möglicher theoretischer, aber auch politisch-praktischer Optionen dar. Weder die Dialektik des Militarismus noch die Hegung des Krieges konnten für die aus der Konfrontation zweier atomarer Supermächte erwachsenden Szenarien eine politische Perspektive eröffnen – außer der des Endes der Menschheit. Aber sie vermochten in der antithetischen Kontrastierung ihrer Perspektiven doch immerhin die Probleme zu umreißen, denen sich die theoretische ebenso wie die politisch-praktische Verständigung über die Möglichkeit des Friedens heute ausgesetzt sieht, nach dem Ende der Ost-West-Konfrontation mehr als vordem.

Die Weisheit der Regierenden
Varianten der Kriegsursachenanalyse

Kriegsursachenanalyse und politische Weisheit: Aristophanes, Thukydides und Platon

»Dreier Prostituierter wegen«, so Aristophanes in seinem Stück *Die Acharner*, habe Perikles Griechenland in den Krieg gestürzt. Der athenische Komödiendichter hat für den Peloponnesischen Krieg, der in der zweiten Hälfte des 5. vorchristlichen Jahrhunderts den politischen und kulturellen Niedergang der griechischen Stadtstaaten einleitete, Unvernunft und Torheit der Regierenden verantwortlich gemacht, und er hat diese Unvernunft als eine jederzeit *mögliche*, niemals jedoch *unvermeidliche* Bedrohung des friedlichen Lebens der Bürger begriffen. In Aristophanes' Sicht wäre der Krieg durchaus vermeidbar gewesen: Nur Perikles' Eitelkeit, seiner Prahlsucht und seinem übersteigerten Bedürfnis, der Geliebten Aspasia zu beweisen, welche Macht und welchen Einfluß er besitze, habe Athen die politisch-militärische Katastrophe bei Kriegsende und den Tod von Tausenden seiner Bürger zuzuschreiben: Einige Leute aus Megara nämlich, so Aristophanes, hätten zwei Prostituierte der Aspasia entführt; die habe sich bei Perikles darüber beklagt und der habe die athenische Volksversammlung daraufhin veranlaßt, über Megara eine Handelsblockade zu verhängen. Megara nun habe bei Sparta, der zweiten Führungsmacht in Griechenland, um Hilfe nachgesucht und diese auch erhalten; Spartas ultimative Forderung nach Aufhebung der Handelsblockade und Perikles' entschiedene Weigerung, dieser Forderung nachzukommen, haben schließlich zum Krieg geführt. Aristophanes' Kriegsursachenanalyse mag im einzelnen auf das literarische Genre der Komödie gestimmt sein – aber sie greift doch eine im Athen dieser Zeit weitverbreitete Vorstellung auf: daß es Perikles' Politik gewesen sei, die zu diesem Krieg geführt habe und daß bei einer anderen Politik dieser Krieg hätte vermieden werden können. Daß es zwei resp. drei Prostituierte sind, um derentwillen Athen in den Krieg eintritt, soll die Marginalität der Kriegsursache herausstreichen.

Aristophanes' Zeitgenosse Thukydides, der Historiker des Peloponnesischen Krieges, hat dieser Kriegsursachenanalyse ebenso entschieden widersprochen wie der Auffassung, der Krieg wäre bei etwas mehr gutem Willen und Kompromißbereitschaft vermeidbar gewesen. Aus Thukydides' Sicht war der Zusammenstoß der um Athen und Sparta gruppierten Machtblöcke unvermeidlich, der Krieg somit zwangsläufig. Der gegen Megara gerichtete Beschluß der Volksversammlung, den Aristophanes in pointierter Form für den Kriegsausbruch verantwortlich gemacht hatte, so räumte er ein, sei wohl einer der *Anlässe*, aber nicht die eigentliche *Ursache* des Krieges gewesen. Die nämlich habe in der wachsenden Furcht der Spartaner gelegen, von dem ständig mächtiger werdenden Konkurrenten Athen politisch und militärisch überflügelt zu werden, wenn man nicht mit Gewalt der weiteren Expansion Athens einen Riegel vorschiebe. »Den wahrsten Grund (des Krieges) freilich«, so Thukydides (I, 23), »zugleich den meistbeschwiegenen, sehe ich im Wachstum Athens, das die erschreckten Spartaner zum Kriege zwang.« Bei Thukydides handelt Perikles exakt nach denselben Motiven, die auch die Spartaner zum Krieg veranlaßt haben, etwa wenn er in seiner großen Kriegsrede auch auf den gegen Megara gerichteten Blockadebeschluß eingeht: Natürlich sei die Rücknahme dieses Beschlusses eine Kleinigkeit, und selbstverständlich sei die Erhaltung des Friedens die Rücknahme einer bereits getroffenen Entscheidung wert – aber: »Diese Kleinigkeit bedeutet Prüfstein und Erhärtung eurer ganzen Gesinnung; gebt ihr hier nach, so empfangt ihr sofort einen neuen, schweren Befehl – denn ihr habt ja aus Angst gehorcht. (...) Dies ist also der Punkt der Entscheidung, ob wir uns fügen, eh es uns schlecht geht, oder Krieg führen, wie es mir richtiger scheint, unnachgiebig bei kleinem ebenso wie bei großem Anlaß« (I, 140–141).

Von beiden Seiten wird der Krieg, der thukydideischen Analyse zufolge, also präventiv geführt: von Sparta aus Angst vor dem weiteren Wachstum der athenischen Macht, von Athen, um in Sparta nicht den Eindruck entstehen zu lassen, man beuge sich Drohungen und Ultimaten. Thukydides hat den Krieg für unausweichlich gehalten, nicht weil beide Seiten aggressiv, expansionistisch oder imperialistisch einander gegenübergestanden hätten – all dies ist nur auf den ersten Blick der Fall –, sondern infolge der Furcht der Regierenden auf beiden Seiten um ihre Reputation und um die Reputation der von ihnen regierten Städte und Bündnissysteme. Nicht das Streben nach mehr Macht, sondern die Furcht vor dem Verlust der zwischenzeitlich erreichten Position war, Thukydides zufolge, die eigentliche Ursache des Krieges. Thukydides hätte nie bestritten, daß zwei Machtblöcke bei einer präzisen Abgrenzung ihrer Einflußbereiche durchaus friedlich koexistieren können, denn nicht imperialer Drang, sondern vielmehr Selbstzweifel und Unsicherheit sind die eigentliche Ursache des von ihm beschriebenen Konflikts gewesen. Nicht Machtstreben, sondern Furcht vor Machtverlust hat die politisch-militärische Eskalation in Gang gesetzt. Daß diese Furcht vor Machtverlust freilich irgendwann in einem der beiden Machtblöcke aufkommt, und zwar weniger infolge direkter militärisch-politischer Konfrontation, sondern eher aufgrund innerer soziopolitischer Entwicklungen, war für ihn jedoch kein kontingentes, sondern ein notwendiges Phänomen.[1]

Thukydides hat Perikles' Kriegspolitik verteidigt und sie als das einzig adäquate politische Verhalten in der gegebenen Situation Athens gerechtfertigt. Wäre Perikles' Kriegsplan, die strategische Defensive, konsequent befolgt worden, so hätte – Thukydides zufolge – Athen den Krieg gewonnen, denn Perikles hatte »auch hierfür die Kräfte richtig vorausberechnet« – »Aber die Späteren, untereinander gleichen Ranges und nur bemüht, jeder der erste zu werden, gingen sogar so weit, die Führung der Geschäfte den Launen des Volkes auszuliefern« (II, 65). Die Niederlage Athens war die Folge. – Thukydides war kein Anhänger demokratischer Entscheidungsprozesse – immerhin war er selbst nach dem Scheitern der von ihm geleiteten militärischen Operation gegen Amphipolis für zwanzig Jahre aus Athen verbannt worden –, und die einzige Rechtfertigung, welche die athenischen Demokraten in seinen Augen für sich geltend machen konnten, war der Umstand, daß sie einen so befähigten Politiker wie Perikles über Jahrzehnte an ihre Spitze gestellt hatten.

Platon, eine Generation jünger als Thukydides, ist diesem Urteil über Perikles nicht gefolgt, im Gegenteil: Perikles, so schreibt er im *Gorgias* (515 e), habe die Athener »zu einem faulen, geschwätzigen, geldgierigen Volk gemacht«, und zwar deswegen, weil er immer versucht habe, dem Volk jeden Wunsch zu erfüllen. Für Perikles gilt, was Platon über alle demokratischen Politiker Athens sagt: »Denn ohne auf Besonnenheit und Gerechtigkeit zu achten, haben sie nur mit ihren Häfen und Schiffswerften, Mauern und Zöllen und derlei Possen die Stadt angefüllt« (519 a). Auch Perikles hat sich danach nur für äußere Machtentfaltung und materiellen Wohlstand, nicht aber für die Erziehung der Bürger zur Gerechtigkeit interessiert. Platon ist sicherlich kein Pazifist in dem Sinne gewesen, daß er Kriege prinzipiell abgelehnt hätte, aber Kriege, die materieller Interessen wegen geführt wurden, wie etwa auch der Peloponnesische Krieg, wurden von ihm scharf kritisiert. Häfen und Werften, Stadt und Hafen miteinander verbindende Mauern sowie

Zollanlagen haben deswegen in Platons Idealstaatsentwurf keinen Platz, wie Platon überhaupt den Seehandel aus seiner Stadt zu verbannen sucht, denn der Seehandel sei der Anfang einer Großmachtpolitik, die mit Notwendigkeit zum Kriege führe – und beides widerspricht in Platons politischer Philosophie den wahren Aufgaben der Politik, die an der Verwirklichung der Gerechtigkeit und nicht an Machtausweitung orientiert sind.

Für Platon wurde der entscheidende Schritt zum Krieg nicht erst, wie bei Aristophanes, mit dem Volksversammlungsbeschluß gegen Megara getan, auch nicht, wie bei Thukydides, mit dem allmählichen Aufbau des athenischen Seereichs, das notwendig mit dem bisherigen Hegemon in Griechenland, der Landmacht Sparta, in Konflikt geraten mußte – der entscheidende Schritt zum Krieg erfolgte Platons Kriegsursachenanalyse zufolge in dem Augenblick, als in Athen die vom Seehandel ausgehende ökonomische Dynamik die alten Bräuche, die selbstgenügsamen Prinzipien aufbrach und eine prinzipiell endlose Dynamik materieller Begehrlichkeit in Gang setzte. Von diesem Zeitpunkt an lief alles auf einen Krieg zwischen Sparta und Athen um die Vorherrschaft in Griechenland zu. Luxus und Pleonexie sind in Platons Sicht die letzten Endes entscheidenden Faktoren auf dem Weg in den Krieg.

Von Aristophanes über Thukydides zu Platon zieht sich in der Analytik der Kriegsursachen eine Linie der wachsenden Zufallsreduktion und des steigenden Notwendigkeitsfatalismus. Für Aristophanes war der Krieg noch vermeidbar, wenn man in Athen die moralische Kraft und den politischen Weitblick besessen hätte, die über Megara verhängte Handelsblockade wieder aufzuheben. Für Thukydides wäre der Krieg – tendenziell – vermeidbar gewesen, wenn die innere Stärke und das Selbstbewußtsein beider Seiten ausgereicht hätten, um jene Sicherheitsneurosen und mehr pathologischen als realistischen Niedergangsängste in Schach zu halten, aus denen seiner Darstellung zufolge der Krieg entstanden ist. Für Platon schließlich wäre dieser Krieg vermeidbar gewesen, wenn man fünfzig bis hundert Jahre vor Kriegsausbruch eine prinzipiell andere Politik betrieben hätte. In sozialwissenschaftlicher Begrifflichkeit: Ist Aristophanes' Kriegsursachenanalyse ganz personalisierend-situationistisch, so kommt bei Thukydides eine strukturelle Komponente hinzu, die bei Platon dann den Angelpunkt der Kriegsursachenanalyse darstellt. Hatten bei Aristophanes die athenischen Politiker die Möglichkeit, über Krieg und Frieden jeweils zu entscheiden, so war diese Möglichkeit in Thukydides' Sicht stark eingeschränkt, und aus Platons Perspektive hatten sie zum Zeitpunkt des

Kriegsausbruchs überhaupt keine Entscheidungs- und Handlungsfreiheit mehr.

Dementsprechend unterschiedliche, ja gegensätzliche Antworten hätten Aristophanes, Thukydides und Platon, der Komödiendichter, der Historiker und der Philosoph, gegeben, wenn man sie gefragt hätte, worin in ihrer Sicht jeweils die »Weisheit der Regierenden« zu finden sei: Nicht aus Eitelkeit und Ehrgeiz, zumal unter dem Einfluß von Frauen, übereilte und törichte Entscheidungen zu treffen, hätte Aristophanes geantwortet; sich bei seinen politischen Planungen nicht von Abstiegsängsten und Sicherheitsneurosen leiten zu lassen, sich konsequent an den eigenen Interessen zu orientieren und das einmal für richtig Befundene und Beschlossene auch zielstrebig zu verfolgen, hätte Thukydides geantwortet; jeden strukturellen Zwang zur Machtpolitik vermeiden, indem auch nicht ansatzweise eine auf äußere Machtentfaltung angelegte Politik verfolgt, sondern alles politische Handeln an der Erziehung der Bürger zum guten und gerechten Leben orientiert werde, würde wohl Platons Antwort lauten. Politisch weise konnte ein Politiker, Aristophanes zufolge, also immer handeln (so wie er auch immer töricht sein konnte); bei Thukydides spielen in die Frage nach der Möglichkeit politisch weisen Handelns bereits strukturelle Momente herein, wie etwa dies, daß Stadt und Bündnis innerlich gefestigt sein müssen, so daß Ängste und Befürchtungen sich als grundlos erweisen, kollektive Neurosen sich nicht durchsetzen müssen. Für Platon hingegen gibt es politische Weisheit eigentlich nur innerhalb des idealen Staates; in seiner eigenen Gegenwart jedoch sah er alle als weise zu charakterisierenden politischen Entwürfe sogleich durch die Handlungszwänge der Machterhaltung und Machtsteigerung bedroht.[2]

Ursache und Anlaß des Ersten Weltkrieges: die Bedingungen politischer Weisheit

Wie die Analysen des Peloponnesischen Kriegs bei Aristophanes, Thukydides und Platon als beispielhaft gelten dürfen für alle späteren Analysen von Kriegsausbrüchen,[3] so können auch die drei daraus abgeleiteten Konzeptualisierungen politischer Weisheit als Vorbild dienen, wenn man jüngere Modelle richtigen politischen Handelns in eine systematische Ordnung bringen will. Doch zunächst zur Kriegsursachenanalyse: In vielerlei Hinsicht wird man Beginn, Ablauf und Folgen des Peloponnesischen Krieges mit Beginn, Ablauf und Folgen der beiden in unserem Jahrhundert ausgetragenen Weltkriege vergleichen können, wobei diese Kriege nicht voneinander getrennt und für sich genommen, sondern als durch eine kurze Friedensperiode getrennte Einheit der Konflikte in Europa betrachtet werden – eine Sichtweise, die sich direkt anschließt an Thukydides' Darstellung des Peloponnesischen Krieges, in der dieser den durch den Nikiasfrieden beendeten Archidamischen Krieg mit dem späteren Dekeleischen Krieg verbunden und beide als Einheit, eben als Peloponnesischen Krieg behandelt hat. Wenn wir heute vom Peloponnesischen Krieg sprechen, folgen wir wie selbstverständlich der Sicht des Thukydides. Immerhin: in diesem Krieg ist die politische Blüte der griechischen Stadtstaaten zugrundegegangen – und ähnliches wird man sicherlich auch von dem Ende der politisch-kulturellen Hegemonie Europas in Verlauf und Gefolge der beiden Weltkriege sagen können.

Aus dieser Perspektive ist es auch wenig verwunderlich, wenn sich bis heute an der Frage nach den Ursachen des Ersten Weltkrieges als dem Beginn der bis zum Jahre 1945 andauernden Periode kriegerischer Erschütterungen Europas die Geister geschieden haben: Für die einen war es ein Vorgang, der bei größerer Gelassenheit und mehr politischem Fingerspitzengefühl aller beteiligten Regierungen – also bei mehr Weisheit der Regierenden im Sinne des Aristophanes – hätte vermieden werden können. So wie Aristophanes dies im Falle des Peloponnesischen Krieges getan hat, wird auch hier jede quasi-deterministische Dynamik zum Kriege hin negiert und der unmittelbare Anlaß des Krieges für die Ursache genommen, oder aber es wird die Möglichkeit einer kriegsursachenanalytischen Trennung zwischen Anlaß und Ursache entschieden bestritten: Was den Krieg verursacht hat, war das Attentat von Sarajewo, beziehungsweise seine Vor- und Nachspiele: der unglückliche Termin, den der österreichische Erzherzog für seinen Besuch in der bosnischen Hauptstadt (es handelte sich um einen der Gedenktage des serbischen Widerstands gegen fremde Unterdrückung) gewählt hatte, die anschließende bedingungslose Unterstützung der österreichischen Politik durch das kaiserliche Deutschland, die Mechanismen von Teilmobilisierung, Mobilisierung und Kriegserklärung und so weiter. Es sei eine Verkettung von Torheiten gewesen, die Europa in den Abgrund gestoßen habe, und an jedem Glied dieser Verkettungen hätte die Intervention von ein wenig politischer Weisheit diesen Krieg verhindern können. Diese Kriegsursachenanalyse schließt nicht aus, daß der Krieg auch aus einem anderen Anlaß hätte entstehen können, aber sie bestreitet kategorisch, daß es nur einen Grund gegeben hat, aus dem heraus er unvermeidbar gewesen wäre, so daß es völlig gleichgültig war, welcher Anlaß nun den Funken in das seit Jahren bereitstehende Pulverfaß geworfen hatte.[4]

Genau das behauptet jene Kriegsursachenanalytik, die – in ausdrücklichem Anschluß an Thukydides – zwischen Anlaß und Ursache des Krieges unterscheidet. Der Anlaß war die Ermordung des österreichischen Thronfolgers Franz Ferdinand in Sarajewo, aber es hätte selbstverständlich auch ein anderes Ereignis sein können, insofern Entente und Mittelmächte einander hochgerüstet gegenüberstanden und aus Angst, die Gegenseite werde die erstbeste Gelegenheit nutzen und angreifen, ihrerseits nach Gelegenheiten suchte, über die anderen herzufallen.[5] Sieht man einmal ab von den zweifellos auch vorhandenen rechtfertigenden Momenten dieser Kriegsursachenanalyse und befragt ihre Rekonstruktion des Kriegsausbruchs nach der 1914 fehlenden »Weisheit der Regierenden«, so war zu diesem Zeitpunkt keine Möglichkeit zu politisch weisem Handeln mehr vorhanden, insofern alles auf die pure Befolgung politisch-militärischer Imperative hin angelegt war, und diese Imperative gingen unmittelbar von der Logik der Machtpolitik aus. Das aber heißt: Es hätte die Möglichkeit zu politisch weisem Handeln gegeben, in jenem Zeitraum nämlich, als man sich auf die Logik der Machtpolitik einließ und sich ihr tendenziell unterordnete, als man mit Rüstungsprogrammen begann, von denen absehbar war, daß sie ihre eigene Dynamik entfalten würden, gegen die keine politische Vernunft eine Durchsetzungschance mehr haben würde – damals hätte man die Bremse ziehen und sich diesen Entscheidungen widersetzen müssen, aber nachdem man sich erst einmal auf diese Machtblockbildung in Europa eingelassen hatte, gab es die Möglichkeit zu politisch weisem Handeln nicht mehr, insofern Weisheit zwecksetzend ist und nicht bloß imperativische Vorgaben instrumentell umsetzt.

Aber wenngleich die Möglichkeit zu politischer Weisheit im engeren Sinne damit aufgehoben war, so bestand doch eine Chance für die Surrogatform politischer Weisheit, die politische Weitsicht, das heißt: politisches Augenmaß, entschlossene Wahrnehmung sich plötzlich bietender Gelegenheiten bei Verzicht auf eine sinnlose Überforderung der eigenen Kräfte, und das schloß den Abschluß eines Waffenstillstands oder eines Friedensvertrags ein, nachdem erkennbar geworden war, daß die Kosten dieses Krieges jeden nur denkbaren Nutzen für alle Beteiligten übersteigen würden: Folgt man Barbara Tuchman[6], so war dieser Zeitpunkt bereits Ende August 1914 erreicht, als klar war, daß weder der deutsche noch der französische Angriffsplan geklappt hatte. Es ist dieses politische Augenmaß, das Thukydides an Perikles so sehr geschätzt hatte und das auch später für politische Theoretiker wie Niccolò Machiavelli und den an Machiavelli anknüpfenden Max Weber, aber auch für einen Kriegstheoretiker wie Carl von Clausewitz die Quintessenz politischer Kompetenz darstellte. – Daß die Erschütterungen, die der Erste Weltkrieg in Europa hinterlassen hat, in politischer wie ökonomischer Hinsicht so tiefgreifend wurden, war nicht zuletzt eine Folge dessen, daß die deutsche Reichsregierung keinerlei politische Weisheit in kleiner Münze, keine politische Weitsicht zeigte und auf Kriegszielen beharrte, die nur bei einer militärisch nicht mehr erzwingbaren bedingungslosen Kapitulation des Gegners durchsetzbar gewesen wären.[7]

Ein dritter Strang der Kriegsursachenanalyse, derjenigen Platons vergleichbar, geht noch einen Schritt weiter. Ihr zufolge waren alle Weichen in Richtung auf Kriege wie den Ersten und den Zweiten Weltkrieg von dem Augenblick an gestellt, als sich politische Großorganisationen, wie etwa die europäischen Territorialstaaten, herauszubilden begannen, die aufgrund ihrer nach innen gerichteten Zwangsmittel in der Lage waren, die auf ihrem Territorium beheimatete Bevölkerung zu erfassen, zu disziplinieren und sie als Ressource ihrer Machtentfaltung einzusetzen und zu verbrauchen, das heißt, sie töten, leiden oder verhungern zu lassen.[8] »Weisheit der Regierenden« würde danach einzig und allein darin bestehen, daß die Regierenden alle Ansätze zu umfassenden Machtkonstellationen rückgängig machen und so permanent damit beschäftigt sind, ihre Macht so klein wie möglich zu halten und sich tendenziell überflüssig zu machen. Ist dies aber nicht erfolgt, so ist die Stunde der Weisheit vorbei und die Stunden der Torheit jagen einander unaufhörlich. Mit unaufhebbarer Notwendigkeit treiben die Staaten in immer neue, immer größere Kriege, und alle Versuche, diesen Gang der Dinge zu bremsen, das einmal in Bewegung gesetzte Rad der Geschichte anzuhalten, sind gutgemeint, aber illusionär. Ein wirkliches Ende der zu immer neuen Kriegen treibenden Dynamik gibt es erst dort, wo die Antriebsmomente dieser Dynamik beseitigt, d. h. die Staaten abgeschafft worden sind.

Die »Weisheit der Regierenden« in der Frage der Auf- und Abrüstung

Nicht mehr als »Kriegsschuldfrage«, wie sie um die moralische Verantwortung des Krieges und die Berechtigung von Reparationsforderungen lange geführt worden ist,[9] hat die Debatte über die Kriegsursachen von 1914 heute Bedeutung, sondern als eine der sorgfältigsten und kenntnisreichsten Diskussionen über die Ursachen und Folgen eines Krieges. In den Kontroversen über die Auf- und Ab-, Vor- und Nachrüstung, wie sie Ende der siebziger, Anfang der achtziger Jahre ausgetragen worden sind, sind die Monate Juli und August 1914 zum Bezugspunkt gegenwärtiger Gefahren und Bedrohungen geworden: Zwei hochgerüstete, einander gegenüberstehende Machtblöcke, die ihre Interessen- und Einflußbereiche wohl weithin gegeneinander abgesteckt hatten und diese Einflußbereiche gegenseitig auch respektierten, die aber beide in mehr oder minder großem Maße von Abstiegs- und Niedergangsängsten gepeinigt wurden und in denen immer wieder Sicherheitsneurosen aufbrachen, welche zur Ursache neuer Rüstungsanstrengungen werden konnten.[10] Was heißt unter diesen Umständen: »Weisheit der Regierenden«?

Antworten nach dem Vorbild von Aristophanes und Platon scheinen die einander entgegengesetzten Extreme der möglichen Weisheitsvorstellungen darzustellen: Im Fall der personalisierend-situationistischen Kriegsursachenanalytik kommt es bloß darauf an, daß die Regierungen keine Dummheiten machen, und da in diesem Konzept keine strukturellen Faktoren, wie etwa Rüstungsspiralen, Rüstungsniveau, Machtverhältnisse im Innern, wirtschaftliche Probleme mit den damit verbundenen Niedergangsängsten und so fort zur Sprache kommen, Faktoren, die weisheitsmindernd oder gar weisheitsverhindernd wirken, kann und muß friedenspolitisch nicht mehr getan werden, als daß man, soweit man hierzu die Möglichkeit hat, Regierungen an die Macht bringt oder dort beläßt, die aller Voraussicht nach nicht töricht handeln werden. – Außenpolitik wird hier nicht als eine Variante der Innenpolitik oder gar der inneren Strukturen begriffen, sondern sie wird als etwas gefaßt, das in seiner ganzen Bandbreite in den voluntativen Entscheidungsrahmen der Politiker gestellt ist.

Der personalisierend-situationistischen Auffassung von der »Weisheit der Regierenden« steht die Vorstellung gegenüber, es sei, solange bestimmte sozio-politische Strukturen vorherrschten, völlig gleichgültig, wer wo wann an der Regierung sei, da die Übermacht der von den

Strukturen ausgehenden Handlungszwänge alle noch so gut gemeinten Intentionen der Regierenden ohnehin verschlänge. Weisheit sei allein dort zu finden, wo sich – in Abweichung von Platon – die Regierten wohl mehr als die Regierenden zur grundlegenden Beseitigung all dieser Strukturen entschlössen. Wahre Friedenspolitik könne darum nicht länger in den konventionellen Bahnen der äußeren Politik, sondern allein durch die zielstrebige Veränderung der politischen, sozialen und ökonomischen Verhältnisse betrieben werden, um in einer grundsätzlich neuen gesellschaftlichen Ordnung politische Weisheit gleichsam auselbstverständlich zu machen. – Es bedarf wohl keiner weiteren Ausführung, daß diese Vorstellung von »politischer Weisheit«, wo sie Ausschließlichkeitscharakter beansprucht, überwiegend in einer parlamentarisch nicht repräsentierten radikalen Linken beheimatet ist, in relativierter, das heißt mit anderen politischen Konzeptionen zu vereinbarender Form jedoch zur politischen Vorstellungswelt der Linken insgesamt gehört.[11]

Beide Konzeptionen politischer Weisheit stehen einander antithetisch gegenüber: Setzt die eine ausschließlich auf die Vernunft der Regierenden und behandelt ökonomische, soziale und politische Strukturen als eine vernachlässigbare Größe, so konzentriert sich die andere ausschließlich auf Strukturen und gesteht den in ihrem Rahmen handelnden Personen keine große Bedeutung zu: Sie sind letztlich nichts anderes als Charaktermasken der sie umgebenden und ihr Handeln bestimmenden Verhältnisse. Setzt die erste Vorstellung ihre Hoffnung darein, daß es schon gelingen werde, immer weise Regierende zu haben, und liefert sie dabei die politische Zukunft dem Zufall aus, so sucht die andere Konzeption durch die Installierung »vernünftiger« Verhältnisse politische Weisheit gleichsam institutionell (bei Platon etwa durch die Institutionalisierung einer spezifischen Erziehung der Regierenden und ihres Erfüllungsstabes) zu garantieren. Ein Drittes kommt hinzu: Ist es der ersten Weisheitsvorstellung nach, gemäß der ihr eigenen Vorstellung vom Wirken des Zufalls in der politischen Geschichte, jederzeit und kurzfristig möglich, politisch weise zu handeln, so muß der zweiten Konzeption zufolge politische Weisheit erst durch langfristig angelegte strukturelle Veränderungen ermöglicht werden. Zufall und Notwendigkeit sind also in beiden Modellen unter gleichsam laborähnlichen Bedingungen präzise voneinander getrennt und zum wissenschaftlichen Basiskonzept gemacht worden. – Dagegen nun läßt sich mit guten Gründen einwenden, daß in der politischen Realität Zufälle in gewissem Maße nach Gesetzmäßigkeiten eintreten und daß umgekehrt Notwendigkeiten immer wieder von Zufällen durchkreuzt werden.

In beiden Konzeptionen politischer Weisheit hat eine umfassende Abrüstung nur einen relativ niedrigen Stellenwert: Für die personalisierend-situationistische Vorstellung von der Weisheit der Regierenden ist das jeweilige Rüstungsniveau von geringfügiger Bedeutung, weil sie keine prinzipiell hiervon ausgehenden Prädispositionen politischer Entscheidungen und korrespondierender Handlungszwänge kennt und darum die Möglichkeit politischer Weisheit in keinem systematisch begründbaren Verhältnis zum jeweiligen Rüstungsniveau sieht. Und auch für die Vorstellung einer strukturellen Institutionalisierung politischer Vernunft, sei es nun durch Abschaffung politischer Großinstitutionen oder sei es, wie in den meisten Sozialutopien im Anschluß an Thomas Morus, durch Rationalisierung und Effektivierung dieser Großinstitutionen, ist die Absenkung der Rüstungsniveaus nur insofern von Belang, als sie mit umfassenden strukturellen Veränderungen der gesellschaftlichen und politischen Ordnung einhergeht. Wo nicht, gilt sie zumeist nur als Ablenkungsmanöver von den entscheidenden Aufgaben.

Ein zentraler Stellenwert wird dagegen der Absenkung des Rüstungsniveaus von jener Vorstellung politischer Weisheit beigemessen, die hier im Anschluß an die Kriegsursachenanalyse des Thukydides skizziert worden ist: Danach gibt es strukturelle Zwänge (und eine schier endlose Rüstungsspirale würde ebenso dazugehören wie die aus ökonomischen Problemen resultierenden Niedergangsängste einer Seite), die politisch weise Entscheidungen erschweren, wenn nicht gar unmöglich machen, und das heißt, daß es selbst eine Form politischer Weisheit ist, diese strukturellen Zwänge abzubauen oder sie zu verkleinern, um so die Wahrscheinlichkeit eines politisch weisen Verhaltens zu erhöhen. Politisch vernünftiges Verhalten bleibt hier immer auf die Weisheit der Regierenden angewiesen und kann niemals ein für allemal strukturell garantiert werden. Aber die Weisheit der Regierenden ist doch auch nicht beliebig gegenüber ihren strukturellen Voraussetzungen: diese können sie hemmen, wenn nicht gar verhindern, sie können sie aber auch befördern, wenn nicht gar erzwingen. Dementsprechend ist es politisch weise, die Eigendynamik der Aufrüstung zumindest zu bremsen, weil dies eine elementare Voraussetzung dafür ist, daß die Weisheit der Regierenden zum Tragen kommt. Bemerkenswerterweise sind es gerade die von konservativer Seite so gern als löblicher Widerpart linker Utopismen apostrophierten Vertreter einer realistischen Politikauffassung, Theoretiker wie Thukydides, Machiavelli, Clausewitz und Max Weber, die durch die systematische Verbindung situationistischer und struktureller, personalisierender und objektivierender Faktoren in ihren Theorien den Blick dafür schärfen, in welchem Maße die Reduzierung von Eskalationsmechanismen, aber ebenso die Begrenzung depersonalisierender Tendenzen des politisch-militärischen Systems die Voraussetzung ist für – die Weisheit der Regierenden.

Instrumentelle und existentielle Auffassung des Krieges bei Carl von Clausewitz

»Es wird mit Recht befremden, wenn eine weibliche Hand es wagt, ein Werk von solchem Inhalt wie das vorliegende mit einer Vorrede zu begleiten«, so Marie von Clausewitz im Vorwort zu dem hinterlassenen Hauptwerk ihres Mannes, das sie 1832 unter dem unscheinbar bescheidenen Titel *Vom Kriege* herausgab. Nur »eine teilnehmende Begleiterin« der Schrift wolle sie sein, versicherte sie – aber die engsten Freunde des verstorbenen Clausewitz wußten sehr gut, wieviel mehr diesem die Gattin jederzeit gewesen ist: Sie war Gesprächspartner in brieflicher wie mündlicher Kommunikation, oftmals der einzige für den eher scheuen, abweisenden, offenbar zu schweren Depressionen neigenden Clausewitz, und sie half ihm bei Abfassung und Niederschrift zahlloser Texte. So erfahren wir aus dem Briefwechsel der beiden nicht nur Persönliches, sondern können auch die Entwicklung, die Modifikationen und Variationen des Clausewitzschen Denkens mitunter bis ins Detail hinein verfolgen.

Aber der Briefwechsel beschränkt sich auf jene Zeiträume, in denen die beiden oft über Monate und Jahre voneinander getrennt waren: auf die Jahre 1806 und 1807, als Clausewitz an dem Feldzug teilnahm, der mit der vernichtenden preußischen Niederlage bei Jena und Auerstedt endete, nach der er in Frankreich interniert wurde, sowie auf die Zeit von 1812–1815, als er zunächst in russischen, später wieder in preußischen Diensten gegen Napoleon kämpfte. Man wird davon ausgehen dürfen, daß in den Jahren der Entstehung des Werkes *Vom Kriege*, als Clausewitz Verwaltungsdirektor der Allgemeinen Kriegsschule in Berlin war, der Gedankenaustausch der beiden zumindest ebenso intensiv war wie in den Zeiten der Trennung. »Wer unsere glückselige Ehe gekannt hat«, schreibt Marie von Clausewitz in der Vorrede zu *Vom Kriege* (S. 174), »und weiß, wie wir alles miteinander teilten, nicht allein Freude und Leid, sondern auch jede Beschäftigung, jedes Interesse des täglichen Lebens, der wird begreifen, daß eine Arbeit dieser Art meinen geliebten Mann nicht beschäftigen konnte, ohne auch mir genau bekannt zu sein.« Das war eher unter- als übertrieben. Aber da das Ehepaar Clausewitz von 1816–1819 in Koblenz, wo offenbar die ersten

Notizen zum Werk entstanden, und dann von 1819–1830 in Berlin ständig zusammenlebte, fand der Gedankenaustausch mündlich statt, und so sind wir auf – mehr oder minder gut begründete – Vermutungen angewiesen, wann und in welchem Zusammenhang welche Wendung in Clausewitz' Theorie des Krieges Platz gegriffen hat, wann vor allem die berühmt-berüchtigte Formulierung vom Krieg als Fortsetzung der Politik mit anderen Mitteln, nachfolgend als *instrumentelle* Auffassung des Krieges bezeichnet, von Clausewitz entwickelt worden ist.

1827 jedenfalls taucht sie in Clausewitz' Schriften erstmals auf, und wenn auch nicht sicher ist, daß Clausewitz sie nicht bereits in den Jahren zuvor skizziert hat, so steht doch fest, daß er den größten Teil seines Lebens *nicht* der darin zum Ausdruck gebrachten Auffassung gewesen ist, der Krieg stehe zur Politik in einem rein instrumentellen Verhältnis: weder 1806/1807 und schon gar nicht 1812, als er aus Opposition gegen die profranzösische Politik Preußens in russische Dienste überwechselte. Seine *Bekenntnisdenkschrift* von 1812 ist ein einziger vehementer Angriff gegen das politische Kalkül des preußischen Königs und die in der höheren Beamtenschaft inkorporierte Staatsraison, die Widerstand gegen Napoleon für aussichtslos erachtete. Dagegen hat Clausewitz in seinen berühmten Lossagungen vor allem *ethisch-existentielle* Überlegungen geltend gemacht. Es sei besser, ehrenhaft unterzugehen, als eine Fortexistenz in Schmach und Schande zu fristen. Gegen das auf politischem Kalkül begründete Bündnis mit Bonaparte setzte er die ethisch-existentiell untermauerte Forderung des bedingungslosen Krieges: bedingungslos, weil Clausewitz die Entscheidung für den Krieg ausdrücklich nicht von der vorherigen Überprüfung seiner Erfolgsaussichten abhängig gemacht wissen wollte, wie die pronapoleonische Partei am preußischen Königshof argumentierte.

Es steht außer Frage: Von den Lossagungen der *Bekenntnisdenkschrift* zum Kriegsepigramm in *Vom Kriege* war ein weiter Weg. Dessen Stationen sollen hier skizziert werden, und zwar indem – *erstens* – die Entstehung und Ausdifferenzierung der instrumentellen Kriegsauffassung untersucht wird, indem – *zweitens* – sodann den theoretischen Kontroversen um Clausewitz' Kriegsepigramm in den Theorien des Krieges im allgemeinen und der Clausewitzinterpretation im besonderen nachgegangen wird, damit anschließend – *drittens* – die existentielle Auffassung des Krieges in Clausewitz' frühen Schriften vorgestellt werden kann, mitsamt deren theoretischen Abzweigungen, der nationalistischen Auffassung vom Krieg als Existenzkampf sowie den national- wie sozialrevolutionären Konzeptionen des Guerillakrieges. Abschließend – *viertens* – sollen, über Clausewitz hinausgehend, die existentielle und die instrumentelle Auffassung des Krieges miteinander unter der Frage kontrastiert werden, ob und inwieweit ihr theoretischer Gegensatz gesellschaftliche und politische Wurzeln hat, und, wenn ja, welche dies sind.

Die instrumentelle Auffassung des Krieges und die Relativierung des Vorbildcharakters der napoleonischen Strategie

Aus der Vorrede der Marie von Clausewitz und der bereits von ihr dem Werk vorangestellten *Nachricht* von 1827 wissen wir, daß Clausewitz mit der Form, in der *Vom Kriege* schließlich veröffentlicht wurde, nicht völlig einverstanden war. »Ich betrachte die ersten sechs Bücher«, erklärt er darin (S. 179), »welche sich schon ins reine geschrieben finden, nur als eine noch ziemlich unförmige Masse, die durchaus noch einmal umgearbeitet werden soll.« Clausewitz hat dieses Vorhaben nicht mehr ausführen können: Im August 1830 wurde er zum Chef der 2. Artillerie-Inspektion in Breslau ernannt, und im März des darauffolgenden Jahres ging er als Chef des Stabes der an der preußischen Ostgrenze zusammengezogenen Observationsarmee nach Polen. An eine Weiterarbeit am Manuskript war vorerst nicht mehr zu denken. Clausewitz ordnete die umfangreichen Manuskripte, versah sie mit Aufschriften und versiegelte sie. Nach militärischer Bewährung, so hoffte er, würde er *Vom Kriege* beenden können. Dazu ist es nicht mehr gekommen: Am 16. November 1831 erlag Clausewitz derselben Cholera-Epidemie, der zuvor bereits Gneisenau in Posen und Hegel in Berlin zum Opfer gefallen waren.

Zurück blieb ein im Kern unvollendetes Werk: »Ob man will oder nicht«, so Raymond Aron (*Clausewitz*, S. 19), »Clausewitz' Lehre bleibt und wird immer mehrdeutig bleiben.« Immerhin aber wissen wir, unter welchen Aspekten *Vom Kriege* überarbeitet werden sollte, und die Clausewitz-Philologie – zu nennen sind hier die Aufsätze von Herbert Rosinski (»Die Entwicklung von Clausewitz' Werk«) und Eberhard Kessel (»Zur Genesis der modernen Kriegslehre«) sowie die Fortführung von deren Überlegungen durch Aron (*Clausewitz*, S. 92 ff.) – ist, mit Nuancen, zu dem Ergebnis gelangt, daß Buch I, 1 und tendenziell auch Buch VIII im Sinne von Clausewitz' letzten Überlegungen durchgearbeitet worden sind bzw. diesen Überlegungen am nächsten kommen. Zwei Aspekte sind dabei bestimmend: die Theorie der doppelten Art des Krieges sowie dessen instrumentelle Subsumtion unter die Politik.

»Diese doppelte Art des Krieges«, so Clausewitz in der *Nachricht* (*Vom Kriege*, S. 179), »ist nämlich diejenige, wo der Zweck das *Niederwerfen des Gegners* ist, sei es, daß man ihn politisch vernichten oder bloß wehrlos machen und also zu jedem beliebigen Frieden zwingen will, und diejenige, wo man *bloß an den Grenzen seines Reiches einige Eroberungen machen will*, sei es, um sie zu behalten oder um sie als nützliches Tauschmittel beim Frieden geltend zu machen.« Clausewitz will diese beiden Arten, Krieg zu führen, als die äußeren Pole einer Reihe von Möglichkeiten begriffen wissen. Entscheidend ist dabei, daß der nur an den Grenzen und mit schwachen Kräften geführte Krieg für ihn nun nicht länger »eine Ausartung der Kriegskunst in kleinliches Handwerkswesen« ist, wie er 1809 an Fichte geschrieben hatte (*Kleine Schriften*, S. 161), sondern ebenso Krieg wie der mit äußerster Anstrengung ausgetragene Konflikt: Es ist die Politik, die unterschiedliche Direktiven erteilt hat, sich in beiden Fällen jedoch des Kriegs als Mittel zur Durchsetzung ihrer Ziele bedient.

Auf diese instrumentelle Subsumtion des Krieges unter die Politik kommt es Clausewitz vor allem an, und so betont er, »daß der Krieg *nichts ist als die fortgesetzte Staatspolitik mit anderen Mitteln*« (*Vom Kriege*, S. 179). Damit ist die Zentralformel der Clausewitzschen Theorie gefunden: »Der Krieg ist eine bloße Fortsetzung der Politik mit anderen Mitteln«, wie es in Buch I, 1 heißt (S. 210), oder im Buch VIII, 6 B: »Der Krieg ist nichts als eine Fortsetzung des politischen Verkehrs mit Einmischung anderer Mittel« (S. 990). Unerbittlich betont Clausewitz von nun an die Instrumentalität des Krieges im Verhältnis zur Politik. So hat der Krieg »freilich seine eigene Grammatik, aber nicht seine eigene Logik« (S. 991), denn diese liegt bei der Politik. »Das Unterordnen des politischen Gesichtspunkts unter den militärischen wäre widersinnig, denn die Politik hat den Krieg erzeugt; sie ist die Intelligenz, der Krieg aber bloß ein Instrument und nicht umgekehrt« (S. 993).[1]

Die Folgen dieser instrumentellen Kriegsauffassung für Clausewitz' strategische Überlegungen zeigen sich darin, daß nunmehr die napoleonische Strategie, die auf die Niederwerfung des Gegners abzielende Doktrin der Entscheidungsschlacht, zunehmend ihre paradigmatische Stellung im Clausewitzschen Theoriegebäude verliert. Hatte Clausewitz in III, 16 von *Vom Kriege* sich noch – ganz unter dem Eindruck der napoleonischen Strategie – kritisch über die Kriegführung des Absolutismus geäußert, als er schrieb: »Das Hazardspiel mit Goldrollen scheint in ein Kommerzspiel mit Groschen verwandelt« (S. 410), so kehrt er die Metaphorik nunmehr um und spricht vom beständigen Zwang zum Hazard, dem Napoleon sich gegenübergesehen habe. Angewandt auf die Strategie Bonapartes und die Friedrichs II. von Preußen, wie sie Clausewitz in den einleitenden Bemerkungen seines unter der Überschrift »Gedanken zur Abwehr« veröffentlichten Briefes vom 22.12.1827 einander gegenüberstellt, heißt dies, daß Napoleon die Schlacht suchen *mußte*, während Friedrich manövrieren *konnte*, selbst wenn er – im Unterschied zu seinem Bruder Heinrich – gelegentlich auch Schlachten schlug. Die unterschiedliche Strategie der beiden resultierte demnach nicht aus verschiedenen Graden der Annäherung an eine »ideale« Strategie, sondern ist im wesentlichen Folge der verschiedenen Strukturen ihrer Herrschaft. Auf das von Clausewitz immer wieder verwendete Bild von Barzahlung und Wechselhandel bezogen – »Die Waffenentscheidung ist für alle großen und kleinen Operationen des Krieges, was die bare Zahlung für den Wechselhandel ist« (I, 2, S. 226)[2] – würde dies heißen, daß der Hazardeur Bonaparte bar zahlen mußte, während Friedrich mit Wechseln zahlen konnte. Daraus ist zu folgern, daß die Orientierung an der Schlacht, wie sie Clausewitz von den englischen Militärtheoretikern Fuller (*The Conduct of War*) und Liddell Hart (*Strategy*) zum Vorwurf gemacht worden ist (vgl. Wallach, *Das Dogma der Vernichtungsschlacht*, S. 13 ff.; *Kriegstheorien*, S. 195 ff.), bei einer Überarbeitung des gesamten Werkes entsprechend der Maßgabe der »Nachricht« entfallen oder zumindest relativiert worden wäre.

Raymond Aron hat in seinem voluminösen Clausewitz-Buch zu zeigen versucht, daß der deutsche wie der französische Generalstab vor 1914 Clausewitz verstanden haben, als hätte dieser die Wende von 1827 zur doppelten Art der Kriegführung nicht vollzogen und wäre bis zuletzt ein Anhänger des napoleonischen Dogmas der Entscheidungsschlacht gewesen. Aber Aron geht noch einen Schritt weiter, indem er den Schluß nahelegt, daß die Schlachten von Verdun und an der Somme nichts anderes waren als die katastrophalen Folgen interpretatorischer Mißverständnisse und hermeneutischen Unvermögens in den Reihen des deutschen und französischen Generalstabes. Das ist, wie weiter unten gezeigt werden soll, ein Mißverständnisse korrigierendes Mißverständnis der Clausewitzschen Theorie, an dem diese selbst freilich nicht ganz schuldlos ist. Festzuhalten bleibt zunächst jedoch, daß die Faszination, welche die napoleonische Strategie zeitweise auf Clausewitz ausgeübt hat, nach 1815 immer mehr nachläßt, bis Clausewitz sie schließlich auf die politischen Konstellationen zurückführte, denen sie entstammte. So konnte er in »Gedanken zur Abwehr« (*Kleine Schriften*, S. 497f.) schreiben: »Die außerordentlichen Verhältnisse Bonapartes und Frankreichs haben ihm seit dem Revolutionskrieg fast immer und überall das erstere (die Niederwerfungsstrategie, H. M.) gestattet, und darum ist man auf den Gedanken gekommen, die *daraus entsprungenen* Entwürfe und Ausführungen für die *allgemeine Norm* zu halten. Damit aber wäre die ganze frühere Kriegsgeschichte summarisch verurteilt. Das ist eine Torheit.« Clausewitz' Buch gewinnt an historischer Tiefe.

Man wird also sagen müssen, daß Hans Rothfels Clausewitz gründlich mißverstanden hat, als er den Begriff des absoluten Krieges in dessen Theorie als eine regulative Idee im Sinne Kants interpretierte (»Clausewitz«, S. 273); aber man sollte hinzufügen, daß Rothfels recht gehabt hätte, wenn er seine Interpretation auf die Clausewitzsche Theorie bis zur Wende von 1827 beschränkt hätte. Vor 1827 nämlich war für Clausewitz der absolute Krieg durchaus so etwas wie eine regulative Idee im Sinne Kants, und Napoleon war ihm am nächsten gekommen. Nach 1827 jedoch hat Clausewitz, wie Aron (*Clausewitz*, S. 111) hat zeigen können, die Vorstellung des absoluten Krieges in eine Begriffspyramide eingebaut und sie dadurch in eine irreale Größe verwandelt, in einen Begriff, der – anders als bei Hegel – nicht in die geschichtliche Realität eintritt, sondern als theoretische Fiktion angibt, was der Krieg wäre, wenn er unabhängig von Raum und Zeit geführt würde.

Raymond Aron hat im 1. Teil seines Clausewitz-Buches den Versuch unternommen, die gesamte Clausewitzsche Theorie nach Maßgabe der »Nachricht« und der »Gedanken zur Abwehr« zu verstehen; er hat Clausewitz interpretiert, als wenn dieser das in der »Nachricht« annoncierte Vorhaben ausgeführt hätte, und er hat dies zweifellos auch in der Absicht getan, Clausewitz für das Zeitalter der Nuklearwaffen fruchtbar zu machen, in dem – bei Strafe des Untergangs – bewaffnete Konflikte ohne Schlacht ausgetragen werden müssen, also auf die Barzahlung im Wechselhandel verzichtet werden muß, in dem der Krieg nicht mehr »geführt«, sondern »gedacht« wird. Dabei hat sich Aron u. a. auf eine Passage aus »Gedanken zur Abwehr« berufen können, die ihrer zentralen Bedeutung wegen hier ausführlich zitiert werden soll:

»Wir dürfen uns also nicht verleiten lassen«, schreibt Clausewitz (*Kleine Schriften*, S. 498), »den Krieg wie einen bloßen Akt der Gewalt und der Vernichtung zu betrachten und aus diesem einfachen Begriff mit logischer Konsequenz eine Reihe von Folgerungen zu ziehen, die mit den Erscheinungen der wirklichen Welt gar nicht mehr zusammentreffen, sondern wir müssen darauf zurückkommen, daß der Krieg ein politischer Akt ist, der sein Gesetz nicht ganz in sich selbst trägt, ein wahres politisches Instrument, was nicht selbst wirkt, sondern von einer Hand geführt wird. Diese Hand ist die Politik. Je mehr die Politik von großartigen, das Ganze und sein Dasein umfassenden Interessen ausgeht, je mehr die Frage gegenseitig auf Sein und Nichtsein gestellt ist, um so mehr fällt Politik und Feindschaft zusammen, um so mehr geht jene in dieser auf, um so einfacher wird der Krieg, um so mehr geht er aus dem bloßen Begriff der Gewalt und Vernichtung hervor, um so mehr entspricht er allen Forderungen, die man aus dem Begriff logisch entwickeln kann, um so mehr Zusammenhang einer *Notwendigkeit* haben alle seine Teile. Ein solcher Krieg sieht ganz *unpolitisch* aus, und darum hat man ihn für den Normalkrieg gehalten. Aber offenbar fehlt das politische Prinzip hier ebensowenig als bei anderen Kriegen, nur fällt es mit dem Begriff der Gewalt und Vernichtung zusammen und verschwindet unserem Auge.«[3] –

Damit besaß Clausewitz die Möglichkeit, auch die revolutionäre und die napoleonische Kriegführung einer instrumentellen Auffassung des Krieges zu subsumieren. Er hat also die Frage, ob sich der revolutionäre Krieg »vom Gängelbande der Politik (...) emanzipiert« habe oder aber »aus der veränderten Politik entstanden (sei), welche aus der Französischen Revolution sowohl für Frankreich als für ganz Europa hervorgegangen ist«, dahingehend beantwortet, daß die Revolution »andere Mittel, andere Kräfte aufgeboten und dadurch eine Energie der Kriegführung möglich gemacht, an welche außerdem nicht zu denken gewesen wäre«. Das aber heißt für Clausewitz nunmehr: »Also noch einmal: der Krieg ist ein Instrument der Politik.«[4]

Etappen der Clausewitz-Interpretation

Nun ist in der Clausewitz-Interpretation seit langem geläufig, daß es in Leben und Denken des preußischen Kriegstheoretikers eine Reihe von Brüchen gibt, deren Tiefe und Bedeutung freilich recht unterschiedlich nuanciert werden. Werner Hahlweg (*Clausewitz*, S. 13) etwa kontrastiert zwei Lebensabschnitte bei Clausewitz miteinander: eine Zeit weitgespannter Hoffnungen und Ziele, die bis etwa 1812 gedauert habe, und danach Enttäuschung, Verbitterung und Resignation, die sich mit wissenschaftlich-literarischer Kreativität verbinden. Hans Rothfels (*Carl von Clausewitz*, S. VII) hat drei Phasen in Clausewitz' politischem Denken unterschieden: die Zeit vor 1806, gekennzeichnet durch eine neuhumanistische Idealisierung des Staates, den Zeitraum von 1806–1815, in dem Clausewitz' Patriotismus seinen Höhepunkt erreicht, und die Zeit nach 1815, charakterisierbar durch einen, wie Rothfels sagt, machtpolitischen Realismus, der außenpolitisch mit einer allmählichen Wendung zum Konservativen einhergeht. Peter Paret (»Die politischen Ansichten von Clausewitz«, S. 338ff.) hat sich diesem Urteil weitgehend angeschlossen und nur kritisch angemerkt, Rothfels' Darstellung sei im Detail allzusehr durch den Nationalismus seiner Generation belastet.

Meine These nun ist, daß Clausewitz' Wendung ins Konservative, die Abwendung von der napoleonischen Strategie und die Entwicklung der instrumentellen Kriegsauffassung in engstem Zusammenhang miteinander stehen. Dieser Zusammenhang ist in der Clausewitz-Interpretation bislang deshalb verborgen geblieben, weil *erstens* die Abwendung vom Vorbild der napoleonischen Strategie nur unzureichend thematisiert wurde; weil *zweitens* die späte Entwicklung der instrumentellen Kriegsdefinition zwar als theoretische Revision zur Kenntnis genommen, aber nicht aus der intellektuellen Biographie von Clausewitz heraus verstanden wurde, und weil *drittens* Clausewitz' Wendung ins Konservative nur selten in ihrer ganzen Tragweite erkannt worden ist bzw. eine Hauptaufgabe der Clausewitz-Interpretation in den sechziger Jahren darin bestand, dessen Werk wieder von jenem »strategischen Voluntarismus« zu befreien, den man seit Schlieffen in es hineingelesen hatte (Kutz, *Realitätsflucht*, S. 28ff.; Schössler, *Carl von Clausewitz*, S. 106ff.).

Nach der Kaltstellung der Reformer hat Clausewitz zu den liberalsten Köpfen des preußischen Heeres gehört. Das zeigt der Brief vom 22.10.1819, den Gneisenau nach den Karlsbader Beschlüssen an die Fürstin Radziwill geschrieben hat. Gneisenau spricht darin von drei politischen Parteien in Preußen: den »heftigen Liberalen«, den »heftigen Verfolgern«[5] und den Anhängern der Konstitution, die gleichwohl treu zum König stehen. Dann fährt er fort: »Noch könnte ich Ew. Königlichen Hoheit eine vierte Partei nennen; sie ist aber gar zu schwach, denn sie besteht nur aus dem General von Clausewitz und mir. Wir meinen nämlich, daß alle drei Parteiungen in vielen Dingen mehr oder weniger Unrecht haben, (...). Uns beiden, wenigstens mir, zeigt man hin und wieder die unverdiente Ehre, uns für Freunde der Französischen Revolutionsgrundsätze zu halten und niemals ist irgendjemandem größeres Unrecht geschehen als uns« (zit. bei Pertz/Delbrück, *Gneisenau*, V, S. 379ff., wiederabgedruckt in Gneisenau, *Militärische Schriften*, S. 380f.). Immerhin: Clausewitz und Gneisenau waren Anhänger einer Konstitution, und das allein machte sie reaktionären Kreisen verdächtig. Und außerdem hatten beide 1812 sich der profranzösischen Politik des Königs widersetzt und den preußischen Dienst verlassen. Sie hatten ihrem König damit öffentlich den Gehorsam aufgekündigt – ein Vorgang, den Friedrich Wilhelm III. Clausewitz nie verziehen hat.[6] So wurde in den Jahren 1821–23 Clausewitz' Bewerbung um einen Gesandtenposten in London von preußischen Reaktionären im Bündnis mit den konservativen Diplomaten Englands, Frankreichs, Österreichs und Rußlands in Berlin hintertrieben (vgl. Paret, »Bemerkungen zu dem Versuch«, S. 161ff.). Und selbst Clausewitz' Ernennung zum Direktor der Allgemeinen Kriegsschule in Berlin, eine reine Verwaltungsaufgabe, kam nur gegen erheblichen Widerstand zustande, da Friedrich Wilhelm III. Clausewitz, wie Gneisenau am 23.2.1818 schrieb, zu den Neuerern zählte, die den Thronen gefährlich seien, weswegen er auch zweifle, ob dessen Ernennung zum Direktor der Kriegsschule mit der Sicherheit der Monarchie zu vereinbaren sei.[7]

Clausewitz' Festhalten an der Landwehr, dem demokratischsten Element der preußischen Wehrverfassung, und seine Beschreibung sozialen Elends haben die Clausewitz-Interpretation, so sie sich überhaupt für diese Frage interessiert hat, übersehen lassen, daß er sich seit 1815, beschleunigt dann nach 1819, zunehmend konservativen Positionen angenähert hat. Dies hat u. a. darin seinen Niederschlag gefunden, daß das *Volk* als Bezugspunkt seiner politischen Überlegungen in den Hintergrund tritt und zunehmend durch den *Staat* ersetzt wird.[8] Das war für die Entwicklung der instrumentellen Kriegsauffassung in zweierlei Hinsicht bedeutsam: Die Ersetzung des Volkes durch den Staat steigert die instrumentalistische Dimension der Kriegsdefinition, insofern sie das Instrument des Krieges einer kleinen Gruppe von Staatsmännern überantwortet, und sie verkürzt die Subsumtion des Krieges unter die Politik noch einmal, indem sie die Abhängigkeit des Krieges von den politischen und gesellschaftlichen Verhältnissen, wie sie in den »Gedanken zur Abwehr« noch durchscheint, in den Hintergrund treten läßt und unterstellt, die Politik, also der verantwortliche Staatsmann, könne relativ beliebig, d. h. im Rahmen dessen, was technisch vom Militär zu erwarten war, über die Ziele und Zwecke des Krieges entscheiden. Daß Napoleon und Friedrich ihre Kriege anders führten, weil sie sie aufgrund der sozio-politischen Konstellationen anders führen mußten – dieser für Clausewitz bedeutsame Gedanke ist zwar stets eingeschlossen, tritt aber in gleicher Bedeutung für die Theorie in ihrer Gesamtheit zurück.

Raymond Aron hat Clausewitz auf der Basis einiger instrumentalistischer Formulierungen durchaus richtig verstanden, wenn er von Verdun etwa als der Folge eines Mißverständnisses der Clausewitzschen Theorie sprach, aber er hätte bei Clausewitz selbst Hinweise finden können, die ihn vor dieser instrumentalistischen Verkürzung der Kriegsauffassung bewahren und zu der Auffassung hätten gelangen lassen können, daß das nach Verdun führende Mißverständnis der Clausewitzschen Theorie nicht beliebig vermeidbar war, weil es aus den sozio-politischen Strukturen beider Kontrahenten selbst resultierte. Anders formuliert: Clausewitz war der Auffassung, daß Napoleons Angriff auf Rußland ein Fehler war, aber er hat verschiedentlich bemerkt, daß dieser Fehler *notwendig* aus der inneren Struktur der napoleonischen Herrschaft resultierte. Auf den Verlauf des Ersten Weltkrieges, zumindest im Westen, bezogen, heißt das, daß das in dieser Form erstmalige Zusammentreffen von Massenheeren und Industriepotentialen mit einer gewissen Folgerichtigkeit auf beiden Seiten zu einem Verlust an strategischem Raffinement und zu den sog. Materialschlachten geführt hat (vgl. Eksteins, *Tanz über den Gräbern*, S. 259ff.; Keegan, *Die Schlacht*, S. 241ff.; Wallach, *Das Dogma der Vernichtungsschlacht*, S. 248ff.).

Der um die zweite Einsicht halbierte Clausewitz findet sich auch in der Clausewitz-Biographie von Wilhelm von Schramm, nunmehr dahingehend aktualisiert: Hitlers Angriff auf die Sowjetunion sei ein Fehler gewesen, der durch gründliche Clausewitz-Lektüre hätte vermieden werden können; keine Rede davon, daß dieser Angriff durch die inneren Strukturen des NS-Regimes mit einer gewissen Zwangsläufigkeit erfolgte. Was hier sichtbar wird, ist das Modell einer konservativen Clausewitz-Interpretation, die auf der Grundlage seiner instrumentellen Kriegsdefinition die verlorenen Kriege der deutschen Geschichte intellektuell noch einmal – und zwar siegreich – führen möchte, dabei allerdings die instrumentelle Auffassung des Krieges nochmals instrumentalistisch verkürzt.

Die konservative Legende von dem bei richtiger Clausewitz-Lektüre anderen Verlauf der deutschen Geschichte ist natürlich keine pure Fiktion, sondern hat durchaus ihr *fundamentum in re*. Dies läßt sich illustrieren an der Kontroverse, die Generalquartiermeister Erich von Ludendorff und Generaloberst Ludwig Beck um die Richtigkeit der

Clausewitzschen Theorie geführt haben. In seiner Schrift *Der totale Krieg* (1935) hat Ludendorff, zeitweise ein Verbündeter Hitlers, explizit auf Clausewitz Bezug genommen: Er lobt ihn für den – von Clausewitz zuletzt freilich stark relativierten – Gedanken der Vernichtung der gegnerischen Kräfte in der Schlacht, verwirft jedoch die übrigen Teile der Clausewitzschen Theorie: »Im übrigen gehört das Werk einer vergangenen weltgeschichtlichen Entwicklung an und ist heute weitgehend überholt, ja, sein Studium kann sogar verwirrend wirken« (S. 3). Schließlich geht Ludendorff noch einen Schritt weiter und attackiert Clausewitz' instrumentelle Kriegsauffassung selbst (S. 10): »Das Wesen des Krieges hat sich geändert, so muß sich auch das Verhältnis der Politik zur Kriegsführung (sic!) ändern. Alle Theorien von Clausewitz sind über den Haufen zu werfen, Krieg und Politik dienen der Lebenserhaltung des Volkes, der Krieg aber ist die höchste Äußerung völkischen Lebenswillen. Darum hat die Politik der Kriegsführung zu dienen« (vgl. Wehler »›Absoluter‹ und ›totaler‹ Krieg«, S. 220 ff.). Generaloberst Ludwig Beck, der Kopf der Verschwörer gegen Hitler, hat in der 1026. Sitzung der Mittwochsgesellschaft am 17. Juni 1942 Ludendorffs Kriegsauffassung kritisiert und für eine Rückkehr zur instrumentellen Kriegsdefinition von Clausewitz plädiert (vgl. Beck, »Die Lehre vom totalen Krieg«, S. 527 ff. sowie Scholder, *Die Mittwochsgesellschaft*, S. 292 ff.). Die Rückbesinnung auf Clausewitz, die präzise Lektüre seines Werkes konnte so als Überwindung jener Irrtümer verstanden werden, die in die Niederlage des Ersten und in die Katastrophe des Zweiten Weltkrieges geführt hatten, ohne daß man zu deren Erklärung tiefer in die deutsche Geschichte einsteigen mußte. Alles wurde zu einer Frage der Clausewitz-Philologie …

Die existentielle Auffassung des Krieges

Nun hat die Forderung nach einer präzisen Lektüre des Clausewitzschen Werkes, wie sie von Beck 1942 und von vielen dann nach 1945 erhoben wurde, durchaus ihre – relative – Berechtigung. Im nationalsozialistischen Clausewitz-Verständnis nämlich, wie es etwa in der von Walter Malmsten Schering besorgten Clausewitz-Ausgabe von 1941 zum Ausdruck kommt, waren die rationalistischen Züge der Clausewitzschen Theorie in den Hintergrund und die voluntaristischen Züge in den Vordergrund getreten. Dabei darf jedoch nicht übersehen werden, daß auch dieses Clausewitzverständnis durchaus eine Grundlage in dessen Werk besaß. Die existentielle Kriegsdefinition nämlich, in welcher der Krieg nicht als Mittel der Politik, sondern als Medium der Konstitution oder Transformation einer politischen Größe begriffen wird, findet sich in Clausewitz' Schriften ebenso wie die instrumentelle Auffassung des Krieges, auf die Ludwig Beck sich berufen hat und die von Aron zum Schlüssel seiner Clausewitz-Interpretation gemacht worden ist.[10]

»Der Friede ist die Schneedecke des Winters«, so hatte Clausewitz 1808 notiert (zit. nach Rothfels, *Carl von Clausewitz*, S. 217), »unter welcher die Kräfte (der Erhebung gegen Napoleon, H. M.) schlummern und sich langsam entwickeln; der Krieg ist die Glut des Sommers, die sie schnell entfaltet und zur Reife treibt.« Die Sommer-Winter-Metapher schließt die Vorstellung einer den Krieg instrumentell handhabenden politischen Intelligenz aus. Aus der Sicht dieser Metaphorik heraus ist es verständlich, daß Rothfels zu dem Ergebnis gelangen konnte (Clausewitz, *Politische Schriften*, S. XXXI), Diltheys später vielfach variierte Clausewitz-Paraphrase: »Der Frieden ist selbst nur eine Fortsetzung des Krieges mit anderen Waffen« (Dt. Rundschau, 27. Jg., S. 215), treffe ganz mit Clausewitz' Auffassung zusammen, während Aron (*Erkenntnis und Verantwortung*, S. 423), nicht gegen Dilthey, sondern gegen Foucault[11], auf der Unumkehrbarkeit der Clausewitzschen Formel vom Krieg als Fortsetzung der Politik mit anderen Mitteln bestanden hat. Rothfels sah die Formel im Rahmen der patriotischen Aufwallungen von 1806 bis 1815 und legte sie eher bellizistisch aus, d. h. er interpretierte sie nach Maßgabe einer existentiellen Kriegsauffassung: Aron hingegen bezog sie auf den Politikbegriff des späten Clausewitz, wodurch sie einen eher gewaltlimitierenden Charakter annahm.

Die durch großes Unglück erzwungene Vernünftigkeit politischen Handelns, die aus großer Gefahr erwachsende Rettung – diese zu Beginn des 19. Jahrhunderts verbreitete Denkfigur findet sich auch in Clausewitz' existentieller Kriegsauffassung. So notiert er 1808 unter der Überschrift »Politisches Rechnen« (*Politische Schriften*, S. 66 f.):

»Daher handeln gewöhnliche Menschen in großen Krisen nicht eher vernünftig, als bis sie, auf die Spitze der Verzweiflung gestellt, gar keinen anderen Rettungsweg mehr sehen, als einen großen Sprung zu tun. Dieser Zustand gibt ihnen Mut, Einsicht und Energie; (...).«

Und umgekehrt: kaum ist die Verzweiflung der Hoffnung gewichen, so sinkt »vor unseren Augen (...) mit unglaublicher Schnelligkeit der innere Mensch von seiner künstlichen Höhe herab und schrumpft zusammen zur alten Erbärmlichkeit, in der das lauernde Gespenst eines feindseligen Geschicks ihn dann mit leichter Mühe ergreift«.

Hier ist der Krieg nicht Instrument der Politik, Mittel bei der Verfolgung politischer Ziele, sondern er ist ein Medium der Selbststeigerung des Menschen, in der dieser sich den Egoismen seiner Alltäglichkeit überhebt, und der Krieg erst bringt jenen Zustand hervor, in dem sich ein politischer Körper seiner Identität bewußt wird. Das erinnert an Brissots berühmte Rede im Jakobinerclub: »Ein Volk, welches die Freiheit nach Jahrhunderten der Sklaverei erobert hat, braucht den Krieg. Es braucht den Krieg, um sie zu befestigen; es braucht ihn, um sie von den Lastern des Despotismus zu reinigen; es braucht ihn, um aus ihrem Schoße die Menschen verschwinden zu lassen, welche sie verderben könnten« (zit. nach Ritter, *Staatskunst und Kriegshandwerk*, 1, S. 60f.). Auf die innere Verfassung der Menschen oder der Nation bezogen – in beiden Fällen wird der Krieg nicht als instrumentelle, sondern als existentielle Größe aufgefaßt.

Das ist bei Clausewitz in diesen Jahren durchweg der Fall. 1809 schreibt er in den »Historisch-politischen Aufzeichnungen« (*Politische Schriften*, S. 75): »Der Krieg, große Gefahr, großes Unglück sind imstande, den reinen Menschen über sein gewöhnliches Dasein zu erheben, d. h. ganz abzusehen von den bürgerlichen Vorteilen, die er einzubüßen hat oder nicht.«[12] Mit dieser Auffassung stand Clausewitz nicht allein. So heißt es im § 324 der Hegelschen *Rechtsphilosophie*: »Der Krieg, als der Zustand, in welchem mit der Eitelkeit der zeitlichen Güter und Dinge, die sonst eine erbauliche Redensart zu sein pflegt, Ernst gemacht wird, ist hier das Moment, worin die Idealität des *Besonderen ihr Recht* erhält und Wirklichkeit wird.« Und selbst Kant hat im § 28 der *Kritik der Urteilskraft* ähnliche Überlegungen angestellt: »Selbst der Krieg, wenn er mit Ordnung und Heiligachtung der bürgerlichen Rechte geführt wird (...), hat etwas Erhabenes an sich und macht zugleich die Denkungsart eines Volkes, welches ihn auf diese Art führt, nur um desto erhabener, je mehreren Gefahren es gesetzt war und sich mutig darunter hat behaupten können; dahingegen ein langer Frieden den bloßen Handelsgeist, mit ihm aber den niedrigen Eigennutz, Feigheit und Weichlichkeit herrschend zu machen und die Denkungsart des Volkes zu erniedrigen pflegt« (*Werke*, VIII, S. 351).

Aber weder 1807 noch 1812 empfanden alle wie Clausewitz, und die Gesamtheit der bürgerlichen Interessen forderte, jedenfalls hat Clausewitz das so empfunden, eher einen wenig ehrenhaften Frieden als einen glorreichen Untergang. In der nachmals entwickelten instrumentellen Auffassung des Krieges hat Clausewitz dies ausdrücklich akzeptiert, etwa wenn er in VIII, 6B von *Vom Kriege* schreibt (S. 993): »Daß die

Politik alle Interessen der inneren Verwaltung, auch die der Menschlichkeit und was sonst der philosophische Verstand zur Sprache bringen könnte, in sich vereinigt und ausgleicht, wird vorausgesetzt; denn die Politik ist ja nichts an sich, sondern ein bloßer Sachwalter aller dieser Interessen gegen andere Staaten.« Die mit der Definition der Politik als »Repräsentant der Interessen der gesamten Gesellschaft« (ebd.) erfolgte Subsumtion des Krieges – auch – unters bürgerlich-politische Kalkül hat Clausewitz nach der Niederlage von 1806 noch als moralische Kapitulation, als »Charakterlosigkeit und Schwäche der Gesinnungen bei den Deutschen« (*Politische Schriften*, S. 20) beklagt und den Krieg als ein Mittel der moralischen Therapie begriffen: »Wenn aber Menschen«, so Clausewitz in einem auf den 11. 9. 1807 datierten Brief (*Politische Schriften*, S. 20f.), »die menschliche Natur bei uns entadelt haben, so müssen auch Menschen sie wieder erheben können; ich spreche nicht von dem Zustande des Friedens und seinen schwachen Mitteln, und wenn ich die geheimsten Gedanken meiner Seele sagen soll, so bin ich für die allergewaltsamsten; mit Peitschenhieben würde ich das träge Tier aufregen und die Kette zersprengen lehren, die es sich feig und furchtsam hat anlegen lassen.«

Das waren durchaus revolutionäre, national-revolutionäre Töne, die sich schwerlich mit dem späteren Kriegsepigramm vereinbaren lassen. Nicht Politik oder genauer noch: politische Interessenverfolgung, sondern Mut und Tapferkeit, Treue und Ehrhaftigkeit, kurzum nicht genuin politische, sondern eher ethisch-ästhetische Kategorien prägen hier den Duktus der Argumente, und bekanntlich haben letztere eine erheblich größere revolutionäre Appellfunktion als erstere. Das dürfte der wohl entscheidende Grund gewesen sein, warum Clausewitz auch nach 1815 noch im Verdacht stand, ein verkappter Jakobiner zu sein, und die von Clausewitz im Februar 1812 verfaßte »Bekenntnisdenkschrift« (dazu Ritter, *Staatskunst und Kriegshandwerk*, I, S. 74ff. sowie Rothfels, *Carl von Clausewitz*, S. 151f.) ist ein für Preußen zweifellos revolutionäres Dokument. Als Motto hat Clausewitz ihr die Feststellung vorangestellt: »Gewiß, ich kenne den Wert der Ruhe, die Annehmlichkeiten der Gesellschaft, die Freuden des Lebens; auch ich wünsche glücklich zu sein wie irgend jemand. So sehr ich aber diese Güter begehre, so wenig mag ich sie durch Niederträchtigkeit und Ehrlosigkeit erkaufen. Die Philosophie lehrt uns unsere Pflicht tun, unserem Vaterlande selbst mit unserem Blut treu dienen, ihm unsere Ruhe, ja unser Dasein aufopfern« (*Schriften – Aufsätze – Studien*, I, S. 683f).

Die zentrale Passage der »Bekenntnisdenkschrift« lautet (S. 688ff.):

»Ich sage mich los von der leichtsinnigen Hoffnung einer Errettung durch die Hand des Zufalls. / Von der dumpfen Erwartung der Zukunft, die ein stumpfer Sinn nicht erkennen will. / Von der kindischen Hoffnung, den Zorn des Tyrannen durch freiwillige Entwaffnung zu beschwören; / durch niedrige Untertänigkeit und Schmeichelei sein Vertrauen zu gewinnen. / Von dem unvernünftigen Mißtrauen in die uns von Gott gegebenen Kräfte. / Von der sündhaften Vergessenheit aller Pflichten für das allgemeine Beste. / Von der schamlosen Aufopferung aller Ehre des Staates und Volkes, aller persönlichen, aller Menschenwürde. Ich glaube und bekenne, daß ein Volk nichts höher zu achten hat als die Freiheit und Würde seines Daseins. / Daß es diese mit dem letzten Blutstropfen verteidigen soll. / Daß es keine heiligere Pflicht zu erfüllen hat, keinem höheren Gesetz zu gehorchen. / Daß der Schandfleck einer feigen Unterwerfung nie zu verwischen ist. / Daß dieser Gifttropfen in dem Blute eines Volkes in die Nachkommenschaft übergeht und die Kraft späterer Geschlechter lähmen und untergraben wird. / Daß die Ehre des Königs und der Regierung einig ist mit der Ehre des Volkes und das einzige Palladium seines Wohls. / Daß ein Volk unüberwindlich ist in dem großmütigen Kampf um seine Freiheit. / Daß selbst der Untergang dieser Freiheit nach einem blutigen und ehrenvollen Kampf die Wiedergeburt des Volkes sichert und der Kern des Lebens ist, aus dem einst ein neuer Baum die sichern Wurzeln schlägt.«[13]

Was Clausewitz hier vorträgt, ist die Theorie des den Staatenkrieg ablösenden Volkskriegs, geschult am spanischen Vorbild. In der »Bekenntnisdenkschrift« ist der Krieg für Clausewitz ein Vorgang von existentieller Bedeutung, ein Akt, durch den ein Volk nicht seine Interessen verfolgt, sondern zu sich selbst gelangt, nicht ein »Akt der Gewalt, um den Gegner zur Erfüllung unseres Willens zu zwingen«, wie Clausewitz in *Vom Kriege* (I, 1, S. 191 f.) den Krieg definiert hat, sondern ein Akt, um sich selbst den eigenen Willen zu beweisen, um sich seiner Fähigkeit zu versichern, einen Willen zu haben. Der Krieg ist hier nicht Instrument der Politik, sondern Politik in höchster Form. Wie die instrumentelle Kriegsauffassung in der »Nachricht«, den »Gedanken zur Abwehr« sowie den nach 1827 verfaßten bzw. überarbeiteten Teilen von *Vom Kriege* ihren reinsten Ausdruck gefunden hat, so findet sich die existentielle Auffassung des Krieges am klarsten in der »Bekenntnisdenkschrift« von 1812.

Diese existentielle Auffassung des Krieges läßt sich in zwei Ideensträngen weiterverfolgen, und zwar einerseits in dem, was man im Anschluß an Rudolf Kjellén die »Ideen von 1914« genannt hat (vgl. Lübbe,

Politische Philosophie in Deutschland, S. 171 ff.; Schwabe, *Wissenschaft und Kriegsmoral*, S. 19–45), und andererseits in den Legitimationen der Gewalt, wie sie von antikolonialen Befreiungsbewegungen der Dritten Welt geliefert worden sind, wenn im strategisch-taktischen Sinn zunächst keinerlei Aussicht auf einen militärischen Erfolg gegen das Kolonialland bestand und obendrein Teile der eigenen Bevölkerung gegen diesen Kampf eingestellt waren. Viele Intellektuelle in Deutschland haben den Kriegsausbruch im Sommer 1914 als geistig-moralischen Aufbruch empfunden, als Ausbruch aus dem bürgerlichen Materialismus der wilhelminischen Gesellschaft; Georg Simmel etwa nannte den Krieg einen Befreier zur »existentiellen Eigentlichkeit«, und Max Scheler sprach von der Existentialisierung der Nation im Kriege, weswegen er auch jede Restriktion des Krieges auf bloße Interessendurchsetzung ablehnte. Noch in Ernst Jüngers *In Stahlgewittern* klingt die Idee einer moralischen Läuterung im und durch den Krieg an.[14] Dies wurde dort noch einmal gesteigert, wo dem Krieg ein Platz in Gottes Wirken in der Welt zugewiesen wurde, wo er, wie etwa von dem Pfarrer Otto Dibelius als »Offenbarung des lebendigen Gottes« bezeichnet oder, etwa von dem Kirchenrechtler Wilhelm Kahl, als ein »neues Pfingsten« gefeiert wurde. Hier ging es nicht bloß um die Selbstkonstitution, sondern um die Selbsterlösung des Volkes (vgl. Vondung, *Die Apokalypse*, S. 190 f.; Eksteins, *Tanz über Gräben*, S. 147 ff.). Bemerkenswerterweise hat Frantz Fanon in seinem Buch *Die Verdammten dieser Erde* ebenso argumentiert, als er der Gewalt – Fanon spricht nicht vom Krieg, sondern von der Gewalt – im Prozeß der Dekolonisation emanzipatorische und integrierende, therapeutische und aufklärende Funktionen zusprach und von ihr erwartete, sie werde aus den resignierten, von Minderwertigkeitskomplexen geplagten Kolonisierten die selbstbewußten Bewohner einer unabhängigen Nation machen. Ähnlich wie bei Jünger soll auch hier die Nation im Krieg neu geboren werden (vgl. Münkler, »Perspektiven der Befreiung«, S. 455 ff.). Jean-Paul Sartre hat zu diesen Überlegungen Fanons ein begeistertes Vorwort geschrieben.

Die Identität der kriegführenden Subjekte

1812 standen Ehre und Selbstachtung, individuelle wie kollektive, für Clausewitz so viel höher als bürgerliche Interessen, seine eigenen inbegriffen, daß er bereit war, seinem König dafür den Gehorsam aufzukündigen – was immerhin für Clausewitz' eigene bürgerliche Existenz

Folgen hatte, denn Friedrich Wilhelm III. ließ daraufhin sein Vermögen konfiszieren, sperrte sich lange Zeit gegen seinen Wiedereintritt in die preußische Armee, auch nachdem er selbst dem antinapoleonischen Bündnis beigetreten war, und sorgte dafür, daß Clausewitz bei anstehenden Beförderungen übergangen wurde.

Carl Schmitt (»Clausewitz als politischer Denker«, S. 482 ff.) hat von dem »Labyrinth der Legitimitäten« gesprochen, in dem Clausewitz sich zu Beginn des Jahres 1812 befunden habe, und er hat auf die Kollision dynastischer und nationaler Legitimität hingewiesen, die sich hier ebenso aufgetan habe wie bei dem Abschluß der Konvention von Tauroggen, an deren Zustandekommen Clausewitz auf russischer Seite führend beteiligt war (vgl. Schössler, *Clausewitz*, S. 71). Aber Carl Schmitt hat, wie mir scheint, übersehen, daß hier nicht zwei auf gleicher Ebene stehende Legitimitäten miteinander kollidierten, sondern ein traditionelles und ein revolutionäres Prinzip, wobei das traditionelle Prinzip sich auf die Legitimität der bestehenden Ordnung berufen kann, während das revolutionäre Prinzip durch seine Artikulation erst eine neue Legitimität begründen muß. Legitimitäten, dynastische, nationale, sozialrevolutionäre, sind nichts der Geschichte Übergeordnetes, sondern tauchen erst – sukzessiv – im Gang der geschichtlichen Entwicklung auf, und sie entstehen nicht von selbst, sondern formen sich dadurch, daß sie von Personen artikuliert werden, die unter Berufung auf neue Verpflichtungen alte Gefolgschaften aufkündigen. Es war – neben anderen – das Individuum Clausewitz, das durch sein Verhalten eine solche neue Legitimität zu konstituieren suchte.

Damit sind wir am innersten Kern der Unterscheidung zwischen instrumenteller und existentieller Kriegsauffassung angelangt: Die instrumentelle Kriegsauffassung ist und bleibt bezogen auf eine unfraglich legitime politische Ordnung: diese definiert die Zwecke, die zu erreichen der Krieg das Mittel ist. Anders die existentielle Auffassung des Krieges, in welcher der Krieg wohl auch ein Mittel ist, aber nicht ein Mittel zur Verfolgung vorgegebener Zwecke, sondern eines, das seinen Zweck selbst erst hervorbringen soll. In der existentiellen Auffassung des Krieges konstituiert der Krieg erst die politische Größe, durch deren antizipierte Existenz er sich legitimiert. Am sinnfälligsten ist dies der Fall in den nationalrevolutionären Befreiungsbewegungen, deren Strategie darin besteht, im Kampf erst die Nation zu konstituieren, für die der Krieg geführt wird.[15] Und in gewisser Hinsicht gilt dies auch für die castristisch-guevaristische Guerilladoktrin, derzufolge der Kampf erst die Klasse als die ihrer selbst bewußte Klasse hervorbringen und zusammenschmieden soll, um derentwillen der Kampf geführt wird. Die Metaphorik von der reinigenden Kraft des Krieges (bei Jünger), der läuternden Funktion der Gewalt (bei Fanon), bekommt hier ihren politischen Gehalt: Sie ist es, die, der Clausewitzschen Theorie sowie deren national- wie sozialrevolutionären Adaption zufolge, den politischen Körper entweder erst hervorbringt oder aber diesem ein neues politisches Bewußtsein verleiht. Mit anderen Worten: die existentielle Auffassung des Krieges ist der adäquate Ausdruck einer Strategie, die das kriegführende Subjekt durch den Krieg erst konstituiert oder zumindest doch es im Kriege transformiert.

Demgegenüber geht die instrumentelle Auffassung des Krieges von einem identischen Subjekt aus. Der Staat, der sich entschlossen hat, seine politischen Zwecke unter Beimischung gewaltsamer Mittel zu verfolgen, so wird unterstellt, ist bei Beendigung der Kriegshandlungen derselbe wie bei deren Eröffnung. Weder konstituiert er sich noch transformiert er sich im Kriege, allenfalls vergrößert er bei Beibehaltung seiner politischen Identität sein Territorium. Es kann daher kein Zweifel bestehen, daß Clausewitz' instrumentelle Auffassung des Krieges der adäquate Ausdruck der europäischen Staatenkriege war, wie sie noch einmal 1864, 1866 und 1870 – jedoch hier nur bis Sedan – geführt wurden. Der Erste Weltkrieg, als Staatenkrieg begonnen und von allen beteiligten Regierungen zunächst als instrumenteller Krieg aufgefaßt, hat in seinem Verlauf einen Wandel durchgemacht, der ihn zunehmend der existentiellen Kriegsauffassung angenähert hat: Kaum einer der an den Kampfhandlungen in Europa beteiligten Staaten, vielleicht mit Ausnahme der USA, hat den Krieg so beendet, wie er in ihn eingetreten ist. Das aber heißt, daß die von Clausewitz mit der instrumentellen Kriegsauffassung verbundene These, der Krieg habe »seine eigene Grammatik, aber nicht seine eigene Logik« (*Vom Kriege*, S. 991), nur so lange Geltung hat, wie der Krieg als instrumenteller Krieg geführt wird, und daß der verpaßte Augenblick des rechtzeitigen Waffenstillstands aus der Grammatik des Krieges die Logik des Krieges macht, mit der Folge, daß das die Grammatik beherrschende identische Subjekt des Krieges von diesem aufgesogen wird.[16]

Nicht die Frage der Unterstellung des Krieges unter die Direktionsgewalt der Politik bildet also das Differenzierungskriterium zwischen instrumenteller und existentieller Auffassung des Krieges, denn als ein politisches Mittel werden Krieg und Gewalt in beiden Fällen angesehen. Die Differenz zwischen beiden Auffassungen des Krieges bildet die Frage nach der Identität des den Krieg handhabenden Subjekts:

Heißt Subsumtion des Krieges unter die Politik im Falle der instrumentellen Kriegsauffassung, daß dieses Subjekt durch den Krieg selbst nicht verändert werden soll, so setzt die existentielle Kriegsauffassung gerade auf solche Transformations- und Konstitutionsprozesse, die durch Krieg und Gewalt angestoßen und beschleunigt werden sollen. Dabei wird bewußt in Kauf genommen, daß Krieg und Gewalt zeitweise selbst die Subjektrolle übernehmen. In der existentiellen Auffassung des Krieges kann dieser nur auf einer Metaebene instrumentell bestimmt werden. Oder anders – pointiert – formuliert: in der instrumentellen Sicht ist der Krieg das Mittel der Politiker, um ihre jeweiligen Ziele und Zwecke zu verfolgen; in der existentiellen Sicht hingegen ist der Krieg ein Werkzeug von Theoretikern mit starken normativen Annahmen, die nur durch tiefgreifende Erschütterungen politisch realisiert werden können.

Historisch gibt es Übergangs- und Mischformen, doch deren idealtypische Extreme sind die instrumentelle und die existentielle Kriegsauffassung. An ihnen schieden und scheiden sich die Geister, wenn es um mehr geht als pure Deskription: Sartre und Aron, die einstigen Freunde, haben sich u. a. auch über der Frage zerstritten, welche der beiden Auffassungen notfalls als Rechtfertigung eines Krieges dienen könnte. Hat Aron im Anschluß an den späten Clausewitz den Krieg in seiner politischen Instrumentalität analysiert, auch den Volkskrieg übrigens, wie seine Studie *Frieden und Krieg* (1962, S. 33 ff.) zeigt, und den Krieg nur in diesem Rahmen als legitimierbar begriffen, so hat Sartre Kriege, die um die Durchsetzung von – zumal materiellen – Interessen gingen, als barbarisch und unmenschlich kritisiert, aber Kriege, die sich als existentielle Auseinandersetzungen darstellten, akzeptiert und gerechtfertigt. Er hätte sich dabei, was er freilich nicht getan hat, auf den frühen Clausewitz berufen können.

Der Partisan. Politische Theorie und historische Gestalt

Der Partisan zwischen Soldat und Terrorist

Partisan ist, wer irregulär gegen Reguläre kämpft. Diese knappe Formel hat viel für sich, grenzt sie doch den Partisanen ab gegenüber dem Soldaten, dessen Regularität darin besteht, daß er sich durch die Uniform sowie das offene Tragen einer Waffe jederzeit und überall als Kombattant zu erkennen gibt und eingebunden ist in eine durch das Prinzip von Befehl und Gehorsam konstituierte Hierarchie, und grenzt sie zugleich auch ab vom Terroristen, der sich oftmals ähnlicher Kampfformen bedient wie der Partisan, diese jedoch nicht – oder doch nicht nur – gegen reguläres Militär, sondern – auch – gegen die Zivilbevölkerung, also gegen Nonkombattanten, einsetzt.[1] Ist der Soldat also charakterisiert durch ein Höchstmaß an Gewaltregulierung mit dem Ziel ihrer Eingrenzung auf die als Kombattanten Gekennzeichneten, so gibt sich der Terrorist dadurch als Terrorist zu erkennen, daß er keine dieser Regularien anerkennt und seine Gewalt sich prinzipiell gegen jedermann wenden kann. Gibt es eine Regulierung terroristischer Gewalt, so erfolgt diese nicht generell, sondern okkasionell, nicht nach Rechtsprinzipien, sondern nach den Gesichtspunkten politischer Opportunität.

Zwischen Soldat und Terrorist steht der Partisan, der sich zwar aus Gründen seiner militärischen Unterlegenheit gegenüber dem Soldaten den strikten Regularien des Kriegsrechts nicht, zumindest nicht immer und überall, zu unterwerfen vermag, gleichzeitig aber prinzipiell bereit ist, sich auf eine Regulierung der Gewalt einzulassen, indem er sie nicht gegen jedermann, sondern nur gegen Reguläre gebraucht.[2] Vom Terroristen unterscheidet sich der Partisan, insofern er zu einer Regulierung der Gewalt, bezogen aufs Objekt, bereit ist, und vom Soldaten unterscheidet er sich, insofern er sich selbst als Subjekt der Gewaltausübung diesen Regeln nicht unterwerfen will bzw. kann: Er tritt nicht offen als Kombattant auf, sondern sucht zum Zwecke von Täuschung und Tarnung den Schutz der Nonkombattanten. Seine Kampfweise ist der überraschende Wechsel vom Nonkombattanten zum Kombattanten und umgekehrt, oder doch zumindest die Benutzung der Zivilisten als logistische Basis seiner Operationen. Wie Fische im Wasser, so Mao Tse-tung, bewegten sich Partisanen in der Bevölkerung. Zivilistische Nonkombattanten sind danach das Lebenselement partisanischer Kombattanten, oder prägnanter: Der Partisan macht alle Zivilisten seines Operationsgebiets zu Geiseln seiner Kampfweise, indem er sich ihnen bis zur Ununterscheidbarkeit angleicht, doch er verfolgt im Unterschied zum Terroristen mit diesen Geiseln keine bestimmten Ziele und Absichten: Er fordert weder Lösegeld noch andere Gegenleistungen, sondern benutzt die Zivilisten ohne Ansehen der Person als Schild. Er respektiert den Nonkombattantenstatus, indem er selbst Zivilisten nicht angreift, und er respektiert ihn zugleich nicht, indem er jeden, der ihn angreifen will, zwingt, Zivilisten mitanzugreifen. Die Kampfweise des Partisanen ist somit die der Semi-Regularität.

Die systematische Explikation der Formel, daß als Partisan zu bezeichnen ist, wer irregulär gegen Reguläre kämpft, zeigt, daß es sich hier um eine *Regel*, nicht jedoch um eine *Definition* handelt. Sie genügt kaum den präzisen Forderungen einer juristischen Bestimmung des Partisanen, die als Grundlage entsprechender Regelungen des Kriegsvölkerrechts dienen könnte, aber sie erfaßt etwas von der sich jeder – wie auch immer angelegten – Definition entziehenden phänomenalen Vielfalt partisanischer Existenzformen. Regeln lassen Ausnahmen zu: Wenn IRA-Angehörige Bomben vor Kasernen der britischen Rheinarmee legen, also reguläre Soldaten irregulär attackieren, so bleiben sie doch Terroristen, aber sie bleiben dies, und darin bewährt sich wieder die Regel, nur so lange, wie sie es nicht regelmäßig und vor allem tun. Sobald die Bombenanschläge nämlich ein taktisches Element im Kampf gegen Militär sind, sind aus Terroristen Partisanen geworden. Dem entspricht David Fromkins (»Die Strategie des Terrorismus«) Charakterisierung terroristischer Gewalt, die nicht der *physischen* Folgen, sondern der *psychischen* Effekte wegen verübt werde. Ähnliche Mutationen gibt es auch an der Grenze zwischen Partisan und Soldat: Tragen Partisanen nur gelegentlich ihre Waffen offen und treten in Uniform auf, um dann wieder in der Klandestinität des Zivilistischen unterzutauchen, so sind sie nach wie vor Partisanen; treten sie aber dauerhaft uniformiert auf und verstecken sie die Waffen, deren sie sich nachts bedienen, schließlich auch tagsüber nicht mehr, so verwandeln sie sich aus Irregulären in Reguläre, weswegen es auch nur folgerichtig ist, wenn ihnen unter diesen Umständen der volle Schutz der Genfer Konvention zuteil wird.

Den drei skizzierten Typen bewaffneter Konfliktaustragung, dem regulären Krieg, dem Partisanenkrieg und dem Terrorismus, korrespondieren drei unterschiedliche Organisationsformen, bei denen wiederum die Partisanengruppe eine schwer abzugrenzende Mittelstellung zwischen regulärem Militär und Terroristen einnimmt: Handelt es sich bei ersterem um einen straff geführten Verband mit klaren Kommandostrukturen und herausgestellten Verantwortlichkeiten auf allen Ebenen, so sind terroristische Gruppen gemäß den Klandestinitätserfordernissen fast immer segmentär organisiert, etwa in der Form serieller Zellen, die unabhängig voneinander operieren und funktional nur ansatzweise differenziert sind; Verantwortlichkeiten werden, wenn gruppenintern vorhanden, nach außen unkenntlich gemacht. Der Partisanenverband ist weder das eine noch das andere: Es gibt wohl Kommandostrukturen auf niederer Ebene, doch keine einheitliche strategische Leitung, und wo diese sich ausgebildet hat, da nähern sich die Partisanen der Organisationsform regulären Militärs an. Zusammenfassend läßt sich sagen, daß reguläres Militär hierarchisch-monokephal organisiert ist und die *Monokephalie* zu seinen Funktionsvoraussetzungen gehört, während bei der terroristischen Gruppe *Akephalie* oberhalb der Zellenebene eine Überlebensbedingung ist. Partisanengruppen nun zeichnen sich aus durch *Polykephalie* mit einer gewissen Tendenz zu Monokephalie.[3] Konkret: Stehen am Anfang eines Partisanenkrieges einige Kampfgefährten gleichrangig nebeneinander, so wird im Fortgang des Krieges – unter der Voraussetzung, daß er erfolgreich geführt wird – einer eine besondere Stellung erlangen und in die Rolle eines Oberbefehlshabers aufsteigen. Das Beispiel Mao Tse-tungs zeigt dies ebenso wie das Fidel Castros oder Daniel Ortegas. Reguläres Militär, das bedarf wohl keiner weiteren Erläuterung, ist eine Organisation mit formalisierter Elitenbildung, während terroristische Gruppen solche Binnendifferenzierungen allenfalls informell kennen. Dagegen ist im Fall des Partisanen der Krieg selbst ein Prozeß von Elitebildung, insofern er, tendenziell egalitär eröffnet, bei erfolgreichem Verlauf zu einer immer stärkeren Binnendifferenzierung der Gruppe führt, bis sich diese *de facto* regulärem Militär angeglichen hat. Nimmt man diese Überlegungen zusammen, so handelt es sich beim Partisanen um eine offenkundig transitorische Gestalt, deren Merkmale nur momenthaft faßbar sind, die darum auch nicht im strengen Sinne *definierbar*, sondern nur in ihrer phänomenalen Vielfalt *beschreibbar* ist. Ist es, so die Frage, um die es damit geht, unter diesen Umständen noch sinnvoll und möglich, am Begriff des Partisanen als einer diese Vielfalt vereinheitlichenden Bezeichnung festzuhalten, und welche Aufschlüsse bezüglich der politischen Wirklichkeit gewinnen wir, wenn wir an diesem Begriff festhalten. Zur Beantwortung dieser Frage sollen zunächst zwei Strategien des Partisanenkrieges in Augenschein genommen werden: die Mao Tse-tungs und Ernesto Guevaras; sodann sollen zwei aus der Außenperspektive entwickelte Partisanentheorien skizziert werden, und zwar Ernst Jüngers Darstellung des Waldgängers und Carl Schmitts *Theorie des Partisanen*. Danach soll, nachdem eine *weltrevolutionäre* und eine *national-konservative* Betrachtungsweise des Partisanen mit vermutlich unterschiedlichen Schlußfolgerungen einander gegenübergestellt wurden, untersucht werden, was, bei allen Gegensätzen, tragfähige Gemeinsamkeiten sein könnten, die berechtigen, auch in Zukunft mit politikwissenschaftlich gutem Gewissen von *dem* Partisanen zu sprechen.

Der Partisan als Larve des Revolutionärs

Für Mao Tse-tung besteht das strategische Ziel des Partisanenkrieges darin, aus Partisanengruppen reguläre Truppen zu formen, deren Aufgabe es ist, den von Anbeginn an mit regulären Verbänden operierenden Feind zu besiegen und zu vernichten. Partisanenkrieg ist danach eine wesentlich defensive Form des Kampfes, die das Ziel hat, die Kräfte des Widerstandes zu erproben, zu schulen und darauf vorzubereiten, in eine dann mit regulären Kräften zu führende Offensive überzugehen. So ist gemäß Maos Drei-Etappen-Modell der Partisanenkrieg die bevorzugte Kampfweise in der Phase der strategischen Defensive und des strategischen Gleichgewichts, während er in der anschließenden Phase der strategischen Offensive nur noch marginale Bedeutung hat, denn, so Mao, der endgültige Sieg im Partisanenkrieg kann nur mit regulären Kräften erfochten werden (Mao Tse-tung, *Vom Kriege*, S. 171ff., 210ff. u. ö.). Dabei ist für ihn an der Regularität der Streitkräfte weniger ihre Uniformierung und das offene Tragen der Waffe als vielmehr ihre hierarchisch-monokephale Organisationsstruktur entscheidend. Nicht Regularität im kriegsvölkerrechtlichen Sinne ist von Bedeutung, sondern Regularität als Voraussetzung von Offensivkraft.

Ganz ähnliche Überlegungen finden sich bei Guevara, wenn er schreibt (*Guerillakrieg*, S. 29): »Genauer gesagt, ist der Guerillakrieg nur eine Etappe des Krieges regulärer Streitkräfte, und deshalb kann durch den Guerillakrieg allein der Sieg nie errungen werden. Der von uns hier betrachtete Guerillakrieg ist eine der ersten Etappen eines

Krieges und entwickelt sich bis zu dem Stadium, wo die sich ständig vergrößernde Guerillaarmee den Charakter einer regulären Armee annimmt. Erst in diesem Moment ist sie in der Lage, entscheidende Schläge gegen den Feind zu führen und den Sieg zu erringen. Der endgültige Sieg wird stets das Ergebnis der Operation einer regulären Armee sein, wenngleich sie im Kampf der Guerillaarmee geboren wird.«

Für Mao wie Guevara gleichermaßen fällt die Entscheidung über Sieg und Niederlage im Kampf regulärer Armeen, wobei die eine Armee als mit der bestehenden Staatlichkeit gegeben vorausgesetzt wird, während die andere die Etappe des Partisanenkriegs als Konstitutions- und Formierungsphase zu durchmessen hat. Dem Partisanenkrieg wird also eine der Staatlichkeit funktionsäquivalente Bedeutung bei der Konstitution einer regulären Armee zugedacht, insofern hier der Bevölkerung jene logistischen Aufgaben übertragen werden, die im anderen Fall ein ausdifferenzierter Staatsapparat qua Steuererhebung, Budget, Verfügbarmachung von Waffen und geregelter Versorgung mit Munition und Lebensmitteln übernimmt. Die partisanische Kampfweise zeichnet sich also dadurch aus, daß sie ohne vorausgesetzten Staatsapparat zu praktizieren ist, aber sie hat das Ziel, durch ihre erfolgreiche Praktizierung die Voraussetzungen für den Aufbau eines Staatsapparats zu schaffen; sie hat also *transitorischen* Charakter.

Mao Tse-tung hat den Partisanenkrieg als den »lange auszuhaltenden Krieg« bezeichnet, was besagen will, daß es in der Phase der strategischen Defensive allein und ausschließlich darauf ankommt, daß die Partisanen überleben. Gelingt ihnen dies, so haben sie die Grundlage für ihren schließlichen Sieg gelegt. Ähnliches gilt für das Focus-Modell der castristisch-guevaristischen Guerilladoktrin: Ist, so das durch die Begrifflichkeit nahegelegte Bild, der partisanische Brandherd in der Lage zu verhindern, daß er von den regulären Streitkräften ausgetreten wird, so wird der Brand zum Flächenbrand, den keiner mehr zu löschen vermag. Was Mao und Guevara als gleichsam selbstläufige militärische Entwicklungslogik des Partisanenkrieges begriffen haben, hat Raymond Aron (*Frieden und Krieg*, S. 47ff., 60f.) am Beispiel des Algerienkrieges als komplexe Komplementarität militärischer und politischer Faktoren entwickelt, die er in der Formel zusammenfaßte, daß die Partisanen, wenn sie militärisch nicht verlieren, den Krieg politisch gewinnen, während die Ordnungsmacht den Krieg politisch verliert, wenn sie nicht schnell einen entscheidenden militärischen Sieg erringt. Die zusätzliche *politische* Dimension, die Aron in die Chancenbilanzierung der Partisanen einführt, resultiert daraus, daß er den Partisanenkrieg vor allem als antikolonialistischen, antiimperialistischen und irredentistischen Krieg denkt, d. h. daß es für die Ordnungsmacht die Möglichkeit eines Rückzugs, d. h. eine politische Lösung ohne militärische Entscheidung gibt, während Mao und Guevara, orientiert an einem Gegner, dessen Machtbereich mit dem potentiellen Kampfbereich identisch ist, politische und militärische Niederlage ineins gesetzt haben.

Gehen wir der Strategie des Partisanenkrieges bei Mao und Guevara noch einen Augenblick nach: Ist die Kampfweise regulärer Truppen aus logistischen wie kriegsvölkerrechtlichen Gründen an einer räumlichen und zeitlichen Begrenzung des Kampfgeschehens orientiert, kennt sie Etappe und Front, Erholungsphase und Kampfphase, so bringt der Partisanenkrieg alle diese Begrenzungen zum Verschwinden: Er ist ubiquitär und permanent. Während der Krieg der Regulären gemäß dem Prinzip der Konzentration der Kräfte bestrebt ist, den Raum, in dem gekämpft wird, auf die Front einzuschränken und die Dauer des bewaffneten Konflikts auf einen Feldzug zu begrenzen, entfaltet sich der Partisanenkrieg in der Tiefe des Raumes und der Dauer der Zeit, um so die auf deren Begrenzung beruhende Überlegenheit der regulären Kräfte zu unterlaufen. Der Partisanenkrieg ist der Krieg der Schwachen, die ihre waffentechnische und logistische Unterlegenheit ausgleichen, indem sie Raum und Zeit in Ressourcen ihrer Kriegführung verwandeln. Diese Kriegführung ist wesentlich defensiv, denn sie zielt nicht auf die Vernichtung, sondern auf die Demoralisierung des Gegners, die daraus erwächst, daß er trotz zahlenmäßiger und waffentechnischer Überlegenheit nicht in der Lage ist, die Partisanen zu stellen und zu vernichten, und diese ihm immer wieder empfindliche Schläge versetzen können. In der kriegswissenschaftlichen Literatur werden die Auswirkungen des Partisanenkrieges auf eine reguläre Armee deshalb gern als »unaufhörlich blutende Wunde« oder als »eiternde Beule« metaphorisiert, was heißt, daß für den regulären Gegner diese Wunde nicht durch ihre *Schwere*, sondern aufgrund ihrer *Dauer* gefährlich und womöglich tödlich ist.

Die Metapher von der Wunde meint das, was die anfängliche Überlegenheit der Regulären gegenüber den Irregulären ausgemacht hat: ihre bessere waffentechnische Ausrüstung und ihre logistische Basis. Diese nämlich sind bedroht durch die rapide wachsenden Kosten des Krieges, die eine Folge seiner Dauer sind. Der Partisanenkrieg untergräbt die Existenzvoraussetzungen einer regulären Armee – sei es dadurch, daß er den sie unterhaltenden Staat qua Staatsbankrott erledigt, sei es dadurch, daß er ihm die Unterstützung der Bevölkerung entzieht, die, der wachsenden steuerlichen Belastung oder der sich beschleunigenden Inflation überdrüssig, auf raschen Frieden, d. h. Rückzug der eigenen Armee, drängt. Algerien und Vietnam sind Beispiele dafür. Doch weder Mao Tse-tung noch Ernesto Che Guevara haben den Partisanenkrieg im Hinblick auf diese sog. politische Lösung entworfen, die eine Verwandlung der Irregulären in Reguläre erübrigen würde, sondern haben von vornherein auf die militärische Lösung gesetzt. Das aber hieß, daß aus Partisanen Soldaten werden mußten, um aus der hinhaltenden Defensive in die entscheidende Offensive überzugehen – mit allen Folgen, die das für die innere Struktur der Verbände hatte.

Diese sowohl bei Mao als auch bei Guevara zu findende Perspektivierung des Partisanenkrieges als transitorische Etappe des revolutionären Krieges ist auch bedeutsam für das von ihnen anempfohlene Verhältnis zur Waffentechnik: Die Partisanen, so ihre übereinstimmende Empfehlung, setzen die Waffen ein, deren sie habhaft werden oder die sie selbst herstellen können und die ihrer jeweiligen Gefechtsführung entsprechen. Für Partisanen, die sich durch erfolgreichen Kampf selbst in Soldaten verwandeln sollen, gibt es keine von einer bestimmten Waffentechnologie ausgehende identitätsbedrohenden Effekte, d. h. die Frage der Bewaffnung wird rein instrumentell beantwortet.

Beides, die evolutiv angestrebte hierarchische Monokephalie wie die instrumentelle Betrachtung der Waffentechnik, kann in die Partisanentheorien Maos und Guevaras deshalb Eingang finden, weil für sie der Partisan von vornherein eine transitorische Gestalt ist, d. h. weder eine militärische noch eine politische Identität auszubilden hat. Die Identität, um die es ihnen geht, ist die des Revolutionärs, und der Partisan ist bloß eine zeitlich begrenzte Erscheinungsform dieses Revolutionärs, eine Durchgangsetappe auf dem Weg zum revolutionären Sieg. Mag er zuvor Agitator, später regulärer Soldat, schließlich erfolgreicher Politiker sein: In der Phase der strategischen Defensive ist es geboten, daß er Partisan ist. Der Revolutionär ist hier also die politische Konstante, der Partisan bloß eine seiner Larven. So jedenfalls besagt es die Theorie. Daß sie nicht gänzlich aufgeht und es offenbar doch so etwas wie eine so manchen Revolutionär einholende partisanische Identität gibt, zeigt sich gerade in der politischen Biographie Maos und Guevaras. Darauf wird noch zurückzukommen sein.

Halten wir jedoch, bevor wir uns dem Partisanen zuwenden, wie er von Ernst Jünger und Carl Schmitt vorgeführt worden ist, zunächst fest: Der Partisan als Larve des Revolutionärs ist für Mao wie für Guevara ein Beschleuniger der Geschichte, einer, der den als notwendig gedeuteten Gang der Geschichte durch die verschiedenen Etappen der Klassengesellschaft hindurch akzeleriert, einer, der eine Abkürzung geht und so möglich macht, daß man schneller ans Ziel gelangt. Der Partisanenkrieg ist eine Beschleunigung der Geschichte, die unmittelbar aus einer vorindustriell-bäuerlichen Gesellschaft in den Sozialismus führen soll, insofern er nicht nur für eine entsprechende Beantwortung der Machtfrage sorgt, sondern durch die Erziehung von Bauern zu Soldaten auch die subjektiven Voraussetzungen des Sozialismus herstellt. Der Partisan ist hier eine Gestalt der Akzeleration.

Der Partisan als Katechont der Modernisierung

Dagegen ist der Partisan bei Ernst Jünger und, stärker noch, bei Carl Schmitt eine katechontische Gestalt, der Widerpart einer Entwicklung, von der angenommen wird, daß sie nicht zum Besseren, sondern zum Schlechteren führt. Ihr stemmt der Partisan sich entgegen, gegen sie setzt er, vor allem bei Ernst Jünger, die Vorstellung einer traditionsgespeisten personalen Autonomie oder, stärker bei Carl Schmitt, überkommene Werte und Traditionen, die sich nicht durch die Universalisierbarkeit ihres Geltungsbereichs, sondern im Gegenteil durch ihre konkrete Verhaftetheit mit dem Boden, dem sie entstammen (Schmitt nennt dies das Tellurische) legitimieren. Für diese Partisanen, nennen wir sie hilfsweise und verkürzend *Partisanen der Tradition* im Unterschied zu den *Partisanen der Revolution* (vgl. unten, S. 127 ff.), wäre ein rein instrumentell bestimmtes Verhältnis zur Waffentechnologie selbstdestruktiv, und auch die oben skizzierte Tendenz zu einer monokephalen Großorganisation würde sie um den Sinn ihres Kampfes bringen. Personale Autonomie wie tellurische Identität sind nämlich waffentechnisch nicht neutral, und sie widersetzen sich der Subsumtion des einzelnen unter die Ziele und Zwecke einer Großorganisation, die ihn auf den Status eines Befehlsempfängers reduziert. Wichtiger als die Beschaffung moderner Waffen, so Jünger, sei »die Verwirklichung des alten Grundsatzes, daß der freie Mann bewaffnet sei, und zwar nicht mit Waffen, die in Zeughäusern und Kasernen aufbewahrt werden, sondern die er im Hause, in seiner Wohnung führt« (*Der Waldgang*, S. 77). So viel also läßt sich von vornherein festhalten: Schmitt wie Jünger entwickeln den Partisanen nicht als eine transitorische Gestalt, sondern für sie gibt es eine partisanische Identität, die nicht ein Mittel für anders geartete Zwecke, sondern auf einen kohärenten Lebensentwurf verweist. Vor der Explikation dieser Überlegungen zunächst noch einige kurze Anmerkungen zu ihrer politikwissenschaftlichen Relevanz heute:

Hat es lange Zeit den Anschein gehabt, als gebe die von Mao und Guevara vorgenommene Identifikation des Partisanen mit dem Revolutionär relativ präzise die tatsächlichen politisch-militärischen Verhältnisse wieder, so hat sich spätestens seit Beginn der achtziger Jahre herausgestellt, daß damit doch nur eine bestimmte geschichtliche Erscheinungsform des Partisanen bezeichnet ist (vgl. unten, S. 127ff.). Der Idealtyp des Partisanen der Revolution, wie er von Mao Tse-tung und Che Guevara entworfen worden ist, war das Reflexivwerden partisanischer Existenz in einer Phase, in der national- und/oder sozialrevolutionäre Bewegungen mit den Mitteln des Partisanenkrieges die Unabhängigkeit ihrer Länder von alten und neuen Besatzungsmächten zu erkämpfen versuchten. Diese in Lateinamerika und China bis in die dreißiger Jahre zurückreichende Epoche hat in Europa in den von 1943 bis 1945 geführten Partisanenkriegen gegen die deutschen (und italienischen) Besatzungstruppen ein Pendant: in beiden Fällen schienen Partisanenkrieg und revolutionäre Veränderung dasselbe geworden zu sein. Zu Beginn der achtziger Jahre haben sich dann, sieht man von den Sandinistas als letztem Ausläufer revolutionären Partisanentums einmal ab, die Verhältnisse grundlegend verändert: In Asien, Afrika und Lateinamerika wurde der Partisanenkrieg zu einer Waffe, deren sich die Gegner der an die Macht gekommenen Revolutionäre bedienten. Partisanentum und Konterrevolution gingen nunmehr eine Verbindung ein, und der Partisan war plötzlich wieder das, als was er am Ende des 18. und zu Beginn des 19. Jahrhunderts in der Vendée, in Spanien und Tirol die weltgeschichtliche Bühne betreten hatte: ein Gegner der an sozialer und politischer Modernisierung orientierten Revolution.

Hier nun soll die Gestalt des *katechontischen* Partisanen – Widerpart des akzelerierenden Partisanen – auf der Basis von Ernst Jüngers literarisch-essayistischem Werk *Der Waldgang* und Carl Schmitts juristisch-politikwissenschaftlicher Studie *Theorie des Partisanen* nachgezeichnet werden, um sodann zu prüfen, inwieweit damit die politisch-soziologischen Konstellationen einer Reihe von Partisanengruppen der achtziger Jahre erfaßt werden können.

»Der Waldgänger«, so Ernst Jünger, die Akephalie der von ihm beschriebenen Widerstandsgruppen hervorhebend (S. 81), »ist der konkrete Einzelne, der handelt im konkreten Fall. Er braucht nicht Theorien, nicht von Parteijuristen ausgeheckte Gesetze, um zu wissen, was rechtens ist. Er steigt zu den noch nicht in die Kanäle der Institutionen verteilten Quellen der Sittlichkeit hinab.« Der Partisan, den Jünger hier beschreibt, legt auf die Generalisier- und Universalisierbarkeit seiner Ziele und Absichten keinen Wert. Er ist kein Bündnis mit der Philosophie eingegangen, wie dies Schmitt als für den revolutionären Partisanen typisch ansieht, sondern stützt sich als Rechtfertigung seines Handelns allein auf sein eigenes Rechtsempfinden, das von Jünger als Quellen der Sittlichkeit, von Schmitt als tellurischer Charakter bezeichnet wird. Er will das bleiben, was er ist, und sieht sich in der konkreten Jeweiligkeit seines Seins bedroht durch die von aufgeklärten Intellektuellen implementierten Programme politischer, ökonomischer und sozialer Modernisierung. Dagegen setzt er sich zur Wehr.

In diesem katechontischen Widerstand hängt die partisanische Identität daran, daß aus dem Partisanen gerade kein Soldat wird, er sich also nicht an die beschleunigenden Faktoren des Gewalteinsatzes zediert, wie seine revolutionäre Komplementärgestalt: Die personale Würde, für die dieser Partisan kämpft, hängt somit nicht zuletzt an der Hegung der Waffen. »Dem Soldaten«, so Jünger (S. 78f.), »ist von den Aufgaben des Herakles im wesentlichen die erste verblieben: Er hat von Zeit zu Zeit den Augiasstall der Politik zu reinigen. Bei diesem Geschäft wird es immer schwieriger, saubere Hände zu behalten und den Krieg auf eine Weise zu führen, die ihn einerseits vom Handwerk der Polizei und andererseits von dem des Schlachters und selbst des Abdeckers hinreichend trennt.« Ernst Jünger ist optimistischer als Carl Schmitt, daß dem Partisanen auf Dauer das zu vermeiden gelingt, was dem Soldaten zum Verhängnis geworden ist: seine Instrumentalisierung für die Zwecke einer ganz andere Ziele anstrebenden Politik. Resignierend stellt hingegen Carl Schmitt fest: »Die autochthonen Verteidiger des heimatlichen Bodens, die *pro aris et focis* sterben, die nationalen und patriotischen Helden, die in den Wald gingen, alles, was gegenüber der fremden Invasion die Reaktion einer elementaren, tellurischen Kraft war, ist inzwischen unter eine internationale und übernationale Zentralsteuerung geraten, die hilft und unterstützt, aber nur im Interesse eigener, ganz anders gearteter, weltaggressiver Ziele, und die, je nachdem, schützt oder im Stich läßt. Der Partisan hört dann auf, wesentlich defensiv zu sein. Er wird zu einem manipulierten Werkzeug weltrevolutionärer Aggressivität. Er wird einfach verheizt und um alles das betrogen, wofür er den Kampf aufnahm und worin der tellurische Charakter, die Legitimität seiner partisanischen Irregularität, verwurzelt war«

(*Theorie des Partisanen*, S. 77). – Wie sehr Schmitt gegen die revolutionäre Konzeption des Partisanen als transitorische Gestalt angeht, zeigt eindrucksvoll die zitierte Passage: Weil er den Partisanen wesensmäßig als autochthonen Verteidiger des Bodens begreift, ist für ihn seine Verwendung im Rahmen revolutionärer Veränderungen Verrat.[4] Gelangt bei Mao Tse-tung der Partisan, wenn er sich als Revolutionär begreift, zum richtigen Bewußtsein seiner selbst, so wird er Schmitt zufolge betrogen und verheizt, wenn er in revolutionäre Prozesse verstrickt wird. Nicht als transitorische Gestalt, sondern als Verteidiger der Tradition wird hier der Partisan begriffen.

Ganz ähnlich hat auch Ernst Jünger den Partisanen als letzten Repräsentanten dessen dargestellt, was einst der Soldat gewesen ist – doch der ist, wie erwähnt, von der Politik in Dienst genommen und in die Nähe des Abdeckers gebracht worden. Jünger fährt fort (*Der Waldgang*, S. 79): »Dazu kommt, daß die Erfindungen den Krieg ins Uferlose treiben und die neuen Waffen jede Unterscheidung zwischen Kämpfern und Nichtkämpfern aufheben.« Während also beim Soldaten die Waffenentwicklung einen wesentlichen Aspekt seiner Regularität, nämlich die Unterscheidung zwischen Kombattanten und Nonkombattanten, aufgehoben hat, ist es gerade der Partisan, der durch die Antiquiertheit seiner Waffen die Unterscheidung zwischen Kombattant und Nonkombattant wiederherstellt und so in seiner Irregularität zum letzten Verteidiger der Regularität wird. Wird der als Beschleuniger der Geschichte gedachte Partisan zum Soldaten, um erfolgreich zu sein, so übernimmt der als Aufhalter der Geschichte gedachte Partisan die Rolle des Soldaten, indem er sich weigert, wie dieser instrumentell zu werden.

Ganz ähnliche Überlegungen hat auch Carl Schmitt angestellt, als er am Ende seiner *Theorie des Partisanen* auf die modernen Waffen und deren moralische Implikationen zu sprechen kam: Wenn denn Hegels berühmte Wendung, daß die Waffen das Wesen des Kämpfers seien, zutreffe, so bedeute dies, daß die suprakonventionelle Waffe, also alle Arten von ABC-Waffen, auch den suprakonventionellen Menschen supponiere; aus der Verwandlung von Waffen in Vernichtungsmittel resultiere ein unentrinnbarer moralischer Zwang: »Die Menschen, die jene Mittel gegen andere Menschen anwenden, sehen sich gezwungen, diese anderen Menschen, d. h. ihre Opfer und Objekte, auch moralisch zu vernichten. Sie müssen die Gegenseite als ganzes für verbrecherisch und unmenschlich erklären, für einen totalen Unwert. Sonst sind sie eben selbst Verbrecher und Unmenschen« (S. 95). In dem im Manuskript bereits vor dem Abwurf der ersten Atombombe fertiggestellten

Buch *Der Nomos der Erde* hat Schmitt diese Überlegungen am Bomben- und Tiefflieger exemplifiziert, der seine Waffe vertikal gebrauche, den Gegner also nicht als Gegner, sondern als Ungeziefer bekämpfe, wie der heilige Georg den Drachen (S. 299). D. h.: allein die Existenz bestimmter Waffen erfordert die Diskriminierung des Gegners als Verbrecher. Schmitt nennt dies »absolute Feindschaft«, insofern der Gegner hier nicht als »wirklicher Feind«, sondern bloß als Objekt im Anwendungsbereich einer Waffe angesehen und behandelt wird.[5] Diesen Schritt von der wirklichen zur absoluten Feindschaft hat der echte Partisan, der immer ein katechontischer Partisan ist, nicht mitgemacht, während ihn der als Partisan drapierte Revolutionär jederzeit mitzumachen bereit ist, wenn dies dem von ihm verfolgten Ziel einer Akzelerierung der Geschichte dient.

So ist auch für Schmitt wie für Jünger der Partisan, wenn er denn ein Partisan der Tradition ist, der letzte Verteidiger der Idee wirklicher Feindschaft, an der für Schmitt bekanntlich in einem emphatischen Sinne die Möglichkeit des Politischen hängt, und als letzter seiner Art trägt er katechontische Züge. Diese Aufhalter-Rolle erwächst ihm freilich nicht aus seiner Insistenz auf Regularität der Kriegführung im völkerrechtlichen Sinn, sondern im Gegenteil gerade aus seinem Abtauchen in die Irregularität: Sie allein kann ihn davor bewahren, an der Eskalationsspirale der suprakonventionellen Waffen mitdrehen zu müssen.

Der Bürger als Widerpart des Partisanen

Bevor auf die Frage nach der Einheit des in eine die Geschichte akzelerierende und eine katechontische Gestalt reduplizierten Partisanen eingegangen wird, soll zunächst noch ein Aspekt aufgegriffen werden, den man als Widerspruch zwischen Theorieintention und der Eigengesetzlichkeit politischer Prozesse ansehen kann. Wie oben gezeigt, haben sowohl Mao Tse-tung als auch Ernesto Che Guevara dem Partisanen eine eigenständige Identität verweigert, sondern ihn als Larve des Revolutionärs in einer bestimmten Etappe der Geschichte begriffen. Diese Etappe sollte so wenig Spuren wie möglich hinterlassen, damit der Revolutionär sich vollauf den Aufgaben der nächsten Etappe widmen konnte. Nun ist sowohl an Mao als auch an Guevara ein an ihren eigenen Theorieansprüchen gemessen bemerkenswert regressives Verhalten feststellbar: In biographisch wie politisch komplizierten Lagen zeigten sie eine partisanische Mentalität bzw. orientierten sich an den politische Komplexität reduzierenden Wahrnehmungsweisen partisanischer Konfliktaustragung – sei es, daß sie unmittelbar aus dem Aufgaben- und Tätigkeitsbereich eines mit der forcierten ökonomischen Entwicklung betrauten Industrieministers in den eines Partisanenführers zurückglitten, sei es, daß sie, ungleich vermittelter, immer wieder Kampagnen starteten, die jene Entwicklung zur verwaltungsmäßigen Normalität einer Revolution blockieren und aufbrechen sollten, in welcher der partisanische Revolutionär sich um die Intention seines Kampfes geprellt sieht. Mao wie Guevara haben dabei die ursprüngliche Überschaubarkeit, Einheit, Gleichheit und Solidarität der Frühphase des Partisanenkrieges, seine polykephale Etappe, gegen den mit dem Sieg der Revolution einsetzenden Prozeß der Differenzierung und Hierarchisierung der Gesellschaft ausgespielt, den sie selbst durch ihre spezifische Konzeption des Partisanen zuvor mitbefördert haben. Sie haben damit eine *objektiv* katechontische Position bezogen, die sie aufgrund ihrer eigenen Partisanentheorie jedoch nicht als solche begriffen, sondern als akzelerierende Rolle mißverstanden haben.

Spiegelverkehrt gleicht dem die Rolle des katechontischen Partisanen, die nachfolgend an den afghanischen Freischärlern unserer Tage exemplifiziert werden soll (dazu auch unten, S. 135ff.). Was sie zum Kampf motivierte, war wohl kaum eine abstrakte Idee, wie das Selbstbestimmungsrecht der Völker oder die Verteidigung der nationalen Souveränität, sondern vielmehr, ganz im Sinne von Jünger und Schmitt, die Loyalität gegenüber der traditionellen Ordnung ihres Lebens, die sie durch die autoritären, eine Beschleunigung der ökonomischen und sozialen Entwicklung anstrebenden Reformen der Regierung und ihrer sowjetischen Anlehnungsmacht bedroht sahen. Nicht der Islam im Sinne einer Theologie ist es, der ihren Widerstand motiviert, sondern die besondere Art, in der die islamischen Vorstellungen in die traditionelle Ordnung der afghanischen Stämme Eingang gefunden hat: Diese Ordnung kann am Beispiel des Paschtunwali, der ungeschriebenen, als Brauch tradierten Verhaltenserwartungen und Verhaltenszumutungen des afghanischen Hauptstammes der Paschtunen, kurz skizziert werden. Niemand außer dem Patriarchen der Gemeinschaft hat das Recht, einen erwachsenen männlichen Paschtunen in seiner Handlungs- und Entscheidungsfreiheit einzuschränken, und niemand hat das Recht, die Handlungs- und Entscheidungsfreiheit einer paschtunischen Gemeinschaft, mag es sich dabei um eine Familie, einen Clan, ein Dorf oder eine Gefolgschaftsgruppe handeln, zu begrenzen. Auf diesen zwei Grundpostulaten der Souveränität eines jeden Paschtunen und aller paschtunischen Gemeinwesen beruht die Ordnung des Paschtunwali. Mögliche Konflikte zwischen konkurrierenden Souveränitätsansprüchen wurden durch die im Paschtunwali besonders herausgestellte Verpflichtung zu gegenseitiger Solidarität limitiert. Dementsprechend erfolgt die Integration der paschtunischen Gemeinschaft nicht durch die Ausdifferenzierung einer Zentralinstanz mit eigenem Verwaltungs- und Erfüllungsstab, sondern durch eine qua Solidaritätszumutung erzeugte Verhaltenskonformität.[6]

Diese akephalen Integrationsmechanismen sind mit dem militärischen wie wirtschaftlichen Vordringen der Engländer in Zentralasien seit der Mitte des 19. Jahrhunderts zunehmend marginalisiert worden, haben aber doch, begünstigt durch die Unzugänglichkeit des Landes, abseits der Städte soviel Kraft und Bedeutung behalten, daß sie weiterhin das für die Paschtunen verbindliche Normsystem abzugeben vermochten. Die sog. nationaldemokratische Revolution Ende der siebziger Jahre, die sich eine forcierte industrielle Entwicklung des Landes zum Zwecke der Herstellung größerer sozialer Gerechtigkeit zum Ziel gesetzt hatte, stieß bei der Implementierung dieser Politik, etwa bei dem Versuch einer umfassenden Alphabetisierung der Bevölkerung oder der Abschaffung der ruinösen Brautpreispraktiken, bald auf den Widerstand der Paschtunen. Es folgten Verweigerungen, Übergriffe, bewaffneter Widerstand und schließlich, forciert durch die sowjetische Intervention, der Partisanenkrieg, ein Krieg, in dem auf die Wahrung ihrer personalen Würde, wie sie diese verstehen, bedachte Partisanen im Sinne Jüngers auftreten, die zugleich durch den von Schmitt skizzierten Typus des katechontischen Partisanen treffend zu charakterisieren sind.

Nun zeigt sich aber gerade im afghanischen Partisanenkrieg, daß sich der katechontische Partisan als solcher nicht zu behaupten vermag und im Verlaufe der Kämpfe in einen Agenten der Beschleunigung verwandelt wird. Im Kampf mit regulärem Militär wurden die Paschtunen nämlich gezwungen, ihre traditionellen Siedlungsräume zu verlassen und sich in Flüchtlingslagern neue, ihren überkommenen Traditionen fremde Lebensmöglichkeiten zu schaffen. Nach dem Verschwinden der Zivilbevölkerung aus dem Kampfgebiet konnten sich die Partisanen, ihres ursprünglichen Schildes beraubt, dort nur infolge der Unübersichtlichkeit und Unzugänglichkeit des Geländes halten. Mit der Entleerung des Kampfraumes gab es für sie freilich auch keinen Grund mehr, ihre Kampfweise nicht, orientiert an den Erfordernissen des Geländes und der Taktik des Gegners, zu effektivieren und so partiell die von ihnen bekämpfte Rationalität der Modernisierung zu übernehmen. So ist, ungewollt und unmerklich, aus dem Aufhalter der Beschleuniger hervorgegangen, womit sich auch der Partisan als eine funktional transitorische Gestalt herausgestellt hat.

Die Reduplizierung des Partisanen in einen katechontischen und einen akzelerierenden Typus, in Partisanen der Tradition und Partisanen der Revolution, erweist sich bei genauerer Betrachtung nicht als Entgegensetzung zweier völlig unterschiedlicher Typen, sondern als facettierende Auseinanderlegung der komplexen phänomenalen Realität des Partisanen als einer, politisch wie militärisch gesehen, transitorischen Gestalt. Gibt es gleichwohl einen Fixpunkt partisanischer Bestimmbarkeit, so ist dies nicht, wie der Regularitäts-Irregularitäts-Gegensatz nahezulegen scheint, der Soldat, sondern der *Bürger*, verstanden als Inbegriff sekuritätsorientierter Kalkülrationalität. Bürgerliches Handeln ist bedingtes Handeln, Handeln in Wenn-dann-Relationen, die dem Imperativ der Nutzenmaximierung unterworfen sind. Dagegen ist die partisanische Existenz in ihrer Grundentscheidung, sei es nun eine für die Herbeiführung der Revolution oder für die Verteidigung der Tradition, immer bedingungslos. Deswegen auch ist die partisanische Form der Kriegführung nicht kompromißfähig, nicht verhandelbar, nicht durch Interessenausgleich zu pazifizieren – was heißt, daß sie in bürgerlichen Augen Wahnsinn, Irrsinn ist. Nicht der Soldat, der sonst immer in die Nähe des Partisanen gebracht wird, ist der politische Antipode des Partisanen, sondern der Bürger. Es kommt nicht von ungefähr, daß Partisanenkriege dort, wo sich qua sozio-ökonomischer Entwicklung eine bürgerliche Mentalität ausgebildet und durchgesetzt hat, nicht führbar sind, auch wenn die politische Führung hierzu alle Anstrengungen unternimmt. Der Partisanenkrieg, militärisch charakterisierbar als Kampfweise der Schwachen, ist sozio-politisch faßbar als die spezifische Kampfform nicht-bürgerlicher Schichten, insonderheit der Bauern und der sozial entwurzelten Intellektuellen. Hat der Bürger zum Soldaten durchweg ein instrumentelles Verhältnis, insofern dieser, in freier Variation der Clausewitzschen Formel, zu verstehen ist als ein Mittel zur Durchsetzung seines Willens, so ist die Beziehung von Bauern und Intellektuellen in ganz anderer Weise existentiell bestimmt, da hier neben Interessen auch Identitäten, alte zu verteidigende wie neue, erst zu gewinnende, auf dem Spiele stehen.[7] Faßt man dies ins Auge, so wird erklärlich, warum Ende der sechziger Jahre in Westeuropa bei einer mit dezidiert antibürgerlichen Lebensentwürfen antretenden Generation massenhafte Wehrdienstverweigerung und eine Guevara-Verehrung von soteriologischem Ausmaß kein Widerspruch waren, sondern miteinander Hand in Hand gehen konnten. Antibürgerlichkeit ist es schließlich auch, die den revolutionären Partisanen mit der Vorstellungswelt Ernst Jüngers verbindet: »Weil wir«, so hatte Jünger im Vorwort zu dem von seinem Bruder herausgegebenen Band *Aufmarsch des Nationalismus* (S. XI) geschrieben, »die echten, wahren, unerbittlichen Feinde des Bürgers sind, macht uns seine Verwesung Spaß. Wir aber sind keine Bürger. Wir sind die Söhne von Kriegen und Bürgerkriegen (...).« Auch wenn im einen Fall der Bürger eher eine politisch-ökonomische und im anderen Fall mehr eine ethisch-ästhetische Größe ist – Partisanentum, akzelerierendes wie katechontisches, besteht in der strikten Abweisung der allem Bürgerlichen eigenen Kalkülrationalität, die noch den Krieg aus einer existentiellen in eine instrumentelle Größe verwandelt hat. Das aber heißt, daß die Identität des Partisanen nicht in ihm selbst, sondern in seinem Widerpart begründet ist.

Partisanen der Tradition

I

Als Ende der sechziger Jahre die undogmatische Linke in Westeuropa von den spektakulären Erfolgen der Guerilleros in der Dritten Welt fasziniert war, hatte es den Anschein, als seien Guerilla und Revolution – und das nicht nur für die Linke – zu synonymen Begriffen geworden. Im kleinen Krieg, so schien es, hatte das Rätsel der politischen Veränderung in ökonomisch rückständigen Ländern seine lange vergeblich gesuchte Auflösung gefunden: China, Algerien, Kuba und vor allen anderen Vietnam galten als untrügliche Belege für die anscheinend universelle Erfolgsgarantie dieser politisch-militärischen Strategie, von der man binnen kurzem den Sieg der Revolution in den Ländern der Dritten Welt erwartete. Guerillakrieg – das war das schlagwortartige Erfolgsrezept zur Überwindung von Abhängigkeit und Unterentwicklung, Unterdrückung und Not. Wie kein anderer hat Che Guevara diese Identifizierung von Guerillakrieg und Revolution verkörpert. Dabei spielte es keine Rolle, daß er selbst im bolivianischen Busch Opfer seiner Strategie geworden ist. Im Gegenteil: Guevaras physischer Tod wurde zur Vorbedingung seiner moralisch-ideologischen Apotheose (vgl. Eichhorn, »Che Guevara«; in: Münkler, *Der Partisan*, S. 362 ff.).

Doch Guevaras Mythos war so kurzlebig wie die beschwörende Formel: »Che lebt.« Sein heroisch-attraktives Poster, das die Demonstrationen beherrscht und die Zimmer dekoriert hat, ist schon längst nur noch ein nostalgisches Relikt – wohl auch deswegen, weil in Lateinamerika der Partisanenkrieg mit wenigen Ausnahmen (Kuba, Nicaragua) nicht einzulösen vermochte, was sich die einen von ihm versprochen und die anderen befürchtet haben. Die Erfolge, die auf dem afrikanischen Kontinent von Guerillabewegungen gegen das zerbrechende portugiesische Kolonialreich erfochten wurden, konnten die Enttäuschungen in Lateinamerika nicht wettmachen. Doch nicht nur der Mythos der Unbesiegbarkeit ist von den Guerilleros abgeblättert, auch die Identifizierung von Partisanenkrieg und revolutionärer Veränderung ist fragwürdig geworden.

Spätestens im Frühjahr 1979, als in den afghanischen Dörfern der

Widerstand gegen die ökonomischen und politischen Reformen der Regierung in Kabul sich abzuzeichnen begann und bereits gewaltsame Formen annahm, entstand ein der Revolution geradezu entgegengesetzter Typus des Partisanenkrieges. Es wäre jedoch falsch, ihn schlechthin als konterrevolutionär zu bezeichnen, um ihn so doch noch, wenn auch ex negativo, in das Schema von Guerilla und Revolution integrieren zu können. Die Aufständischen in Afghanistan nämlich rekrutieren sich nicht nur aus jenen, deren Privilegien durch die von oben gesteuerte Veränderung beseitigt werden sollten, sondern fanden auch und vor allem bei denen Zulauf, die als die objektiven Nutznießer dieser Veränderung gelten konnten. Fast durchweg ergriffen die Dorfbewohner nicht die Partei der Revolution, sondern suchten sich mit Waffengewalt der politischen und ökonomischen Modernisierung zu entziehen. Indem sie es mit den seitherigen Formen ihres Lebens hielten und diese verteidigten, konstituierten sie sich als *Partisanen der Tradition*, Parteigänger des seit jeher Überkommenen.[1]

Es scheint, als habe sich noch etwas von der so lange üblichen Identifizierung von Guerilla und Revolution fortgeerbt, wenn den afghanischen Partisanen immer wieder die Etikette des Guerillero verweigert und sie statt dessen neutralisierend als »Widerstandskämpfer« bezeichnet werden. Diese nicht nur sprachliche Verwirrung ist nicht auf die politische Linke beschränkt geblieben, sondern eint die unterschiedlichsten politischen Schattierungen. Allzu überraschend war es, die scheinbaren Opponenten Guerilla und Tradition hier vereint zu sehen. Der häufig hergestellte Vergleich zwischen *Vietnam* und *Afghanistan* als zwei – in Einzelheiten wohl verschiedenen, im Wesentlichen jedoch gleichen – Beispielen für die Konfrontation der Militärmaschinerie einer Supermacht mit den Widerstandspotentialen eines ökonomisch rückständigen Landes ist nur eine andere Spielart bei der Neutralisierung der überraschenden Ereignisse. Man wandte den Blick von den Guerilleros ab und beschäftigte sich nur noch mit den Supermächten und ihren Armeen, um Vietnam und Afghanistan einander vergleichbar machen zu können. Vorsichtig angedeutete Unterschiede blieben aufs Periphere beschränkt: Wurde in Vietnam ein »Fernsehkrieg« geführt, so fanden die Kämpfe in Afghanistan unter Ausschluß der Öffentlichkeit statt; brachten die amerikanischen Soldaten für die südvietnamesischen Städte eine Scheinkonjunktur mit sich, so war die Logistik der Roten Armee gegenüber der afghanischen Wirtschaft völlig autark (was die Operationen von Guerilleros erheblich beeinflußte); und konnten im hinterindischen Regenwald komplette Divisionen aufmarschieren, ohne entdeckt zu werden, so ist auf dem kahlen Hochland Afghanistans jede noch so kleine Partisanengruppe aus der Luft auszumachen. Die entscheidende Differenz jedoch blieb weitgehend unvermerkt: Kämpfte der Vietcong für eine *politische Idee*, in der sich nationalistische und sozialrevolutionäre Elemente die Waage hielten, so verteidigen die afghanischen Partisanen eine *Tradition*, die sich gegen ihre Verdichtung zu einer rational nachvollziehbaren politischen Idee sperrt. Nicht weil sie, wie so gerne behauptet wird, auf dem einen Auge blind sei, vermochte die westeuropäische Linke keine vergleichbare Solidarisierung mit den afghanischen Partisanen aufzubieten wie Ende der sechziger Jahre mit dem Vietcong. Was ihr vor allem fehlte, war ein *politisches Programm* des afghanischen Widerstands, das den Partisanenkrieg aus einer politischen Idee heraus zu legitimieren vermochte.

Vergleichbares gilt für die politische Rechte: Wo sie sich dem Krieg in Afghanistan zugewandt hat, ist ihr Interesse mehr durch die Aktionen der Sowjetunion als durch die der afghanischen Insurgenten geprägt. Das Fehlen einer einigenden politischen Idee im antizentralistischen und antimodernistischen Widerstand der afghanischen Dörfer – zunächst gegen die Regierung in Kabul, seit Dezember 1979 auch gegen die Sowjetarmee und seit Ende der achtziger Jahre wieder allein gegen die afghanische Armee – markiert in doppelter Hinsicht die Differenz zum Vietnamkrieg. Es verhindert, wie gerade westliche Militärs beklagend festgestellt haben, die Integration der verschiedenen Partisanengruppen unter der einheitlichen Führung eines zentralen Stabes, der die Aktionen lenken und koordinieren könnte, um ihnen so eine höhere militärische Effizienz zu verleihen. Und es erschwert zugleich die Solidarisierung von Gruppen und Parteien der westlichen Welt mit den afghanischen Guerilleros, die diesen jene *politische Resonanz* verleihen würde, deren sie ebenso dringend bedürfen wie moderner Waffen.

Desorganisiert, ineffizient und politisch substanzlos – trotz dieser sich allem Anschein nach geradezu aufdrängenden Klassifizierungen der afghanischen Partisanen ist der Partisanenkrieg dort doch mehr als eine nicht sonderlich gelungene Kopie der erfolgreichen Vorbilder in den letzten dreißig Jahren. Ist er überhaupt mit seitherigen Partisanenkriegen vergleichbar, dann mit jenen, in denen die Strategie des Kleinen Krieges ihren Ursprung hatte: den *Vendée-Aufständen* im Jahre 1793, dem antinapoleonischen *Partisanenkrieg in Spanien* zwischen 1808 und 1813[2] sowie dem Tiroler Bauernaufstand des Jahres 1809.

Es wäre zu einfach, den Aufstand der Vendée schlechtweg als konterrevolutionär oder royalistisch zu bezeichnen, wie dies viele Historiographen der Französischen Revolution getan haben. Das Entscheidende dieses Aufstandes war vielmehr, daß sich die Bauern der Vendée weigerten, für eine politische Idee an den Grenzen der Nation zu kämpfen, während sie durchaus bereit waren, sich in ihren heimatlichen Gebieten für ihre traditionelle Lebensweise zu schlagen. Insofern markiert für Rolf Schroers *(Der Partisan)* der Aufstand in der Vendée den »innerstaatlichen Beginn modernen Partisanentums«. Es kam also nicht von ungefähr, wenn Clausewitz bei der Ausarbeitung seiner Pläne für die Volksbewaffnung in Preußen auf den Aufstand in der Vendée sowie den spanischen Partisanenkrieg hingewiesen hat.[3]

Clausewitz' weiterer, neben der Vendée ungleich wichtiger Orientierungspunkt war die antinapoleonische Guerilla in Spanien[4] – damals, vor Napoleons Rußlandfeldzug, der erste Krieg, der nicht mit einem Triumph der französischen Armeen geendet hatte. Hier hatten seit dem Jahre 1808, nach der Katastrophe des regulären spanischen Heeres, Gruppen von Bauern, Handwerkern, Mönchen und desertierten Soldaten einen Partisanenkrieg gegen die französischen Truppen und die von ihnen geschützte Politik der autoritären Staatsreform begonnen, der nicht nur immer größere Teile des französischen Heeres – zuletzt 250000 Mann – gebunden, sondern auch den Niedergang des napoleonischen Kaiserreiches eingeleitet hat. Zuerst in *Tirol* und dann in *Preußen* ist die Idee eines Volksaufstandes gegen die französische Besatzung durch das spanische Beispiel beflügelt worden. Im spanischen Guerillakrieg ist der Mythos von der Unbesiegbarkeit Napoleons ins Wanken geraten und durch den Mythos von der Unbesiegbarkeit des Guerillero ersetzt worden.

II

Irregularität, gesteigerte Mobilität, intensives politisches Engagement und Erdverbundenheit (tellurischer Charakter) bilden nach Carl Schmitt (*Theorie des Partisanen*, S. 20ff.) die Wesensmerkmale des Partisanen[5]. Es hat jedoch den Anschein, als habe Schmitt bei dem Versuch, ein umfassendes Bild des Partisanen von den spanischen Guerilleros bis hin zu Mao Tse-tung und Che Guevaras Kampfgefährten zu entwerfen, Unvereinbares miteinander zu verbinden gesucht. Es ist die Frage, ob die spanische Guerilla, vermittelt über die Clausewitzschen Überlegungen zum Kleinen Krieg, in den Händen des Weltrevolutionärs Lenin tatsächlich zu sich selbst, d. h. zum welthistorischen Triumph gelangt ist, oder ob nicht vielmehr ein tiefer Graben den Partisanen der Tradition von dem der Revolution trennt. Gemeinsame *strategische* und *taktische* Grundsätze und die Notwendigkeit einer breiten Unterstützung der Partisanen durch die Bevölkerung im einen wie im anderen Fall haben hier die *politischen* Differenzen überdeckt, die zwischen beiden Typen des Partisanentums bestehen. Kämpft der eine für das *alte Recht*, so der andere für eine *bessere Zukunft*; verteidigt der eine die heimatliche Erde und mit ihr die überkommenen *Traditionen*, seit jeher der Pol des Konservativen, so will der andere ein *politisches Ideal* verwirklichen, aus dem sich sein revolutionärer Anspruch ableitet. Ist der Partisan der Tradition im politischen Sinn durchweg *defensiv*, so stellt sich der Partisan der Revolution sui generis als *offensiv* dar.

Auf Carl Schmitts Wesensmerkmale des Partisanen angewandt, bedeutet dies: Kennzeichnen Irregularität und Mobilität beide Typen des Partisanenkrieges, so geht dem Partisanen der Tradition jenes intensive politische Engagement ab, das den Partisanen der Revolution auszeichnet, während diesem die Erdverbundenheit, der tellurische Charakter, wie Schmitt sagt, fehlt, die jenen überhaupt zum Kampf motiviert. Der Lange Marsch, der in den Jahren 1934 und 1935 Maos Partisanenarmee über 12 000 Kilometer aus ihren Stützpunkten im Südosten Chinas in das neue Operationsgebiet im Nordwesten des Landes führte, in dem sie ihre partisanische Identität nur dadurch bewahrten, daß sie dieselben politischen Ideen, für die sie zuvor im Südosten gekämpft haben, nunmehr im Nordwesten verfochten, wäre für Partisanen der Tradition undenkbar gewesen, weil sie damit alles hätten aufgeben müssen, wofür sie überhaupt erst in den Kampf eingetreten sind. Die völlige Negierung jeglicher Erdverbundenheit hat wohl Che Guevara dargestellt, jener argentinische Arzt, der in Kuba siegte und in Bolivien starb. Was die Teilnehmer des Langen Marsches und Che Guevaras Guerilleros zusammengehalten hat, war ihr politisches Engagement, in dem sie sich, wo auch immer sie kämpften, mit sich eins wußten. Ihr politisches Ideal war ihre »Heimat«, wohingegen die Heimat samt ihren Traditionen, die die spanischen Guerilleros verteidigten und für die die afghanischen Partisanen kämpfen, nicht den Status eines politischen Ideals hat und auch nicht haben kann. Die »Heiligkeit« der *Idee* und die »Heiligkeit« der *Erde* sind nicht in eins zu setzen.

Raymond Aron dürfte diesen Unterschied im Auge gehabt haben, als er vorschlug, auch terminologisch zwischen beiden historischen Typen des Partisanen, zwischen *Franktireur* und *Partisan*, zu unterscheiden. Kämpfe der Franktireur, der Freischärler, pro ara et focis, so trete der

Partisan, der Parteigänger, für die Revolution an.[6] Ausschlaggebend für Arons Unterscheidung war die Überlegung, daß Gaullisten und Kommunisten seit 1941 einen *gemeinsamen*, jedoch nicht *denselben* Partisanenkrieg gegen die deutsche Besatzungsmacht in Frankreich gekämpft haben. Sei es den einen um das Vaterland, so den anderen um die Revolution gegangen. Einmal dahingestellt, ob gerade bezüglich der französischen Kommunisten diese Gegenüberstellung in dieser Form zutrifft oder ob sie nicht analytisch prägnanter ist, als sich dies in der politischen Wirklichkeit bestätigen ließe, gibt es gute Gründe für die Annahme, daß Aron die Differenz zwischen beiden Formen des Partisanenkrieges nicht an der entscheidenden Stelle gesucht hat. Das Vaterland nämlich bildet nicht den Gegenpol zur revolutionären Idee, sondern stellt selbst zumindest eine politische, unter bestimmten historischen Umständen, z. B. denen der Französischen Revolution, sogar eine revolutionäre Idee dar. Heimat im Sinne von Erdverbundenheit und Traditionsverhaftung ist etwas grundlegend anderes als der Kampf für eine Nation, die, wenn sie nicht nationalstaatlich verfaßt ist, immer nur als Idee existiert. Gaullisten und Kommunisten mögen in der Résistance in der Tat für verschiedene Ideen, für die Nation die einen, für die Revolution die anderen, gekämpft haben, doch nicht die Unterschiedlichkeit der Ideen, sondern ihr Vorhandensein oder Fehlen markiert die Differenz zwischen dem Partisanen der Revolution und dem der Tradition. Wo nicht Traditionen verteidigt werden, die ihre Legitimität aus der Unfraglichkeit ihres Alters beziehen, muß sich die Guerilla, um die Bevölkerung für die von ihr abverlangten Anstrengungen mobilisieren zu können, zwangsläufig revolutionären Ideen anvertrauen und aus ihnen die Legitimität beziehen. Auch die gaullistische Idee der Verteidigung des Vaterlandes aus dem Untergrund war nach der Niederlage von 1940 für die Masse der französischen Bevölkerung eine revolutionäre Idee (vgl. Marc Bloch, *Die seltsame Niederlage*, S. 186 ff.). Demgegenüber haben die spanischen Guerilleros nicht für eine politische Idee gekämpft, ebensowenig wie die afghanischen Freischärler. Wenn sie ihre Heimat verteidigen, dann darum, weil diese für sie der Inbegriff überkommener Traditionen und Sitten ist, die sie gerade gegen die politischen Ideen sozialer Gerechtigkeit und ökonomischer Effizienz zu schützen suchen. Wenn der Widerstand der Afghanen als islamisch bezeichnet werden kann, dann vor allem deswegen, weil ihre kämpferische Frömmigkeit in ihren Traditionen verwurzelt ist, nicht etwa, weil der Islam – wie vielleicht im Iran – für sie eine revolutionäre Idee darstellen würde.[7] Ebenso haben auch die spanischen Guerilleros nicht für ein theologisches Dogma gekämpft, sondern eine traditionelle Frömmigkeit verteidigt, die nicht nur durch die Säkularisationspolitik der Franzosen bedroht wurde, sondern sich zugleich auch gegen jeden theologischen Zugriff sperrte. Jede genuin theologische, d. h. systematisierte Legitimation des Kampfes würde dem Partisanentum der Tradition den Boden entziehen.

III

Als Napoleon im Jahre 1808 in Bayonne nacheinander Karl IV. und Ferdinand VII. zur Abdankung zwang und seinen Bruder Joseph als spanischen König inthronisierte, konnte er für sich in Anspruch nehmen, nicht nur Korruption und Günstlingswirtschaft am spanischen Königshof sowie die steten Machtkämpfe innerhalb der königlichen Familie beendet, sondern auch durch eine Fülle von Sozial- und Verwaltungsreformen das Land auf den Weg des Fortschritts gebracht zu haben. Die Einführung des Code Napoléon und die Auflösung der Inquisition, die Abschaffung der Seigneurialrechte und der feudalen Rechtsprechung, die Reduzierung der religiösen Orden und die Säkularisierung der Klöster, die rationale Neugliederung der Provinzen und die Aufhebung der Binnenzölle – Napoleons Reformen verwirklichten das, worauf die intellektuelle Elite Spaniens, die *illustrados*, seit langem gehofft und was selbst ein aufgeklärter Monarch wie Karl III. nicht zu realisieren vermocht hatte.

Aus einem Hort der Faulheit, der Barbarei und des Obskurantismus, als welchen die Aufklärung – allen voran Montesquieu und Voltaire – Spanien dargestellt hatte, sollte das Land nun in einen modernen Staat verwandelt werden. Doch nur bei einer kleinen Gruppe, vor allem bestehend aus den gebildeten Schichten, Beamten und Teilen der Bourgeoisie, fand das französische Programm der politischen und ökonomischen Modernisierung Spaniens Unterstützung. *Afrancesados*, »Französlinge«, war die abfällige Benennung dieser Gruppe durch ihre Gegner. Die große Masse des spanischen Volkes dagegen, vor allem die städtischen Unterschichten und die ländliche Bevölkerung, das *pueblo*, verweigerte sich den napoleonischen Reformen.

Am 2.5.1808 erhob sich unter der Führung von Priestern und Studenten das Volk von Madrid gegen die französische Besatzungsmacht. Marschall Murat konnte den Aufstand in der Hauptstadt jedoch in kurzer Zeit niederschlagen. Die von ihm angeordneten Massenerschießungen am darauffolgenden Tag wurden Symbol für die französische Unterdrückung Spaniens. Sie konnten freilich nicht verhindern, daß die Welle der Insurrektion aufs Land übergriff, wo sich sehr bald ein überaus grausamer Partisanenkrieg entwickelte. Erst mit dem endgültigen Abzug der französischen Truppen aus Spanien in den Jahren 1813/14 sollte dieser Krieg sein Ende finden.

Napoleon konnte wohl die regulären spanischen und englischen Truppen auf der Iberischen Halbinsel vernichtend schlagen, doch die Guerilleros zu bezwingen, war er nicht imstande. Der Mythos von der Unbesiegbarkeit des Guerillero hat damals seinen Anfang genommen, wobei daran immerhin so viel richtig ist, daß für den Guerillero nicht besiegt zu werden, letzten Endes zu siegen heißt. In der Doktrin vom lange auszuhaltenden Krieg hat Mao Tse-tung dieses Geheimnis partisanischen Erfolgs auf den Begriff gebracht.

Fast ohne Gewehre, nur mit Spießen und Dolchen ausgerüstet, leisteten die obendrein untereinander zerstrittenen Gruppen der spanischen Guerilleros hinhaltenden Widerstand. Die Vorwürfe mangelhafter Organisation, geringer militärischer Effizienz und politischer Substanzlosigkeit, wie sie später gegen die afghanischen Freischärler erhoben wurden, hätten den spanischen Guerilleros damals ebensogut gemacht werden können. Und dennoch: Der Partisanenkrieg in Spanien zog seine Ausdauer gerade aus dem Fehlen einer zentralen strategischen Leitung; aus der ungezügelten Spontaneität der verschiedenen Gruppen flossen ihm stets neue Kräfte zu. Die Bauernpartisanen strategischem Kalkül zu unterwerfen und sie mit einem für damalige Verhältnisse modernen Kriegsgerät auszurüsten, wäre schließlich auf das hinausgelaufen, was auch Napoleon ihnen oktroyieren wollte: die Zerschlagung ihrer Traditionen und die Modernisierung ihres Lebens. Partisan der Tradition bleibt nur, wer sich dem Kriterium der Effizienz nicht unterwirft und so in seinem Widerstand gegen die Modernisierung von dieser nicht hinterrücks eingeholt wird. Es ist die Tragik solchen Partisanentums, daß es sich der Modernisierung niemals völlig zu entziehen vermag und darum schließlich selbst die verteidigte Tradition der Zerstörung ausliefert. Ähnliches gilt für Afghanistan: Ohne zentrale Kommandostruktur, ohne Nachrichtensystem und ohne Koordination kämpfen hier ein Dutzend verschiedene Gruppen, untereinander hoffnungslos zerstritten und nur durch ihren gemeinsamen Feind zusammengehalten, gegen die hochmoderne Militärmaschinerie einer Supermacht. Zum überwiegenden Teil nur mit Karabinern aus der Zeit des Ersten Weltkrieges bewaffnet, fehlt den Bauern und Hirten des afghanischen Hochlandes, wie westliche Korrespondenten berichten, jenes moderne Kriegsgerät, über das der Vietcong, um noch einmal den beliebten Vergleich mit dem Vietnamkrieg heranzuziehen, durchweg verfügt hat. Nicht erwähnt wird hierbei freilich, daß den Afghanen, die seit jeher mit dem Gewehr als dem *Symbol ihrer Ehre* und ihrer Befähigung zur Selbstbehauptung vertraut waren, jegliche Beziehung zu modernem Kriegsgerät und seiner Technik fehlt. Sie verteidigen ihre Traditionen mit den diesen Traditionen zugehörigen Waffen. Der komplizierten Technologie, mit der sie angegriffen werden, setzen sie das Vertrauen in die personale und kollektive Autonomie entgegen, das ihre Partisanengruppen geradezu verkörpern. Die afghanischen Freischärler ihrerseits mit westlicher Technologie auszurüsten, wie mancherorts gefordert wurde, hieß nicht nur, sie im Ost-West-Konflikt zu instrumentalisieren, sondern auch, ihnen die Grundlage und die Motivation ihres Kampfes, ihr traditionelles Leben, zu entziehen und ihnen statt dessen eine Ideologie zu unterschieben, die ihnen nicht vertrauter sein dürfte als jene, gegen die sie kämpfen.

Was für die Bewaffnung zutrifft, gilt auch für die strategische Planung und die militärische Organisation der Partisanen. So ist die Zersplitterung zunächst durchaus eine der Stärken des afghanischen Widerstandes, wobei sich die Guerilleros aus der segmentären Sozialstruktur des Landes, auf der auch die Vielfalt der Partisanengruppen zu einem guten Teil beruht, gleichsam endlos zu reproduzieren vermögen. Sie ist zugleich der Inbegriff jener antizentralistischen Traditionen, für die die Waffen ergriffen worden sind. Die Guerilleros mit dem Verweis auf die militärische Effizienz einer zentralen Leitung zu unterwerfen, würde sie schließlich nur dem angleichen, wogegen sie kämpfen.

IV

Die tiefverwurzelten antimodernistischen Kräfte der afghanischen Bevölkerung, auf denen der Widerstand gegen die Regierung in Kabul und ihre sowjetischen Helfer im wesentlichen beruht, zeigten sich erstmals im Jahre 1929 beim Sturz von König Amanullah. Amanullah hatte eine am Vorbild Kemal Atatürks orientierte Modernisierungspolitik eingeleitet, deren Kernstück die Monetarisierung der bäuerlichen Abgaben und ihre Ablieferung bei den Vertretern der Zentralgewalt bildete. Die Monetarisierung der Steuern verfolgte ein doppeltes Ziel: Zum einen sollten durch sie die intermediären Gewalten Afghanistans ausgeschaltet werden, die ein stetes Widerstandspotential zur Politik der Zentralregierung bildeten; zum anderen ging es darum, durch die Vergrößerung der Staatseinnahmen Armee und Verwaltung Afghanistans von englischen Subsidien unabhängig zu machen. Die Politik Amanullahs zielte darauf ab, Afghanistan als Nationalstaat mit allen diesem zugehörigen Attributen der Souveränität zu konstituieren.

Doch Amanullahs Reformpolitik wurde durch eine Rebellion der Volksmassen beendet, die zweifellos im Interesse der britischen Politik auf dem indischen Subkontinent lag. Gleichwohl kann sie nicht auf eine Verschwörung des britischen Geheimdienstes gegen den Fortschritt in Afghanistan reduziert werden, wie dies bei jüngeren afghanischen Historikern üblich geworden ist.[8] Für sie ist die politische und ökonomische Rückständigkeit Afghanistans allein das Werk Großbritanniens, aber auch des zaristischen Rußlands, die seit der zweiten Hälfte des 19. Jahrhunderts alle fortschrittlichen Ansätze in Afghanistan gebremst oder zerschlagen hätten. Eine solche Betrachtungsweise vermag auch in den afghanischen Freischärlern dieser Tage nichts anderes zu sehen als Agenten der CIA oder des US-Imperialismus überhaupt. Da sie entgegen ihren »objektiven« Interessen gegen die Politik der Modernisierung Afghanistans Widerstand leisten, müssen es »Kriminelle«, »Banditen«, »berufliche Mörder« oder einfach »Söldner« sein. So hatte auch Napoleon in den spanischen Guerilleros, die den von ihm gebrachten Fortschritt bekämpften, nichts anderes sehen können als »Banditen«.

Und doch resultierte der Sturz Amanullahs weniger aus seiner äußeren als aus seiner inneren Politik. Ohne Zweifel mißfiel der britischen Regierung sein Staatsbesuch in Berlin, und der britische Geheimdienst verstand die Ressentiments des breiten Volkes gegen den König zu schüren, indem er Bilder seiner unverschleierten Frau in die afghanische Presse lancierte. Entscheidend für Amanullahs Sturz war jedoch, daß die Landbevölkerung in der durch die Steuermonetarisierung bewirkten Auflösung des traditionellen Gegenseitigkeitssystems keinen Fortschritt sah, sondern ihn nur als eklatante Bedrohung ihres seitherigen Lebens erfuhr. Die Rationalität politischer und ökonomischer Modernisierung[9] kollidierte mit den lebensweltlichen Sinnstrukturen der Menschen. Einen etwaigen ökonomischen Fortschritt Afghanistans und eine höhere politische und rechtliche Sicherheit konnten und wollten sie nicht als Kompensation für den Verlust der durch das Gegenseitigkeitssystem garantierten Absicherungen ansehen. Innerhalb dieses Systems erstatteten, vereinfacht zusammengefaßt, die lokalen Autoritäten persönliche Ehre (in Geschenken) und ein gewisses Maß an sozialer Sicherheit (durch die Übernahme hochgradig verschuldeter Bauern als Pächter) für den abgeschöpften Surplus zurück. Die abstrakt-rechtlichen Garantien eines modernen Staates galten ihnen weit weniger als die persönliche Gegenseitigkeit der traditionalen gesellschaftlichen Ordnung. Der Fortbestand der »regulierten Anarchie«[10] ihrer Dörfer war ihnen wichtiger als die zentralisierte Ordnung, die ein moderner Nationalstaat versprach.

Die Ereignisse, die zum Sturz Amanullahs führten, scheinen jenen zu gleichen, bei denen der Sturz der Regierung in Kabul nur durch die Intervention sowjetischer Truppen verhindert werden konnte. Die sich selbst als nationaldemokratisch, antifeudalistisch und antiimperialistisch etikettierende »Revolution« (tatsächlich handelte es sich eher um einen Putsch von Teilen der Armee und der Staatsbürokratie) konzentrierte ihre Politik der ökonomischen und politischen Modernisierung auf zwei Bereiche: die Umverteilung des Bodens und die Überwindung des Analphabetismus vor allem auf dem Lande. Doch ihr Versuch zur Schaffung einer Schicht unabhängiger Kleinbauern war nicht Ausdruck einer breiten antifeudalen Bewegung der Landbevölkerung, sondern wurde von intellektuellen städtischen Eliten auf dem Weg der autoritären Staatsreform forciert. Wie bereits in der Reformperiode Amanullahs schätzten auch hier die Hirten und Bauern Afghanistans das von feudalen Strukturen überlagerte und vom Handelskapital umklammerte Gegenseitigkeitssystem der Tradition höher als die abstrakten Kategorien von Gleichheit, Gerechtigkeit und wirtschaftlicher Effizienz, mit denen sich die Modernisierungspolitik der städtischen Eliten legitimierte. Dies gilt ebenso für die Abschaffung der Brautpreise – durch die sich viele Männer auf Jahre hinaus verschuldeten, die zugleich aber auch eine soziale Sicherung für die Eltern der Frau darstellten – sowie für die Lese- und Schreibkurse, in denen Mädchen und Frauen derselben Bildung teilhaftig werden sollten wie die Männer. Die Loyalität der afghanischen Dorfbevölkerung gehörte einmal mehr der Tradition.

V

Die Spirale von Gewalt und Terror, Pression und Repression, die seit dem spanischen Guerillakrieg das Charakteristikum von Volkskriegen geblieben ist, war die zwangsläufige Folge der Fortführung des Krieges nach der Niederlage des regulären Heeres. In Spanien zeigte sich erstmals, daß Partisanentum eine Form des Krieges ist, die den Austausch von Parlamentären ausschließt. Der Kampf, der hier ausgefochten wird, geht auf Leben und Tod, was jeden Vertrag zwischen den Kontrahenten ausschließt, den der Kapitulation fast durchweg inbegriffen. War die Gewalt in der regulären Kriegführung auf den eruptiven Ausbruch in der Schlacht begrenzt, so wurde sie im Partisanenkrieg permanent. Die Verstümmelungen und grausamen Marterungen, Erschießungen und Vergewaltigungen in den »Desastres de la Guerra«, mit denen Goya das Bild des Krieges in Spanien festgehalten hat, zeugen von der kataklysmischen Überschwemmung des Lebens durch Gewalt und Gegengewalt im Partisanenkrieg. Da wird die entkleidete Leiche eines spanischen Afrancesados, die der Pöbel durch die Straßen schleift, mit Stöcken und Spießen zerfleischt; dort werden gefangene Guerilleros von französischen Soldaten verstümmelt und aufgehängt; hier werden verwundete Soldaten erdolcht; dort lange Reihen von Zivilisten vor die Erschießungspelotons gezerrt. Wie kein anderer hat Goya es verstanden, das endlose Wechselspiel von Angriff und Vergeltung im Partisanenkrieg darzustellen.

Nicht nur in bezug auf die Greueltaten beider Seiten nimmt sich Afghanistan aus wie eine Neuauflage der spanischen Guerilla (vgl. Alexeijewitsch, *Zinkjungen*, S. 10ff.). Der Widerstand gegen die von der Kabuler Regierung eingeleitete Landverteilung, die Abschaffung des Brautpreises und die Alphabetisierungskampagne insbesondere auch für Frauen steigerte sich in den afghanischen Dörfern bis zur Ermordung von Parteifunktionären, Beamten und Lehrern, von deren Tätigkeit die Bauern die Auflösung ihres traditionellen Lebenszusammenhangs befürchteten. Bombardements aus der Luft, bei denen ganze Dörfer dem Erdboden gleichgemacht wurden, waren die Antwort der Regierung. Der Aufstand von Herat im Frühjahr 1979, mit dem der afghanische Widerstand gegen die Revolutionsregierung in Kabul seinen Anfang nahm, brach los, als Lehrer und Funktionäre versucht hatten, Mädchen und Frauen zur Teilnahme an Schreib- und Lesekursen zu zwingen. Die Vergeltungsschläge der sowjetischen Luftwaffe für die Ermordung dieser Lehrer und Funktionäre, lange vor der Invasion im Dezember 1979, kosteten Hunderte, wenn nicht Tausende von Toten. Woraufhin wiederum der Pöbel in Herat sich russischer Militär- und Zivilberater bemächtigte und diese aufs gräßlichste verstümmelte, bevor er sie ermordete. Das Rad der Gewalteskalation begann sich zu drehen.

Unzweifelhaft sind alle Partisanenkriege durch ein hohes Maß an Gewaltanwendung gerade auch gegen Zivilisten gekennzeichnet. Dies resultiert nicht zuletzt aus der Relativierung der Unterscheidung von

Kombattanten und Nonkombattanten, durch die reguläre Armeen – bis zum Beginn strategischer Luftangriffe – den Krieg und seine Auswirkungen in Grenzen gehalten, ihn »gehegt« (Carl Schmitt) hatten. Die Weiterführung des Krieges durch das Volk nach der Niederlage der regulären Heere hat die Unterscheidung von Soldat und Zivilist schwierig gemacht. Wenn jeder Zivilist zugleich ein Guerillero sein kann, kann die Gewalt des Krieges nicht länger gehegt, d. h. auf Uniformierte beschränkt, werden. Gleichwohl bleibt festzuhalten, daß die Kriegführung, die dem Partisanen der Tradition eigen ist, die des Partisanen der Revolution an Grausamkeit und Bestialität bei weitem übertrifft.

So hat auch Raymond Aron im Rahmen seiner Unterscheidung zwischen Franktireur und Partisan darauf hingewiesen, daß der Partisan bestrebt sei, auch den Feind von der Richtigkeit seiner revolutionären Politik zu überzeugen, während der Freischärler nur den absoluten Feind kenne und keine Gefangenen mache. Sowohl die Partisanen Mao Tse-tungs als auch die Guerilleros Castros und Che Guevaras haben die gefangenen Soldaten der Armeen Tschiang Kai-scheks und Batistas in der Regel gegen das Versprechen freigelassen, sich nicht mehr am Kampf zu beteiligen. Schließlich waren diese Soldaten in den Augen der revolutionären Partisanen nur arme, entmündigte Instrumente, zumeist Arbeiter und Bauern, um deren sozio-ökonomische Befreiung es doch ging, und nicht der eigentliche Feind. Die »Hegung des Krieges«, wie sie das Kriegsrecht in den Kämpfen regulärer Armeen bewirkt hatte (vgl. oben, S. 71 ff.), wird hier durch die revolutionäre Theorie und das angestrebte politische Ideal garantiert.

Vergleichbares ist beim Partisanen der Tradition nicht zu finden. Sein physischer Gegner ist zugleich immer auch der *absolute Feind*. Der Tod eines einfachen Soldaten des gegnerischen Heeres ist für ihn nicht das sinnlose Sterben eines ausgenutzten Objekts, sondern das Ende eines wirklichen Feindes. Offensichtlich resultiert die unterschiedliche Kampfweise aus der Differenz zwischen politischer Idee und überkommener Tradition: Kann für eine politische Idee auch der gegnerische Soldat gewonnen werden, so sperrt sich die Authentizität der Tradition gegen jede Weitergabe an Fremde. Wird im einen Fall der einfache Soldat des gegnerischen Heeres freigelassen und so möglicherweise in einen Propagandisten der revolutionären Idee verwandelt, so wird er im anderen Fall als der absolute Feind massakriert.

Aber vielleicht ist die Grausamkeit und Härte, mit der die Partisanen der Tradition den Kampf führen, auch nur ein verzweifeltes Aufbäumen gegen die leise Ahnung, daß sie – so oder so – auf verlorenem Posten stehen. Der Partisan der Tradition verläßt den Kampf nie so, wie er in ihn eingetreten ist. Er selbst mag untergehen oder siegen; die Tradition, die zu bewahren er gekämpft hat, verliert den Kampf immer. Selbst gesellschaftliche Strukturen, in denen kriegerische Auseinandersetzungen ein integrales Element bilden, wie etwa diejenigen Afghanistans, verlieren im Kampf gegen die Militärmaschine einer Supermacht ihre *historische Identität*. Mit der systematischen Zerstörung der Dörfer, der Vertreibung der Bevölkerung und ihrer Konzentration in Flüchtlingslagern gehen auch die Traditionen der verbrannten Dörfer verloren, mögen die Zurückgebliebenen noch so verzweifelt für ihre Bewahrung kämpfen. Die Regel, daß für Guerilleros nicht besiegt zu werden zu siegen heißt, gilt nur in militärischer Hinsicht. Der Partisan der Tradition unterliegt selbst dort, wo er militärisch siegt – und in der Grausamkeit gegen seine Feinde scheint sich eine Ahnung von der Vergeblichkeit seines Kampfes zu zeigen. Die Bestialität seines Kampfes ist immer auch die verzweifelte Rache an der Modernisierung seines Lebens, der er sich nicht einmal mit Gewalt zu entziehen vermag.

Die eigentlichen Sieger sind dann jene *nationalistischen oder fundamentalistischen Intellektuellen*, die im politischen Bündnis mit ihm dem Partisanen der Tradition eine Ideologie implantieren, die ursprünglich nicht die seine war. Doch die Paralyse der Tradition in den Flüchtlingslagern schafft jenes lebensweltliche Vakuum, in das nationalistische oder fundamentalistische Ideologien eindringen können und so der Fortsetzung des Kampfes nach dem Verlust der Traditionen einen neuen Sinn verleihen. Auch die aus militärischen Effizienzerwägungen immer dringlicher werdende Unterstellung der lokalen Guerillagruppen unter ein einheitliches Kommando und das Werben um politische Sympathien im Ausland beschleunigen die Transformation des Partisanen der Tradition in einen Verteidiger der nationalen Souveränität des Vaterlandes oder einer fundamentalistischen religiösen Idee, der er zunächst nicht war und auch nicht sein wollte.

Am Anfang nur in der Außendarstellung des Widerstandes tätig, die den Partisanen der Tradition nicht berührt und interessiert, dringen die nationalistischen oder fundamentalistischen Intellektuellen mit der Zerstörung der Dörfer und dem Wachsen der Flüchtlingsströme immer tiefer in das innere Gefüge der Partisanengruppen ein. Je mehr der Krieg die *tellurischen Elemente* des Partisanentums aufzehrt, desto stärker tritt *politisches Engagement* an seine Stelle. Nicht mehr die Tradition, sondern eine politische Idee garantiert von nun an den Zusammenhalt der Gruppen.

Frantz Fanon, der vielleicht bedeutendste Theoretiker der Entkolonialisierung in der Dritten Welt, hat den Untergang der Tradition – ein von ihm als Partisanen der Revolution freilich als Fortschritt apostrophierter Vorgang – am Beispiel der Entschleierung der Frauen im algerischen Befreiungskrieg analysiert (»Algerien legt den Schleier ab«, in: *Aspekte der Algerischen Revolution*). Nachdem der Kolonisierte der kolonialistischen Offensive zunächst den Kult des Schleiers entgegengesetzt habe, bewirke der Eintritt der Frauen in den Partisanenkrieg auch die Auflösung und Überwindung ihrer traditionellen Rolle als Frauen, deren symbolischer Ausdruck ihre Verschleierung sei. Wo der Schleier doch wieder angelegt wurde, sei er ein taktisch funktionalisiertes Instrument der Tarnung gewesen. Die Instrumentalisierung des Schleiers im algerischen Befreiungskrieg, wie sie Fanon beschrieben hat, ist das Schicksal der Tradition in ihrer gewaltsamen Verteidigung überhaupt. Auf den Status eines Mittels im Kampf reduziert, unterliegt sie von nun an jenem rationalen Kalkül der Effizienz, gegen das sie doch eigentlich verteidigt werden sollte. Wie total die Niederlage des Partisanen der Tradition ist, selbst wenn er den militärischen Sieg davonträgt, zeigt die Historiographie der Partisanenkriege, in der fast nur von den sekundär implantierten *Ideologien*, kaum jedoch von den primär verteidigten *Traditionen* die Rede ist. Die afghanischen Freischärler mögen jahrelang Widerstand leisten – die Traditionen, für deren Verteidigung sie in den Kampf eingetreten sind, werden den Krieg in jedem Fall verlieren.

Guerillakrieg und Terrorismus

Begriffliche Unklarheit mit politischen Folgen

Wiewohl die Begriffe Terrorismus und Guerillakrieg seit vielen Jahren zu den meistgebrauchten politischen Vokabeln gehören, sind sie doch zu den unpräzisesten und am meisten verwaschenen politischen Begriffen zu zählen. So hat einer der führenden sog. Anti-Subversionsspezialisten, der britische General Frank Kitson, auf die Verwirrungen hingewiesen, mit welcher auch und gerade in militärischen Kreisen »Begriffe wie zivile Unruhe, Aufruhr, Guerilla-Kriegführung, Subversion, Terrorismus, ziviler Ungehorsam, kommunistisch-revolutionäre Kriegführung und Aufstand«[1] durcheinandergebracht werden – ohne jedoch selbst einen Beitrag zur Lösung dieses terminologischen wie inhaltlichen Problems leisten zu können. An dieser begrifflichen Konfusion hat auch die in den letzten Jahren deutlich angewachsene Literatur über Terrorismus und Guerillakrieg nur wenig zu ändern vermocht. Zu Recht hat darum Peter Lösche beklagt, daß es in den Sozialwissenschaften »keine eindeutige Definition von Terrorismus« gebe,[2] und der englische Terrorismusforscher Walter Laqueur hat seine langjährigen Forschungen in der resignierenden Feststellung zusammengefaßt: »In der letzten Zeit wird der Begriff ›Terrorismus‹ (wie ›Guerilla‹) in so vielen verschiedenen Bedeutungen benutzt, daß er fast völlig seinen Sinn verloren hat.«[3]

Die Literatur zum Thema Terrorismus und Guerillakrieg soll hier also vor allem im Hinblick darauf untersucht werden, inwieweit sie Beiträge zu einer inhaltlich präzisen Bestimmung der Begriffe Terrorismus und Guerillakrieg geleistet oder inwieweit sie durch unspezifische Begrifflichkeit – wie zu befürchten ist – mehr zur Verwirrung als zur Klärung des Problems beigetragen hat. Der Wert dieser Literatur – so meine These – hängt weitgehend davon ab, ob sie in der Lage ist, zumindest zwischen Terrorismus und Guerillakrieg begrifflich saubere Grenzen zu ziehen. Wo dies nicht gelang, wird der Leser regelmäßig mit einer unstrukturierten Vielfalt von Ereignissen und Fakten konfrontiert, deren Zusammenstellung oft genug weniger durch wissenschaftliche Kategorien als vielmehr durch den jeweiligen politischen Standort des Autors motiviert worden ist.

Um dies anhand von zwei Beispielen zu erläutern: Lange Zeit wurden die Guerilleros von Joshua Nkomo und Robert Mugabe in vielen Publikationen als Terroristen rubriziert und damit beispielsweise der »RAF« in der Bundesrepublik oder den »brigate rosse« in Italien gleichgestellt, während gleichzeitig die afghanischen Mudschaheddin in der sowjetischen Presse als »terroristische Banditen« bezeichnet wurden. Bei der jeweiligen Etikettierung als Freiheitskämpfer, Guerillero oder Terrorist liegen oftmals nicht wissenschaftliche Präzision, sondern politische Sympathie oder Antipathie den jeweiligen Bezeichnungen zugrunde. Daß politische Begriffe zu Lob oder Denunziation instrumentalisiert werden, mag im politischen Handgemenge verständlich sein; daß sich die wissenschaftliche Diskussion davon aber ebenfalls nicht freizuhalten vermochte, muß bedenklich stimmen.

Es kommt hinzu, daß Terrorismus nicht nur von der Guerillastrategie unterschieden werden muß, sondern auch von allen Formen der Kriminalität, denen er sich auf der Ebene der Erscheinung nur allzuoft angleicht. Die Diskussion um die Möglichkeit und Zulässigkeit der letztgenannten Unterscheidung ist – parteipolitisch aufgeladen – in der Bundesrepublik Deutschland Anfang bis Mitte der siebziger Jahre unter der Fragestellung geführt worden, ob es sich bei Baader-Meinhof nun um eine »Gruppe« oder eine »Bande« handele. Die Durchsicht der wissenschaftlichen Literatur zeigt, daß dieser Differenzierung nur geringe Aufmerksamkeit zuteil geworden ist, ja, daß sie verschiedentlich sogar durch die Eliminierung der Motivationsebene gänzlich unmöglich gemacht worden ist. Gleichzeitig fällt auf, daß in demselben Maße, in dem diese Differenz von den Anti-Terrorismus- und Anti-Guerilla-Analytikern vernachlässigt wurde, sie gerade von den Theoretikern und Strategen des Guerillakrieges immer wieder betont und herausgestellt worden ist. Gerade deren Schriften aber sind, bei aller ihnen erwiesenen Reverenz, oft genug vernachlässigt worden. Nicht daß ihre militärtheoretischen Überlegungen unbeachtet geblieben wären, im Gegenteil: gerade sie sind immer wieder breit zitiert worden – was vernachlässigt worden ist, sind die ökonomischen und politischen Bedingungen, auf denen die Militärdoktrin der Guerillatheoretiker erst aufbaut. Allzuschnell haben sich die Anti-Terrorismus- und Anti-Guerilla-Autoren mit der allgemeinen Versicherung, es handele sich hier um ein politisches Problem, begnügt, ohne anschließend die Voraussetzungen und Folgen dieser Feststellung weiter zu bedenken. In Konsequenz dessen sind Terrorismus und Guerillastrategie häufig unter *moralischen* und *militärstrategischen*, selten jedoch unter *politischen* Aspekten untersucht worden.

Das weitgehende Fehlen eines präzisen und anerkannten Begriffs des Terrorismus ist kein esoterisches Problem der Politik- oder Rechtswissenschaften, sondern hat gravierende politische Konsequenzen. So wurde im Jahre 1937 die Konvention zur Verhinderung und Bestrafung von Terrorismus – eine Antwort auf die Ermordung des jugoslawischen Königs Alexander I. und des französischen Außenministers Louis Barthou durch ein Mitglied der »Innermazedonischen Revolutionären Organisation« (IMRO) am 9.10.1934 in Marseille,[4] ein Attentat, hinter dem wohl die Ustascha des Ante Pavelić stand –, die zunächst von 24 Staaten paraphiert worden war, schließlich nur von einem einzigen Land ratifiziert. Stein des Anstoßes war im wesentlichen der Artikel 3 der Konvention, der die Unterzeichnerstaaten verpflichtete, in ihrer Gesetzgebung jegliche Aufforderung zur Unterstützung terroristischer Aktionen gegen andere Staaten unter Strafe zu stellen. Dieser Artikel 3 der Konvention, so argumentierten ihre liberalen Gegner, werde im Ergebnis dazu führen, daß jedwede Propaganda von Privatpersonen gegen auswärtige Staaten unter Strafe gestellt werde. Vor allem die britische Regierung machte sich diese Position zu eigen und betrachtete die Konvention gegen den Terrorismus als einen Eingriff in die Freiheit der öffentlichen Meinungsäußerung, die zu den Grundlagen der britischen Verfassung gehöre. In seiner Studie über internationale Anti-Terrorismus-Konventionen von 1937 bis heute hat John Dugard die Argumentation der liberalen Gegner einer derart weitgehenden Bestimmung von Terrorismus sehr klar herausgearbeitet.[5]

Das Scheitern der Anti-Terrorismus-Konvention war also letztlich darin begründet, daß sich die Vertreter eines *extensiven* und die Vertreter eines *restriktiven* Terrorismusbegriffs nicht auf eine gemeinsam akzeptierte Definition einigen konnten. Diese Differenzen sind auch in den UNO-Debatten über eine Anti-Terrorismus-Konvention wieder aufgetaucht. Seit Annahme der »Resolution 1514« im Jahre 1960, die den Kolonialvölkern die Unabhängigkeit garantiert, hat sich bei einer Mehrheit der UNO-Mitgliedsstaaten die Auffassung durchgesetzt, daß zur Erreichung dieser Unabhängigkeit auch Gewaltanwendung legitimiert sei. So wurde von zahlreichen Vertretern auf dem 5. Kongreß der UNO zur Verhütung von Verbrechen, der im Jahre 1975 in Genf stattgefunden hat, betont, »daß eine unterschiedslose Verurteilung aller Gewalttaten ein Hindernis für Handlungen nationaler Befreiungsorganisationen sein würde, deren Berechtigung von der Generalversammlung der UNO wiederholt anerkannt worden sei«.[6] Während nun einige Teilnehmerstaaten dieses Kongresses vorschlugen, durch die Unterscheidung von Gewalthandlungen zum persönlichen Vorteil und Gewalthandlungen politischer Art zur revolutionären Befreiung, also durch den Rekurs auf die handlungsleitenden Motive, dieses Dilemma aufzulösen,[7] hatten die USA in ihrer drei Jahre zuvor der UNO-Generalversammlung unterbreiteten Anti-Terrorismus-Konvention versucht, den kleinsten gemeinsamen politischen Nenner aller Staaten darin zu finden, daß sie Terrorismus auf seine *internationalen* Formen begrenzten und terroristische Akte *innerhalb der Grenzen eines Staates* dessen eigener Gesetzgebung überließen. Auf diese Weise sollten nationale Befreiungskriege weitgehend aus einer international verbindlichen Anti-Terrorismus-Konvention, die sich vor allem gegen Flugzeugentführungen richtete, herausgehalten werden. Auf eine differenzierende Motivanalyse bei der Bestimmung terroristischer Handlungen wurde in dem US-Vorschlag verzichtet.[8] Daß der amerikanische Vorschlag dennoch keine Mehrheit fand, zeigt das Mißtrauen vieler Staaten, ihren Verdacht, unter dem Begriff ›Terrorismus‹ sollten durchgängig alle Formen politischer Gewaltanwendung international geächtet werden.

Terrorismus und Guerillakrieg: Kontinuum der Subversion oder divergente Strategien?

Die Schwierigkeiten bei der Entwicklung einer präzisen und verbindlichen Definition des Terrorismus zeigen sich auch in den Sozialwissenschaften. Wenn Karl Markus Kreis in seiner Arbeit über internationalen Terrorismus diesen als »die direkte, aktuelle Drohung mit oder Anwendung von Gewalt gegen Personen und Sachen« unter »Berufung auf eine politische Zielsetzung, gleichviel ob diese Berufung in anderen Augen als legitimiert erscheint oder nicht«, bestimmt,[9] so setzt er mit dieser Definition Terrorismus, Guerillakrieg und Massenaufstand implizit gleich, da die Definition in ihrer Allgemeinheit für alle drei Strategien politischer Veränderung Geltung hat. Die »Anwendung von Gewalt gegen Personen und Sachen« bzw. die Drohung damit ist charakteristisch für alle revolutionären Veränderungen, ohne daß diese darum doch als Terrorismus zu bezeichnen wären. Offensichtlich ist die *differentia specifica* zwischen Terrorismus, Guerillakrieg und Massenaufstand an anderer Stelle zu suchen als in dem Begriff der Gewalt.

Explizit findet sich die Gleichsetzung von Terrorismus und Guerillakrieg in den Arbeiten des Militärwissenschaftlers Werner Hahlweg: »Guerillabewegungen und Terrorismus wachsen praktisch weitgehend zu einer Einheit zusammen, (...)«[10] Oder: »Guerillabewegungen und Terror sind in der Praxis nicht voneinander zu trennen.«[11] Wie bei den Arbeiten von Militärwissenschaftlern über Guerillakrieg und Terrorismus fast durchgängig zu beobachten, interessieren Hahlweg die möglichen Unterschiede zwischen Guerillakrieg und Terrorismus nicht, und er versucht auch nicht, ihnen nachzugehen. Stattdessen konzentriert er sich ausschließlich auf die Differenz beider Strategien revolutionärer Veränderung zur regulären Kriegführung. Alles, was unterhalb der Schwelle des regulären Krieges bleibt, wird als ein unstrukturiertes Kontinuum *revolutionärer* Gewaltformen angesehen, das zu differenzieren nicht für nötig erachtet wird. (Daß es kaum zulässig ist, den Partisanenkrieg durchweg als *revolutionär* zu kennzeichnen, ist in diesem Band an anderer Stelle [S. 127ff.] ausführlich dargelegt worden.) Nur allzu deutlich zeigt sich dies auch in der Studie von André Beaufre, der trotz einer expliziten Unterscheidung von Terrorismus und Partisanenkrieg[12] doch beide Formen der Gewaltanwendung immer wieder gleichsetzt.[13]

Der CDU-Bundestagsabgeordnete Gerd Langguth schließlich weist alle Versuche, die verschiedenen Formen von politisch motivierter Gewaltanwendung zu differenzieren, als »semantische Spitzfindigkeiten« zurück:[14] Folglich konzediert er der »RAF« auch, in der geistigen Tradition von Clausewitz und Mao Tse-tung zu stehen.[15] Erheblich vorsichtiger ist demgegenüber Franz Wördemann, der davon spricht, daß die Grenzen zwischen Guerillakriegführung und Terrorismus »verwischt« seien.[16] Als eine der wenigen kann seine Arbeit über den Terrorismus für sich in Anspruch nehmen, Materialfülle und systematische Durchdringung des Stoffes miteinander verbunden zu haben.

Abseits der Frage nach ihrer wissenschaftlichen Haltbarkeit befördert die Gleichsetzung von Guerillastrategie und Terrorismus nicht nur die Befürchtung vieler Länder der Dritten Welt, von denen einige ihre Entstehung schließlich Guerillakriegen verdanken, mit internationalen Anti-Terrorismus-Konventionen sollten alle anderen Formen politischer Gewaltanwendung geächtet werden, sondern leisten nolens volens auch der Selbstetikettierung von Terroristen als Guerilleros Vorschub. Das wohl mehr politisch als wissenschaftlich motivierte Interesse an der Nichtunterscheidung der verschiedenen Formen der politischen Gewaltanwendung zahlt für die Stigmatisierung von Guerilleros der

Befreiungsbewegungen in der Dritten Welt als Terroristen den Preis, daß es den in Demokratien agierenden Terroristen die Möglichkeit eröffnet, sich als Guerillos zu drapieren, die für legitime Rechte kämpfen. Walter Laqueur, dessen Terrorismus-Studie noch sorgfältiger als die von Franz Wördemann jede Vermischung von Guerillastrategie und Terrorismus vermeidet,[17] dürfte dieses Problem im Auge gehabt haben, als er auf der Differenz von Guerillastrategie und Terrorismus insistierte: »Terrorismus ist nicht, wie vielfach angenommen wird, eine Abart des Guerillakrieges (oder revolutionären Krieges). Darüber hinaus hat er heute auch eine grundsätzlich andere politische Funktion. (...) Der Unterschied zwischen Guerilla und Terrorismus ist nicht eine Frage der Wortwahl, sondern der Qualität.«[18] Auch Rolf Tophoven unterscheidet »trotz häufig fließender Übergänge« zwischen Guerilla und Terrorismus: »Im grundlegenden Unterschied zum Terrorismus ist der Guerillakrieg primär charakterisiert durch eine besondere Form der militärischen Taktik, durch einen spezifischen Einsatz der Truppen sowie durch Mobilität und Kommandooperationen.«[19] Gaston Bouthoul schließlich, ein französischer Terrorismusforscher, will Terrorismus von Guerilla, die er als eine Form der Kriegführung nach den von Fabius Maximus Cunctator im 2. Punischen Krieg entwickelten Methoden bezeichnet, ebenso unterschieden wissen wie von Verschwörungen, Staatsstreichen und Putschversuchen.[20] Diese Unterscheidungen von Terrorismus und Guerillakrieg bleiben im wesentlichen jedoch auf der Ebene der Erscheinungsformen stehen und lassen darum viele Fragen offen.

Politische und kriminelle Gewalt: die Verallgemeinerungsfähigkeit der Motive

Die Unterscheidung zwischen Guerilla und Terrorismus auf der einen und gewöhnlicher Kriminalität auf der anderen Seite wird nicht gerade dadurch erleichtert, daß Aktionen von Guerilleros oder Terroristen und Handlungen im Rahmen der gewöhnlicher Kriminalität auf den ersten Blick oft genug ununterscheidbar sind. Nach Angaben des britischen Generals und Terrorismusforschers Richard Clutterbuck sind von den bis zum Jahre 1975 offiziell registrierten etwa 450 Flugzeugentführungen mehr aus kriminellen als aus politischen Motiven durchgeführt worden.[21] Den häufig gleichen Erscheinungsformen politisch bzw. kriminell motivierter Handlungen entspricht eine vor allem in ökonomisch rückständigen Ländern mit starken Veränderungen im Agrarbereich zu findende soziale Dimension des Banditentums, die von Eric Hobsbawm als »Spielart individueller oder minoritärer Rebellion« bezeichnet worden ist.[22] So hat auch Fritz René Allemann in seiner Untersuchung über lateinamerikanische Guerillabewegungen im 20. Jahrhundert mehrfach auf die enge Verknüpfung von Guerilla- und Banditentradition gerade in Lateinamerika hingewiesen.[23] Es steht zu vermuten, daß für die speziell in Süditalien beheimateten Gruppen der italienischen Terroristenszene ähnliches gilt – genauso übrigens wie für jüngere Entwicklungen in den Guerillabewegungen Lateinamerikas.[24]

Es dürften diese Überschneidungen zwischen politisch und kriminell motivierten Handlungen gewesen sein, welche die Theoretiker des Guerillakrieges dazu veranlaßt haben, die Grenzlinie zwischen Guerillastrategie und kriminellen Handlungen in ihren Schriften immer wieder deutlich zu markieren. So bezeichnete Mao Tse-tung in seiner grundlegenden Studie *Strategie des chinesischen revolutionären Krieges* es als eine der wesentlichen Aufgaben revolutionärer Kriegführung, dem »Marodeurstum«, Plünderungen und Ausschreitungen, mit aller Entschiedenheit entgegenzutreten und eine strikte politische Disziplin durchzusetzen.[25] Für Ernesto Che Guevara liegt die Differenz zwischen Guerilleros und einer Räuberbande in der vorhandenen oder fehlenden Unterstützung durch die Bevölkerung: »Die Partisanen müssen sich dabei (bei dem Beginn der Kampfhandlungen, H. M.) der allseitigen Unterstützung der örtlichen Bevölkerung sicher sein. Das ist eine unbedingte Voraussetzung. Nehmen wir, um diese Notwendigkeit verständlich zu machen, das Beispiel einer Räuberbande, die in dem einen oder andern Gebiet ihr Unwesen treibt. Eine solche Bande hat möglicherweise alle Attribute einer Partisaneneinheit – Geschlossenheit, Achtung gegenüber dem Anführer, Mut, genaue Kenntnis der Örtlichkeit und oftmals sogar eine richtig angewandte Taktik – bis auf eines, sie wird von der Bevölkerung nicht unterstützt. Nur deshalb können die Machtorgane des Staates eine solche Bande aufspüren und vernichten.«[26] Guevara berichtet in seinem Buch über den Guerillakrieg in Kuba mehrfach von Hinrichtungen, welche an Guerilleros vollstreckt wurden, die zu Marodeuren geworden waren.[27]

Sah Guevara in *Guerra de guerrillas* den Unterschied zwischen Guerillero und Bandit in der Unterstützung durch die Bevölkerung, so machte ihn Carlos Marighella, der Theoretiker der Stadtguerilla, in seinem *Mini-Manual do Guerrillheiro Urbano* an den Aktionen für oder gegen die Bevölkerung fest: »Das Gebiet des Stadtguerillero ist das der großen brasilianischen Städte. In diesen Ballungszentren sind aber auch die Banditen tätig, die üblicherweise als ›Marginales‹ bezeichnet werden. Oft werden die Überfälle dieser Banditen für Aktionen der Stadtguerilleros gehalten. Der Stadtguerillero unterscheidet sich dennoch radikal von den ›Marginales‹. Diese trachten in ihrer Aktivität nach einem persönlichen Vorteil und greifen an ohne Unterscheidung zwischen Ausgebeuteten und Ausbeutern. Unter ihren Opfern befinden sich daher auch Männer und Frauen des Volkes. Der Stadtguerillero dagegen verfolgt ein politisches Ziel und greift nur die Regierung, die großen Kapitalisten und die ausländischen Imperialisten, insbesondere die nordamerikanischen, an.«[28]

Nun machen aber Strategie und Taktik der Stadtguerilleros deren Aktionen für Verwechslungen mit denen gewöhnlicher Krimineller anfälliger, als dies bei der Landguerilla der Fall ist; daher begründet sich auch das bei Marighella noch größere Interesse an dieser Unterscheidung als bei Mao Tse-tung und Guevara. Nachdrücklich fordert Marighella dazu auf, bei Banküberfällen, der »typischen Enteignungsaktion« des Stadtguerillero, die Konkurrenz der »Marginales« zu beachten: »Diese Konkurrenz ist ein Faktor, der das Volk verunsichert. Um dies zu verhindern, muß der Stadtguerillero zwei Dinge beachten: 1. Er muß auf die Technik der Marginales verzichten, d. h. er darf nicht unnötige Gewalt anwenden und die Güter und Sachen des Volkes nicht antasten. 2. Der Überfall muß schon während der Ausführung als Mittel der Propaganda genutzt werden, (...).«[29] Ein – wenn man so will – rationaler Umgang mit den Mitteln der Gewalt und die propagandistische Ausnutzung von Aktionen sollen hier die Differenz zwischen den Stadtguerilleros und den ›Marginales‹ kennzeichnen – eine Trennlinie, die sich schon bald als unzureichend erwiesen hat.

Tatsächlich hatten die lateinamerikanischen Guerilleros allen Grund, sich von gewöhnlichen Kriminellen klar zu distanzieren: Gegen Zusicherung von Straffreiheit für begangene Taten ließen einige lateinamerikanische Regierungen kriminelle Banden zur Bekämpfung der Stadtguerilleros – gewissermaßen als »Counter-Guerilla« – antreten.[30] Diese lateinamerikanischen Erfahrungen decken sich mit denen, die auch die Rote Ruhr-Armee im Jahre 1920 in Deutschland mit den nach dem Sturm auf die Gefängnisse rekrutierten Kriminellen machen mußte. Emilio Lussu, dessen *Teoria dell'insurrezione* eine der interessantesten Arbeiten über Geschichte und Technik des Massenaufstandes in Europa darstellt, hat die Rolle dieser Kriminellen so beschrieben: »Im Sturmangriff waren sie die Letzten, beim Flüchten aber die Ersten, und nach der Niederlage betätigten sie sich als die eifrigsten Denunzianten.«[31] Aus dieser Erfahrung hat Lussu dann die Forderung abgeleitet, beim Aufbau der bewaffneten Einheiten eines Aufstandes »mit größter Unnachsichtigkeit (...) zwielichtige Elemente und Gesindel auszuschließen«.[32]

Lussu trug damit den beiden im Kern grundverschiedenen Motivationsebenen der Gewaltanwendung durch Revolutionäre oder durch Kriminelle Rechnung: Liegt die im Rahmen gewöhnlicher Kriminalität angewandte Gewalt im unmittelbaren, wenn auch womöglich nur vermeintlichen oder pathologischen Interesse des Täters, ohne daß dabei eine Veränderung der sozialen und politischen Ordnung intendiert ist, so ist politisch motivierte Gewaltanwendung dadurch gekennzeichnet, daß die Handelnden durch sie eine Veränderung der sozialen und politischen Ordnung anstreben, die mit ihren persönlichen Interessen nicht unmittelbar identisch sein muß. Paul Wilkinson, einer der wenigen Terrorismusforscher, der der Unterscheidung von terroristischen und kriminellen Handlungen große Aufmerksamkeit zugewandt hat, hat darum die Differenz zwischen krimineller und politischer Gewaltanwendung darin gesehen, daß bei der ersteren das Interesse an der Selbstbereicherung dominiere.[33] Mao Tse-tungs bereits zitierte Anweisungen zum harten Durchgreifen gegen Marodeure zeigen, wie sehr bei politisch motivierter Gewaltanwendung das mitunter auftretende Interesse an Selbstbereicherung verpönt ist und mit allen Mitteln unterdrückt werden muß, soll sich die Gruppe nicht in kürzester Zeit aus Partisanen in Banditen verwandeln – wofür es in der Geschichte der Guerilla an Beispielen nicht fehlt. Der spanische Stadtguerillero Sabaté soll, obwohl seine Familie in kärglichsten Verhältnissen lebte, niemals in Erwägung gezogen haben, etwas von dem bei Überfällen geraubten Geld für sich oder seine Familie zu behalten[34] – ein Ehrenkodex übrigens, der dem der häufig in illegale Praktiken verstrickten Geheimdienstagenten gleicht.[35]

Mögen politisch oder kriminell motivierte Gewaltanwendung auf der Ebene der Erscheinungen einander häufig sehr ähnlich sein, so unterscheiden sie sich auf der Ebene der Motivationen doch grundlegend: Im Augenblick der Tat weniger sichtbar, treten diese unterschiedlichen Motivationen vor Gericht deutlich hervor. J. B. S. Hardman, der sich neben Wilkinson besonders mit den Unterschieden zwischen politischer und krimineller Gewaltanwendung beschäftigt hat, hat die Differenz zwischen dem Kriminellen und dem politischen Terroristen daran zu erläutern versucht, daß der Kriminelle zumeist seine Tat durch Lüge oder Bestechung zu vertuschen suche, während der Terrorist zu seinen Taten stehe, um seine Doktrin zu vertreten und neue Anhänger zu gewinnen.[36]

Es muß als ein herausstechendes Charakteristikum des westdeutschen Terrorismus gelten, daß von seinen theoretischen Vertretern die Scheidelinie zwischen politisch und kriminell motivierter Gewaltanwendung keineswegs mit dieser Klarheit herausgestellt worden ist wie von den Guerillatheoretikern Mao Tse-tung, Guevara und nicht zuletzt auch Marighella, auf den sich die »RAF« doch häufig bezogen hat. In den Monographien über die »RAF«[37] ist diesem Umstand überraschenderweise kaum Beachtung geschenkt worden. So bestritt Horst Mahler in einem am 24.1.1972 im »Spiegel« veröffentlichten Artikel, daß »zwischen revolutionärer Politik und Kriminalität ein unauflösbarer Gegensatz bestünde«.[38] In ihrem 1973 verfaßten Papier »Die Massen und der Konsum« ging Ulrike Meinhof noch einen entscheidenden Schritt weiter, indem sie zwei Wege unterschied, in den Besitz von Gebrauchsgegenständen zu gelangen: den Weg der Arbeit und den Weg des Diebstahls. Sei der zweite Weg früher verpönt gewesen, so habe sich dies mit dem Wachsen des Warenangebots inzwischen grundlegend geändert. Daraus nun folgerte sie: »Die Revolution ist bereits ausgebrochen! Die Massen haben sich bereits von der herrschenden kapitalistischen Eigentumsfrage bewußtseinsmäßig emanzipiert. Sie klauen. Sie klauen massenhaft in den Warenhäusern. Sie klauen massenhaft in den Betrieben.«[39] Da nur noch Polizei und Justiz das kapitalistische System zusammenhielten, sei es nunmehr die Sache der Stadtguerilla, die Gewalt des Systems über die Menschen mit Gewalt zu zerbrechen.

Indem sie damit kriminelles in politisches Verhalten umdeutete, hat Ulrike Meinhof die Differenzen zwischen kriminell und politisch motiviertem Handeln eingeebnet.[40] Eine Argumentation, die durch Verweis auf die von Kant in der *Grundlegung zur Metaphysik der Sitten* zur Logik des kategorischen Imperativs angestellten Reflexionen[41] leicht zu erschüttern ist: Die handlungsleitenden Motive des Warenhausdiebes zielen als Verstöße gegen die bestehende Eigentumsordnung eben gerade nicht auf deren Überwindung, sondern auf individuelle Bereicherung innerhalb deren fortbestehender Gültigkeit; der Warenhausdieb will eben gerade nicht, daß die Maxime seines Handelns, das Interesse an der Aneignung fremden Gutes, zur Grundlage der allgemeinen Gesetzgebung wird, da er sich dann nicht nur der Früchte seines Diebstahls, sondern auch seines sonstigen Eigentums nicht lange würde erfreuen können. Der Warenhausdieb verlangt vielmehr – ungeachtet seines eigenen Handelns – den Schutz des Eigentums und notfalls dessen polizeiliche Gewährleistung. Die Motive seines Diebstahls sind nicht verallgemeinerungsfähig und fallen der Logik des kategorischen Imperativs zum Opfer. Hingegen ist derjenige, der aus politischen Motiven gegen bestimmte Gesetze verstößt oder Gewalt anwendet, von der Verallgemeinerungsfähigkeit seines Handelns – zumindest für die Phase der angestrebten Revolution – überzeugt und betrachtet die Logik des kategorischen Imperativs als seinen Verbündeten. Dies macht zugleich das von Hardman beschriebene unterschiedliche Auftreten beider Gruppen vor Gericht verständlich: Während der Kriminelle seine Tat zu vertuschen versucht, weil er ihre Verallgemeinerungsunfähigkeit zumindest ahnt, steht der politisch motivierte Täter im Bewußtsein der Verallgemeinerungsfähigkeit seiner Handlungen auch zu ihnen und sucht sie zur Verbreitung seiner Theorie und zur Gewinnung neuer Anhänger zu nutzen. Ihm dient die Gerichtsverhandlung dazu, andere zur Nachahmung der vor Gericht verhandelten Taten zu motivieren. Das Eingeständnis seiner Taten ist der Appell zu ihrer Nachahmung durch andere. Die intendierbare oder nichtintendierbare Verallgemeinerungsfähigkeit von Handlungsmaximen kann somit zum Prüfstein für die kriminelle oder politische Motivation von Gesetzesverstößen werden.

Die unterschiedlichen Intentionen der Gewaltanwendung: physische oder psychische Folgen

Im Gegensatz zur Kriminalität sind Guerillakrieg und Terrorismus gleichermaßen geprägt durch die politisch motivierte Gewaltanwendung. Gleichwohl hat, wie David Fromkin in seiner grundlegenden Studie »Die Strategie des Terrorismus« herausgearbeitet hat, die Gewaltanwendung für Guerilleros einen anderen strategischen Stellenwert als für Terroristen. Am Beispiel der von Lawrence of Arabia entwickelten Guerillastrategie der arabischen Insurgenten während des Ersten Weltkriegs und der Aktionen von PLO und PLFP hat Fromkin diesen unterschiedlichen strategischen Stellenwert systematisch unterscheiden können: »Lawrence, der Guerilla-Führer, griff eine Bahnlinie an, weil er sie zerstören wollte, wohingegen arabische Terroristen eine Fluglinie angreifen, obwohl sie sie nicht zerstören wollen.«[42] Die Aktionen der von T. E. Lawrence geführten arabischen Guerillaarmee zielten auf die Störung bzw. Zerschlagung des logistischen Systems der türkischen Armeen in Palästina und auf der arabischen Halbinsel: »Für uns kam es darauf an, nicht die Armee der Türken, sondern ihre materiellen Hilfsmittel zu zerstören. Die Vernichtung einer türkischen Brücke oder Eisenbahn, einer Maschine oder Kanone oder eines Sprengstoffvorrates war für uns von größerem Nutzen als die Vernichtung eines Türken.«[43]

Hatten im Mittelpunkt der Guerillastrategie des Lawrence of Arabia Aktionen gegen die türkische Logistik bei gleichzeitigem Verzicht auf Gefechte mit massierten türkischen Verbänden gestanden,[44] so hat Mao Tse-tung dann auch den Gedanken der Entscheidungsschlacht in seine Guerilladoktrin einbezogen: »Für Sieg oder Niederlage ist es notwendig, daß die beiden Armeen sich eine Entscheidungsschlacht liefern. Nur eine Entscheidungsschlacht kann die Frage klären, welche Armee Sieger und welche Besiegter ist. Das ist die einzige Aufgabe im Stadium der strategischen Gegenoffensive.«[45] Für diese Gegenoffensive die bestmöglichen Voraussetzungen zu schaffen, ist die Aufgabe des von Mao eingehend analysierten strategischen Rückzugs, in dessen Verlauf die Linien und logistischen Stränge des Gegners immer weiter ausgedehnt werden, bis schließlich zwischen seinen Kräften und denen der Guerillaarmee ein strategisches Gleichgewicht besteht. Ähnliches gilt auch für die Guerillastrategie Che Guevaras: Nach der Lähmung gegnerischer Operation durch Sabotageakte der Guerilleros in einer bestimmten Zone werde es möglich, »daß die Partisanen in immer neue Gebiete eindringen und ihre Operationen den Charakter von Kriegshandlungen einer regulären Armee annehmen. Es entsteht jetzt eine Frontlinie, an der die Partisanenarmee mit den Truppen des Gegners kämpft. Auch schwere Waffen und sogar Panzer werden dabei in die Hände der Partisanen fallen, und sie werden jetzt dem Kampf mit einem starken Gegner nicht mehr auszuweichen brauchen. Im Gegenteil, der Gegner wird in dem ihm von den Partisanen aufgezwungenen Kampf unterliegen und schließlich angesichts der Gefahr seiner völligen Vernichtung kapitulieren.«[46]

Sei es nun in der im wesentlichen um Sabotageaktionen zentrierten Strategie des Lawrence of Arabia, sei es in den auf die entscheidende, häufig bereits mit regulären Verbänden geführte Schlacht hinzielenden Guerillastrategien Mao Tse-tungs, Che Guevaras und Régis Debrays: allen Guerillastrategien ist gemeinsam, daß sie ihre politisch-militärischen Ziele durch die Anwendung von Gewalt unmittelbar zu erreichen suchten und es ihnen primär um die physischen Folgen der Gewaltanwendung ging. Dagegen orientiert sich die Strategie des Terrorismus – dies herausgearbeitet zu haben ist vor allem das Verdienst David Fromkins – an den durch die Gewaltanwendung provozierten *Reaktionen* bei Freund, Feind und zunächst Gleichgültigen und sucht so primär die psychischen Folgen der Gewaltanwendung.[47] Das heißt jedoch nicht, daß es sich bei terroristischen Aktionen nur um symbolische Akte handele, wie verschiedentlich angenommen worden ist. Zu Recht hat Walter Laqueur darum davor gewarnt, man solle den »Terrorismus nicht so sehr als ›symbolische Handlung‹ sehen, denn eine Kampagne systematischen Terrors besteht aus vielen Handlungen, die überhaupt nicht symbolisch sind«.[48] Gleichzeitig folgt aber auch Laqueur im wesentlichen der von Fromkin vorgeschlagenen Charakterisierung des Terrorismus, wenn er ihn als eine »Strategie der Provokation« bezeichnet.[49]

Folgt man Max Webers Analyse sozialen Handelns als »am vergangenen, gegenwärtigen oder für künftig erwarteten Verhalten anderer« orientiert,[50] so zielt Terrorismus mehr als alle anderen Strategien politischer Gewaltanwendung auf die gesellschaftlich desorientierenden Potentiale der angewandten Gewalt. Sicher ist Chalmers Johnsons Hinweis berechtigt, daß alle in Revolutionen angewandte Gewalt das Verhalten anderer desorientiere,[51] doch während dies bei einem Guerillakrieg, der auf die militärische Niederlage des Gegners abzielt, nicht primär intendierte, mitunter förderliche, mitunter nachteilige Nebenfolgen der Gewaltanwendung sind, werden die Auswirkungen der Gewaltanwendung auf das Verhalten anderer in der terroristischen Strategie intendiert und kalkuliert. Fromkin hat es darum als die Einzigartigkeit der terroristischen Strategie bezeichnet, daß sie »ihr Ziel nicht durch ihre Handlungen, sondern durch die Reaktion auf ihre Handlungen« erreicht.[52] Diese Feststellung wird bestätigt durch die von Horst Mahler 1971 ausgegebene Devise, die »RAF« werde nach dem Grundsatz verfahren, einen zu bestrafen, um Hunderte zu erziehen.[53] Ganz eindeutig wird hier das Interesse an den direkten physischen Folgen der Gewalt überwogen von dem an den psychischen Folgen bei denen, die von der Gewalt nicht direkt und unmittelbar betroffen worden sind. Nicht die *violentia* selbst, sondern der von ihr ausgehende *terror*, der Schrecken, ist es, worum es der terroristischen Strategie im Kern geht.

Dazu gehört auch das strategische Ziel terroristischer Aktionen, den Staatsapparat zu Maßnahmen zu provozieren, die mit seiner politischen Legitimation unvereinbar sind und die langfristig einen Prozeß politischer Destabilisierung in Gang setzen. Ulrike Meinhof hat diese Strategie als die »Dialektik von Revolution und Konterrevolution« beschrieben: »das ist die dialektik der strategie des antiimperialistischen kampfes: daß durch die defensive, die reaktion des systems, die eskalation der konterrevolution, die umwandlung des politischen ausnahmezustandes in den militärischen ausnahmezustand der feind sich kenntlich macht, sichtbar – und so, durch seinen eigenen terror, die massen gegen sich aufbringt, die widersprüche verschärft, den revolutionären kampf zwingend macht.«[54] Es fällt jedoch bei der kritischen Durchsicht der »RAF«-Schriften auf, daß diese dezidiert terroristische Strategie erstmals in der zitierten Rede von Ulrike Meinhof auftaucht, nachdem man zuvor vier Jahre lang immer wieder die Auffassung vertreten hatte, die Gruppe führe einen Guerillakrieg und habe mit Terrorismus nichts zu tun. Die ebenso falsche wie irrwitzige Gleichsetzung von Baader und Mahler mit den Partisanen- und Guerillatheoretikern Clausewitz, Mao Tse-tung und Guevara, wie sie sich in zahlreichen Publikationen über die »RAF« im besonderen und über den Terrorismus in der Bundesrepublik Deutschland im allgemeinen findet, ist so gesehen die unkritische Weitergabe eines Selbstmißverständnisses oder einer bewußt eingesetzten ideologischen Verkleidung der »RAF«.

Die Tragfähigkeit der vorgeschlagenen Unterscheidungen zwischen der terroristischen Strategie und anderen revolutionären Strategien läßt sich an der russischen Geschichte des 19. Jahrhunderts überprüfen: Die Dekabristen, deren Aktionen unmittelbar auf den Umsturz zielten, waren keine Terroristen und werden allgemein auch nicht als solche bezeichnet; anders hingegen die Narodniki, die mit Bomben und Attentaten Aufsehen erregen wollten, um so das Volk im Sinne ihrer Ideen aufzurütteln.[55] Ganz im Sinne der vorgeschlagenen Unterscheidung stellt Rolf Schroers in seiner nach wie vor unverzichtbaren Studie über den Partisanen fest, daß ein Attentat, dem nicht unmittelbar die Machtübernahme durch die Attentäter folge, zum Terrorakt werde,[56] und der französische Soziologe Raymond Aron, dessen voluminösem Werk *Frieden und Krieg* mehr über die Eigentümlichkeiten des Terrorismus zu entnehmen ist als vielen Spezialstudien zu diesem Thema, definiert diejenigen Aktionen als terroristisch, »deren psychologische Wirkungen in keinem Verhältnis zu deren rein physischen Ergebnissen stehen«.[57] Die hieraus resultierende besondere Funktion der Opfer einer terroristischen Strategie ist von Manfred Funke exakt bestimmt worden: »Wenngleich es (das Opfer, H. M.) zumeist ausgesucht wird unter prominenten Repräsentanten der verhaßten Gesellschaftsordnung, geht es dem Terroristen mit seiner Tat zwar auch um die Schwächung des Machtapparates, aber primär geht es ihm um die Reaktion der Öffentlichkeit auf diese Tat.«[58] Demgegenüber zeichnet sich die Guerillastrategie durch das primäre Interesse an der Schwächung des Machtapparates, also die Intendierung der physischen Folgen der Gewaltanwendung, aus. Genau diese Differenz dürfte Guevara im Auge gehabt haben, als er in *Guerra de guerrillas* kategorisch feststellte: »Die Sabotage hat mit Terrorakten nicht das geringste gemein.«[59] Sabotage sucht die *physischen*, nicht die *psychischen* Folgen der Gewaltanwendung.

Das vorwiegende Interesse der terroristischen Strategie an den psychischen Folgen der Gewaltanwendung, wie es von David Fromkin herausgearbeitet worden ist, hat ihre Aktionen in ganz anderem Maße, als dies sonst bei revolutionären Strategien der Fall ist, von der Wirkungsweise der modernen Medien abhängig gemacht. Zu Recht ist darum in der Literatur immer wieder auf die eigentümliche Beziehung zwischen Terrorismus und Medien hingewiesen worden. Massenaufstand und Guerillakrieg vermögen ihre Ziele zu erreichen, ohne daß die Medien über sie berichten, der Terrorismus nicht. Seine Aktionen gewinnen ihre Bedeutung erst durch die Berichterstattung über sie. Mit Recht hat darum Franz Wördemann die Terroristen als »die modernen Entertainer« bezeichnet.[60] Wie sehr die Publizität der Aktionen ihren Stellenwert innerhalb der terroristischen Strategie bestimmt, zeigen die Anweisungen, die Andreas Baader 1974 den noch nicht inhaftierten Mitgliedern seiner Gruppe zukommen ließ. Er forderte darin zu neuen Aktionen auf, die er folgendermaßen umriß: »so auf dem niveau der aktion gegen Buddeberg (und darunter läuft nichts, was raf heißt – oder ist der tante immer noch nicht klar, dass uns aktionen nach dem dilettantischen und unentschlossenen muster witter oder noch besser kirchen vollzuschmieren, wozu provinzzeitungen dann wissen, daß ›die raf sich dafür verantwortlich erklärt hat‹, uns denunzieren, lächerlich machen).«[61] Zu Recht ist die Publizität darum als »der einzige Triumph des Terrors« bezeichnet worden.[62]

Die Definition des Kombattanten

Das primäre Interesse der Terroristen an den psychischen Folgen der Gewaltanwendung führt, wie Fromkin gezeigt hat, zu einer erheblichen Komplizierung der terroristischen Strategie: »Anders als der Soldat, der Partisan oder der Revolutionär befindet sich der Terrorist immer in der paradoxen Situation, Handlungen zu begehen, deren unmittelbare physische Folgen nicht eigentlich von ihm gewollt sind.«[63] Doch in dem Maße, in dem die physischen Folgen terroristischer Gewaltanwendung nicht der intendierte Kern der Strategie sind, haben terroristische Täter auch nur ein bedingtes Interesse an der Begrenzung dieser physischen Folgen ihrer Handlungen auf ganz bestimmte Personen. Die Logik der terroristischen Strategie selbst vermindert die Kontrolle von Zwecken und Mitteln im Hinblick auf die Opfer. Paul Wilkinson hat es darum als eines der herausstechenden Charakteristika des Terrorismus bezeichnet, daß dieser wie keine andere revolutionäre Strategie zur Auflösung der Unterscheidung von Kombattanten und Nonkombattanten tendiert.[64]

Wenn Franz Wördemann jedoch »die bewußte Abschaffung der Kategorie der Nichtbeteiligten« als ein »entscheidendes Merkmal des revolutionären Krieges« insgesamt bezeichnet hat,[65] so ist diese Charakterisierung revolutionärer Strategien im Anschluß an die These Carl Schmitts, das von Lenin geschlossene »Bündnis der Philosophie mit den Partisanen« habe die nach dem Wiener Kongreß geschaffene »Hegung des Krieges« niedergerissen,[66] in dieser Form zu undifferenziert und zu grobschlächtig. Vielmehr läßt sich in den Guerillastrategien Mao Tse-tungs und Guevaras eine klare, wenn auch gegenüber den europäischen Definitionen des 19. und beginnenden 20. Jahrhunderts deutlich erweiterte Bestimmung des Kombattanten finden. Galt für die europäische Kriegführung nur der reguläre Soldat als Kombattant, so wurden von den Theoretikern der Guerillastrategie auch beispielsweise Polizei, Gefängnispersonal und staatliche Steuereinnehmer in die Reihe der gegnerischen Kombattanten eingegliedert. Man mag über die Berechtigung dieser Ausweitung des Kombattantenstatus streiten, prinzipiell jedoch bleibt die Unterscheidung zwischen Kombattant und Nonkombattant auch für die Theoretiker des Guerillakrieges bestehen – auch wenn diese nicht mehr durch das Tragen oder Nichttragen einer Uniform markiert ist.[67]

Demgegenüber hat erst der Terrorismus aufgrund der Logik seiner Strategie die Differenz zwischen Kombattanten und Nonkombattanten endgültig eliminiert. Diese prinzipielle Aufhebung der Kombattanten-Nonkombattanten-Unterscheidung in der terroristischen Strategie kommt auch in der Antwort Emile Henrys auf die Frage des Gerichtsvorsitzenden zum Ausdruck, warum er seine Bombe ausgerechnet in das Café »Terminus« geworfen habe; Henry antwortete: weil er möglichst viele Bürger habe töten wollen. Und auf die erneute Vorhaltung des Gerichtsvorsitzenden, er habe diese Menschen doch gar nicht gekannt und es seien doch auch werktätige Menschen darunter gewesen, bestätigte Henry: »Allerdings; diese Menschen sind mir vollkommen gleichgültig.«[68] Die Äußerungen Henrys zeigen den engen Zusammenhang zwischen dem Interesse der terroristischen Strategie an den psychischen Folgen der Gewaltanwendung und der Auflösung der Unterscheidung von Kombattanten und Nonkombattanten. Dieses sekundäre Interesse an dem Schicksal des Opfers, das die terroristische Strategie kennzeichnet, macht den moralischen Abscheu verständlich, der die meisten Darstellungen des Terrorismus in den letzten Jahren gespeist hat.

Die katholischen Pilger aus Puerto Rico, die die meisten der Opfer bei dem von japanischen Terroristen angerichteten Massaker auf dem israelischen Flughafen Lod stellten und von denen sich zuvor wohl keiner für den Staat Israel und gegen die Palästinenser engagiert hatte,[69] sind ein grauenhaftes Beispiel für diesen in der Logik terroristischer Strategie liegenden Verzicht auf die Unterscheidung zwischen Kombattanten und Nonkombattanten infolge des primären Interesses an den psychischen Folgen der Gewaltanwendung. Bassam Abu Sherif, einer der PLO-Strategen, soll später über das Massaker in Lod gesagt haben: »Es war ein recht heftiger Vorstoß in das Bewußtsein der internationalen Öffentlichkeit. Doch für uns war das Wichtigste, daß man uns zur Kenntnis nimmt.«[70] Noch deutlicher ist eine bereits 1970 gemachte Äußerung des PLFP-Chefs George Habbash: »Im Zeitalter der Revolution der vom System des Weltimperialismus unterdrückten Völker kann es keine geographischen, politischen oder moralischen Grenzen für die Operationen des Volkes geben. Daher ist niemand in der Welt von heute unschuldig, niemand ist neutral.«[71] Damit sind jegliche Trennlinien zwischen Kombattanten und Nonkombattanten gefallen.

Dagegen scheint Horst Mahler immerhin mit diesem für den Terrorismus charakteristischen Verzicht auf die Unterscheidung von Kombattanten und Nonkombattanten Schwierigkeiten gehabt zu haben, als er die in Fürstenfeldbruck getöteten israelischen Sportler als Soldaten bezeichnet hat: »Die in Fürstenfeldbruck getöteten israelischen Sportler waren nicht Unbeteiligte, wie fälschlich immer wieder behauptet wird. (...) Sie waren Soldaten eines zionistischen Propagandastoßtrupps. Sie kannten ihr Risiko – deshalb hatten sie von den deutschen Dienststellen auch besondere Schutzmaßnahmen verlangt.«[72] Der Etikettenschwindel wird hier zum letzten Mittel, sich die brutale Logik der selbst praktizierten Strategie nicht eingestehen zu müssen. Es ist aber bemerkenswert, daß derartige Selbsttäuschungen, die offensichtlich über einen gewissen Zeitraum von zentraler Bedeutung für die innere Stabilität der Gruppe gewesen sind, in den »RAF«-Monographien wie überhaupt in der Literatur über Terrorismus kaum Beachtung gefunden haben.

Die kritische Distanz der Guerilladoktrin zum Terrorismus

Im Gegensatz zu der Auffassung des Bundeswehr-Generalstabsoffiziers Hans-Jürgen Müller-Borchert, der den Terrorismus die Hauptwaffe der Guerillastrategie genannt hat,[73] haben die Theoretiker des Guerillakrieges die Differenz zum Terrorismus niemals übersehen. So nennt Guevara den Terrorismus »eine wenig wirksame Methode«: er könne »sehr unheilvolle Folgen nach sich ziehen, weil er in vielen Fällen zum Tod völlig unschuldiger (sic!) Menschen führt, darunter Patrioten, die zur revolutionären Bewegung gehören«.[74] Auch für Régis Debray gehört es zu den unbefragten Voraussetzungen seiner Theorie, daß Terrorismus städtisch und Guerillakrieg ländlich sei und daß die Operationen in der Stadt denen auf dem Lande absolut unterzuordnen sind.[75] Debrays Skepsis gegenüber terroristischen Aktionen findet in *Revolution in der Revolution?*, der umfassendsten Darstellung der castristisch-guevaristischen Guerilladoktrin, deutlichen Ausdruck: »Es ist klar, daß der Terrorismus in der Stadt keine entscheidende Rolle spielen kann und daß er einige Gefahren politischer Art nach sich zieht.«[76] Der strategische Wert, den Debray Aktionen in der Stadt dann dennoch zuspricht, bezieht sich jedoch nicht auf terroristische, sondern auf Sabotageaktionen, die durch den von ihnen ausgehenden Zwang zur Bewachung wichtiger Einrichtungen durch das Militär große Teile der gegnerischen Streitkräfte immobilisieren und damit die Stoßkraft der auf dem Lande operierenden Guerillaarmee erhöhen.[77] Wenn Debray Aktionen in der Stadt überhaupt einen Wert zuspricht, so wegen ihrer physischen, nicht aufgrund ihrer psychischen Wirkungen.

Weniger skeptisch steht – bezeichnenderweise – Carlos Marighella, der Theoretiker der Stadtguerilla, der terroristischen Strategie gegenüber: In seinem *Mini-Manual do Guerrillheiro Urbano* führt er sie als eine der Aktionsformen des Stadtguerillero auf und stellt dazu fest: »Auf den Terrorismus als Waffe kann der Revolutionär nicht verzichten.«[78] Damit jedoch setzt bei ihm bereits eine Abwendung von der

Guerillastrategie und Hinwendung zum Terrorismus ein,[79] die wahrscheinlich entscheidend durch die Niederlage von Guevaras Guerilleros in Bolivien motiviert worden ist – eine Entwicklung, deren Auswirkungen bis nach Europa reichten: Während eine Übertragung der landgestützten Guerillamodelle Mao Tse-tungs, Guevaras und Debrays auf die europäischen Verhältnisse niemals ernstlich in Rede stand, änderte sich dies mit Marighellas Stadtguerillakonzept, das den Terrorismus zu einer der wesentlichen Aktionsformen bei der politischen Veränderung machte. Allemann spricht zu Recht von dem deutlich »größeren Imitationseffekt«, der die urbane gegenüber der ländlichen Guerilla auszeichne.[80] Mit dem *Mini-Manual do Guerrillheiro Urbano* als Handlungsanleitung glaubte auch die »RAF«, in der Bundesrepublik eine Veränderung der politischen und sozialen Verhältnisse erzwingen zu können. Wenn es für die »RAF« strategische Vorbilder gegeben hat, so waren dies gerade nicht die Schriften Maos und Guevaras – selbst dann nicht, wenn sie sich verschiedentlich in den »RAF«-Texten zitiert finden –, sondern die des Carlos Marighella. Diejenigen Autoren unter den Terrorismus-Analytikern,[81] die die Aktionen der »RAF« in die Tradition der maoistischen oder castrisch-guevaristischen Landguerilla gestellt haben, sind damit einer – von der »RAF« freilich selbst aufgebauten – Chimäre aufgesessen.

Unterstützung durch die Bevölkerung: Voraussetzung oder Ziel?

Die vorgeschlagene Differenzierung von Terrorismus und Guerillakrieg schließt jedoch nicht aus, daß die terroristische Strategie als Vorstufe oder Substitut der Guerillakriegführung fungieren kann, so wie auch Marighella sich dies vorgestellt hat. Wechselte die Führung der »Fatah« nach der militärischen Katastrophe ihrer Guerillakriegführung gegen die israelische Armee im Herbst 1967 zur Strategie des Terrorismus über,[82] ebenso übrigens wie die IRA-Führung, nachdem die von ihren Guerilleros nach dem 20. Januar 1972 »befreiten Gebiete« (»Free Derry«) von der britischen Armee besetzt worden waren,[83] so ging die FLN in Algerien vom Terrorismus zur Guerillastrategie und schließlich sogar, wie dies auch Guevara vorgesehen hatte,[84] zur regulären Kriegführung mit gegliederten Verbänden über.[85] Auch die argentinischen Gruppen »Montoneros« und »Ejército Revolucionario del Pueblo« (ERP) wandten sich 1975 von der Strategie des Terrorismus ab und der des Guerillakrieges zu,[86] worauf sie freilich sehr bald von der argentinischen Armee zerschlagen wurden. David Fromkin hat die Verlagerung der »Sympathien der Bevölkerung auf die Seite der FLN« als die entscheidende Voraussetzung für den Wechsel der Strategien in Algerien bezeichnet.[87] Analog hierzu dürfte das Fehlen massiver Sympathien bei der Bevölkerung in Argentinien für die Niederlage der Guerilleros dort entscheidend gewesen sein. Mehr als die militärische Stärke des Gegners ist der Grad der Unterstützung durch die Bevölkerung dafür entscheidend, ob die Revolutionäre die Strategie des Terrorismus oder die des Guerillakrieges wählen. Eine breite Unterstützung durch die Bevölkerung ist, wie der Sieg der Sandinisten über die Somoza-Diktatur in Nicaragua gezeigt hat, die conditio sine qua non eines erfolgreichen Guerillakrieges, der in seiner letzten Phase dann in den Massenaufstand mündet. Im Gegensatz zu vielen Anti-Guerilla-Autoren haben die Strategen des Guerillakrieges diese Voraussetzung sehr genau gesehen.

So erklärte Guevara: »Der Partisanenkrieg ist ein Volkskrieg, ist ein Massenkampf. Diese Art von Krieg ohne die Unterstützung der Bevölkerung verwirklichen zu wollen, ist der Auftakt zu einer unvermeidlichen Katastrophe. Die Partisanen (...) werden unterstützt durch die Bauern- und Arbeitermassen des Gebietes und des ganzen betreffenden Territoriums. Ohne diese Voraussetzung läßt sich nicht von Partisanenkrieg reden.«[88] Auch Mao Tse-tung zog in seiner Studie *Strategie des chinesischen revolutionären Krieges* am Ende der Aufzählung der Bedingungen, unter denen aus dem strategischen Rückzug die Gegenoffensive der Partisanen entwickelt werden kann, das Resümee: »Die erste Bedingung, die aktive Unterstützung seitens der Bevölkerung, ist für die Rote Armee am wichtigsten.«[89] Dasselbe gilt auch für die Fokustheorie Debrays: »Der Guerillakrieg hat politische Triebfedern und politische Ziele. Er muß sich auf die Massen stützen oder er muß verschwinden.«[90]

Die breite Unterstützung durch die Bevölkerung vermindert u. a. die logistischen Aufgaben der Guerilleros und gewährleistet so eine operative Beweglichkeit, über die ihr Gegner nicht verfügt. Dies ist der eigentliche Kern der von Müller-Borchert eingehend beschriebenen und analysierten Entwicklung, daß die moderne Technik die logistische Abhängigkeit konventioneller Verbände erhöht und dadurch die Angriffspunkte für die Guerilleros vermehrt habe.[91] Würden die Guerilleros desselben logistischen Apparates bedürfen wie konventionelle Truppen, so wären sie ihnen hoffnungslos unterlegen. Die Stärke der Guerilleros liegt darin, daß die mit ihnen sympathisierende Bevölkerung ihre logistischen Aufgaben weitgehend übernimmt. Genau dies meint Mao Tse-tungs vielzitiertes Diktum vom Partisanen, der sich in der Bevölkerung bewegen könne »wie der Fisch im Wasser«.

In seiner kritischen Auseinandersetzung mit der von ihm in den sechziger Jahren vertretenen Fokustheorie hat Debray die Vernachlässigung der logistischen Probleme, der »Etappe«, als Ausdruck des politischen Idealismus kritisiert: Die Etappe »steht zur Guerillafront in demselben Verhältnis wie die Ökonomie zur Politik. Eine Guerilla planen oder aufbauen zu wollen, ohne sich um ihr Hinterland zu bekümmern, käme dem Versuch gleich, einen Menschen monatelang auf seinen Füßen marschieren zu lassen, ohne etwas in seinen Magen zu füllen, sie wäre eine Maschine ohne Energiezufuhr, eine Fabrik ohne Rohstoffe (...). Es spiegelt eben Idealismus wider, wenn man die materiellen Existenz- und Unterhaltsbedingungen einer ›mobilen strategischen Streitkraft‹ nicht hinreichend berücksichtigt.«[92] Die »materiellen Existenz- und Unterhaltsbedingungen« einer Guerilla sind aber letztlich gleichbedeutend mit ihrer Unterstützung durch die Bevölkerung. Guevaras *Bolivianisches Tagebuch* zeigt, daß das Scheitern der von ihm geleiteten Guerilla, der selbst ihre Gegner eine taktisch glänzende Führung bescheinigten, in diesem politischen Idealismus wurzelte: Ohne Unterstützung durch die Bevölkerung wurde sie, mit Nachschubproblemen überlastet und dadurch immobilisiert, von der Armee nach und nach zerrieben.[93]

Dagegen ist die Strategie des Terrorismus zunächst nicht in vergleichbarem Ausmaß auf die Unterstützung durch die Bevölkerung angewiesen. Mit ihrem primären Interesse an den psychischen Folgen der Gewaltanwendung zielt sie gerade darauf ab, diese Unterstützung durch die Bevölkerung erst noch zu gewinnen. Dies erklärt zugleich ihre Attraktivität für politische Idealisten: Ohne sich auf die Widerständigkeit der »objektiven Bedingungen«, was immer darunter konkret zu verstehen ist, einlassen zu müssen, bietet sie die Aussicht auf eine schnelle politische Veränderung – eine Aussicht, die sich in der Mehrzahl der Fälle jedoch sehr bald als Illusion herausgestellt hat. Martha Hutchinson hat die Ursachen der »technischen« Attraktivität terroristischer Strategien für potentielle Insurgenten präzise zusammengefaßt: »Summing up, terrorism's attractiveness and significance for revolutionary organisations are due to the combination of economy, facility, and high psychological and political effectiveness.«[94]

Wird die vorhandene oder fehlende Unterstützung durch die Bevölkerung als politische Stärke bzw. Schwäche angesehen, so hat Fromkin recht, wenn er Terrorismus »die Strategie der Schwachen« nennt.[95] Die

Rede von der »Strategie der Schwachen« darf jedoch nicht zu dem Fehlschluß verleiten, bei den Trägern dieser Strategie handele es sich um die ärmsten, schwächsten und unterdrücktesten Mitglieder einer Gesellschaft. Ein Blick auf die soziologische Zusammensetzung terroristischer Gruppen, der Laqueur besondere Aufmerksamkeit gewidmet hat, überzeugt sehr schnell vom Gegenteil.[96]

Eines der wenigen Beispiele für den Erfolg terroristischer Strategie ist die erste Phase des algerischen Aufstandes, der im November 1954 begann: Die Insurrektion wurde zunächst von einigen Hundert schlecht Bewaffneter getragen und konnte sich auch nicht auf ein entwickeltes algerisches Nationalbewußtsein stützen.[97] Statt dessen teilten viele Algerier, vor allem die Intelligenz des Landes, die offizielle französische Auffassung, Algerien sei Teil von Frankreich, und fühlten sich als Franzosen bzw. strebten mehr politische Autonomie Algeriens bei gleichzeitigem Verbleib im französischen Staatsverband an. Erst die durch die Strategie des Terrorismus provozierte Reaktion der Franzosen: die undifferenzierte Verdächtigung aller algerischen Moslems als potentielle Terroristen, die Verlegung europäischer Truppen nach Algerien und der Abzug moslemisch-algerischer Verbände nach Frankreich, stärkte das algerische Nationalbewußtsein und rekrutierte neue Anhänger für die FLN. »Die Trennung von einheimischen Franzosen und algerischen Moslems bestätigte die Auffassung der FLN und dementierte die der etablierten Macht.«[98] Die terroristischen Aktionen hatten den Gegner genau zu der Reaktion provoziert, die der FLN dann ermöglichte, von der Strategie des Terrorismus zu der des Guerillakrieges überzugehen. Fromkin resümiert: »Wenn auch die FLN das Drehbuch geschrieben hatte, so gingen die Franzosen mit selbstzerstörerischer Logik daran, die ihnen zugedachte Rolle zu spielen.«[99] Die Anfänge des algerischen Unabhängigkeitskrieges stellen nach wie vor die beste Möglichkeit dar, den Triumph der terroristischen Strategie und seine Voraussetzungen zu studieren.[100]

In diesem Angewiesensein auf bestimmte Reaktionen der Gegenseite liegt jedoch zugleich die strategische Schwäche des Terrorismus. »Das bedeutet, daß Terrorismus, obwohl er nicht verhindert werden kann, jedoch immer besiegbar ist.«[101] Dieses strategische Manko des Terrorismus eingehend untersucht zu haben, ist vor allem das Verdienst David Fromkins.

Der ideologische Kern des Terrorismus: Primat der Praxis und Handeln für einen Dritten

Wie bereits gezeigt, steht die terroristische Strategie mehr als andere in der Gefahr, daß ihre Aktionen mit gewöhnlicher Kriminalität verwechselt werden oder sich ihr tatsächlich angleichen. Letzteres hat Ze'ev Iviansky am Terrorismus des ausgehenden 19. Jahrhunderts beobachtet: »In France, ›propaganda by the deed‹ degenerated into the waves of robbery and murder carried out by Ravachol and the ›Illegalistes‹ group; in Spain, into the torrent of lawlessness and murder of the ›pistoleros‹; in Russia, into the wave of ›terror without motivation‹ in the course of 1905–1907 revolution; and in the United States into gangsterism.«[102] Nun kann aber Terrorismus den Nachweis seiner nichtkriminellen politischen Motivation im Gegensatz zur Guerillastrategie gerade nicht durch den Hinweis auf die massive Unterstützung durch die Bevölkerung erbringen, wie dies bei Mao Tse-tung, Guevara und Debray der Fall ist. Dennoch gibt es unübersehbare Differenzen zwischen kriminellen und terroristischen Aktionen, die zu kennzeichnen ich den Begriff des »als interessiert unterstellten Dritten« vorschlagen möchte. Er ist, wie noch zu zeigen sein wird, nicht identisch mit dem von Rolf Schroers entwickelten[103] und dann von Carl Schmitt übernommenen[104] Begriff des »interessierten Dritten«, der in der Analyse des Partisanenkrieges von Schroers und Schmitt eine entscheidende Rolle spielt. Gleichwohl gibt es im funktionellen Rahmen Berührungspunkte zwischen beiden Begriffen.[105]

Bei diesem »als interessiert unterstellten Dritten« handelt es sich um eine national, ethnisch oder soziologisch bestimmte Bevölkerungsgruppe, in deren »objektivem Interesse«, wie seitens der Terroristen behauptet wird, die Aktionen durchgeführt werden. Dieser »als interessiert unterstellte Dritte« ist auch der eigentliche Adressat der angestrebten psychischen Folgen der Gewaltanwendung – um sein Bewußtsein geht es letztendlich. Ihm soll, wie es immer wieder heißt, gezeigt werden, daß Widerstand nötig und möglich ist. Ob das von den Terroristen unterstellte Interesse eines – neben Staatsapparat und Terroristen – Dritten an der politischen Veränderung tatsächlich vorhanden ist oder nicht, zeigt sich erst in der Entwicklung des Konflikts: im möglichen Überwechseln vom Terrorismus zur Guerillastrategie aufgrund der Unterstützung der Revolutionäre durch den zuvor als interessiert nur unterstellten Dritten oder in der langfristigen Zerschlagung der Gruppe aufgrund des Ausbleibens dieser Unterstützung.

Damit aber bindet der Terrorismus wie kaum eine andere Strategie politischer Veränderung seine Legitimation an die Effektivität seines Handelns, an Sieg und Niederlage. Daß dies nicht nur eine Rekonstruktion »ex eventu« ist, sondern daß sich die Strategen des Terrorismus von Anfang an bewußt der unerbittlichen Logik von Sieg und Niederlage überantworten, zeigt sich auch in einer der Stellungnahmen der »RAF«. So heißt es in einer Erklärung Ulrike Meinhofs zur Befreiung von Andreas Baader: »Was wir machen und gleichzeitig zeigen wollen, das ist: daß bewaffnete Auseinandersetzungen durchführbar sind, daß es möglich ist, Aktionen zu machen, wo wir siegen und nicht wo die andere Seite siegt. Und wo natürlich wichtig ist, daß sie uns nicht kriegen, das gehört sozusagen zum Erfolg der Geschichte.«[106] Ganz in diesem Sinne meinte auch ein Mitglied der »brigate rosse«, der Terrorist sei »eine Wette mit der Geschichte eingegangen«.[107]

Gemäß der Logik von Sieg und Niederlage, durch die sich der Terrorismus vermittelst des Erfolges nachträglich seine Legitimation zu verschaffen versucht, legitimiert er – in seiner eigenen Logik – in der Niederlage aber auch die politische Ordnung, gegen die er zu siegen nicht vermocht hat: »Die Legalität erwies sich als wirklichkeitsmächtig und damit als legitim.«[108] Diese Eingebettetheit der terroristischen Strategie in die Logik von Sieg und Niederlage zeigt zugleich aber auch, wie sehr Theoriefeindlichkeit und Voluntarismus zum Wesenskern des Terrorismus gehören. So kann es nicht verwundern, daß die deutsche Sozialdemokratie am Ende des 19. und zu Beginn des 20. Jahrhunderts, die von allen Parteien der II. Internationale der Theorie von Marx und Engels am meisten verpflichtet war, den Terrorismus als politisches Instrument am schärfsten abgelehnt hat.[109] Alle Versuche, den westdeutschen Terrorismus als Kind des Marxismus, der kritischen Theorie oder emanzipatorischen Denkens überhaupt zu begreifen,[110] haben diesen theoriefeindlich-voluntaristischen Kern des Terrorismus übersehen und statt dessen vereinzelte, eher akzidentelle ideologische Referenzen zu seinem Zentrum gemacht. Gerade den Theorien, die immer wieder für den Terrorismus verantwortlich gemacht worden sind, hat Ulrike Meinhof selbst in ihrer sog. 1. RAF-Schrift eine Absage erteilt und die Praxis ihrer Gruppe als den Bruch mit der weiteren Debatte dieser Theorien dargestellt: »Es ist ihnen (den Linken, H. M.) peinlicher, bei einem falschen Marx-Zitat erwischt zu werden als bei einer Lüge, wenn von ihrer Praxis die Rede ist (...). Sie fürchten sich vor dem Vorwurf der revolutionären Ungeduld mehr als vor ihrer Korrumpierung in bürgerlichen Berufen. Mit Lukács langfristig zu promovieren, ist ihnen wichtig; sich von Blanqui kurzfristig agitieren zu lassen, ist ihnen suspekt.«[111] Wenn auch pointiert formuliert, so findet die Theoriefeindschaft des Terrorismus hier doch ihren klarsten Ausdruck. Das Kapitel, in dem sich dieses Zitat findet, ist überschrieben: »Der Primat der Praxis.«

Ist gewöhnliche Kriminalität dadurch gekennzeichnet, daß die in ihrem Rahmen angewandte Gewalt im unmittelbaren, wenn auch womöglich nur vermeintlichen Interesse des Täters liegt, ohne daß dabei eine prinzipielle Veränderung der bestehenden gesellschaftlichen und politischen Ordnung angestrebt wird, und zeichnet sich die bei Revolten und Revolutionen angewandte Gewalt dadurch aus, daß die Agierenden durch sie eine Veränderung der gesellschaftlichen und politischen Ordnung anstreben, von der sie – womöglich zu Unrecht – annehmen, daß sie unmittelbar in ihrem eigenen Interesse liegt; ist schließlich die in Guerillakriegen stattfindende Gewaltanwendung nur durch Unterstützung derer möglich, deren Interessen mit dieser Strategie durchgefochten werden sollen, so ist die terroristische Strategie u. a. daran zu identifizieren, daß Gewalt angewendet wird im *unterstellten* Interesse von selbst unbeteiligten Dritten, die durch die Gewaltanwendung erst zum Handeln motiviert werden sollen. Daß diese »als interessiert unterstellten Dritten« ihre Interessen nicht selber wahrnehmen, wird von den Theoretikern des Terrorismus mit der physischen Widerstandskraft ihres Gegners oder mit ihren psychischen und kognitiven Barrieren begründet. So heißt es bei Bhagat Singh, einem der Theoretiker des indischen Terrorismus der zwanziger Jahre, mit erstaunlicher Offenheit, die Arbeiter und Bauern seien »noch passiv, dumm und ohne Stimme«, so daß die idealistische Jugend für sie in die Bresche springen müsse.[112] Auch Johann Most war davon überzeugt, daß, nur weil die meisten Menschen nicht genug Mut zur Revolution hätten, kleine Minderheiten für sie handeln müßten.[113]

Terroristische Gewalt ist somit immer – darin gleicht sie der vor- oder nachliberaler Staaten[114] – »vormundschaftliche Gewalt«. Entgegen der Auffassung von Wilkinson, der den Terrorismus von allen Formen organisierter Gewaltanwendung durch seine Amoralität unterschieden wissen will,[115] ist politischer Terrorismus als stellvertretendes Handeln für andere zunächst gerade durch seinen rigiden Moralismus zu klassifizieren. So schrieb Geronimo Casiero, der den französischen Staatspräsidenten Carnot ermordet hat, nach seiner Tat an seine Mutter: »Meine Tat habe ich gerade nur deshalb getan, weil ich überdrüssig war, eine so infame Welt zu sehen.«[116] Casieros Äußerung bestätigt ebenso wie die Biographien von Ulrike Meinhof und Gudrun Enßlin[117] die von Gottschalch geäußerte Vermutung, »daß die Anhänger der terroristischen Gruppen, die heute das politische Klima in der Bundesrepublik beunruhigen, nicht aus Mangel, sondern aus einem Überschuß an Moral Terroristen geworden sind«.[118]

Wenn Wilkinsons Charakterisierung terroristischer Gewaltanwendung als ein in höchstem Maße amoralischer Akt dennoch schwerlich jegliche Plausibilität bestritten werden kann, so bezieht sich diese nicht auf die Motivationsebene der Agierenden, sondern auf die der terroristischen Strategie eigene Aufhebung der Unterscheidung von Kombattanten und Nonkombattanten. Es ist die terroristische Strategie selbst, die den rigiden Moralismus ihrer Träger in die bestürzende Amoralität ihrer Handlungen verwandelt.

Diesen ›kleinbürgerlichen‹ Moralismus, der die politische Veränderung stellvertretend für ihre eigentlichen Nutznießer durchführen will, hatte bereits Marx in den Diskussionen nach der gescheiterten Revolution von 1848 als bürgerliche »Sentimentalität« scharf kritisiert.[119] Dem Radikaldemokraten Heinzen, der »als erster eine vollständige Doktrin des modernen Terrorismus entwickelte«,[120] hielt er dessen »moralische Entrüstung« als »Selbstgenuß« vor und nannte ihn abschätzig einen »deklamierenden Menschenretter«.[121] Marx hat sich mit dem Konzept des »stellvertretenden Handelns« und der »vormundschaftlichen Gewalt« nicht anfreunden können, da es mit den Grundlagen seines philosophisch-politischen Systems unvereinbar war.

Verschiedene Typen des »als interessiert unterstellten Dritten«

Bei den »als interessiert unterstellten Dritten« der terroristischen Strategie kann es sich um national, ethnisch oder sozialstrukturell bestimmte Zielgruppen handeln. Der »als interessiert unterstellte Dritte« kann also die eigene Nation sein, wie zum Beispiel im Terrorismus von rechts in der Weimarer Republik seit dem Jahre 1919[122] oder wie in der Gründungsphase vieler antikolonialer Befreiungsbewegungen, in der das Bewußtsein der Eigenständigkeit der Autochthonen und das der Überwindbarkeit des als übermächtig erscheinenden Kolonialherren geschaffen werden soll;[123] er kann aber auch eine unterdrückte ethnische Gruppe innerhalb eines Staates sein, der die Terroristen selbst jedoch nicht angehören, wie dies beispielsweise bei der nur aus Weißen bestehenden amerikanischen Terroristengruppe »Weatherman« in den Jahren 1969 und 1970 der Fall war, die als Zielgruppe die schwarze Bevölkerung in den USA vor Augen hatte.[124] Dieser Dritte kann eine unterdrückte ethnische Gruppe innerhalb eines Staates sein, aus der auch die Terroristen selbst stammen, wofür die baskische Untergrundorganisation ETA ein Beispiel sein kann. Schließlich kann der »als interessiert unterstellte Dritte« eine ethnische Gruppe innerhalb eines anderen Staates sein, wie z. B. die Bewohner jener der Donaumonarchie einverleibten Teile des Balkans vor dem Ersten Weltkrieg, deren Angliederung an das serbische Königreich die »Narodna Odbrana« zum Ziel hatte. Einer der Gründe für das Attentat auf Erzherzog Franz Ferdinand, das zum Anlaß des Ersten Weltkrieges wurde, war ihre Befürchtung, die vom Erzherzog betriebene liberale Nationalitätenpolitik werde Serben, Bosnier, Kroaten und andere vom Ausbrechen aus dem Verband der k. u. k. Monarchie abhalten.[125] Bei dem »als interessiert unterstellten Dritten« terroristischer Strategie kann es sich aber auch um eine unterdrückte soziale Klasse innerhalb des eigenen Landes handeln, wie dies beispielsweise die russische Bauernschaft für die »Narodnaja Volja« seit dem Jahre 1879 war oder wie es später das Subproletariat oder das Industrieproletariat für einige westeuropäische Gruppen darstellte. Schließlich kann es sich dabei auch um unterdrückte, weder staatlich, ethnisch, national oder sozial klar abgrenzbare Größen handeln, wie dies beispielsweise die Völker der Dritten Welt nach 1968 für viele terroristische Gruppen in den westlichen Industrieländern waren.

Wie das Beispiel der »RAF« zeigt, kann es innerhalb der terroristischen Gruppen zu Auseinandersetzungen darüber kommen, wer eigentlich der »als interessiert unterstellte Dritte« der terroristischen Aktionen ist. In den offiziellen Verlautbarungen wurden von der »RAF« sowohl das nationale Industrieproletariat und marginalisierte gesellschaftliche Schichten der Industriestaaten als auch die Völker der Dritten Welt als an den Aktionen der Gruppe interessiert unterstellt.[126] Während jedoch der eine theoretische Kopf der Gruppe, Horst Mahler, den Akzent vor allem auf die Völker der Dritten Welt legte und das Industrieproletariat der Bundesrepublik als »Arbeiteraristokratie« weitgehend abschrieb,[127] orientierte sich Ulrike Meinhof, der andere theoretische Kopf der Gruppe, und mit ihr die Mehrheit der »RAF«-Angehörigen an den im nationalen Rahmen als interessiert unterstellten Zielgruppen.[128] Diese Divergenzen haben schließlich zu tiefgreifenden Auseinandersetzungen innerhalb der Gruppe geführt.

Die verschiedenen, nach der jeweiligen Zielgruppe der Aktionen zu differenzierenden Formen des Terrorismus lassen sich in zwei großen Gruppen zusammenfassen: einerseits Formen terroristischer Gewaltanwendung, bei denen die Terroristen selbst dem »als interessiert unterstellten Dritten« angehören, und andererseits Formen, bei denen dies nicht der Fall ist. Ersteres findet sich in der Regel bei einem ethnisch oder national, letzteres eher bei einem sozialstrukturell definierten Dritten. Offensichtlich haben dabei diejenigen Formen der terroristischen Strategie, bei denen ihre Träger und der »als interessiert unterstellte Dritte« ein und derselben Gruppe zugehörig sind, größere Erfolgsaussichten, d. h. größere Möglichkeiten zu einem erfolgversprechenden Überwechseln vom Terrorismus zum Guerillakrieg, als diejenigen, bei denen die Terroristen selbst keine Angehörigen des »als interessiert unterstellten Dritten« sind. Da nun »terroristische Bewegungen (...) sich hauptsächlich aus Mitgliedern der gebildeten Mittelschicht zusammen(setzen)«,[129] entsteht bei einer nationalen oder ethnischen Definition des »als interessiert unterstellten Dritten« seltener diese Kluft zwischen Terroristen und ihrer Zielgruppe,[130] als dies bei einer sozialstrukturellen Definition der Zielgruppe der Fall ist, bei der fast ausschließlich proletarische oder subproletarische Schichten ins Auge gefaßt werden. Während terroristische Strategien bei national oder ethnisch definierten Zielgruppen in vielen Fällen erfolgreich i. S. des Überwechselns zur Guerillastrategie und in einigen Fällen sogar i. S. der Erreichung ihrer politischen Endziele (Autonomie etc.) gewesen sind, gibt es hierfür bei sozial bestimmten Zielgruppen keine Beispiele – ein Aspekt übrigens, der in den Terrorismusstudien bislang kaum systematisch untersucht worden ist, für den sich jedoch aus nahezu allen Arbeiten, die die Geschichte des Terrorismus erörtert haben,[131] Material zusammentragen läßt.

Dieser Ansatz zur Analyse terroristischer Erfolgsaussichten relativiert zugleich die auf den ersten Blick richtige Feststellung Laqueurs: »Gegen wirksame Diktaturen und besonders gegen moderne totalitäre Regime ist er (der Terrorismus, H. M.) ohne Erfolg geblieben.«[132] Denn auch in Diktaturen haben die an ethnisch definierten Zielgruppen orientierten terroristischen Gruppen insgesamt größeren Erfolg gehabt als diejenigen, die sich an sozialstrukturell definierten Zielgruppen ausgerichtet haben: Selbst die sicherlich »wirksame« Diktatur Francos konnte die ETA nicht bezwingen, geschweige denn ihre Aktionen verhindern, sondern hat durch ihre Gegenmaßnahmen viel zu der Sympathie beigetragen, die diese Gruppe unter den Basken genoß. Régis

Debray hat die Auffassung vertreten, daß diese unterschiedlichen Erfolgsaussichten auch bei der Guerillastrategie vorhanden sind: »Fast sämtliche bisherigen Volkskriege scheinen ihre Energie aus der Verquickung von sozialen mit nationalen Widersprüchen geschöpft zu haben, daraus, daß es gegen Unterdrückung von außen und Ausbeutung des Menschen durch den Menschen ging.« Und: »Man darf also von revolutionären Bürgerkriegen, die auf die Initiative eines avantgardistischen Kerns hin entstanden, nicht dieselben Qualitäten und Ausmaße erwarten wie von patriotischen Widerstandskriegen.«[133] Diese Analyse der Erfolgsaussichten von Aktionen auf der Basis ihrer Differenzierung nach den anvisierten Zielgruppen deckt sich in ihren Ergebnissen mit dem Ansatz von Connor Cruise O'Brian, der auf der Basis der angestrebten Ziele terroristischer Strategien zwei Typen von Terrorismus unterschieden hat. Den einen, der die völlige Überwindung aller Unterdrückung und Not anstrebt und den er als »millenuarian« bezeichnet, und den anderen, der die begrenzte oder vollständige Autonomie bestimmter Regionen zum Ziel hat und den er »secessionist-irredentist« nennt.[134] Aufgrund der bei dem sezessionistisch-irredentistischen Terrorismus – wenn auch eingeschränkt – vorhandenen politischen Kompromißfähigkeit,[135] die dem millenuarischen Terrorismus völlig abgeht, spricht er dem ersteren auch größere Aussichten auf Erreichung seiner Ziele zu als dem letzteren. Es ist gerade diese politische Kompromißunfähigkeit, die Günter Maschke der castristisch-guevaristischen Guerilladoktrin als ihre entscheidende Bornierung vorgehalten und auf die er ihr Scheitern auf dem lateinamerikanischen Kontinent zurückgeführt hat.[136] Leider sind diese unterschiedlichen Erfolgsaussichten terroristischer Strategien in der Literatur kaum analysiert worden. Allzu oft haben sich statt dessen die Autoren auf die Versicherung ihres moralischen Abscheus beschränkt.

Die Unterstützung von außen

Zweifellos wachsen die Erfolgsaussichten terroristischer Strategien (wie sicherlich auch der Guerillastrategie) in dem Maße, in dem sie nicht nur einen »als interessiert unterstellten Dritten« anvisieren, sondern sich auch der Unterstützung eines auswärtigen Staates, von Rolf Schroers und Carl Schmitt unter dem Begriff des »interessierten Dritten« abgehandelt, sicher wissen. Massive Hilfeleistungen eines auswärtigen Staates vermögen kurzfristig einige der Funktionen zu übernehmen, die in der Guerillastrategie der Unterstützung durch die Bevölkerung zukommen. Sie können u. a. den Insurgenten ermöglichen, einen Guerillakrieg zu führen, wiewohl sie dazu aus eigener Kraft eigentlich nicht in der Lage wären. Das Territorium des auswärtigen Staates stellt dann die Landbasis dar, die für Guerillaoperationen unverzichtbar ist[137] und die in dem umkämpften Gebiet zu erobern den Aufständischen und Revolutionären jedoch – noch? – die Unterstützung der Bevölkerung fehlt. Jüngere Beispiele für diese Funktion des »interessierten Dritten« sind die Unterstützungen, die Honduras den Sandinistas in Nicaragua in ihrem Kampf gegen den Diktator Somoza zukommen ließ, die Unterstützung der sog. afrikanischen Frontstaaten für die verschiedenen Befreiungsbewegungen von Zimbabwe, die gegen das Regime der weißen Siedler kämpften, die Hilfe, die Tansania gegen Idi Amin kämpfenden Exilugandern gewährte, schließlich auch die Unterstützung Pakistans und anderer für die afghanischen Partisanen. So wie die Erfolgsaussichten gewaltsamer Strategien durch das Vorhandensein eines »interessierten Dritten« deutlich steigen, so wird durch die Art seines Eingreifens auch die Guerillastrategie modifiziert: Nur die massive Unterstützung der arabischen Insurgenten durch England ermöglichte Lawrence of Arabia im Gegensatz zu Mao Tse-tung und Guevara auf die Entscheidungsschlacht zu verzichten,[138] denn er wußte, daß diese Entscheidungsschlacht von der englischen Armee in Palästina gegen die Heere des osmanischen Reichs geschlagen wurde.[139]

Die Unterstützung durch den mächtigen »interessierten Dritten« bringt die Aufständischen freilich in die nicht abzuleugnende Gefahr, zunehmend die eigenen politischen Ziele zugunsten der damit in den seltensten Fällen völlig deckungsgleichen Vorhaben ihres mächtigen Verbündeten zurückstellen zu müssen. Dies belegt vor allem das politische Schicksal der Araber nach dem englischen Sieg über das osmanische Reich. Dies kann schließlich sogar dazu führen, daß die Insurgenten und Revolutionäre zu einem Instrument zwischenstaatlicher Konfliktaustragung auf der Ebene der »low level violence« werden.[140] Carl Schmitt hat in der Entwicklung aller Guerillakriege nach 1932, dem Beginn des chinesisch-japanischen Krieges, »zwei entgegengesetzte Vorgänge« am Werk gesehen: »einmal ein autochthoner, in seinem Wesen defensiver Widerstand (...) und dann die Unterstützung und Steuerung eines solchen Widerstandes durch interessierte dritte, weltaggressive Mächte«.[141] Schmitt hat dabei jedoch das, was der Möglichkeit nach in der Entwicklung von durch »interessierte Dritte« unterstützten Guerillakriegen angelegt ist, unzulässigerweise zum gesetzmäßigen

Kern aller modernen Guerillakriege erhoben. Daß dies in dieser Allgemeinheit eben gerade nicht zutrifft, hat die US-Außenpolitik, die hinter allen autochthonen Aktionen gegen US-Interessen immer nur die Handlungen der Sowjetunion vermutete, in den sechziger und siebziger Jahren immer wieder schmerzlich erfahren.

Findet hingegen die Überformung der eigenen Interessen der Guerilleros durch die des »interessierten Dritten« statt, so ist Schmitts Charakterisierung der dann für die Insurgenten entstandenen Situation zutreffend: »Der Partisan hört dann auf, wesentlich defensiv zu sein. Er wird zu einem manipulierten Werkzeug weltrevolutionärer Aggressivität. Er wird einfach verheizt und um alles das betrogen, wofür er den Kampf aufnahm und worin der tellurische Charakter, die Legitimität seiner partisanischen Irregularität, verwurzelt war.«[142]

Strategische Sackgassen des Terrorismus

Innerhalb der terroristischen Strategie lauern mehrere Sackgassen: ganz allgemein besteht – und das betrifft alle revolutionären Strategien, die ihre Ziele durch die Anwendung von Gewalt zu erreichen versuchen – die Gefahr der Korrumpierung der Zwecke durch die Mittel, bei der durch die Anwendung bestimmter Mittel die Erreichung bestimmter politischer Ziele in immer größere Ferne geschoben wird. Marx hat die moralische Dimension dieses Problems in aller Deutlichkeit gesehen: »Der Zweck heiligt die Mittel. Aber ein Zweck, der unheiliger Mittel bedarf, ist kein heiliger Zweck.«[143] Die politische Dimension dieses Problems ist dort zu suchen, wo die nicht-intendierten Folgen der Gewaltanwendung ihre intendierten Folgen überwuchern; diese nicht-intendierten Folgen aber schlagen regelmäßig auf die politischen Ziele durch.

Die Strategie des Terrorismus wird in doppelter Weise von der Überwucherung der intendierten durch die nicht-intendierten Folgen der Gewaltanwendung bedroht: von ihren kleinbürgerlich-moralischen Handlungsantrieben her, die in ihrer ausschließlich gesinnungsethischen (und nicht verantwortungsethischen im Sinne der Unterscheidung Max Webers[144]) Dimension mögliche Nebenfolgen des Handelns gerade nicht ins Kalkül einbeziehen; zum anderen aber von der spezifischen Logik der terroristischen Strategie selbst her, die primär die psychischen Folgen der Gewaltanwendung intendiert, ohne doch die physischen vermeiden zu können.[145] Dies zeigt sich vor allem in der terroristischen Aktionsform der Geiselnahme, die nicht nur durch ihre – gerade angestrebte – Publizität ein Gefühl allgemeiner Betroffenheit verbreitet, sondern auch zur Durchsetzung der aufgestellten Forderungen den Adressaten der Forderungen, der mit dem anvisierten Gegner nicht identisch sein muß, in eine Solidaritätsgemeinschaft mit der Geisel zwingt.[146] Kommt diese Solidaritätsgemeinschaft zur Rettung des Lebens der Geisel, die in vielen Fällen gar nicht im Interesse der Geiselnehmer liegen kann, jedoch nicht zustande, so ist die Geisel zur Durchsetzung der aufgestellten Forderungen wertlos geworden. Ihr einziger Wert liegt für die Geiselnehmer nunmehr nur noch darin, daß sie durch ihre Ermordung die Ernsthaftigkeit ihrer Absichten und Drohungen beweisen.[147]

Ähnliches gilt auch für Bombenanschläge und die mit ihnen zumeist verbundene Aufhebung der Unterscheidung von Kombattanten und Nonkombattanten.[148] Diese Anschläge tendieren, wie Fromkin gezeigt hat, dazu, »Terroristen als Feinde des Volkes und nicht lediglich als Feinde der Regierung erscheinen zu lassen«.[149]

Die für die terroristische Strategie typische Sackgasse besteht freilich vor allem darin, daß sich der »als interessiert unterstellte Dritte« als solcher verweigert und Desinteresse oder Ablehnung, darin womöglich durch terroristische Aktionen noch bestärkt, gegenüber den Terrorgruppen bekundet, wie dies die russische Bauernschaft gegenüber den Narodniki Ende des vergangenen Jahrhunderts oder die westeuropäische Arbeiterschaft Anfang der siebziger Jahre gegenüber den verschiedenen terroristischen Gruppen getan hat. Terroristische Strategien stehen in der ständigen Gefahr, daß nach dieser Verweigerung – analog zum Überwuchern der intendierten durch die nicht-intendierten Folgen der Gewaltanwendung – den Absichten der terroristischen Strategie völlig fremde Nutznießer auftauchen. Dies können in autoritären Regimen die herrschenden Gruppen selber sein, die die entstandene Abneigung gegen die Terroristen zur Diskreditierung jeglicher Fundamentalopposition gegen ihr Regime nützen, wie dies beispielsweise Bismarck im Jahre 1878 mit den Attentaten auf Kaiser Wilhelm I. tat, die er dazu benutzte, um im Reichstag eine Mehrheit für das Sozialistengesetz zu bekommen. Von den Ergebnissen her, wenn auch nicht der Absicht nach, wurde Bismarck zum »interessierten Dritten« dieser Attentate. Deutlichster Ausdruck dieses gelegentlichen Interesses autoritärer Regime an terroristischen Aktionen ist der »Agent provocateur«.[150] In ihm ist das *objektive* Interesse an bestimmten Handlungen zum *subjektiven* geworden.

Ebenso können in Militärdiktaturen die Militärs selbst die Nutznießer und tatsächlich Interessierten terroristischer Aktionen sein, aus denen sie die Legitimation für die ihrem Herrschaftssystem eigenen beständigen Verfassungsbrüche beziehen, wie dies beispielsweise in Uruguay der Fall war.[151] In Demokratien parlamentarischen Musters wiederum werden eher die konservativen und reaktionären Parteien zum objektiven Nutznießer terroristischer Aktionen, indem sie diese als Vorwand benutzen, um Liberalisierungs- und Emanzipationsprozesse zu stoppen. Zumindest für den an sozial definierten Zielgruppen orientierten Terrorismus trifft daher Iring Fetschers Feststellung zu, »daß Terrorismus in der Geschichte nie im Dienste von Freiheit und sozialem Fortschritt stand, sondern faktisch noch stets der Reaktion gedient hat«.[152] In den seltensten Fällen ist es der terroristischen Strategie gelungen, den »als interessiert unterstellten Dritten« in einen tatsächlich Interessierten zu verwandeln. Statt dessen ist – begünstigt durch die skizzierten Paradoxien terroristischer Strategien – häufig ein »interessierter Dritter« aufgetaucht, der der anvisierten Zielgruppe diametral entgegengesetzt war.

Eine weitere spezifische Sackgasse terroristischer Strategie liegt in der Inversion von Terroristen und dem »als interessiert unterstellten Dritten«, wie dies gerade bei der »RAF« nach dem Jahre 1972 der Fall gewesen ist, als die meisten Aktionen der Gruppe nicht mehr den »als interessiert unterstellten Dritten«, sondern nur noch die Stabilisierung der eigenen Gruppe und die Befreiung inhaftierter Mitglieder zum Ziel hatten. Erstmals zeigte sich dies bereits bei der Verteilung der Beute aus den Banküberfällen im Herbst 1970: Zunächst als finanzielle Unterstützung für »inhaftierte Genossen« vorgesehen,[153] wurde das gesamte Geld, über 200 000 DM, für die Logistik der eigenen Gruppe verbraucht. Vor allem wurde dies aber dann in den nach der Schleyer-Entführung gestellten Forderungen deutlich, deren Nutznießer nicht etwa die Befreiungsbewegungen der Dritten Welt oder westdeutsche Arbeitslose etc. waren, sondern allein und ausschließlich inhaftierte Gruppenmitglieder. Diese Angleichung von Terrorist und dem »als interessiert unterstellten Dritten« führt sukzessive zum Verlust der politischen Legitimation, die an diesen Dritten geknüpft war, und zur Identifizierung terroristischer Aktionen mit bloß »kriminellen« Handlungen. Immer mehr wandelte sich im öffentlichen Bewußtsein die »Gruppe« zur »Bande«, nachdem der »als interessiert unterstellte Dritte« kaum noch erkennbar war und eigentlich nur noch im Interesse der eigenen Selbsterhaltung agiert wurde.

Die Angleichung von Terrorist und Drittem, die der Anfang vom Ende der Gruppe ist, resultiert jedoch nicht aus einer beliebig revidierbaren Entscheidung der Terroristen, sondern ist die notwendige Folge der langfristigen logistischen Probleme terroristischer Strategie. Debray hat dies als einer der wenigen Autoren klar erkannt: »Wenn der Kampfapparat dann weniger gegen den Feind als für die eigene Bevorratung mit Geld, Fahrzeugen und Papieren eingesetzt wird, tritt auch die bewaffnete Agitation in den Hintergrund, und die Massen erkennen in den Aktivitäten solcher Gruppen ihre eigenen Interessen nicht wieder.«[154] In der Angleichung von Terrorist und Drittem wird der vorausgeeilte idealistische Avantgardismus der terroristischen Gruppen von dem materiellen Fundament aller Strategien, von der »Etappe«, wieder eingeholt – und zerstört.

Schlachtbeschreibung: Der Krieg in Wahrnehmung und Erinnerung. Über »Kriegsberichterstattung«

I

»Wir stehen jetzt in dem großen Kreis vor Moskau«, schrieb am 14. Dezember 1941 ein namentlich unbekannter deutscher Soldat nach Hause. »Die Kampfhandlung bei uns ist etwas ruhiger geworden vor Moskau. Wir haben alle geglaubt, wir werden dieses Jahr mit Rußland fertig werden und kommen wieder nach Deutschland in unsere Heimat, aber der Winter hat zu bald hier angefangen. So gibt es halt jetzt einen Stellungskrieg über Winter für uns. Wir haben schon sehr viele harte Kämpfe hinter uns, und es werden auch noch viele harte Kämpfe kommen, bis es soweit ist, daß Rußland zu Boden geworfen ist. Der Russe ist ein sehr guter, harter Soldat. Keiner von uns hat den Russen für so gut eingeschätzt, wie er ist. In der Waffe ist er so stark wie wir, nur die Führung fehlt ihm. Die stärksten Waffen wurden von uns gebrochen, die er hatte. Sehr viel Blut hat es auch gekostet bei uns...« (*Feldpostbriefe*, S. 90f.).

An demselben Tag wurde im *Kriegstagebuch des Oberkommandos der Wehrmacht* (Bd. 2, S. 823) unter dem Stichwort *Front vor Moskau* eingetragen: »Auf dem Südflügel der Armee keine besonderen Ereignisse. Der Gegenangriff der *Pz. Gr.* führte zu kleineren Erfolgen hart *nördl. der Moskwa*. Westl. davon konnte der Gegner nicht zurückgeworfen werden. Es gelang ihm eine örtl. Umfassung.« Und im Wehrmachtbericht für diesen Tag hieß es: »Im OSTEN bekämpfte Artillerie des deutschen Heeres feindliche Schiffe im Hafen von SEWASTOPOL und kriegswichtige Ziele in LENINGRAD mit guter Wirkung. Im übrigen beschränkten sich die Kampfhandlungen auf die Abwehr örtlicher feindlicher Angriffe. Bei Angriffen auf Transportbewegungen, belegte Ortschaften, Kolonnen und Barackenlager fügte die Luftwaffe an der OSTFRONT dem Feind starke Verluste an Menschen und Kriegsmaterial zu« (*Wehrmachtsbericht I*, S. 746).

Drei Zusammenfassungen eines Kriegstages mit ganz unterschiedlichen Perspektiven: Nur ein paar hundert Meter der Front vor Moskau vermag der Schreiber des Briefes zu beobachten, immerhin den Abschnitt einer Panzergruppe überschauen die Autoren der Kriegstagebucheintragung, und schließlich, im Wehrmachtbericht, werden die

Ereignisse an der Ostfront von Sewastopol bis Leningrad zusammengefaßt; die Erfahrungsdichte einer Kompanie, allenfalls eines Bataillons; die Daten und Meldungen einer Panzergruppe; schließlich die knappe Zusammenfassung der Berichte dreier Heeresgruppen – worin ist dieser 14. Dezember 1941 ›am authentischsten‹ wiedergegeben worden? Vermutlich werden die meisten spontan den Feldpostbrief des ungenannten Soldaten nennen. Warum?

Weder der Soldat vor Moskau noch der Autor des Kriegstagebuchs und auch nicht die Verfasser des Wehrmachtberichts scheinen sich bei der Niederschrift über das im klaren gewesen zu sein, was später die Historiker des Zweiten Weltkriegs festgehalten haben: daß nämlich wenige Tage zuvor der deutsche Angriff auf die Sowjetunion seinen Kulminationspunkt überschritten hatte, daß das »Unternehmen Barbarossa« und damit der Krieg für Hitler und das Deutsche Reich verloren war (Cartier, *Der Zweite Weltkrieg*, Bd. 1, S. 434f.; Liddell Hart, *Geschichte des Zweiten Weltkriegs*, Bd. 1, S. 236f.; Hillgruber, *Hitlers Strategie*, S. 552f.) Der Brief des ungenannten Soldaten scheint dem späteren Urteil der Historiker am nächsten zu kommen, paradoxerweise, denn er beruht auf den wenigsten Informationen und äußert sich – als einziger – explizit optimistisch hinsichtlich des Kriegsausgangs. Aber er hält – im Gegensatz zum Kriegstagebuch und zum Wehrmachtbericht – etwas fest von dem Wandel der Erwartungen, der sich seit dem Überfall auf die Sowjetunion auf deutscher Seite offenbar vollzogen hatte, und er sagt ganz offen, wie sich die Dinge aus der Sicht des Schreibers darstellten: Die Russen sind stärker als gedacht, man werde trotzdem siegen, aber die Opfer werden hoch sein.

Dagegen ist die Eintragung im Kriegstagebuch der Wehrmacht geschönt. Man muß zwischen den Zeilen lesen: »Westl. davon konnte der Gegner nicht zurückgeworfen werden«; d. h. der eigene Gegenangriff wurde zurückgeschlagen. »Es gelang ihm (dem Gegner) eine örtliche Umfassung«, d. h. der gegnerische Angriff war erfolgreich, eigene Truppen wurden abgeschnitten oder eingekesselt. Auch der Wehrmachtbericht ist geschönt: Es wird nicht davon gesprochen, daß die Wehrmacht in die Defensive geraten war und die sowjetischen Truppen seit dem 6. Dezember die Initiative übernommen hatten; statt dessen ist von der »Abwehr örtlicher feindlicher Angriffe« die Rede. Das läuft zwar im Prinzip auf dasselbe hinaus, umkleidet den Rückzug aber mit der Aureole von Abwehrerfolgen. Wer strategische Niederlagen verschweigen will, spricht von taktischen Erfolgen. Weder das Kriegstagebuch noch der Wehrmachtbericht sagen die Unwahrheit, aber sie nennen die Wahrheit auch nicht beim Namen. – Ist es das, was uns veranlaßt, den Soldatenbrief für die ›authentischere‹ Darstellung des 14. Dezember zu halten?

Vielleicht. Zunächst freilich ist festzuhalten, daß der Feldpostbrief kaum etwas über den 14. Dezember selbst aussagt, sondern eher die Erlebnisse und Eindrücke der Tage und Wochen davor festhält. Demgegenüber teilen die Eintragung im Kriegstagebuch und der Wehrmachtbericht dem, der zwischen den Zeilen zu lesen versteht, indirekt, aber präzise mit, daß die Wehrmacht ihre Kriegsziele für das Jahr 1941 verfehlt hat, der deutsche Angriff steckengeblieben ist, sowjetische Truppen zum Gegenstoß angetreten sind und dabei erste Erfolge erzielt haben. Doch wiewohl sich Kriegstagebuch und Wehrmachtbericht auf erheblich mehr Informationen stützen können als der Feldpostbrief, bleiben sie bruchstückhaft; sie geben nur, wie geschönt auch immer, die Ereignisse eines Tages wieder, der Feldpostbrief dagegen faßt Tendenzen zusammen, spiegelt Stimmungen, Ängste und Hoffnungen und kann gerade in seiner perspektivischen Beschränktheit größere Allgemeinheit beanspruchen.

Gilt das allgemein? Am 15. März 1945 schrieb der Gefreite A. K., 7. schn. Kp./Führer-Gren. Btl., Führer-Begleit-Division nach Hause: »Ich habe in den Gebieten von Pommern und jetzt im Raum Lauban (Schlesien) ungeheures Leid gesehen: Vergewaltigte Frauen mit bestialischen Verstümmelungen sind an der Tagesreihe. Und wie die Russen in den Dörfern hausen, müßte man selbst gesehen haben. (...) Eigene Flugzeuge sieht man selten oder überhaupt nicht. Meistens sind die russischen Schlachter am Firmament. Wie sich der Segen des Krieges auf die folgenden Jahre auswirken wird, kann momentan noch gar nicht ausgedacht werden. Jedenfalls hoffen wir, daß unsere Kultur von dem Mongolensturm verschont bleibt. Aber wenn man keine Verständigung mit der westlichen Welt aufnehmen will, wird uns über kurz oder lang nur ein korruptes Ende erwarten, und eine sture Disharmonie bringt Millionen von Menschen um ihr Leben. Aber zuversichtlich sehen wir der göttlichen Gerechtigkeit entgegen, denn ein höheres Wesen gibt es ja. Das ist die Natur, die über das Schicksal der Völker entscheidet, die Kriege bringt, sobald die Menschen zuviel sind...« (*Feldpostbriefe*, S. 167).

Unter dem Stichwort *Heeresgr. Mitte* ist im *Kriegstagebuch des Oberkommandos der Wehrmacht* an diesem Tag zu lesen (Bd. 8, S. 1174): »Die Kampfgruppe Nehring mit der 8. und 16. Pz.-Div. ist mit ihren Angriffen nicht durchgedrungen, hat aber den feindl. Stoß aufgefangen. Auch gegen den Brückenkopf von Cosel feindl. Angriffe.

Ferner ist der Gegner heute früh bei Grottkau angetreten, hat bisher jedoch noch keine wesentlichen Erfolge erzielt. Bei Breslau Abwehr der Angriffe. Bis 20.3. wird der Flugplatz brauchbar sein. Abwehr bei Striegau und Guben.«

Und im Wehrmachtbericht dieses Tages heißt es, Schlesien betreffend: »Feindliche Stellungen nordöstlich Striegau wurden in kühnem Vorstoß erobert und gegen alle Angriffe der Bolschewisten gehalten. Die Festung Breslau wurde in verbissenen Häuserkämpfen gegen den von Norden und Süden andrängenden Feind erfolgreich verteidigt. Auch die Besatzung von Glogau hält ihre Stellungen in tapferem Abwehrkampf« (*Wehrmachtbericht*, III, S. 487).

Kriegstagebucheintragung und Wehrmachtbericht stimmen im Kern ihrer Aussagen überein; im Wehrmachtbericht freilich ist das eher düstere Bild der Eintragung im Kriegstagebuch durch einige Hinzufügungen aufgehellt: kühn, verbissen, erfolgreich, tapfer – vier Adjektive, und schon gibt es wieder einen Hoffnungsschimmer.

Ein solcher Hoffnungsschimmer findet sich freilich auch im Feldpostbrief: Man muß sich jetzt mit den Westmächten verständigen, zumal von der eigenen Luftwaffe nichts mehr zu sehen ist. In den pommerschen und schlesischen Dörfern scheint der Gefreite grauenhafte Szenen gesehen zu haben. Er fürchtet um das Leben von »Millionen von Menschen«, und diese Furcht ist aufrichtig. Aber die dumpfe Mischung aus Frömmigkeit und Sozialdarwinismus läßt ihn neue Hoffnung schöpfen: Der Glaube an die »göttliche Gerechtigkeit« wird mit der Überzeugung verbunden, Kriege seien gut gegen die Übervölkerung der Erde, der »Segen des Krieges« geht einher mit der Hoffnung auf den Schutz »unserer Kultur vor dem Mongolensturm«. Vielleicht hat der Gefreite A. K. einige Gerüchte aus dem Umkreis des »Führerhauptquartiers« aufgeschnappt – etwa die Vorstellung, eine Verständigung mit den Westmächten wäre möglich, wenn nicht »sture Disharmonie« (zwischen den Spitzen des Regimes?) dies verhindern würde. Dazu das eigenartige Vertrauen in die »göttliche Gerechtigkeit« und den Krieg als Ausleseprinzip der Besten – beide Vorstellungen waren damals weit verbreitet: die einer Verständigung mit den Westmächten mit anschließendem gemeinsamen Stoß nach Osten ebenso wie das Hoffen auf »ein höheres Wesen«, das dafür sorgen werde, daß nicht alle Opfer vergebens waren – zumindest nicht die der Deutschen.

»Ich habe zwar keine so große Zuversicht wie Du«, schrieb am 30. März 1945 der Gefreite F. S. aus dem Lazarett Werdau nach Hause, »aber es will mir auch noch nicht in den Kopf hinein, daß alle diese

Opfer und Leistungen vergeblich gewesen sein sollen. – Jedenfalls eines steht für mich felsenfest: Das deutsche Volk als schöpferischer Erbträger wird nicht untergehen! Dazu hat uns die Natur zu viele zu lösende Probleme gestellt, die nur von Deutschblütigen gemeistert werden können« (*Feldpostbriefe*, S. 167f.). Auch hier das Vertrauen in die Vorsehung der Natur, die Hoffnung auf eine Wende des Krieges, vielleicht dadurch, daß das Bündnis der Westmächte mit der Sowjetunion zerbrechen und in den Auseinandersetzungen mit dem Bolschewismus man die Deutschen noch brauchen werde; dazu krude erbbiologische Vorstellungen über die geschichtliche Rolle der Deutschen, doch nicht mehr selbstbewußt und aggressiv, sondern eher als Selbstversicherung gegen Resignation und Zukunftsangst.

Auch das bevorstehende Ende des Krieges erscheint in den Feldpostbriefen der Soldaten ›authentischer‹ zusammengefaßt. Im Vergleich mit den Ängsten und Hoffnungen, den nüchternen Beschreibungen und ideologischen Rechtfertigungen der Briefautoren bleiben die Generalstabsaufzeichnungen dürr und trocken. Cosel, Grottkau, Striegau, Guben – Namen, die für einen Augenblick auftauchen und dann wieder verschwinden. Für das Ende des Krieges bleiben sie eher belanglos. Sie vermitteln kein Bild vom Zusammenbruch der Wehrmacht und den Eindrücken, die sich mit dem bevorstehenden Ende des Krieges verbanden; gerade in ihrer mehr oder weniger großen Präzision bleiben sie nichtssagend.

Der ›authentische‹ Feldpostbrief und der ›nichtssagende‹ Generalstabsbericht? Unter dem Datum des 15. März 1945 ist im *Kriegstagebuch des Oberkommandos der Wehrmacht* aber auch eingetragen (Bd. 8, S. 1173): »Durch Angriffe auf die Raffinerie von Komorn ist ein Ausfall von 70% der ungar. Kapazität erfolgt, die ebenso stark ist wie die des Reiches. Da von hier die Heeresgr. Süd und Mitte versorgt werden, wird die Auswirkung auch auf operative Entschlüsse spürbar sein.« Und unter dem Stichwort *Heimatkriegsgebiet* heißt es (Bd. 8, S. 1176): »Bei der letzten Sitzung des Verkehrsstabes wurde mitgeteilt, daß vorerst von den 2 Mill. vorgesehener Kräfte zur Wiederherstellung des Verkehrs zuerst 100000 Kriegsgefangene im Fußmarsch vorgezogen werden.« Das ist alles andere als nichtssagend. Denn gerade diese trockenen Zahlen geben Auskunft darüber, warum sich der Zerfall der Wehrmacht in den letzten Wochen mit rasender Geschwindigkeit beschleunigt hat. Hier wird die objektive Grundlage sichtbar, die für die persönlichen Erfahrungen und Eindrücke der Briefschreiber verantwortlich ist. Gewiß: Die Wahrnehmung des Krieges aus der Sicht des Generalstabs reduziert sich auf Zahlen und Pfeile: Truppenbewegungen, Nachschub, Verkehrslage. Das sind die Daten, aus denen die jeweilige Lage und die bevorstehenden Entwicklungen abgelesen werden können. Aber diese Sicht ist auch gekennzeichnet durch eine ›Unterdeckung an Subjektivität‹ und sinnlicher Plastizität – diese Unterdeckung scheint dafür verantwortlich zu sein, daß der Feldpostbrief als ›authentisch‹ und die Stabsaufzeichnungen als ›nichtssagend‹ angesehen werden.

II

Daß den Erzählungen der Soldaten (oft) eine höhere Authentizität zugebilligt wird als den Darstellungen ihrer Generäle, ist in der Geschichte des Krieges und der Kriegsliteratur keineswegs immer so gewesen. Es ist dies ebenso ein Vorgang der jüngeren Geschichte wie die Reduzierung von Generalstabsaufzeichnungen auf Zahlen und Pfeile, auf Berichte, in denen weder Szenen noch Gesichter auftauchen und von Blut und Schmerz nie die Rede ist. Dies ist keine ›rein literarische‹ Veränderung, sondern hat mit der Wandlung des Krieges selbst zu tun: aus einem Kampf zwischen Menschen unter Zuhilfenahme von Waffen transformiert er sich in eine Anwendung von Waffen unter Inkaufnahme des Todes von Menschen. Der Einsatz atomarer Massenvernichtungswaffen ist die letzte Stufe dieser Veränderung.

Ulrich Bräker, ein Schweizer, der preußischen Werbeoffizieren in die Hände gefallen war und seitdem in der Armee Friedrichs II. diente, hat die Schlacht bei Lobositz am 1. Oktober 1756, die erste des Siebenjährigen Krieges, mitgemacht und darüber in seiner Autobiographie *Der Arme Mann im Tockenburg* berichtet. Im Gegensatz zu den zahlreichen Biographien des Alten Fritz, die das Schlachtgeschehen aus der Perspektive des Feldherrn darstellen (»Da retteten die Regimenter des linken Flügels den Tag«, Hein, *Friedrich der Große*, S. 188), hat er die Schlacht ohne jede räumliche Orientierung, vorrückend, zurückgehend und stürmend erlebt und beschrieben. Was er sieht, sind seine Nebenleute: »Potz Himmel! wie sausten da die Eisenbrocken ob unsern Köpfen weg (...) und spickten uns die Leute aus den Gliedern weg, als wenn's Strohhälme wären« (S. 129f.); und er kann auch sehen, was sich unmittelbar vor ihm abspielt: »Da hätte man das Spektakel sehen sollen: Pferde, die ihren Mann im Stegreif hängend, andere, die ihr Gedärm der Erde nach schleppten« (S. 130). Aber als er nach einem erfolgreichen Angriff auf einer Höhe steht und über die Ebene hinwegschaut, kann er vor Rauch und Pulverqualm nichts erkennen:

»Und nun ging in der Ebene das Gefecht von neuem an. Aber wer wird das beschreiben wollen, wo das unaufhörliche Rumpeln vieler hundert Trommeln, das herzzerschneidende und herzerhebende Ertönen aller Art Feldmusik, das Rufen so vieler Kommandeurs und das Brüllen ihrer Adjutanten, das Zeter- und Mordiogeheul so vieler tausend elenden, zerquetschten, halbtoten Opfer dieses Tages alle Sinne betäubte!« (S. 132) – Bräker hat die Schlacht von Lobositz sehr wohl beschrieben, aber nicht als eine vom Feldherrnhügel aus dirigierte Folge von Truppenbewegungen, sondern als ekstatische Orgie von Tod und Vernichtung, in der sich jede Ordnung aufgelöst hat. Den Angriff des linken Flügels, der »den Tag rettete«, hat Bräker selbst mitgemacht. Doch dessen Bedeutung für den Schlachtverlauf ist ihm unklar geblieben; wahrscheinlich war sie ihm auch gleichgültig, denn kurz danach ist er desertiert. »Das heißt – wo nicht mit Ehren gefochten – doch glücklich entronnen«, ist das nächste Kapitel seiner Autobiographie überschrieben.

Nicht Ulrich Bräker, sondern die borussischen Historiker haben das in den deutschen Geschichtsbüchern lange vorherrschende Bild der Schlacht von Lobositz und des ganzen Siebenjährigen Krieges geprägt. Auf einem imaginären Feldherrnhügel stehend, haben sie mit Argusaugen alle Rauchschwaden und Pulverwolken durchdrungen, jede Bewegung der Truppen registriert und genau festgehalten, ob die Soldaten die Befehle ihrer Kommandeure befolgten. Von Lobositz bis Bunzelwitz: Mal retteten die Regimenter des linken, mal die des rechten Flügels den Tag, und manchmal verloren sie ihn auch. Dies entsprach wohl weitgehend den Erwartungen, die der Leser von Kriegsberichten und Schlachtbeschreibungen auf den Historiker richtete, jedenfalls was die klassische Antike (Münkler, *Das Blickfeld des Helden*, passim) und die Neuzeit bis zum Beginn des Ersten Weltkrieges betrifft. Eine Schlachtbeschreibung wie die Bräkers stieß auf Desinteresse und Ablehnung.

Die römischen Historiker Sallust und Livius sind wohl die einzigen, die sich solchen Ansprüchen verweigert haben – mit der Folge, daß sie als Kriegshistoriker nie richtig ernst genommen worden sind: »So groß war der Schlachtenlärm und das Getöse«, heißt es bei Livius einmal (IXXII, 5, 3–4), »daß man Anweisungen und Befehle nicht hören konnte. (...) In diesem Dunst konnte man sich eher auf die Ohren als auf die Augen verlassen; so orientierten sie sich nach Geräuschen, dem Stöhnen der Verwundeten, dem Aufschlag der Waffen auf Leibern oder Rüstungen, dem Durcheinander von Angriffsschreien und Angstrufen.« Ob dieser und ähnlicher Stellen ist Livius von dem englischen Althistoriker Grant vorgeworfen worden, »daß er von militärischen Angelegenheiten nicht das Geringste verstand« (Grant, *Klassiker der antiken Geschichtsschreibung*, S. 198). Wer den idealen Schlachtbericht nicht als eine geordnete Folge von Bewegungen lieferte, galt (und gilt) als inkompetent. Die Schlacht war definiert durch das Blickfeld des Feldherrn bzw. eine Geschehensordnung, und dem hatte der Bericht zu entsprechen. Der Ordnung des Staates korrespondierten die Ordnung der Schlacht und ihre Darstellung. Unordnung hieß im einen Fall Rebellion, im andern Niederlage, im dritten Inkompetenz. Da ist es nur konsequent, wenn der Friedrich-Biographie von Max Hein Schlachtenskizzen beigefügt sind, auf denen die Aufstellung der Truppen in geometrisierter Ordnung vorgeführt wird: eine Skizze des Geländes, darauf dunkle und schraffierte Rechtecke, das eine die Preußen, das andere die Österreicher. Von Blut und Tod, Schmerz und Leid, wovon Bräker berichtet, ist hier nichts zu sehen.

Ließ die Ordnung in der Bewegung der Truppen den gebildeten Leser der Kriegsberichte die Gräßlichkeiten einer Schlacht vergessen? War sie die Voraussetzung dafür, daß er bei der Lektüre von Schlachtbeschreibungen heroische, zumindest patriotische Gefühle empfinden konnte? Sollte die Ordnung der Geschehens alle pazifistischen Anwandlungen bei den Lesern von Kriegsberichten unterbinden?

Die Grundannahmen heutiger Kriegsberichterstattung legen dies nahe. Aber Vorsicht ist geboten: Auch Franz Kugler hat in seiner berühmten *Geschichte Friedrichs des Großen* die Schlacht bei Lobositz beschrieben, vom Feldherrnhügel aus, wie dies auch Max Hein getan hat: »Aber ein dichter Nebel hatte sich über die Ebene gelagert und verhinderte, die Gegenstände deutlich zu unterscheiden. Wie durch einen Flor sah man (sic!) nur den Ort Lowositz (sic!) vor sich und zur Seite einige Haufen feindliche Reiterei.« Doch Adolph Menzel, der den Band illustriert und dadurch berühmt gemacht hat, hat für seine Stiche durchweg die Nahperspektive gewählt, nicht den Blick von oben, sondern den, der sich mit dem Geschehen auf einer Ebene befindet. Die Illustration zu Lobositz zeigt den entscheidenden Bajonettangriff: eine keineswegs in exerziermäßiger Ordnung angreifende Infanteriekolonne, grimmige, kampfentschlossene Gesichter der Soldaten, die auf den leicht versetzten Betrachter der Bilder zukommen, auch Soldaten, die getroffen und verwundet werden. In Heins Bericht heißt es, die Einheiten des linken Flügels hätten angegriffen, obwohl ihr Befehl nur gelautet habe, die Stellung zu halten.[1] Die Entscheidung von Lobositz ist demnach nicht gemäß den vom Feldherrn erteilten Direktiven gefallen. Das hat Adolph Menzel festgehalten. Aber gerade damit hat er eine viel nachhaltigere Heroisierung der Darstellung vorgenommen, als dies auf den nüchternen Skizzen bei Hein möglich ist.

Die Skizzen bei Max Hein stellen jene Schlachtordnung dar, wie sie von den Generälen des Absolutismus entwickelt worden war: der Angriff in Reih und Glied, die Lineartaktik, die Verabscheuung der aufgelösten Fechtweise, sei es nun des Einzelfeuers, sei es des Angriffs in Kolonnenformation. Der absolutistische Schlachtplan wollte noch im Kampf die geometrisierte Ordnung und Struktur der Schlachtaufstellung bewahren, und der Verlust dieser Ordnung war für ihn gleichbedeutend mit der Niederlage. Der Krieg war zu einer Anwendung der Geometrie mit blutigem Ausgang geworden.[2] Als Menzel seine Illustrationen zur *Geschichte Friedrichs des Großen* anfertigte, war die Zeit der absolutistischen Kriegführung vorbei: die Armeen der Französischen Revolution und dann die Napoleons hatten ihr ein dramatisches Ende bereitet, für die Preußen definitiv bei Jena und Auerstedt. Und aus dem gedrillten ›Menschenmaterial‹ der absolutistischen Heere waren motivierte, selbständig handelnde, für ihr Vaterland fechtende Soldaten geworden. Was Menzel, zu Recht oder zu Unrecht, in die Armee des Preußenkönigs bei Lobositz hineinokuliert hat, war die Fechtweise und waren die Soldaten der revolutionären und nachrevolutionären Kriege – nicht von ungefähr, denn das Vorbild, an dem Menzel sich orientierte, waren die Illustrationen Vernets zu einer Biographie Napoleons, Laurents *L'Histoire de l'Empereur Napoléon* (vgl. Paret, *Kunst als Geschichte*, S. 34ff.). Aber war damit eine Schlachtbeschreibung vom Feldherrnhügel noch möglich?

»Der von den Kämpfen festgetretene Boden war von Kugeln durchfurcht und besät mit Waffentrümmern, mit Kleiderfetzen, Geschirren, umgeworfenen Wagen und abgerissenen Gliedmaßen; denn das sind die Trophäen des Krieges, das der Schmuck eines Siegesfeldes.« Der das schrieb, war Brigadegeneral und Adjutant Napoleons, Philippe Paul Graf von Ségur (*Napoleon und die Große Armee*, S. 111 f.). Im Jahre 1812 begleitete er den Kaiser auf dem russischen Feldzug. Wahrscheinlich ritt er auf dem Schlachtfeld von Valutina, das er, ganz ähnlich wie Bräker die Schlacht von Lobositz, so einprägsam beschrieben hat, neben seinem Kaiser. Ségurs Werk, zwölf Jahre nach Napoleons Angriff auf Rußland erschienen, stieß in Frankreich auf Unwillen und Ablehnung, bei Anhängern wie Gegnern des entmachteten Kaisers. Wer Schlachtfelder so detailliert beschrieb, tat offensichtlich der

Moral der Armee und dem patriotischen Empfinden der Bürger Abbruch.

Erträglicher, weil stärker aus der Stabsperspektive verfaßt, scheint da der Bericht gewesen zu sein, den Carl von Clausewitz von der Schlacht von Borodino verfaßt hat; sie fand wenige Wochen nach dem Gefecht von Valutina statt. Stabsoffizier wie Ségur, freilich in russischen Diensten, neigte Clausewitz zu einer Sicht der Schlacht als eines geordneten, von taktischen Anweisungen bestimmten Vorgangs. Am frühen Mittag war er zur Kavallerieabteilung des Generals Uwarow kommandiert worden, der den französischen Angreifern überraschend in die Flanke fallen sollte. Der Angriff mißlang, Ségur, auf der Gegenseite wie immer neben dem Kaiser reitend, bemerkt, man habe »diesen mehr lärmenden als gefährlichen Feind bald wieder vertrieben« (*Napoleon und die Große Armee*, S. 169). Uwarow zog sich zurück und blieb in sicherer Entfernung untätig stehen. Clausewitz vermerkt das mit Unwillen; immerhin aber hatte er vom Standort Uwarows aus einen vorzüglichen Blick über das Schlachtfeld: »In dieser Lage sahen wir der Schlacht zu, und es ist mir immer merkwürdig geblieben, wie sie nach und nach den Charakter der Ermüdung und Erschöpfung annahm. Die Infanteriemassen waren so zusammengeschmolzen, daß vielleicht kein Drittel der ursprünglichen Massen mehr im Gefecht war; die übrigen waren tot, verwundet, brachten Verwundete zurück oder sammelten sich hinten; kurz, es waren überall weite Leeren entstanden. Die ungeheure Artillerie, die von beiden Seiten nahezu 2000 Kanonen ins Gefecht gebracht hatte, ließ sich nur in einzelnen Schüssen noch hören, und selbst diese Schüsse schienen nicht mehr den ursprünglichen donnernden kräftigen Ton zu haben, sondern ganz matt und heiser zu klingen. Die Kavallerie hatte fast überall die Plätze und die Stellen der Infanterie eingenommen und machte ihre Anfälle in einem müden Trabe, indem sie sich hin- und hertrieb und sich wechselweise Schanzen abjagte. Nachmittags um 3 Uhr ungefähr sah man, daß die Schlacht in den letzten Zügen lag und daß also wie meistens die Entscheidung der ganzen Frage davon abhänge, wer noch den letzten Trumpf in der Hand, die stärksten Reserven zurückbehalten habe« (*Der Russische Feldzug*, S. 109f.). Wiewohl von dem berühmten, in diesem Fall nicht einmal imaginären Feldherrnhügel aus gesehen, ist Clausewitz' Darstellung doch von großer Plastizität: das Bild des leerer werdenden Feldes, die zerfleddernden Gefechte, die Heiserkeit der Kanonen, die Verlangsamung der Bewegungen, die Müdigkeit der Soldaten – das alles ist anschaulich und sinnlich konkret.

Offensichtlich hat sich Clausewitz an die Eindrücke von Borodino erinnert, als er später in seinem theoretischen Werk *Vom Kriege* den typischen Ablauf einer Schlacht aus der Sicht des Generalstabs entwikkelte: »Was tut man jetzt gewöhnlich in einer großen Schlacht? Man stellt sich in großen Massen neben- und hintereinander geordnet ruhig hin, entwickelt verhältnismäßig nur einen geringen Teil des Ganzen und läßt sich diesen ausringen in einem stundenlangen Feuergefecht, welches durch einzelne kleine Stöße von Sturmschritt, Bajonette und Kavallerieanfall hin und wieder unterbrochen und etwas hin- und hergeschoben wird. Hat dieser eine Teil sein kriegerisches Feuer auf diese Weise nach und nach ausgeströmt, und es bleiben nichts als die Schlakken übrig, so wird er zurückgezogen und von einem anderen ersetzt. Auf diese Weise brennt die Schlacht mit gemäßigtem Element wie nasses Pulver langsam ab, und wenn der Schleier der Nacht Ruhe gebietet, (...) so wird geschätzt, was dem einen oder anderen übrig bleiben mag an Massen, die noch brauchbar genannt werden können, d. h. die noch nicht wie ausgebrannte Vulkane in sich zusammengefallen sind« (*Vom Kriege*, S. 420f.). »Jedes Gefecht«, schreibt Clausewitz an anderer Stelle (S. 429), »ist also die blutige und zerstörende Abgleichung der Kräfte, der physischen und moralischen. Wer am Schluß die größte Summe von beiden übrig hat, ist der Sieger.«

Von Toten und Verwundeten, von Blut und abgerissenen Gliedern ist hier, nach der Übersetzung in die Sprache und Perspektive des Stabes, keine Rede mehr: Massen hin- und hergeschoben, Feuer ausgeströmt, Schlacke! Es spricht für Clausewitz' schriftstellerische Fähigkeiten, daß er trotz der Übersetzung in die Stabsperspektive nicht auf Bilder und Vergleiche verzichtet. Doch die Anschaulichkeit ist hier nur noch literarische Zutat zu einer Darstellung, deren Wesen die Abstraktion von aller Anschaulichkeit und Konkretheit ist. In Clausewitz' Analyse bereits sind die *Soldaten* verschwunden und ersetzt worden durch *physische und moralische Kräfte*.

Wie schon bei Valutina ritt Ségur am Tag nach der Schlacht bei Borodino an der Seite Napoleons über das Schlachtfeld: »Es lagen so viele Franzosen in und auf den eroberten Redouten ausgestreckt, daß diese ihnen noch mehr anzugehören schienen als denen, die auf den Beinen waren; man hätte glauben sollen, die getöteten Sieger seien zahlreicher als die noch lebenden« (*Napoleon und die Große Armee*, S. 175). Für einen kurzen Augenblick wird hier noch einmal sichtbar, was hinter den Zahlen und Pfeilen des Generalstabs steht. Auch Clausewitz scheint sich bei Abfassung seines Hauptwerks daran erinnert zu haben, etwa als er die Schlacht als »den blutigsten Weg der Lösung« bezeichnete – »allein immer ist Blut ihr Preis und Hinschlachten ihr Charakter wie ihr Name; davor schaudert der Mensch im Feldherrn zurück« (*Vom Kriege*, S. 469).[3]

In den Generalstabsdarstellungen des Zweiten Weltkriegs – und nicht nur in denen aus deutscher Sicht – fehlt dieser Clausewitzsche Hinweis: Der einzelne Soldat wird bedeutungslos, der Mensch verschwindet in der Truppe, Tod und Verwundung werden nur noch in Zahlen registriert. – Werden Feldpostbriefe für ›authentischer‹ gehalten als Generalstabsdarstellungen, weil darin sich noch ein Stück Individualität in der Uniform behauptet? Oder ist die ›Unterdeckung an Subjektivität‹ in den Stabsberichten möglicherweise doch die adäquate Darstellung des modernen Krieges – und die im Feldpostbrief zutage tretende subjektivierte Wirklichkeit nur Schein, Ideologie?

III

40 Milliarden Feldpostbriefe wurden während des Zweiten Weltkrieges allein deutscherseits zwischen »Front« und »Heimat« befördert; 24 Prozent kamen von der Front, 76 Prozent aus der Heimat. Diese gewaltige Fülle historischen Materials ist bislang noch kaum ausgewertet worden.[4] Selbst wenn man in Rechnung stellt, daß ein großer Teil nicht mehr existiert und das, was noch vorhanden ist, verstreut und nur schwer greifbar ist, muß es für das auffällige Desinteresse der Geschichtsschreibung daran doch andere Gründe geben als nur die Materiallage. Wahrscheinlich ist es der starke ›Überhang an Subjektivität‹ in den Briefen, der die Historiker lange Zeit vor ihrer Auswertung hat zurückschrecken lassen: Was sich hier findet, sind Gefühle, Stimmungen und persönliche Urteile, keine objektiven Daten.

Ortwin Buchbender und Reinhold Sterz haben in ihrer Sammlung *Das andere Gesicht des Krieges* den auf den Feldpostbriefen liegenden Bann der Kriegshistoriographie gebrochen. Aus einer Sammlung von 50 000 Briefen haben sie 327 ausgewählt und in Auszügen veröffentlicht. In ihrer Summierung und Abfolge verlieren die ausgewählten Briefpassagen den Charakter des »nur« Persönlichen und stellen ein Barometer der Stimmungslagen während des Krieges dar. Die Herausgeber schreiben: »Bei Kriegsausbruch Betroffenheit, bis zum Beginn des Westfeldzuges nüchterne Zurückhaltung, nach dem unerwarteten Sieg im Westen fast euphorische Freude, leichte Resignation nach dem

Ausbleiben des erhofften Zusammenbruchs Englands, völlige Überraschung nach dem Ausbruch des Rußlandfeldzuges, neue Zuversicht im Sommer 1942, bis der Winter die großen ernüchternden Niederlagen brachte, 1944 dann noch einmal das große Hoffen auf die Entscheidung im Westen und die Wunderwaffen, bis das ganze Ausmaß der Niederlage bewußt wurde« (S. 10).

Subjektivität, das zeigt sich hier, kann zu einem objektiven Datum werden, das anderen objektiven Daten (wie Truppen- und Materialzahlen) durchaus ebenbürtig ist. Der Historiker kann beispielsweise, wie dies Peter Knoch (»Gewalt wird zur Routine«, S. 17–23) getan hat, Feldpostbriefe des Ersten und Zweiten Weltkriegs miteinander vergleichen,[5] oder er kann die Aufzeichnungen des Generalstabes mit den Stimmungslagen in Wehrmacht und Bevölkerung in Beziehung setzen und überprüfen, ob sie mit den Analysen des Stabes übereinstimmen. Und es läßt sich untersuchen, inwieweit die Wehrmachtberichte zwischen beidem, Lage und Stimmung, vermittelten, wobei zu berücksichtigen ist, daß sowohl die politische als auch die militärische Führung massiven Einfluß auf Inhalt und Form der Feldpostbriefe zu nehmen versucht haben. So erklärte noch am 11. Februar 1945 das Oberkommando der Heeresgruppe B: »Es ist notwendig, daß jeder Frontsoldat in seinen Briefen an die Heimat Kraft, Vertrauen und Zuversicht ausstrahlt. Die Soldaten sind in geeigneter Form darauf hinzuweisen. Verbissene Kampfentschlossenheit und starke Herzen werden die kritische Lage meistern« (*Das andere Gesicht des Krieges*, S. 27).

Die von Buchbender und Sterz zusammengestellten Briefe sind aber auch geeignet, die allzu oft als monolithische Einheit dargestellte Wehrmacht hinsichtlich der individuellen Einstellung der Soldaten zu relativieren: »Ich nehme ja an«, schrieb Unteroffizier H. B. Mitte Oktober 1941 aus Rußland nach Hause, »daß, wenn dieser Brief in Deinen Händen ist, die Glocken im ganzen deutschen Lande den Sieg über den mächtigsten Feind der Zivilisation verkündet haben. Denn lange kann es nicht mehr dauern und für uns sind die Führerworte ein Evangelium« (S. 84). Demgegenüber teilte der Obergefreite V. L. am 11. August 1944 seinen Angehörigen mit: »Den letzten Sonntag, als ich in der Kirche war, da dankte tatsächlich der Prediger Gott, daß er den Führer vor dem Attentat gnädig behütet und bewahrt hat. Ich hätte ihm am liebsten den Mund zugestopft mit Heu. Unser Volk sieht nicht, wie es gehalten wird von satanischer Macht« (S. 147f.). Dieser Brief fiel der Kontrolle in die Hände. Die Feldpost-Prüfstelle versah ihn mit dem Vermerk »Zur Weiterverfolgung«; bei den nach dem 20. Juli üblichen

Rechtsauslegungen ist es wahrscheinlich, daß der Obergefreite V. L. mit dem Tode bestraft und hingerichtet worden ist.

In den Feldpostbriefen wird auch die Art, in welcher der Krieg in Rußland geführt und wahrgenommen wurde, weitaus besser erkennbar als im Tagebuch des Oberkommandos der Wehrmacht. Am 3. Juli 1941 etwa schrieb der Gefreite F.: »Da wird man Zeuge jüdischer, bolschewistischer Grausamkeit, wie ich sie aber auch kaum für möglich gehalten hatte. (...) Gefährlich ist das Heckenschützentum, dem gestern auch ein SS-Regiments-Kommandeur zum Opfer fiel. Der Mörder soll ein Jude gewesen sein. Du kannst Dir denken, daß so etwas nach Rache schreit, die aber auch durchgeführt wird« (S. 73). »Alles, was an Kommissaren usw. gefangen oder geschnappt wird«, schrieb der Soldat H. am 16. Juli 1941, »wird gleich erschossen. Die Russen machen es nicht anders. Ein grausamer Krieg hier« (S. 74). Und am 23. Oktober 1941 schrieb Wachtmeister A. R. nach Hause: »Erst gestern wurde in einem Nachbarort ein deutscher Offizier von Russen in Zivil erschossen. Dafür wurde dann das ganze Dorf in Brand gesteckt« (S. 85).

Anders liest sich dies im *Kriegstagebuch des Oberkommandos der Wehrmacht*; am 11. Oktober 1941 etwa findet sich die Eintragung: »*Befh. rückw. H. Geb.:* Im ganzen Bereich kam es zu Kämpfen mit Partisanen, wobei verschiedene gut ausgerüstete Lager ausgehoben wurden« (Bd. 2, S. 693). Oder am 19. Oktober 1941: »*Befh. rückw. H. Geb. Mitte:* Es wurden mehrere Partisanenbanden, z. T. in befestigten Winterlagern, vernichtet« (Bd. 2, S. 711). Auch die besondere Grausamkeit des Partisanenkrieges ist in der Sprache des Generalstabs getilgt: Es handelt sich um Kriegshandlungen wie alle anderen auch: Eine bestimmte Zahl feindlicher Verbände bindet eine bestimmte Zahl eigener Soldaten ...[6]

IV

Nahezu alle seriösen Darstellungen des Zweiten Weltkriegs folgen mehr oder minder stark den Generalstabsberichten, ergänzt allenfalls durch die nach Kriegsende verfaßten Memoiren der Marschälle und Generäle. Sicherlich dienen diese Memoiren auch dazu, die ›Unterdekkung an Subjektivität‹ in den Stabsberichten etwas auszugleichen: Halders Einwände, Guderians Zögern, Hoeppners Widerstand – so können mögliche Varianten des Kriegsverlaufs sichtbar gemacht werden. Doch derlei Einschübe an Subjektivität sind begrenzt: Memoirensubjektivität ist domestizierte Subjektivität, und sie ist dies erst recht bei Offizieren, die die Stabsperspektive als Handwerk erlernt haben. Subjektivität tritt hier nur zutage als Kalkül: Angriff oder Verteidigung, Rückzug oder Halten? Empfindungen und Gefühle sind nicht zu befürchten. Menschliche Schicksale, wie sie aus den Feldpostbriefen hervortreten, bleiben unsichtbar.

Es gibt aber auch eine Fülle von Kriegsdarstellungen mit reichlichem Einschub an Schicksal, Heldentum und Tragik – nur kann kaum eine davon als seriös bezeichnet werden. Das meiste gehört zur ›militärischen Erbauungsliteratur‹, die mit dem Zweiten Weltkrieg über einen offensichtlich immer noch gut zu vermarktenden Gegenstand verfügt. Von den Landser-Heftchen bis zu den Biographien der »Kriegs-Asse« mit Ritterkreuz – hier werden Schicksal, Heldentum und Tragik in Hülle und Fülle geboten. Weltkrieg für Gemüt, Mitgefühl und heroisches Empfinden. So hat die Schlachtbeschreibung aus der Perspektive des Soldaten die Funktion übernommen, die bis zum Ersten Weltkrieg der Kriegsbericht vom Feldherrnhügel hatte. Das Interesse an der jeweiligen Perspektive hat sich ins Gegenteil verkehrt: Was zuvor auf Ablehnung und Desinteresse stieß, ist jetzt gefragt, was jetzt als nichtssagend erscheint, wurde früher als einzig ›authentische‹ Darstellung angesehen.

Einen Fingerzeig auf die Trivialliteratur und das Interesse an ihr bieten die Zusätze zum Wehrmachtbericht, eingeleitet mit der stereotypen Formel: »Ergänzend zum Wehrmachtbericht wird gemeldet.« In den ersten Kriegsjahren fehlen diese Zusätze, hier decken sich die Wehrmachtberichte noch weitgehend mit den Eintragungen im Kriegstagebuch des Oberkommandos der Wehrmacht. Als dann aber die Siege ausblieben und angesichts der Rückzüge die Parole vom »End-Sieg« ausgegeben werden mußte, wurden dem Wehrmachtbericht immer häufiger Meldungen von Heldentaten einzelner Soldaten angehängt. Daß die Wehrmachtberichte zu dürr und nichtssagend waren, seit keine Meldungen vom deutschen Vormarsch mehr verbreitet werden konnten, scheint auch Goebbels aufgefallen zu sein. Die Zusätze sollten das Vakuum an Schicksal und Heldentum ausgleichen. Sie sollten die »Moral« der Heimat heben und von der bevorstehenden völligen Niederlage ablenken. In ihnen steckt der Stoff, aus dem die ›militärische Erbauungsliteratur‹ gefertigt ist.

Die Gegenüberstellung zweier Wehrmachtberichte ist dafür aufschlußreich: Am 19. Juni 1941, kurz nach dem Überfall auf die Sowjetunion hieß es: »Nach zweitägiger Dauer führte die deutsche Panzerwaffe am 26. Juni eine gewaltige Panzerschlacht nördlich von KOWNO siegreich zu Ende. Mehrere Divisionen wurden eingeschlossen und vernichtet, über 200 sowjetische Panzerkampfwagen, darunter 29 schwerster Art, mehr als 150 Geschütze sowie Hunderte von Kraftfahrzeugen fielen in unsere Hände« (*Wehrmachtberichte* I, S. 595). – Das war die erste große Erfolgsmeldung von der Ostfront; die letzte, im Wehrmachtbericht vom 26. April 1945 verbreitet, lautete: »Im schlesischen Kampfraum hat das Panzerregiment 27 der 19. Panzerdivision in der Zeit vom 15. März bis 10. April 103 Panzer und Sturmgeschütze sowie 104 Geschütze vernichtet oder erbeutet. Diese Erfolge sind vor allem der I. Abteilung dieses Regiments unter der Führung ihres Kommandeurs, Hauptmann Büche, zu verdanken« (*Wehrmachtberichte*, III, S. 557). Im einen Fall vor allem Erfolgszahlen, im andern wesentlich Heldentaten!

Aus der Perspektive des Stabes hat Clausewitz darauf bestanden, daß nur Erfolgszahlen, nicht der Bericht von Heldentaten über den Ausgang einer Schlacht zuverlässig unterrichten: »Die Verluste in der Schlacht bestehen mehr in Toten und Verwundeten, die nach der Schlacht mehr in verlorenem Geschütz und Gefangenen. Die ersten teilt der Sieger mit den Besiegten mehr oder weniger, die letzten nicht, und deshalb finden sie sich gewöhnlich nur auf der einen Seite des Kampfes oder wenigstens dort nur in bedeutender Überzahl. Kanonen und Gefangene sind darin jederzeit als die wahren Trophäen des Sieges betrachtet worden und zugleich als der Maßstab desselben, weil sich an ihnen sein Umfang unzweifelhaft kundtut« (*Vom Kriege*, S. 430). – Insofern war die erste Erfolgsmeldung wirklich eine Erfolgsmeldung, die letzte hingegen war reine Propaganda.

Auch die Wehrmachtberichte sind ein Barometer; an ihnen ist ablesbar, was nach Auffassung der Propagandisten zur Stärkung des Widerstandswillens der Bevölkerung und zur Hebung der Kampfmoral der Truppe vonnöten war: das Sichtbarwerden des einzelnen Soldaten in der Masse der Uniformierten und die Herausstellung seiner Heldentaten, der Übergang von der Perspektive der Stäbe zur Nahperspektive der Soldaten. Wo die zusammenfassenden Zahlen des Stabes ernüchternd waren, sollten Einzelereignisse wieder begeistern. In der Trivialliteratur über den Zweiten Weltkrieg lebt dieses Programm bis heute fort. In ihr wird die Darstellung individuellen Schicksals zur Lüge.

Nun sind unter den Kriegsromanen des Ersten Weltkrieges, wenn auch politisch ganz entgegengesetzt, sowohl Ernst Jüngers *In Stahlgewittern* als auch Erich Maria Remarques *Im Westen nichts Neues* aus der Nahperspektive geschrieben, die bei Remarque noch dadurch pointiert wird, daß der Tod des Erzählers in einem der letzten

Gefechte des Ersten Weltkriegs mit der Feststellung des Heeresberichts über diesen Tag, eben »Im Westen nichts Neues«, konfrontiert wird (ähnlich Edlef Köppen, *Heeresbericht*). Die Enthistorisierung des Geschehens, die bei Jünger ganz bewußt vorgenommen wird, wenn er die deutsche Frühjahrsoffensive 1918 als ›Die große Schlacht‹ überschreibt und alle zeitgeschichtlichen Bezüge tilgt, führt dazu, daß dem Kriegsgeschehen etwas Naturhaftes zu eigen wird, dem gegenüber der Rekurs auf die Sinnfrage – und sei es nur in der kleinen Form nach dem Zweck eines militärischen Geschehens – völlig inadäquat ist. Die unmittelbare Präsenz des Geschehens kennt keine Reflexion der Zusammenhänge, weil sie diese zuvor allesamt verworfen und getilgt hat. Durch die mikrokosmische Perspektive, die Ernst Jünger einnimmt, werden strategische Fragen und politische Zusammenhänge marginalisiert. Der Mythos des Frontsoldaten, zu dem auch Remarque entgegen der kritischen Grundintention seines Romans mitbeigetragen hat, ist aus der Nahperspektive des Krieges geboren worden, mehr noch: Er ist das Ergebnis der Behauptung, nur die Nahperspektive vermittle ein authentisches Bild des Geschehens[7] (ebenso wie Ludwig Renns *Der Krieg*, Arnold Zweigs *Erziehung vor Verdun* oder Robert von Ranke-Graves *Goodbye to all that*). Die ausschließende Verbindung von Kriegsrealität und Nahperspektive hat den Krieg mythisiert. Indem sie den nicht nur täuschenden, sondern auch kontrollierenden Blick von oben denunzierte, hat sie den Kampf zum Selbstzweck werden lassen. Es kam nicht von ungefähr, daß die NS-Propaganda, als es um die Fortsetzung eines verlorenen Krieges ging, den Krieg nur noch aus der Nahperspektive dargestellt hat – während die Gegner und Opfer des Regimes BBC hörten, wo der Fortgang der Kampfhandlungen nüchtern aus der Sicht der Stäbe dargestellt wurde. Gegen die Durchhaltepropaganda der Nazis berichtete BBC: die Realität des Krieges.

V

Die Wirren des Dreißigjährigen Krieges, die Auflösung klarer Fronten, das ständige Überwechseln der Soldaten von der einen auf die andere Seite, vor allem aber die Übergriffe und Grausamkeiten der verrohten Soldateska gegen eine weithin schutzlose Bevölkerung – für all das ist Grimmelshausens *Der abenteuerliche Simplicissimus* zum Inbegriff geworden. Aus unmittelbarem Erleben sowie zeitgenössischen Darstellungen und Dokumenten hat Grimmelshausen ein Zeitbild geformt, das für sich in Anspruch nehmen kann, im Sinne von Georg Lukács die Totalität der wesentlichen gesellschaftlichen Bestimmungen darzustellen, und das doch zunächst »nur« die Lebensbeschreibung eines unter die Soldaten geratenen Waisenkindes ist – wohl keine Autobiographie des Autors, aber doch ein Roman mit stark autobiographischen Elementen.

Grimmelshausen hat den Krieg sicherlich nicht beschrieben, wie ein Historiker ihn darzustellen hat: Weder sein Anfang noch sein Ende, geschweige denn die damit zusammenhängenden politischen und diplomatischen Aktivitäten kommen in den Blick – und dennoch hat er aus der Perspektive eines unverständigen, »närrischen« Kindes ein Bild des Krieges entworfen, das die Vorstellung der Späteren stärker geprägt hat als alle historischen Untersuchungen. Nicht Feldherrnhügel und Schlachtfelder, sondern Marodeure und Aufschneider stehen im Mittelpunkt. Bei allem Interesse am Detail, an Berufen und Ständen, Rängen und Waffengattungen hat Grimmelshausen doch versucht, das *Wesen* dieses Krieges zu erfassen und sichtbar werden zu lassen: Jenseits aller politischen und konfessionellen Streitfragen ist für ihn der Nerv des Krieges, daß er dem Interessierten etwas einbringt. Alle Episoden des Buches sind Facetten dieser Botschaft.

Der Zweite Weltkrieg hat bis heute keine vergleichbare, die Erinnerung prägende und insofern auch ›authentische‹ Darstellung erfahren – weder wie der Dreißigjährige Krieg durch Grimmelshausen, noch wie Napoleons Russischer Feldzug von 1812 durch Leo Tolstoi, noch wie der Erste Weltkrieg durch Erich Maria Remarque, Ludwig Renn oder auch Ernst Jünger. Ihnen allen ist es über die reine Darstellung von einzelnen Ereignissen hinaus gelungen, das Besondere dieser Kriege zu erfassen und anschaulich zu machen: bei Grimmelshausen der Krieg als Lebensunterhalt, bei Tolstoi der Volkskrieg, bei Remarque, Renn und Jünger die Materialschlacht.

Tolstoi hat in *Krieg und Frieden* eine bestechende Beschreibung der Schlacht bei Borodino geliefert. Dabei hat er die Perspektive von Feldherr und Soldat auf eine eigenwillig pointierte Weise ineinander verschränkt. Tolstoi stellt die Schlacht dar, indem er seinen Bericht zwischen fünf unterschiedlichen Blickwinkeln wechseln läßt. Darüber hinaus greift er selbst immer wieder kommentierend in die Darstellung ein. Da sind zunächst die beiden Oberbefehlshaber, Napoleon und Kutusow, wobei sich Kutusow der Rolle des Beobachters (und Befehlshabers) auf dem Feldherrnhügel weitgehend verweigert; deswegen geht diese Perspektive zum Teil auf Boris Drubezkoj über, der den russischen Stabschef Bennigsen begleitet. Hinzu kommt der Blickwinkel des Andrej Bolkonskij, der eines jener Regimenter kommandiert, das nahezu den ganzen Tag im Granathagel steht, ohne selbst in die Kämpfe einzugreifen. Am wichtigsten für Tolstois Bericht ist freilich Pierre Besuchow, der als »Schlachtenbummler« von Position zu Position reitet und sich darum immer dort aufhalten kann, wohin sich der Schwerpunkt der Gefechte verlagert hat. Diese Verschränkung der Perspektiven bietet Tolstoi die Möglichkeit, den Gesamtablauf der Schlacht in individuellen Schicksalen zu spiegeln, ohne ins Sentimentale oder Triviale abzugleiten.

Als Tolstoi *Krieg und Frieden* niederschrieb, lagen die Berichte von Ségur und Clausewitz bereits vor, und er hat sie in seiner Darstellung auf verschiedene Weise verarbeitet.[8] Immer wieder hat er längere Reflexionsphasen über den ›Ablauf einer Schlacht im Allgemeinen‹ eingeschaltet, in denen er sich mit den Berichten Ségurs und Clausewitz' beschäftigt. Aber Tolstoi hat seine Auseinandersetzung mit Clausewitz, den er zum Inbegriff der Stabsperspektive stilisiert, nicht auf diese Reflexionsteile beschränkt, sondern ihn im Verlauf der Ereignisse auch selbst auftreten lassen: Am Abend vor der großen Schlacht erkennt Andrej Bolkonskij Clausewitz und Wolzogen, die in der Nähe vorbeireiten, und er hört folgende Worte: »›Der Krieg muß nämlich ausgedehnt werden. Der Ansicht kann ich nicht genug Wert beimessen‹, sagte der eine auf deutsch. ›Ja‹, erwiderte die andere Stimme, ›da der Zweck nur der ist, den Feind zu schwächen, kann auf Verluste, die einzelne dabei erleiden, nicht Rücksicht genommen werden.‹ ›Ganz recht‹, bestätigte die erste Stimme« (S. 1062).

Tolstoi bietet sich hier die Möglichkeit, grundsätzlich mit der Stabsperspektive des Krieges abzurechnen: »›Wenn nur das Geringste von den Dispositionen des Stabes abhinge, wäre ich der erste, der dort wäre und diese Dispositionen träfe‹«, erklärt Bolkonskij gegenüber Besuchow. Aber nicht von den Planungen des Stabes, sondern vom Geist der Truppen hänge der Ausgang einer Schlacht ab, denn, so Bolkonskij, »›eine Schlacht gewinnt immer derjenige, der fest entschlossen ist, sie zu gewinnen‹« (S. 1060). Stabsperspektive, das heißt für Tolstoi-Bolkonskij auch, den Krieg als ein Spiel zu sehen und zu betreiben. Die rechtlichen Hegungen der Kriegführung, die mit der Durchsetzung des Kriegsrechts und der Verstaatlichung der Heere nach 1648 dem Krieg den von Grimmelshausen beschriebenen Charakter genommen haben – in erster Linie eine Abfolge von Übergriffen und Grausamkeiten gegen die Zivilbevölkerung zu sein –, haben ihn in den Augen Tolstois in ein gehobenes Spielzeug verwandelt, mit dem Kaiser und Könige leichtfertig und gewissenlos umgehen. Man solle keine Gefangenen mehr machen, fordert Bolkonskij daher, das sei Ritterlichkeit, und die sei hier fehl am Platze, denn die Franzosen »sind meine Feinde und meinem Dafürhalten nach alle Verbrecher« (S. 1062). (Heinrich von Kleist hat dies in seinem Partisanendrama *Die Hermannsschlacht* ganz ähnlich gesehen.) »›Keine Gefangenen machen!‹ fuhr Fürst Andrej fort. ›Das allein würde den ganzen Krieg ändern und ihn minder grausam gestalten. So aber treiben wir den Krieg immer wieder wie ein Spiel, und das ist ekelhaft.‹ (...) ›Wenn es dieses großmütige Getue im Krieg nicht gäbe, zögen wir nur in eine Schlacht, wenn es der Mühe wert wäre, in den sicheren Tod zu gehen, wie eben jetzt. (...) Der Krieg ist keine liebenswürdige Plänkelei, sondern das Scheußlichste, was es im Leben gibt. Das muß man einsehen und darf nicht mit dem Krieg spielen. Ernst und streng müssen wir diese furchtbare Notwendigkeit hinnehmen. Und die Hauptsache ist: Der Lüge muß man den Garaus machen und den Krieg wie einen Krieg betreiben, aber nicht wie ein Spiel. Jetzt aber ist er nur ein Lieblingszeitvertreib leichtsinniger Müßiggänger.‹« (S. 1063)

Hier ist die Perspektive des Soldaten, der, wie Tolstoi sagt, »totschlägt und selbst in den Tod geht« (S. 1063), zur einzig *wahren* Betrachtung des Krieges geworden, neben der alles andere als Irrtum, Lüge und Trug erscheint (vgl. Rapoport, »Tolstoi und Clausewitz«, S. 699ff.). Deshalb ist Napoleons strategische Perspektive, der die Schlacht, wie gewohnt, vom Feldherrnhügel aus beobachtet, unwahr, während Kutusows Wahrnehmung der Schlacht aus dem Blickwinkel des Soldaten ›authentisch‹ ist. So kann er auch, als ihm Wolzogen im Auftrag des Generals Barclay meldet: »›Ich halte mich nicht für berechtigt, Eurer Durchlaucht das zu verschleiern, was ich gesehen habe... Die Truppen befinden sich in völliger Auflösung‹«, mit aller Entschiedenheit antworten: »›Wie können Sie es wagen, mein Herr, mir das zu sagen! Nichts wissen Sie. Melden Sie dem General Barclay von mir, daß seine Meldungen falsch sind und daß mir, dem Oberkommandierenden, der wahre Gang der Schlacht besser bekannt ist als ihm.‹ (...) ›Überall ist der Feind zurückgeschlagen, und dafür bin ich Gott und unseren tapferen Truppen dankbar. Der Feind ist besiegt, und morgen jagen wir ihn hinaus aus dem heiligen russischen Land‹, sagte Kutusow, bekreuzigte sich, schluchzte plötzlich auf, und Tränen traten ihm in die Augen.« (S. 1106)

Der russische Oberbefehlshaber nimmt die Schlacht wahr aus der

Perspektive des patriotischen Soldaten: Die Truppen haben tapfer gekämpft, also müssen sie gesiegt haben. Weil er von dieser Überzeugung zutiefst durchdrungen ist, kann er auch sagen, er kenne den »wahren Gang der Schlacht« besser als sein General. Und seine Sicht, so Tolstoi, ist wahr, weil nicht taktisches Raffinement und strategische Finessen, sondern die Kampfentschlossenheit und der Opfermut der Soldaten schließlich schlacht- und kriegsentscheidend sind.

Alexander Solschenizyn hat in *August Vierzehn* dieser Überzeugung Tolstois in jeder Hinsicht widersprochen. A. W. Samsonow, der als Oberbefehlshaber der russischen 2. Armee für die militärische Katastrophe von Tannenberg verantwortlich ist, erscheint über weite Strekken als Duplikat Kutusows. »War nicht«, so fragt er sich an dem Abend, als sich die Einschließung seiner Armee abzuzeichnen beginnt, »alle Strategie und Taktik, Truppenversorgung, Verbindung, Aufklärung wie Ameisengewimmel vor dem Angesicht Gottes? Und wenn Gott nach seinem Ermessen in den Kampf eingreifen sollte, wie es nach der Überlieferung in alten Zeiten mehrfach geschehen war, dann würde auf wunderbare Weise trotz aller begangenen Fehler die Schlacht gewonnen.« (S. 398) Samsonow ist nicht nur ein Duplikat, er ist die Parodie Kutusows.

Demgegenüber zeichnet Solschenizyn den deutschen Gegenspieler Hermann von François, der bei ihm an die Stelle Ludendorffs tritt, als eine Gestalt ganz aus dem Geiste des Stabes: Er disloziert und detachiert, Eisenbahnverbindungen interessieren ihn fast mehr als Gefechte, konzentriertes Artilleriefeuer auf jeden Fall mehr als ein schneidiger Bajonettangriff. Der Ausgang ist bekannt: Der russische Vorstoß endete militärisch mit der völligen Vernichtung der 2. Armee. Samsonow erschoß sich, als ihm das ganze Ausmaß seiner Niederlage bewußt wurde.

Die veränderte Bedeutung von Taktik und Strategie für den Ablauf der Schlacht hat Folgen für die Darstellung der Ereignisse: Bei Solschenizyn ist der Bericht im Unterschied zu Tolstoi stärker auf die Ebene des Stabes verlagert. Die Episoden unter den Soldaten haben nur noch illustrative Bedeutung, entscheidend sind die erläuternden Einschübe, die Dokumente und die Zeitungsübersichten, aus denen die militärische Lage wie die sie betreffenden Lügen ersichtlich werden und die den Grundriß bilden, in dem sich die Episoden der Schlacht zu einem Mosaik formen. Mehr noch: die Kampfkraft und der Opfermut der russischen Soldaten an der Spitze der 2. Armee werden dieser Armee zum Verhängnis, weil sie exakt in die strategischen Pläne der Deutschen passen. Wer allein aus der Perspektive dieser Soldaten den Verlauf der Schlacht schildern würde, würde den Schlachtverlauf verfehlen. Eine ›authentische‹ Darstellung des Geschehens bietet hier nur der Blick vom imaginären Feldherrnhügel.

VI

Immer wenn im Januar und Februar 1991 allabendlich der Oberkommandierende der alliierten Streitkräfte am Golf oder einer seiner Generäle vor die internationale Presse trat, um über den Fortgang des Luftkriegs zu berichten, machte sich erkennbar Unbehagen breit: die Videos von alliierten Luftangriffen, die der General vorführte, seine Angaben über Art und Bedeutung der zerstörten Ziele – das alles konnte schwerlich die Realität des Krieges sein. Die Angaben erschienen zweifelhaft, und in Verbindung mit den Videos suggerierten sie einen ›sauberen‹ Krieg, wie er unmöglich der Wirklichkeit entsprechen konnte. Kein Blut, keine Verletzten, keine Toten – das konnte schwerlich die Realität des Krieges sein.

Also schwärmten die in die Golfstaaten entsandten westlichen Reporter aus, um in die Nähe dessen zu kommen, was sie als die Realität des Krieges vermuteten. Sie interviewten vom Einsatz zurückgekehrte Kampfpiloten oder fuhren zu Truppenteilen, die irgendwo in der Wüste für den Landkrieg bereitgestellt worden waren, um die Soldaten zu fragen, ob sie Angst hätten vor dem bevorstehenden Bodenkrieg. Die Kampfpiloten berichteten von beträchtlichen Zerstörungen und von irakischem Abwehrfeuer, und die Soldaten in der Wüste versicherten bereitwillig, daß sie tatsächlich Angst hatten. Das schien allenthalben authentischer zu sein als die abstrakten, quantifizierten Angaben des Oberkommandierenden und die Videos, die er auf seinem Bildschirm vorführen ließ.

Aber war es auch ›authentisch‹ genug? War es auch wirklich die ›Realität‹ des Krieges, die hier eingefangen wurde? Die Mehrzahl der deutschen Journalisten scheint daran gezweifelt zu haben, und der Journalist Wilfried Scharlau hat es in einer Talkshow einmal ausdrücklich gesagt: Die ›Realität‹ des Krieges war natürlich dort, wo die Bomben einschlugen, wo die Zerstörungen angerichtet wurden, wo gestorben wurde, wo der Krieg weniger ›geführt‹ als vielmehr ›erlitten‹ wurde. Nicht dem Versuch, den Willen des Gegners mit den Mitteln der Gewalt zu brechen, als was Carl von Clausewitz den Krieg definiert hat,[9] wurde hier das Attribut der ›Realität‹ zuerkannt, sondern vielmehr den intendierten und nichtintendierten Folgen und Nebenfolgen dieses Ringens zweier politischer Willen. Nicht der aktivischen, sondern der passivischen Dimension des Krieges wurde die ›authentische‹ Form der Wahrnehmung und Erfahrung zuerkannt.

Warum? Mit Grund wird man bei Schlachtbeschreibungen und Kriegsdarstellungen aus der Sicht der Stäbe ein Interesse an Täuschung und Vertuschung unterstellen dürfen: an der Täuschung des wahrscheinlich mitlesenden, mithörenden, mitsehenden Gegners und an der Vertuschung von Fehlern und Fehlschlägen gegenüber der eigenen Bevölkerung, aber auch den das Militär kontrollierenden Politikern. Aber warum wurde neben dieser interessegeleiteten Verzerrung des Kriegsbildes aus der Sicht der Stäbe nicht auch die perspektivisch bedingte Fehlwahrnehmung derer thematisiert, die den Krieg als Opfer erfuhren? Was ist der Grund für den Authentizitätsbonus, den die Nahperspektive gegenüber der Details übergehenden, das Geschehen integrierenden Gesamtsicht des Stabes für sich in Anspruch nehmen darf? Oder noch konkreter: Warum hätte General Schwarzkopf sagen und zeigen können, was er wollte, und es wäre ihm dennoch nicht abgenommen worden, daß er den Krieg ›authentisch‹ referierte?

Zweifellos hat die Nahperspektive für sich den Vorteil, daß die meisten der Angesprochenen sich in sie hineinversetzen können, weil dies auch die Wahrnehmungsform wäre, in der sie die Dinge wahrnehmen und erleben *würden*, wenn sie am Ort des Geschehens *wären*. Man muß es dem Realitätssinn der westlichen Fernsehzuschauer zugute halten, daß sie sich insgesamt eher mit den Verplanten als mit den Planenden identifizierten und jene früher weitverbreiteten puerilen Neigungen ablegten, als zu Kriegszeiten in fast jeder, zumindest in fast jeder bürgerlichen Wohnung eine Karte hing, auf welcher der Kriegs- und Frontverlauf mit bunten Fähnchen auf- und abgesteckt worden ist.

Keine Frage: die Wahrnehmung des Krieges aus der Sicht des Generalstabs reduziert diesen auf Zahlen, Striche, Linien und Pfeile. Luftüberlegenheit, Truppenbewegungen, Versorgungslage – das sind die Daten, aus denen die Stäbe die jeweilige Lage darstellen zu können meinen. Aber die Sicht des Generalstabs ist, wie eben gezeigt, *notwendig* gekennzeichnet durch eine Unterdeckung an Subjektivität und sinnlicher Plastizität – und vor allem diese Unterdeckung dürfte dafür verantwortlich sein, daß die Perspektive der Stäbe durchgängig mit einem Authentizitätsmalus versehen wird. Wo weder Szenen noch Gesichter auftauchen und von Blut und Schmerz grundsätzlich nicht die Rede ist, weil alles Geschehen auf quantifizierbare Größen reduziert wird, da gerät das Erfordernis der Objektivierung unter den Verdacht buchstäblicher In-Humanität. Daraus resultiert die Vermutung der In-Authentizität.

Gibt nun diese inhumane Sicht des Krieges auch noch offen zu erkennen, daß sie Informationen und Daten nötigenfalls zu unterdrücken und zu verändern bereit ist, d. h. daß sie mit den Mitteln und Methoden der Zensur arbeitet, so verwandelt sich die Vermutung der Inauthentizität gänzlich in die der Unwahrhaftigkeit und Unwahrheit. Die Perspektive der Stäbe gilt nunmehr als nicht wahrheitsfähig, und das heißt, daß die ›authentische‹ Sicht, eben die ›Realität‹ des Krieges um so eher zu finden ist, je weiter man sich von der Stabsperspektive entfernt. Dem *Blick von oben*, wie ihn die Generäle haben mögen, wird die *Sicht von unten* entgegengesetzt – und die wird am stärksten verkörpert von jenen Menschen, die gerade einen Bombenangriff erlebt und erlitten haben. Was sie zu berichten haben, ist konkret, anschaulich und erfahrungsgesättigt, und es ist gekennzeichnet durch ein hohes Maß an Subjektivität und die Verweigerung gegenüber jeder Form von Quantifizierung des Erfahrenen. Hier wird unmittelbare subjektive Betroffenheit zur Darstellung gebracht. Zweifellos ist sie subjektiv ›authentisch‹ – aber ist sie darum, Solschenizyns Perspektivierung in *August Vierzehn* wieder umkehrend, auch die ›authentische‹ Form des Kriegsberichts, der Schlachtbeschreibung?

VII

Während des Golfkrieges hat die Einbeziehung der Kriegsberichterstattung in die Form der Kriegführung ihren vorläufigen Höhepunkt erreicht, auf beiden Seiten. Bei den Amerikanern in der Form einer strikten Zensur, die von vornherein unterband, daß auch nur ein getöteter amerikanischer Soldat gezeigt wurde. Nicht nur im Krieg selbst, sondern auch in der Form der Kriegsberichterstattung sollte das Vietnamtrauma überwunden werden, als, so die Meinung der Generäle, eine intensive, fast ohne Zeitverzögerung gegenüber dem Geschehen in den USA ausgestrahlte Berichterstattung das Land in tiefe Zweifel stürzte. Und auf seiten des Iraks dadurch, daß ab einem ganz bestimmten Zeitpunkt systematisch Reporter ins Land geholt und diese gezielt und ebenfalls unter dem Vorbehalt der Zensur mit den auch die Zivilbevölkerung treffenden Folgen des Bombenkriegs konfrontiert wurden.

Die Berichte hierüber, die Darstellung dessen, was von vielen als die ›Realität‹ des Krieges angesehen wurde, sollte in den westlichen Ländern, vor allem aber auch bei den arabischen Massen, die offizielle Version der Interventionsstreitkräfte widerlegen, wonach der Krieg nicht gegen das irakische Volk, sondern nur gegen dessen Diktator und seine Streitkräfte geführt wurde. Pointiert wird man darum sagen können: Während der gesamten Dauer des Luftkrieges fast hat der Irak seine Verteidigung gegen die alliierten Streitkräfte nicht mit eigenen Jagdflugzeugen, sondern mit den Kameras westlicher Medien geführt – nicht auf taktischer, sondern auf strategischer Ebene, wenn man denn mit Clausewitz Strategie definiert als den Gebrauch der Gefechte zum Zwecke des Krieges. Wie die Bomben der alliierten Luftwaffe, die militärische Ziele im Irak trafen, vor allem ein Schlag gegen die Kriegsfähigkeit des Iraks waren, so waren die Bilder von zerbombten Wohnhäusern, die durch die westlichen Medien gingen, vor allem ein Schlag gegen den Kriegswillen derer, die in den westlichen Ländern die militärische Intervention zum Zwecke der Befreiung Kuwaits gutgeheißen hatten.

Nur dem Anschein nach hat sich der Irak gegen die alliierte Luftoffensive nicht oder nur unzulänglich verteidigt; tatsächlich wurde versucht, den Schlag gegen die Moral des Gegners nicht vermittelt über die Zerstörung physischer Ziele, wie dies die herkömmliche Form der Kriegführung ist, sondern gegen die ›Moral‹ des Gegners zu führen: durch die wie auch immer aufbereitete Darstellung der Folgen seiner gegen physische Ziele geführten Angriffe. Nicht durch ihre militärische Abwehr, sondern durch die Darstellung ihrer Übermacht und der Folgen ihres Einsatzes sollte der Kriegswille der Interventionsmächte gebrochen, zumindest geschwächt werden. Mochte die Reichweite seiner Raketen nicht genügen, die USA zu erreichen, so führte Saddam Hussein den Angriff mit den Bildern der elektronischen Kameras – nicht in der Wüste, sondern in der Heimat der Interventionsstreitkräfte.[10]

Dabei machten sich die Irakis die Darstellungsdefizite zunutze, die eine Luft- im Vergleich mit einer Bodenoffensive hat. Können bei einer Bodenoffensive die angerichteten Zerstörungen noch mit den erzielten Geländegewinnen in Beziehung gesetzt werden, so gibt es bei einer Luftoffensive nichts anderes zu zeigen als eben Zerstörungen. Der Vernichtung auf der einen Seite entspricht kein darstellbares Äquivalent an Gewinn auf der anderen, weil die Vernichtung selbst der Gewinn ist. Das ist um so schwerer erträglich, je weniger die, die angegriffen werden, sich erkennbar zur Wehr setzen.

Ist derjenige, der sich nicht erkennbar zur Wehr setzt, noch als Kombattant zu bezeichnen? Die Grenzen sind schwer zu ziehen, aber immer wieder hatte es den Anschein, als werde die alliierte Luftoffensive vorwiegend gegen Nonkombattanten geführt, was unter anderem eine Folge dessen war, daß im strategischen Luftkrieg nicht Panzer und Kanonen, sondern Kommunikationssysteme, bestimmte Fabriken, Elektrizitäts- und Wasserwerke sowie Straßen und Brücken *militärische* Ziele sind. Hätte die irakische Luftwaffe versucht, diese Ziele zu schützen, so hätte deren Zerstörung den Anschein eines militärischen Erfolges wahren können. Und doch: Was ein Anschein von Schwäche war, war zugleich doch Element einer Strategie: der strategischen Mobilisierung der Weltmeinung durch die Darstellung von Schwäche und Wehrlosigkeit. Sieht man genau hin, so ist – zumindest in diesem Krieg – der Authentizitätsbonus für die Nahperspektive und der Malus für die Sicht des Generalstabs damit gleichbedeutend gewesen, daß derjenige, der sich darauf einließ, zu einem Element der irakischen Strategie wurde – ob er es wußte und wollte oder nicht.

VIII

Ein derartiger Einsatz der Kriegsberichterstattung für strategische Ziele der kriegführenden Parteien ist freilich keineswegs gänzlich neu und in dieser Form erstmalig gewesen: So hat bereits im Ersten Weltkrieg die deutsche Zensur, aber sicherlich nicht nur sie, darauf geachtet, daß keine Bilder veröffentlicht wurden, auf denen eigene gefangene oder tote Soldaten zu sehen waren, weil man befürchtete, dies werde die ›Moral der Heimatfront‹ untergraben. Nicht die Zensurbestimmungen der Amerikaner am Golf, sondern ihre Liberalität in Vietnam ist das Besondere und Einmalige in der Geschichte der Kriegsberichterstattung. Das deutsche »Oberzensuramt für das Pressewesen« im Ersten Weltkrieg wollte aber nicht nur bestimmte Bilder unterdrückt, sondern andere auch veröffentlicht wissen. So lautete eine der Bestimmungen des von ihm herausgegebenen Handbuchs: »Es ist erwünscht, daß Bilder von russischen Verwüstungen in Polen zahlreich veröffentlicht werden. Solche Abbildungen machen im neutralen Ausland Eindruck.« Saddam Hussein und seine Generäle haben den Krieg einige Wochen lang nach dem Geist dieser Anweisung geführt.

Wie aber wollte das deutsche »Oberzensuramt für das Pressewesen« den Krieg dargestellt sehen? Immerhin fanden damals erstmals Kriegsillustrierte als regelmäßig erscheinende Journale Verbreitung, in denen allwöchentlich in Wort und Bild über das Geschehen an den Fronten berichtet wurde. Wohl war die Darstellung eigener Gefallener verboten, aber gleichzeitig war klar, daß es in einem Krieg Tote gab und daß deren Zahl, zumal seit dem Beginn der Materialschlachten im Westen, überaus hoch war. Darüber einfach hinwegzugehen wäre sinnlos gewesen, zumal bei einem Krieg, der sich über vier Jahre hinzog. Spätestens seit dem Scheitern der deutschen Umfassungsbewegung an der Marne war die Frage unabweisbar, was mit den Toten geschah. – Die Frage wurde beantwortet, indem man die eigenen Toten nicht als unbestattete Leichen, sondern erst nach ihrem Begräbnis wieder sichtbar werden ließ, indem man sie als Tote dem Blick entzog, um nur die Zeichen und Symbole zu zeigen, die auf ihren Tod verwiesen. Kleine, fast idyllisch anmutende Soldatenfriedhöfe waren in den Kriegsillustrierten überaus beliebt. Sie retteten den Mythos des Heldentums vor seiner Zerstörung durch Trommelfeuer, Grabenkrieg und Massengrab. Das Bild vom kleinen Soldatenfriedhof neben einer französischen Dorfkirche, wie es die Illustrierten zeigten, mag dort, wo es fotografiert worden ist, durchaus der Realität entsprochen haben – als Darstellung des Soldatentodes insgesamt, als die es verbreitet wurde, war es freilich nichts als eine Propagandalüge.

»Wie sieht wohl eine Landschaft aus«, so Ernst Jünger in seinem Kriegstagebuch *In Stahlgewittern*, »in der man die Toten über der Erde läßt?« Die Antwort erfährt, wer Jüngers Kriegstagebuch zu Ende liest. Warum hat sich Jünger diese Frage gestellt? Daß im Rahmen von Kriegshandlungen Getötete unbestattet blieben, war nicht unbedingt neu. Immerhin hat Adolph Menzel in seinen Illustrationen zu Kuglers *Geschichte Friedrichs des Großen* zumindest zweimal ein verlassenes Schlachtfeld dargestellt, auf dem tote und schwerverwundete Soldaten durch- und übereinanderlagen. Davon, daß man sie begraben hätte, ist nirgendwo die Rede. Aber als Menzels Illustrationen erschienen, lag der Siebenjährige Krieg bald hundert Jahre zurück; das Grauen so lange zurückliegender Ereignisse darzustellen war weniger bedrohlich, als wenn man sich vorstellen mußte, man selbst oder nahe Angehörige könnten schon bald eine der unbestatteten Leichen sein. Giambattista Vico hat die Religion, die Ehe und die Bestattung der Toten als die drei Merkmale des Kulturzustandes der Menschheit bezeichnet. Tote Soldaten unbestattet zu lassen war danach ein Rückfall in die Barbarei – und exakt auf diesen Rückfall zielte Jüngers Frage. Der neue Mensch, als den er in Anlehnung an Nietzsche den Frontsoldaten des Ersten

Weltkriegs bezeichnet, ist ein solcher Barbar. Er ist frei von allen Konventionen einer verlogenen Zivilisation. – Aber das war keine Antwort, die von der Kriegsberichterstattung den trauernden Hinterbliebenen in der Heimat gegeben werden konnte.

Eine andere Antwort findet sich in dem Bericht Ségurs über den Augenblick, als die Große Armee auf dem Rückzug von Moskau das Schlachtfeld von Borodino betritt, wo sie fünf Wochen zuvor in einer überaus verlustreichen Schlacht das Tor nach Moskau aufgestoßen hatte: »Von der Kologha zog man nachdenklich weiter fort, als plötzlich einige von uns einen Schrei des Entsetzens ausstießen und dadurch die Aufmerksamkeit eines jeden weckten. Ein eingestampftes, nacktes, verwüstetes Feld lag vor uns! (...) Auf diesem verheerten Felde lagen dreißigtausend halbverweste Leichname. Einige Gerippe auf dem Geröll eines Hügels überragten das Ganze; der Tod schien dort seinen Herrschersitz aufgeschlagen zu haben. (...) Der Ruf ›der Walplatz der großen Schlacht‹ scholl jetzt in einem langen und traurigen Gemurmel. (...) Im Gehen warf man noch einen letzten traurigen Blick rückwärts auf dieses ungeheure Grab so vieler Waffengefährten, die, zwecklos hingeopfert, zurückgelassen werden mußten« (*Napoleon und die Große Armee*, S. 266f.).

Stärker als der Rückzug selbst trug die Begegnung mit den Überresten des Vormarschs dazu bei, daß sich Resignation und Verzweiflung in der Armee breitmachten. Ségur selbst verarbeitet das Grauen des verlassenen Schlachtfeldes, indem er Reflexionen über die Tragik menschlichen Tuns und Strebens anstellt, nicht unähnlich denen, die Thukydides über den Untergang des athenischen Expeditionskorps auf Sizilien anstellt: »Hier hatten wir mit blutigem Schwert ein großes, großes Blatt unserer Geschichte beschrieben. Einige schnell vergängliche Trümmer zeugten noch davon. Gleichgültig könnte vielleicht der Wanderer einst über dieses Feld ziehen, das aussieht wie jedes andere. Wenn er aber erfährt, daß hier die große Schlacht geschlagen worden, so verweilt er gewiß, um jede Zufälligkeit des Bodens sich ins Gedächtnis zu prägen. Dann ruft er ohne Zweifel aus: welche Menschen! welche Anführer! welches Schicksal! Dieselben Menschen hatten dreizehn Jahre früher von Süden her über Ägypten den Krieg nach dem Orient getragen und nichts gegen die Pforten desselben vermocht! Danach haben sie Europa erobert und hierauf von Norden her Asien zu fassen gesucht, wo ihre Macht zum zweitenmal zerronnen ist! Wer hat sie denn in das Elend eines so unsteten und abenteuerlichen Lebens verstoßen? Welche Notwendigkeit oder was hat sie denn getrieben? Das Vertrauen in einen bis dahin unfehlbaren Führer, der Ehrgeiz, ein rühmlich begonnenes Werk zu vollenden; der Siegesrausch; jene unersättliche Ruhmsucht; der gewaltige Trieb, der den Menschen im Tod die Unsterblichkeit suchen läßt« (S. 267).

Der Fehlschlag, ja die sich anbahnende Katastrophe des Feldzugs von 1812 werden für Ségur zum Schlußakt in einem gewaltigen Drama menschlicher Hybris – aber das ist nur möglich mit Hilfe eines Kunstgriffs, um es freundlich zu sagen: Ségur setzt die Gefallenen von Borodino gleich mit jenen Soldaten, die Napoleon bei sich hatte, als er über Ägypten in den Orient vorzustoßen versuchte. Tatsächlich dürften außer Napoleon selbst in Rußland nur noch wenige von ihnen dabei gewesen sein. Doch durch die Anonymisierung der Toten von Borodino, ihre Gleichsetzung mit allen Soldaten der napoleonischen Feldzüge, die Verwandlung eines jeden einzelnen in einen ›unbekannten Soldaten‹, gelingt Ségur diese Identifikation. Und so bekommt der massenhafte Tod auf den Feldern von Borodino wenn auch nicht Sinn, so doch Bedeutung: als ein Beispiel menschlicher Hybris, vor deren Großartigkeit auch noch Jahrzehnte und Jahrhunderte später der vorbeikommende Wanderer innehalten und erstaunen wird. So sind die unbestatteten Toten von Borodino in die Unsterblichkeit eingegangen.

Die Idylle der kleinen Soldatenfriedhöfe, Ernst Jüngers heroischer Nihilismus, Ségurs thukydideische Geschichtsreflexionen: drei Varianten der Verarbeitung des Todes nach seinem Ansichtigwerden in vieltausendfacher Gestalt. Die Wegzensierung des Todes, wie sie zuletzt am Golf zeitweise betrieben worden ist, ist eine weitere Variante – eine freilich, die nur in ganz kurzen Kriegen praktikabel ist, weil sie unterstellt, daß mit dem Ende der Schlacht auch der Krieg beendet ist und daß die dann fällige Aufzählung der Toten ertragbar wird unter dem Eindruck des Sieges. Auf seiten der Alliierten ist diese Rechnung aufgegangen; nicht aufgegangen ist sie auf seiten des Irak.

IX

Wenn nun die Kriegsillustrierten des Ersten Weltkriegs keine toten Soldaten zeigen sollten, so mußten sie doch kämpfende Soldaten zeigen. Wie aber war es möglich, Kampfhandlungen darzustellen, ohne gleichzeitig eigene tote Soldaten ins Bild zu bekommen? – Indem man Kampfhandlungen nicht fotografierte, sondern malte! In den Kriegsillustrierten finden sich wohl auch Fotografien, aber auf ihnen ist zumeist das Leben in der Etappe dargestellt, verschiedentlich auch Kriegsgerät, fast durchweg jedoch in Ruhestellung. Kampfhandlungen wurden gemalt: bevorzugt geballte Soldatenmassen, die auf engstem Raum vorstürmten – so als gäbe es noch keine Maschinenwaffen, als werde die Schlacht noch geschlagen wie im Krieg von 1870/71 oder gar in der Zeit Napoleons.

Das vielleicht bekannteste und folgenreichste dieser Schlachtengemälde ist Fr. Grotemeyers Bild vom Angriff deutscher Reservekorps bei Langemarck am 10. November 1914. Es zeigt mit aufgepflanztem Bajonett berganstürmende Soldaten, einige von ihnen singen (das Deutschlandlied, wie der Mythos von Langemarck behauptet), einen Soldaten, der die Trommel schlägt, einen Offizier mit gezogenem Säbel: Noch einmal wird hier das Ideal des Helden in seiner ganzen Herrlichkeit vorgeführt. Tatsächlich haben sich die Ereignisse am 10. November 1914 ganz anders dargestellt: Bei starkem Nebel gingen die angreifenden Kompanien und Bataillone sprungweise vor; unter furchtbaren Verlusten brach der Angriff im Feuer englischer Maschinengewehre zusammen, fünfmal hintereinander (vgl. Schüddekopf, *Der Erste Weltkrieg*, S. 70f.). Das Bild vom kleinen Soldatenfriedhof und das Gemälde vom dichtgedrängten Angriff sollten gleichermaßen das traditionelle Kriegsbild konservieren.

Knapp zwei Jahrzehnte danach hat Ernst Jünger den Angriff von Langemarck so kommentiert: »Es sei hier erinnert an den berühmten Angriff der Kriegsfreiwilligen-Regimenter bei Langemarck. Dieses Ereignis, das weniger kriegs- als geistesgeschichtliche Bedeutung besitzt, ist in Bezug auf die Frage, welche Haltung in unserer Zeit und in unserem Raum überhaupt noch möglich ist, von hohem Rang. Wir sehen hier einen klassischen Angriff zusammenbrechen, ungeachtet der Stärke des Willens zur Macht, der die Individuen beseelt, und der moralischen und geistigen Werte, durch die sie ausgezeichnet sind. Freier Wille, Bildung, Begeisterung und der Rausch der Todesverachtung reichen nicht zu, die Schwerkraft der wenigen hundert Meter zu überwinden, auf denen der Zauber des mechanischen Todes regiert« (*Der Arbeiter*, S. 109). Es war das Maschinengewehr, das nach den in den ersten Kriegswochen noch in dichten Formationen geführten Sturmangriffen die Schlachtfelder leergefegt hat: Die Soldaten gruben sich ein, kompanie- und bataillonsweise verschwanden sie im Boden. Was war da von Krieg und Schlacht noch darzustellen? Der in den Kriegsillustrierten zu findende Rückgriff auf die Malerei war auch eine Folge der fotografischen Leere des modernen Schlachtfeldes. Der Krieg hatte, verglichen mit den Schlachten der Friderizianischen, der Napoleonischen und noch der Bismarckschen Kriege, seine Darstellbarkeit, seine Abbildbarkeit verloren.

Dieser Verlust an Darstellbarkeit betraf freilich mehr die Nahperspektive als die Sicht der Stäbe, eher den Blick von unten als den Blick von oben: Nach wie vor konnten die Stäbe ihre Fähnchen aufstecken, Pfeile und Linien aufzeichnen. Für sie veränderte sich nur, daß die Linien gegenüber den Pfeilen das Übergewicht bekamen. So richtete sich denn auch der manipulierende Zugriff der Kriegsberichterstattung weniger auf die Stabs- als auf die Nahperspektive. In ihren Bildern suggerierten die Schlachtenmaler der Kriegsillustrierten die sinnhafte Fortexistenz des Helden im Kriege, während tatsächlich der Einsatz von Maschinen- oder gar Massenvernichtungswaffen, wie Gas, aber auch der Beginn der Materialschlachten die heroische Kampfweise beendet.

X

Was heißt es hinsichtlich der Feldpostbriefe und Generalstabsaufzeichnungen und der eingangs aufgeworfenen Frage, wo das ›authentischere‹ Bild des Krieges zu finden sei? Das beschriebene Dilemma, daß in der einen Hinsicht die Aufzeichnungen des Stabes in ihrer nüchternen Addition von Zahlen den Kriegsverlauf präzise wiedergeben, in anderer Hinsicht aber die Feldpostbriefe die Ereignisse aus persönlicher Betroffenheit korrekt beschreiben, läßt sich offenbar nicht länger in der tolstoischen Manier auflösen, indem die Perspektive des Soldaten als wahr und die des Stabes als unwahr gekennzeichnet wird; doch auch die umgekehrte Darstellung allein vom imaginären Feldherrnhügel aus, wie sie für die Zeit des Siebenjährigen Krieges und davor bestimmend war, würde den Ablauf des Zweiten Weltkrieges und der Kriege danach verfehlen. Und auch Solschenizyns Mischung würde in diesem Fall wohl ins Triviale abgleiten.

Die Schlachtbeschreibung vom Feldherrnhügel aus, so wird man zusammenfassen können, ist dort ›authentisch‹, wo der Krieg ein Krieg der Könige und Kaiser und ihrer (Söldner-)Heere gegeneinander ist und das *Volk* den Ereignissen nur vom Rande her zusieht. Um Schlesien wurde zwischen den Heeren Friedrichs und Maria Theresias gekämpft; die Schlesier selbst spielten bei diesem Kampf kaum eine Rolle. Die Schlachtbeschreibung aus der Perspektive des Soldaten beginnt sich demgegenüber dort durchzusetzen, wo der Krieg aus einem Krieg der Kabinette zu einem Krieg der *Völker* geworden ist, wo patriotische Massenheere ins Feld geschickt werden, in denen Angehörige fast jeder Familie stehen und mitkämpfen. Deren Briefe und Erzählungen gelten nun als die einzig ›authentische‹ Schlachtbeschreibung.

Der Erste und der Zweite Weltkrieg waren Kriege der Generäle, die »Menschenmaterial« gegeneinander ins Feld führten, und sie waren auch Kriege der Völker, die daran in einem Ausmaße beteiligt waren wie an keinem Krieg zuvor. Was waren sie mehr, was waren sie vor allem? Man mag diese Alternative als überzogen bezeichnen, aber man wird nicht bestreiten können, daß, wenn die Stabsperspektive authentisch ist, die Perspektive des Soldaten nicht authentisch sein kann – außer der Soldat begreift sich selbst als das Material, als das ihn der Stab sieht. Es spricht für die unerbittliche Konsequenz Tolstois, daß er, als er die Perspektive des Soldaten als authentisch behauptete, die Authentizität der Stabsperspektive kategorisch bestritt.

Klarer als der Zweite markiert der Erste Weltkrieg (zumindest im Westen) die Wandlung des Krieges aus einem ›Kampf zwischen Menschen unter Zuhilfenahme von Waffen‹ in eine ›Anwendung von Waffen unter Inkaufnahme des Todes von Menschen‹. Die ersten Jahre des Zweiten Weltkrieges mögen diese Entwicklung zunächst verschleiert haben, weswegen ihn viele zunächst als »Überwindung« des Materialschlachtkrieges angesehen haben. Spätestens die Bombardierung ganzer Städte hat diese Täuschung beseitigt. Auf den Schlachtfeldern des Großen Krieges (der hier sehr genau vom Kleinen Krieg, der *Guerilla*, zu unterscheiden ist) gibt es seitdem keine Subjekte mehr, sondern nur noch Objekte, die gelegentlich glauben, Subjekte zu sein. Es ist, um zum Golfkrieg zurückzukommen, eine trügerische Illusion, wenn man meint, man könne dieser Konsequenz entgehen, indem man die Nahperspektive auf eine passivische Wahrnehmungsform einschränkt. Genau die findet sich auch bei Jünger – mitsamt der dann zwingenden Konsequenz, die Passivität als höhere Form der Aktivität zu camouflieren. Fast alle Kriegsberichterstatter sind dieser Suggestion im Golfkrieg erlegen.

Anmerkungen

Krieg und Frieden

Stark überarbeitete Fassung des Aufsatzes »Krieg und Frieden«, erstmals erschienen in *Politikwissenschaft. Begriffe – Analysen – Theorien. Ein Grundkurs*, hrsg. von Iring Fetscher und Herfried Münkler, Reinbek b. Hamburg 1985, ^{2}1990. In die überarbeitete Fassung sind Teile des Vortrags »Staat und Politik« eingegangen, den ich am 25. April 1988 auf Einladung des Forschungszentrums Kriege, Rüstung und Entwicklung im Institut für Politische Wissenschaft an der Universität Hamburg gehalten habe.

1 Dies gilt bei Hobbes jedoch nur für den Staatenkrieg nach Abschluß des Gesellschaftsvertrags und der damit gleichzeitigen Übertragung aller natürlichen Rechte der Menschen, darunter auch dem des Gewaltgebrauchs, auf den Souverän. Erst dadurch wird der Krieg limitiert. Über den Zustand vor Abschluß des Gesellschaftsvertrages sagt Hobbes (*Leviathan*, S. 96): »Daraus ergibt sich klar, daß die Menschen während der Zeit, in der sie ohne eine allgemeine, sie alle im Zaum haltende Macht leben, sich in einem Zustand befinden, der Krieg genannt wird, und zwar in einem Krieg eines jeden gegen jeden. Denn *Krieg* besteht nicht nur in Schlachten oder Kampfhandlungen, sondern in einem Zeitraum, in dem der Wille zum Kampf genügend bekannt ist. Und deshalb gehört zum Wesen des Krieges der Begriff *Zeit*, wie zum Wesen des Wetters. Denn wie das Wesen des schlechten Wetters nicht in ein oder zwei Regenschauern liegt, sondern in einer Neigung hierzu während mehrerer Tage, so besteht das Wesen des Krieges nicht in tatsächlichen Kampfhandlungen, sondern in der bekannten Bereitschaft dazu während der ganzen Zeit, in der man sich des Gegenteils nicht sicher sein kann. Jede andere Zeit ist *Frieden*.« Das aber heißt, daß im Zustand vor Abschluß des Gesellschaftsvertrages, im Naturzustand, der Kriegszustand permanent ist und es erst durch die Einsetzung des Souveräns gelingt, den Frieden dem Krieg abzuringen. Erst der Souverän, so Hobbes' These, schafft Frieden. Dieser Frieden aber hängt davon ab, daß er allein ihn definiert und sonst keiner mit normativen Theorien, der die souveräne Definitionskompetenz zu intervenieren befugt ist.

2 In dem Aufsatz »Die Geschichtliche Struktur des heutigen Weltgegensatzes von Ost und West« hat Schmitt den Ost-West-Konflikt als Gegensatz zwischen Land und Meer dechiffriert (ähnlich in dem bald darauf entstandenen Aufsatz »Die planetarische Spannung zwischen Ost und West und der Gegensatz von Land und Meer«) – gestützt unter anderem auf die Selbstbezeichnung des westlichen Bündnisses als Nordatlantik-Pakt (S. 142ff.). Dazu bemerkt er: »Die Welt des freien Meeres tritt der staatlichen Welt des festen Landes als eine andere Welt

entgegen, mit einer nicht staatlichen, sondern gesellschaftlichen Lebensordnung, mit eigenen, gegenüber der Welt des Kontinents verschiedenen Begriffen von Feind und Krieg und Beute« (S. 160).

3 Die Geltung des Clausewitzschen Kriegsepigramms hängt offenbar jedoch nicht daran, daß es der Staat ist, der als das den Krieg instrumentell handhabende politische Subjekt vorausgesetzt wird. So hat Lenin, als er während der ersten Hälfte des Jahres 1915 im Schweizer Exil sich intensiv mit Clausewitz beschäftigte und dessen Werk *Vom Kriege* exzerpierte, dessen Definition des Krieges als Fortsetzung der Politik mit anderen Mitteln vollinhaltlich übernommen (vgl. Hahlweg, »Lenin und Clausewitz«, S. 599ff., insb. S. 629ff.). In dem Artikel *Das Militärprogramm der proletarischen Revolution*, der im Sept./Okt. 1916 veröffentlicht wurde, bezieht er sich ausdrücklich auf Clausewitz' Formel: »Es wäre theoretisch grundfalsch zu vergessen, daß jeder Krieg nur die Fortsetzung der Politik mit anderen Mitteln ist; der jetzige imperialistische Krieg ist die Fortsetzung der imperialistischen Politik zweier Gruppen von Großmächten, und diese Politik wurde durch die Gesamtheit der Verhältnisse der imperialistischen Epoche erzeugt und genährt. Aber dieselbe Epoche muß notwendig die Politik des Kampfes gegen nationale Unterdrückung und des Kampfes des Proletariats gegen die Bourgeoisie erzeugen« (zit. nach Hahlweg, »Lenin und Clausewitz«, S. 636). Keineswegs ist für Lenin der Staat, wie Clausewitz ihn bezeichnet hat, der »Repräsentant aller Interessen der gesamten Gesellschaft« (*Vom Kriege*, S. 993), und Lenin sieht im Staat auch nicht das einzige Subjekt, das sich des Krieges als Mittel bei der Durchsetzung seines Willens und der Verfolgung seiner Interessen zu bedienen vermag, denn ebensogut wie Staaten oder Gruppen von Großmächten können dies auch nationale Befreiungsbewegungen oder das Proletariat. Was Lenin jedoch, ebenso wie Clausewitz, voraussetzt, ist, daß es sich bei ihnen um identische Subjekte der Geschichte handelt, d. h., daß sie bzw. (was Lenin wohl für das Wahrscheinlichere gehalten haben dürfte) die sie vertretenden Parteien als jeweilige Avantgarde von nationalistischen Befreiungsbewegungen und/oder Proletariat über einen Willen und ein Bewußtsein ihrer Interessen verfügen und sich nicht erst qua Krieg als politische Subjekte konstituieren, d. h. zum Bewußtsein ihrer Interessen und zu einem an diesen Interessen ausgerichteten politischen Willen gelangen. Dann nämlich wären nicht Staaten, Großmächte, nationale Befreiungsbewegungen, das internationale Proletariat etc. die sich des Krieges bei der Verfolgung ihrer Interessen bedienenden Subjekte der Geschichte, sondern Subjekt, ja gleichsam Metasubjekt der Geschichte wäre, ganz im Sinne des Heraklitismus, der Krieg selbst, insofern er es wäre, der die Agenten und Träger der Geschichte hervorbringt, der sie aufsteigen läßt und der schließlich auch für ihren Untergang sorgt.

4 Es sind freilich Clausewitzsche Denkmuster, mit denen Anders die Frage beantwortet, ob die Atombombe ein »Mittel« sein könne, wie es Clausewitz in seinem Kriegsepigramm vom Krieg generell ausgesagt hatte. Anders verneint: Die Bombe ist kein »Mittel«, weil »ihr geringster Effekt, wenn sie eingesetzt würde, größer wäre als jeder noch so große von Menschen eingesetzte (politische, militärische) Zweck (...), effectus transzendit finem; (...) Einen derartigen Gegenstand ein ›Mittel‹ zu nennen, wäre absurd« (*Antiquiertheit*, Bd. 1, S. 249). Auch bei Anders findet sich übrigens eine Variation des Clausewitzschen Kriegsepigramms vom Krieg als Fortsetzung der Politik mit anderen Mitteln, wobei Anders

den Krieg nicht auf die Politik, sondern den Kapitalismus bezieht: »Den *Krieg* als eine Zäsur im Leben der kapitalistischen Industrie anzusehen, wäre *freilich* falsch. Vielmehr stellt er, um die berühmte Clausewitzsche Definition abzuwandeln, nur *eine Fortsetzung der friedlichen Produktzerstörung mit anderen Mitteln* dar« (*Antiquiertheit*, Bd. 2, S. 285).

5 Das hat die europäischen Staaten jedoch nicht daran gehindert, weiterhin in »Kriegsmanifesten« die jeweilige Berechtigung ihrer Ansprüche auf bestimmte Territorien darzulegen und dabei den eigenen Krieg als Zweck darzustellen (vgl. Repgen, *Kriegslegitimationen*, S. 21).

6 Sicherlich ist richtig, wie dies Ekkehart Krippendorff in seiner Studie *Staat und Krieg* zu zeigen versucht hat, daß die Herausbildung staatenähnlicher Organisationen den Krieg, verstanden als bewaffnet auszutragenden Konflikt zwischen Großgruppen, intensiviert hat und daß vor allem der neuzeitliche Staat, jene territorialisierte, zentralisierte und auf institutionelle Dauerhaftigkeit ausgerichtete Größe, die eigentlich erst im strengen Sinne des Begriffs als Staat bezeichnet werden kann, zu einer bis dahin unvorstellbaren Intensivierung kriegerischer Konflikte beigetragen hat. Das Finanzaufkommen des zentralisierten Territorialstaates erst hat jene riesigen Heeresaufgebote und jene gewaltigen Geschützparks ermöglicht, die seit 1494, seit dem Einmarsch Karls VIII. in Italien, das Bild der Kriegführung in Europa grundlegend verändert haben (vgl. Parker, *Die militärische Revolution*, S. 25 ff.). Und selbstverständlich wären die Massenheere des 19. und 20. Jahrhunderts in Europa nicht aufstellbar, nicht bewegbar und nicht einsetzbar gewesen ohne die Organisationskapazität des modernen Staates. In alledem ist Krippendorffs These beizupflichten, daß der Staat eine Ursache der welthistorisch einmaligen Intensivierung des Kriegs gewesen ist. Aber der Staat war, was bei Krippendorff nicht genügend berücksichtigt wird, eine notwendige, nicht jedoch eine hinreichende Bedingung für die Intensivierung der Kriege, und er war zugleich auch – eine dialektische Wendung, die bei Krippendorff außer Betracht bleibt – die Ursache des Gegenteils von Krieg: des Friedens.
Die Gesellschaft des Mittelalters, eine Gesellschaft ohne Staat im strengen Sinne, war eine zutiefst gewalttätige Gesellschaft; wohl gab es in ihr infolge der feudalen Organisation, der Kleinräumigkeit von Herrschaft, des relativ niedrigen qua Steuern abschöpfbaren Surplusanteils etc. keine der neuzeitlichen Staatengemeinschaft vergleichbaren Kriege. Dafür jedoch war die Gewalt endemisch; statt sich in räumlich und zeitlich begrenzten Konflikten zu entladen, beherrschte sie den Alltag der Menschen (vgl. Borst, *Lebensformen im Mittelalter*, S. 61 ff., 423 ff.). Die Gottesfriedensbewegung am Anfang des Hochmittelalters (vgl. Bloch, *Die Feudalgesellschaft*, S. 494 ff.) ist Ausdruck dieser verbreiteten Friedenssehnsucht der Menschen, und die allmähliche Ausdifferenzierung staatlicher Strukturen, noch im Medium des Feudalismus, aber schon gegen diesen gerichtet, konnte sich auf diese Friedenssehnsucht stützen. Aus der Permanenz von Konflikt und Belligerenz, aus der Allgegenwart der Gewalt hat der neuzeitliche Staat durch die Zentralisierung und Monopolisierung legitimer physischer Gewalt Krieg und Frieden erst geschaffen, nicht nur nach innen, sondern auch nach außen, insofern überhaupt er erst Innen und Außen getrennt hat, indem er sich selbst als Trennwand zwischen beidem konstituierte. Der neuzeitliche Staat setzt *Innen* und *Außen* als politische Fundamentalunterscheidung an die Stelle von *Oben* und *Unten*, welche die politischen Hauptblickrichtungen des Feudalismus dargestellt

hatten. Die Errichtung des neuzeitlichen Staates hat neue politische Kraftfelder, neue Strukturen geschaffen, durch die Innen und Außen, Krieg und Frieden und anderes mehr erst als kontrastierende Begriffe und Zustände hergestellt wurden. Erst dadurch wurde, wie Carl Schmitt immer wieder betont hat, der Frieden im Innern möglich; dadurch wurden aber auch, wie Krippendorff herausgestellt hat, die bewaffneten Konfliktaustragungen zu zwischenstaatlichen Kriegen intensiviert. Jedes für sich genommen ist nur die halbe Wahrheit, denn beide Aspekte gehören unzertrennlich zusammen.

Dialektik des Militarismus oder Hegung des Krieges

Überarbeitete und erweiterte Fassung des Aufsatzes »Krieg und Frieden bei Clausewitz, Engels und Carl Schmitt. Dialektik des Militarismus oder Hegung des Krieges«, der erstmals in der Zeitschrift *Leviathan*, 10. Jg., 1982, Heft 1, veröffentlicht worden ist.

1 Die Unterschiede zwischen absolutistischer und revolutionärer Kriegführung sind herausgearbeitet bei Delbrück (»Über die Verschiedenheit der Strategie Friedrichs und Napoleons«, S. 224 ff.), Kessel (*Die Wandlung der Kriegskunst*, S. 248 ff.), Vagts (*A History of Militarism*, S. 107 ff.) sowie Langewiesche (Hrsg.), (*Revolution und Krieg*, S. 33 ff. und 57 ff.).

2 In Ulrich Bräkers Lebensbeschreibung *Der arme Mann im Tockenburg* (S. 90–136) findet sich eine eingehende Beschreibung des Söldnerlebens in Preußen – von der Anwerbung bis zur Desertion.

3 Über die Verteilung des Steueraufkommens für die Militärausgaben, die in Preußen bis zu ⅘ der gesamten Staatseinnahmen ausmachten, informiert die Untersuchung von Büsch (*Militärsystem und Sozialleben*, S. 2 ff., 21 f.). Büschs These von der Strukturierung des preußischen Sozialsystems nach den Erfordernissen der Armee kann als Bestätigung für die historische Richtigkeit von Friedrichs Bemerkung bei Hohenfriedberg herangezogen werden.

4 In der berühmten Schilderung, die Theodor Fontane im *Schach von Wuthenow* von der – wie es dort heißt – »Abschiedsrevue der fridericianischen Armee« gegeben hat, steht auch der Satz: »Enthusiastischer Jubel begleitete den Anmarsch, und wahrlich, wer sie so heranziehen sah, dem mußte das Herz in patriotisch stolzer Erregung höher schlagen« (Fontane, *Sämtliche Romane*, VIII, S. 64). Fontane hat hier den patriotischen Enthusiasmus bei Paraden im Preußen seiner Zeit in die Ära vor 1806 zurückprojiziert, wo er nicht, oder allenfalls bei wenigen, zu finden war. In einem Brief an Droysen sprach der ostpreußische Oberpräsident von Schön von der Abneigung des Volkes gegen die Armee, da diese vor 1806 das Volk nur tyrannisiert habe (Droysen, *Briefwechsel*, S. 656). Vgl. dazu auch die Untersuchungen von Epstein (*Ursprünge des Konservativismus*, S. 397, 401) und Büsch (*Militärsystem und Sozialleben*, S. 21 ff.).

5 Stefan Zweig hat in den *Sternstunden der Menschheit* der Entstehung der Marseillaise eine seiner zwölf historischen Miniaturen gewidmet (»Das Genie einer Nacht«), in der er die sprachliche und musikalische Umsetzung des revolutionär-patriotischen Pathos nachgezeichnet hat.

6 Die Requisitionen, welche die französischen Armeen unter Bernadotte und

Jourdan im Jahre 1796 in Deutschland vornahmen, haben der Revolutionsbegeisterung vieler Intellektueller in Deutschland einen schweren Schlag versetzt. So heißt es in Hölderlins *Hyperion*: »Es ist aus, Diotima! Unsere Leute haben geplündert, gemordet, ohne Unterschied, auch unsere Brüder sind erschlagen. (...) In der Tat! Es war ein außerordentliches Projekt, durch eine Räuberbande mein Elysium zu pflanzen« (Hölderlin, *Werke*, S. 319f.).

7 Der Einfluß von Kant auf Clausewitz ist umstritten: Während Wagner (*Die preußischen Reformer*, S. 142) Clausewitz einen »Kantianer« nennt, spricht Weniger (»Philosophie und Bildung im Denken von Clausewitz«, S. 141) davon, die Begegnung mit Kant sei für Clausewitz ein prägendes »Bildungserlebnis« gewesen. Türpe (»Carl von Clausewitz' Verhältnis zur Philosophie«, S. 531) weist auf eine geistige Verwandtschaft wesentlicher Überlegungen bei Clausewitz mit Kants *Kritik der Urteilskraft* hin. Demgegenüber hat Rothfels gezögert, »Clausewitz der eigentlichen geistigen Einflußsphäre Kants zuzuweisen« (Rothfels, *Carl von Clausewitz*, S. 23); ähnliches gilt für Aron (*Clausewitz*, S. 318), der jedoch eine Beeinflussung durch Kant für wahrscheinlicher hält als eine durch Hegel.

8 »Einer großen und allgemeinen Revolution«, schrieb Clausewitz 1809, »kann Europa nicht entgehen (...). Nur die Könige, die in den wahren Geist dieser großen Reformation eingehen, ihr selbst voranzuschreiten wissen, werden sich erhalten können« (zit. nach Rothfels, *Carl von Clausewitz*, S. 142).

9 Am 7.1.1858 schrieb Engels in einem Brief an Marx über Clausewitz: »Sonderbare Art zu philosophieren, der Sache nach aber sehr gut« (MEW, XXIX, S. 252). 1887 erklärte Engels noch einmal, Preußen habe »in Clausewitz einen Stern erster Größe hervorgebracht« (MEW, XXI, S. 350). Engels' Bezugnahmen auf Clausewitz sind zusammengestellt bei Blasius (»Clausewitz und die Hauptdenker des Marxismus«, S. 278f.) und Wallach (*Die Kriegslehre von Friedrich Engels*, S. 13ff.). – »Clausewitz ist ein politischer Denker« – in dieser These gipfelt die Clausewitz-Rezeption Carl Schmitts (»Clausewitz als politischer Denker«, S. 480); auch in seiner *Theorie des Partisanen* (S. 45ff.) hat sich Schmitt eingehend mit Clausewitz auseinandergesetzt, außerdem Schmitt und Schickel, *Gespräch über den Partisanen*, S. 20ff.

10 Engels hat diese These in seinem Aufsatz *Taktik der Infanterie aus den materiellen Ursachen abgeleitet. 1700–1870* (MEW, XX, S. 597ff.) eingehend zu belegen versucht.

11 Moltkes strategische Neuerungen sind eingehend dargestellt bei Wallach (S. 72ff.). Vier Jahre später freilich hat Engels, inzwischen mit Moltkes Strategie besser vertraut, bereits in einem Zeitungsbericht vom 26.8.1870 Mac-Mahons Einschließung und Kapitulation bei Sedan vorausgesagt, die eine Woche danach so erfolgte (MEW, XVII, S. 70; dazu Mayer, *Friedrich Engels* II, S. 193).

12 Während Marx in der berühmten Formulierung von der Gewalt, die »selbst eine ökonomische Potenz« sei (MEW, XXIII, S. 779), eine tendenziell dialektische Beziehung zwischen Produktion und Gewalt ins Auge gefaßt hat, hat Engels dieses Verhältnis hier auf eine mechanische Relation gekürzt. An anderer Stelle – in der Frage der deutschen Reichseinigung – hat Engels der Gewalt jedoch ebenfalls den Status einer ökonomischen Potenz zugebilligt (MEW, XXI, S. 407ff.).

13 Zur These der wechselseitigen Stimulation von technischer Entwicklung und Kriegführung bei Marx und Engels vgl. Vagts, *History of Militarism*, S. 35.

14 In mancher Hinsicht ist dieser Gegensatz auch in jüngeren Arbeiten zur Kriegsgeschichte erkennbar, etwa bei Parker (*Die militärische Revolution*), der stärker die politischen und militärtechnischen Veränderungen herausstellt, und bei Zinn (*Kanonen und Pest*), der vor allem auf technologische Innovationen abhebt.

15 Hegels Grundüberzeugung war auch hier: »Das Technische findet sich ein, wenn das Bedürfnis vorhanden ist« (*Werke*, XII, S. 491). Engels' Gegenposition würde lauten: Ist das Technische erst vorhanden, so stellt sich auch bald das Bedürfnis danach ein.

16 Carl Schmitt hat den preußischen Verfassungskonflikt »das Zentralereignis der innerdeutschen Geschichte des letzten Jahrhunderts« genannt (Schmitt, *Staatsgefüge und Zusammenbruch*, S. 10).

17 Tatsächlich haben Teile des preußischen Offizierskorps in innerpolitischen Konflikten immer wieder mit dem Gedanken des Staatsstreichs und der Militärdiktatur gespielt (vgl. Craig, *Die preußisch-deutsche Armee*, S. 136ff., 179ff.).

18 Die Niederlage Napoleons III. gegen Preußen-Deutschland wurde von Engels in den beiden Artikeln »Aufstieg und Niedergang der Armeen« und »Wie die Preußen zu schlagen sind« vor allem mit der mangelhaften Durchführung der allgemeinen Wehrpflicht in Frankreich erklärt (MEW, XVII, S. 100, 107). Engels zufolge bestand der Bonapartismus insbesondere des Zweiten Kaiserreichs aus einem Wechselspiel zwischen militärischen Erfolgen nach außen und politischer Stabilisierung nach innen; nur so vermochte Napoleon III., wie Engels in dem Artikel »Po und Rhein« schrieb, »die ›patriotische Überkraft‹ der revolutionären Massen und das gärende Mißbehagen der ›Bourgeoisie‹ zu pazifizieren. Den einen gab er »nationale Beschäftigung«, den anderen »die Aussicht auf einen neuen Markt« (MEW, XIII, S. 227). Napoleon III. war, so Engels in dem bald darauf verfaßten Artikel »Savoyen, Nizza und der Rhein«, ein Herrscher, »der Krieg führen muß, der erobern muß, nur um bestehen zu können« (MEW, XIII, S. 608), für den zugleich aber auch die Kosten der äußeren Erfolge (Heeresgröße, Wehrpflicht) deren Ertrag (neue Märkte) nicht übersteigen durften, da sich die französische Bourgeoisie sonst von ihm abgewandt hätte. An diesem Balanceakt zwischen, um mit Clausewitz zu reden, Eskalation und Mäßigung der Kriegsanstrengungen ist er 1870 gescheitert (vgl. Wette, *Kriegstheorien*, S. 47f.).

19 Der Konflikt zwischen Generalstab und Kriegsminister fand in den Jahren 1912/13 eine Neuauflage (vgl. Fischer, *Krieg der Illusionen*, S. 253f.; *Griff nach der Weltmacht*, S. 36f.).

20 Nach 1933 ist eine in vieler Hinsicht umgekehrte Situation entstanden. In einem Gespräch während des Krieges soll Hitler erklärt haben, er habe in den ersten Jahren seiner Macht jeden Konflikt mit der Wehrmachtsführung sorgsam vermieden, jedoch nur so lange, bis es möglich gewesen sei, die allgemeine Wehrpflicht einzuführen: »Sobald dies einmal geschafft wäre, sagte ich mir, würde mich das Einströmen der Volksmassen in die Wehrmacht und mit ihm das Eindringen nationalsozialistischen Geistes und die ständig wachsende Macht der nationalsozialistischen Bewegung in die Lage versetzen, jede Opposition in der Wehrmacht und vor allem im Offizierskorps zu überwinden« (zit. nach Craig, *Die preußisch-deutsche Armee*, S. 520).

21 Zur Entwicklung der strategischen Doktrin, die im Schlieffenplan und dem My-

thos von Cannae gipfelte, vgl. Kutz, *Realitätspflicht und Aggression*, S. 28ff., sowie Wallach, *Das Dogma der Vernichtungsschlacht*, S. 62f.

22 Ansatzweise findet sich diese geschichtsphilosophische Rechtfertigung des Krieges sogar in Kants Schrift *Zum ewigen Frieden*, wenn dort unter den Veranstaltungen der Natur, welche die »Friedenssicherung notwendig« gemacht haben, auch davon die Rede ist, daß die Natur die Menschen »durch Krieg allerwärts hin, selbst in die unwirtbarsten Gegenden, getrieben hat, um sie zu bevölkern« (Kant, *Werke*, IX, S. 219f.). »Indem die Natur nun dafür gesorgt hat, daß Menschen allerwärts auf Erden leben *konnten*, so hat sie zugleich auch despotisch gewollt, daß sie allerwärts leben sollten, wenn gleich wider ihre Neigung, und selbst ohne daß dieses Sollen einen Pflichtbegriff voraussetzte, der sie hierzu, vermittelst eines moralischen Gesetzes, verbände, – sondern sie hat, zu diesem ihrem Zweck zu gelangen, den Krieg gewählt« (Kant, *Werke*, IX, S. 211).

23 Mit dem Frieden von Münster und Osnabrück geht die Zeit der Glaubenskriege zu Ende: Unter Aufnahme der Formel des Augsburger Religionsfriedens (1555) – »cuius regio, eius religio« – wurde nicht nur die Einheit von Staatsgebiet und Religionszugehörigkeit wiederhergestellt, sondern zugleich auch der Primat des Staates gegenüber der Religion durchgesetzt. Carl Schmitt zufolge war dies die wichtigste Voraussetzung für die Hegung des Krieges. An die Arbeiten Carl Schmitts anknüpfend, hat Reinhart Koselleck diesen Vorgang als Konstitution des europäischen Absolutismus beschrieben (Koselleck, *Kritik und Krise*, S. 11ff.). – Parallel hierzu erfolgte die Ablösung der als Kriegs-Unternehmer (Condottieri) fungierenden Obristen durch die staatliche Intendantur; ein Vorgang, der in Preußen im wesentlichen unter der Regierung des Großen Kurfürsten (1640–1688) vollzogen wurde (vgl. Craig, *Die preußisch-deutsche Armee*, S. 23ff.; Clark, *War and Society in 17th Century*, S. 72; Parker, *Militärische Revolution*, S. 25ff.).

24 Im Gegensatz zu Carl Schmitt, der die Hegung des Krieges vorwiegend außenpolitisch und juristisch begründete, hat Clausewitz vor allem die inneren Verhältnisse der europäischen Staaten für die gemäßigte Kriegführung verantwortlich gemacht. So spricht er davon, der gehegte Krieg sei »ein bloßes Geschäft der Regierungen« gewesen, »welches sie vermittelst der Taler in ihrem Koffer und der müßigen Herumtreiber in ihren und den benachbarten Provinzen zustande brachten« (Clausewitz, *Vom Kriege*, S. 967). Erst die revolutionäre Durchbrechung der Hegungen des Krieges habe das Heer aus einem »Staat im Staate« (ebd., S. 967) wieder in eine Angelegenheit des Volkes zurückverwandelt.

25 Schmitt weist auf die Unterscheidung der lateinischen Sprache zwischen dem öffentlichen und dem privaten Feind (*hostis – inimicus*) hin und stellt bedauernd fest: »Die deutsche Sprache, wie auch andere Sprachen, unterscheidet nicht zwischen dem privaten und dem politischen ›Feind‹, so daß hier viele Mißverständnisse und Fälschungen möglich sind« (Schmitt, *Der Begriff des Politischen*, S. 29). Offensichtlich hat ihn seine Bindung an etymologische Ableitungen davon abgehalten, zu erwägen, inwieweit auch im Deutschen in den Begriffen *Feind* und *Gegner* eine vergleichbare, wenn auch nicht deckungsgleiche Unterscheidung angelegt ist. Gegnerschaft vollzieht sich in einem abgesteckten, um mit Schmitt zu reden, »gehegten« Rahmen; Feindschaft hingegen tendiert zum Absoluten. Auf der Grundlage dieser Erwägungen hätte Carl Schmitt zu dem

Ergebnis kommen können, nicht Freund und *Feind*, sondern Freund und *Gegner* seien die Letztunterscheidungen des Politischen.

26 In Preußen waren auch beurlaubte Soldaten verpflichtet, Teile ihrer Montur zu tragen und so als Soldaten erkennbar zu sein. Dies war jedoch weniger in Fragen des Kriegsrechts begründet als vielmehr in der Furcht der preußischen Könige, ihre zwei Drittel des Jahres beurlaubten Kantonisten könnten sich aus Soldaten, in die sie mit großer Mühe verwandelt worden waren, wieder in Bauern zurückentwickeln (Büsch, *Militärsystem und Sozialleben*, S. 29f.). Neben der Kenntlichmachung der Kombattanten lag eine wesentliche Funktion der Uniform immer auch in der inneren Militarisierung der Gesellschaft.

27 Völlig ausgeblendet bleibt bei Schmitt die Repressionsfunktion, die das vorrevolutionäre Militärsystem nach innen ausgeübt hat. Die Armee war, wie Büsch gezeigt hat (*Militärsystem und Sozialleben*, S. 21ff.), eine Institution, die auch in Friedenszeiten ständig Eigentum und Leben insbesondere der Landbevölkerung bedrohte. Dies macht auch Kants Bemerkung verständlich, der davon gesprochen hat, die stete Zurüstung auf den Krieg führe dazu, daß »der Friede endlich noch drückender wird als ein kurzer Krieg« (Kant, *Werke*, IX, S. 197).

28 Vgl. hierzu die Beiträge von Elisabeth Fehrenbach (»Die Ideologisierung des Krieges und die Radikalisierung der Französischen Revolution«), Wolfram Siemann (»Heere, Freischaren, Barrikaden«), Eberhard Kolb (»Kriegsniederlage und Revolution«) und Dietrich Geyer (»Krieg und Revolution«) in Langewiesche, *Revolution und Krieg*. Insbesondere der Kleine Krieg (span. *Guerilla*), der in der absolutistischen Kriegführung ebenso gewissen Regularien unterworfen worden war wie der große Krieg (vgl. Kunisch, *Der Kleine Krieg*), wurde zum Ort der Rückkehr des Volkes in den Krieg (vgl. Schulz, *Partisanen und Volkskrieg*, sowie Münkler, *Der Partisan*).

29 Frantz Fanons Analyse der kolonialen Welt und seine Perspektive der gewaltsamen Befreiung der Kolonisierten können – sowohl was den Kolonialisten als auch den von ihm Kolonisierten anbetrifft – als Bestätigung der Schmittschen Theorie gelesen werden (vgl. Münkler, »Perspektiven der Befreiung«, S. 441ff.)

30 »Brandenburger, Preußen, Schlesier, Pommern, Litthauer!«, heißt es in dem Aufruf Friedrich Wilhelms: »Ihr wißt, was Ihr seit fast sieben Jahren erduldet habt, Ihr wißt was Euer trauriges Los ist, wenn wir den beginnenden Kampf nicht ehrenvoll enden. (...) Selbst kleinere Völker sind für gleiche Güter gegen mächtigere Feinde in den Kampf gezogen und haben den Sieg errungen. Erinnert Euch an die heldenmütigen Schweizer und Niederländer« (zit. nach: *Die Erhebung gegen Napoleon*. [= Quellen zum politischen Denken der Deutschen, Bd. II], Darmstadt 1981, S. 255).

31 In einer gemeinsam verfaßten »Denkschrift über den Landsturm« vom April 1813 stellen Gneisenau und Scharnhorst fest: »In einem solchen Kampf muß daher die größte Anstrengung entwickelt werden. Jeder Staatsbürger, er gehöre zur Armee oder nicht, muß daran teilnehmen, sei es auf mittelbare oder unmittelbare Weise.« Und sie notieren kritisch: »Es scheint indessen nicht, als ob jeder Staatsbürger eine solche Ansicht habe. Ein Schreiben des Generalmajor v[on] Borstell an den Grafen v[on] Wittgenstein tadelt in gewiß guter Meinung, aber unter falschen Ansichten, das Benehmen von Bauern in der Gegend von Magdeburg, die freiwillig an unsere fechtenden Truppen sich angeschlossen haben« (Gneisenau, *Militär-Schriften*, S. 253). Nicht überall ist also die Eskalation

vom Staaten- zum Volkskrieg auf Zustimmung und Gegenliebe gestoßen. Schmitt stand mit dieser Auffassung nicht allein.

32 Rüdiger Kramme (*Plessner und Schmitt*, S. 153 u. 207) hat darauf hingewiesen, daß auch für Helmuth Plessner der Kampf zu den Normalitäten des Lebens gehörte, während der Pazifismus die Anomalie darstelle; zu ähnlichen Nähen zwischen Schmitt und Leo Strauss vgl. Heinrich Meier, *Carl Schmitt, Leo Strauss und »Der Begriff des Politischen«*, S. 23, 29.

33 Daß in völkerrechtlicher Hinsicht das *Volk* an die Stelle des *Staates* treten könne, hat Schmitt entschieden bezweifelt: »Der völkerrechtswissenschaftliche Kampf gegen den Staatsbegriff müßte sein Ziel verfehlen, wenn er der echten Ordnungsleistung nicht gerecht würde, die – in der Wirklichkeit oft sehr problematisch, aber im Grundsatz doch immer verlangt – dem bisherigen Staatsbegriff wesentlich war. Ein zum Staat auch in diesem nur organisatorischen Sinne unfähiges Volk kann gar nicht Völkerrechtssubjekt sein. (...) Nicht alle Völker sind imstande, die Leistungsprobe zu bestehen, die in der Schaffung eines guten modernen Staatsapparates liegt, und sehr wenige sind einem modernen Materialkrieg aus eigener organisatorischer, industrieller und technischer Leistungskraft gewachsen« (»Der Reichsbegriff im Völkerrecht«, S. 310).

34 Für Schmitt hatte diese Entwicklung ihren theoretischen Niederschlag gefunden in der Ersetzung des *Krieges* durch den *Frieden* als Zentralbegriff des Völkerrechts. Dagegen Schmitt: »Man muß aber stets vom Kriege her definieren. Was nicht ›Krieg‹ ist, ist dann eben ›Frieden‹« (*Die Wendung zum diskriminierenden Kriegsbegriff*, S. 48). Die Vertauschung des Ausgangspunktes hatte eine Entrechtlichung und damit Eskalation des Krieges zur Folge, wie Schmitt meint: Ausdruck dieser Eskalation war die Preisgabe der politischen Idee der Neutralität, wobei die Neutralen für Schmitt die »Garanten und Hüter des Völkerrechts« dargestellt hatten (»Der Reichsbegriff«, S. 308).

Die Weisheit der Regierenden

Erstveröffentlichung in *Gewerkschaftliche Monatshefte*, 38. Jg., 1987, Heft 8. Überarbeitet und ergänzt.

1 Franz Kiechle (»Ursprung und Wirkung der machtpolitischen Theorien bei Thukydides«. S. 194, 299ff.) hat darum gegen Thukydides den Vorwurf erhoben, er habe in seiner Darstellung des Krieges Perikles nicht nur von der Verantwortung für den Ausbruch des Krieges freigesprochen, sondern durch die Unterscheidung von Anlaß und Ursache, verbunden mit der These vom notwendigen Konflikt zwischen zwei Machtblöcken, auch jede an der Bewahrung des Friedens orientierte Politik als Phantasterei denunziert und so durch seine Theorie, die von Kiechle als elaborierte Form der im Umkreis des Perikles umlaufenden sophistischen Politikkonzeptionen begriffen wird, objektiv *kriegsbegünstigend*, ja *kriegstreibend*, gewirkt. Vgl. hierzu Herfried Münkler, »Analytiken der Macht: Nietzsche, Machiavelli, Thukydides«, S. 27ff.

2 Zu den unterschiedlichen Politikbegriffen bei Platon und Thukydides vgl. Münkler, *Im Namen des Staates*, S. 23ff.

3 Thukydides' Unterscheidung zwischen Anlaß und Ursache des Krieges hat die

Perzeption späterer Kriegsausbrüche beeinflußt, wie umgekehrt das Verständnis des Thukydides immer durch die jeweilige Gegenwart der Interpreten geprägt worden ist; vgl. dazu Münkler, *Im Namen des Staates*, S. 334 f., Anm. 25. So hat etwa Karl Julius Beloch in seiner *Griechischen Geschichte* Thukydides ob seiner machtpolitischen Theorien kritisiert und die Kriegspolitik des Perikles als eine Ablenkung von dessen inneren Problemen verstanden. Demgegenüber ist Hermann Bengtson in seiner *Griechischen Geschichte* weitgehend der thukydideischen Darstellung gefolgt, hat jedoch mehr als Sparta dessen Verbündeten Korinth für den Ausbruch des Krieges verantwortlich gemacht, das aufgrund seiner handelspolitischen Konkurrenz zu Athen bestrebt gewesen sei, mit Hilfe Spartas Athen in die Knie zu zwingen. G. E. M. de Ste. Croix wiederum hat die entscheidende Kriegsursache in den Zielen und Methoden der spartanischen Außenpolitik gesehen. – Unverkennbar sind dies Variationen der verschiedenen Erklärungen für den Kriegsausbruch von 1914.

4 Implizit wird diese Kriegsursachenanalyse vorgetragen von Barbara Tuchman, *August 1914*, insbes. S. 95 ff. Tuchmans Analyse des Ausbruchs des Ersten Weltkriegs hat selbst Geschichte gemacht: Der amerikanische Präsident John F. Kennedy soll dieses Buch kurz vor Beginn der Kuba-Krise gelesen haben, und es ist, wie Gordon Craig und Alexander George (*Zwischen Krieg und Frieden*, S. 228) schreiben, wahrscheinlich, »daß diese Lektüre sein Bewußtsein dafür schärfte, welche Fehler Staatsmänner in Augenblicken einer dramatisch zugespitzten Krise begehen können«. Barbara Tuchman hat ihre Kriegsursachenanalytik in *Die Torheit der Regierenden* weitergeführt, dabei den personalisierend-situationistischen Ansatz stärker mit strukturellen Überlegungen verbindend, wobei sie hier jedoch nicht auf den Ausbruch des Ersten Weltkrieges eingegangen ist, sondern sich mit der Politik der Renaissancepäpste zwischen 1470 und 1530, mit dem amerikanischen Unabhängigkeitskrieg und mit dem Vietnamkrieg beschäftigt hat. Mit Entstehung und Verlauf des amerikanischen Unabhängigkeitskrieges hat sie sich noch einmal in ihrem letzten Buch *Der erste Salut* auseinandergesetzt. Was in allen Arbeiten hervortritt, ist die starke Betonung der Verantwortlichkeit der handelnden und entscheidenden Politiker: Nicht strukturelle Zwänge, sondern die Entscheidungen, die letzten Endes sie allein zu verantworten haben, sind ursächlich für Krieg und Frieden.

5 Karl Dietrich Erdmann (*Der Erste Weltkrieg*, S. 52 f.) hat aus den Aufzeichnungen und Tagebüchern Kurt Riezlers, des Sekretärs und Beraters von Reichskanzler Bethmann Hollweg, deutscherseits den »defensiven Willen zur Behauptung als Großmacht« herausgelesen, nicht jedoch die Absicht einer gewaltsamen Durchsetzung expansionistischer Ziele, wie dies Fritz Fischer (*Krieg der Illusionen*) gesehen hat. Diese Darstellung der deutschen Politik erinnert an Thukydides' Charakterisierung der spartanischen wie der athenischen Kriegspolitik: Präventivschlag aus defensivem Selbstbehauptungswillen, woraus dann, wenn beide Seiten so agieren, das »In-den-Krieg-Hineinschlittern« wird.

6 Tuchman, *August 1914*, S. 530 ff.

7 In der neueren Historiographie findet sich wieder vermehrt die Auffassung, daß die Chancen für einen militärischen Sieg der Mittelmächte in der zweiten Hälfte des Jahres 1917 nicht so schlecht standen; vgl. Marco Ferro, *Der Große Krieg 1914–1918*, S. 312 ff.

8 Am prägnantesten findet sich diese Auffassung bei Ekkehart Krippendorff,

Staat und Krieg, S. 162ff. sowie 272ff.; kritisch dazu Münkler, »Staat, Krieg und Frieden«, S. 135ff.; unter den jüngeren historischen Studien, die sich mit den militärischen Veränderungen in Europa am Beginn der Neuzeit auseinandersetzen, gesteht Geoffrey Parker (*Die militärische Revolution*) dem Staat ein größeres Gewicht zu, während Karl Georg Zinn (*Kanonen und Pest*) dem Kapitalismus größere Bedeutung bei den militärischen Veränderungen zuspricht. Zinn konzentriert sich dabei stärker auf die technologischen Veränderungen, die das Militärwesen revolutioniert haben, während Parker zeigen will, daß erst der neuzeitliche Staat in der Lage war, die Ressourcen aufzubringen, welche für die Ausrüstung und Unterhaltung eines stehenden Heeres vonnöten waren. Es ist unbestreitbar, daß der Staat die Intensität des Krieges gesteigert hat, indem er ihm neue Ressourcen zuführte, aber es sollte auch nicht übersehen werden, daß es der moderne Staat war, der Frieden als einen Rechtszustand im Innern erst folgenreich durchzusetzen in der Lage war.

9 Zusammenfassend dazu jetzt: Winfried Baumgart (Bearb.): *Die Julikrise und der Ausbruch des Ersten Weltkrieges*, S. XI–XIX.

10 Vor dem definitiven Zusammenbruch der Sowjetunion und den damit entstandenen neuen weltpolitischen Konstellationen ist in den USA eine intensive Debatte über den weltpolitischen Niedergang der USA und das Ende des ›amerikanischen Jahrhunderts‹ geführt worden; vgl. etwa William Pfaff, *Die Gefühle der Barbaren*, insbes. S. 283ff., sowie Paul Kennedy, *Aufstieg und Fall der großen Mächte*, insbes. S. 758ff.

11 Als einer der Begründer dieser Sicht kann Eckart Kehr (*Der Primat der Innenpolitik*) bezeichnet werden, der die sozio-politischen Konstellationen des Deutschen Reiches akribisch analysiert und als ein den Kriegsausbruch von 1914 entscheidend begünstigendes Element dargestellt hat.

12 Ausführlich begründet wird dieser Gedanke bei Thomas Morus im Übergang vom Ersten zum Zweiten Buch der *Utopia*, einem in Anlage und Argumentation an Platons *Politeia* orientierten Werk, wenn Raphael Hythlodaeus aufgefordert wird, er, der Weitgereiste und Vielwissende, solle zum Berater der Könige werden, um so mehr Vernunft und Weisheit in die Politik zu bringen, und er darauf antwortet: »›Auf diesem Wege‹, meinte er, ›käme nichts anderes zustande, als daß ich, während ich die Tollheit anderer Leute zu heilen versuchte, selber mit ihnen toll würde‹« (S. 36). Dabei spielen zunächst weniger innen- als außenpolitische Aspekte, zumal die Frage der Kriegsvermeidung, die entscheidende Rolle: »Und nun stelle dir vor, in dieser großen Staatsaktion, in der so viele hochansehnliche Männer wetteifernd ihre Ratschläge für den Krieg austauschen, da stünde ich schwaches Menschenkind auf und hieße das Ruder plötzlich herumwerfen, stimmte dafür, Italien aufzugeben, riete, daheim zu bleiben, Frankreich allein sei fast schon zu groß, um von einem einzigen Herrscher gut verwaltet zu werden, der König solle doch nicht glauben, er müsse noch auf Vergrößerung sinnen« (S. 30f.). Die Gesprächspartner pflichten Hythlodaeus bei, daß dieses Unterfangen aussichtslos sei, und nun entwickelt er sein großes Projekt einer strukturell anderen soziopolitischen Ordnung, das in dem Bericht über das Leben der Utopier endet.

Instrumentelle und existentielle Auffassung des Krieges...

Erstveröffentlichung in *Leviathan*, 16. Jg., 1988, Heft 2. Der Text wurde überarbeitet und ergänzt.

1 Peter Paret (»Die politischen Ansichten von Clausewitz«, S. 333) weist zu Recht auf den von Clausewitz damit vollzogenen Paradigmenwechsel in der Kriegstheorie hin, wenn er schreibt, Clausewitz sei der erste gewesen, »der die Politik in eine analytische Definition des Gesamtphänomens des Krieges einbezog«. Antoine Henri Jomini, der führende Theoretiker der Napoleonischen Kriege, hat eine Unterordnung des Krieges unter die Politik in dieser Eindeutigkeit abgelehnt (vgl. Marwedel, *Carl von Clausewitz*, S. 185 ff.), und vom Grundsatz her zurückgewiesen haben sie jene »romantischen Militaristen«, wie Alfred de Musset oder Alfred de Vigny, die fast zu derselben Zeit, als Clausewitz seine instrumentelle Kriegsauffassung entwickelte, den Tod in der Schlacht als moralisch-ästhetisches Ereignis verherrlicht haben (vgl. Rosenblum, »Romantic Militarism«, S. 258 ff.).

2 An anderer Stelle bezeichnet Clausewitz Truppenbewegungen als »Scheidemünze in dem strategischen Haushalt (...), während die Hauptschlachten (...) die Gold- und Talerstücke sind« (*Vom Kriege*, IV, 7, S. 488). Martin Kutz (*Realitätsflucht und Aggression*, S. 16) hat Clausewitz' Abkehr vom napoleonischen Vorbild durch dessen kriegsgeschichtliche Interessen untermauert: »Erst in seinen (Clausewitz', H. M.) letzten Lebensjahren werden die älteren Kriege bedeutsamer, weil sein Interesse sich an zwei neuen Fragestellungen festmacht: Eine Theorie *des* Krieges muß auch solche Erscheinungsformen erklären können, die nicht den neuesten Entwicklungen entsprechen, und zugleich gibt die Definition des Krieges als eines Instrumentes der Politik (...) die Möglichkeit, über die rationale Analyse des technisch und politisch Möglichen und Sinnvollen auch die vornapoleonischen Kriege in die Theorie einzubeziehen.« Auf der Grundlage der *Hinterlassenen Werke* hat Kutz Clausewitz' kriegsgeschichtliche Interessen zu quantifizieren versucht: »Über Napoleons Feldzüge und die zu seiner Niederwerfung in den Freiheitskriegen geführten schreibt er 1988 Druckseiten, über den letzten preußischen militärischen Heros, Friedrich den Großen, nur noch 319 Druckseiten. Alle anderen von ihm außerdem noch analysierten Kriege zusammen bringen es auf 308 Druckseiten Beschreibung und Analyse« (ebd., S. 16). Es steht außer Frage, daß die revolutionäre und napoleonische Kriegführung im Mittelpunkt des Clausewitzschen Interesses gestanden hat – aber man wird hinzufügen müssen, daß dieses Interesse sich um 1827 deutlich zugunsten der vornapoleonischen und vorrevolutionären Kriege verschoben hat.

3 Die zwingende Konsequenz dieser Überlegungen ist, daß eine Theorie des Krieges nicht aus dem Begriff des Krieges heraus entwickelt werden kann, wie Clausewitz zuvor geglaubt hatte: Die Einheit des Kriegsbegriffs liegt nicht im Krieg, sondern in der Politik, und sie erwächst aus der Einsicht, »daß der Krieg nur ein Teil des politischen Verkehrs sei, also durchaus nichts Selbständiges«. Der Krieg hat darum, wie Clausewitz fortfährt, »seine eigene Grammatik, aber nicht seine eigene Logik« (*Vom Kriege*, VIII, 6 B, S. 990 und 991).

4 Ebd., S. 998; dazu allgemein Münkler, »Carl von Clausewitz«, S. 92 ff.

5 In diesem Zusammenhang fällt der für Gneisenaus – und wohl auch für Clausewitz' – politische Einstellung bezeichnende Satz: »Das, was eine geheime Polizei aus Rede und Briefwechsel zusammenträgt, kann seiner Natur nach überhaupt nicht in redlicher Weise gesammelt sein.« – Das war eine klare und deutliche Absage an das in Karlsbad beschlossene System der Überwachung und Bespitzelung.

6 Clausewitz' Vermögen wurde wegen des Verdachts der Desertion eingezogen; Prinz Wilhelm (der spätere deutsche Kaiser), dem Clausewitz zuvor Strategie-Unterricht erteilt hatte, nannte ihn nur noch »Mr. Lausewitz«, und Prinzessin Charlotte (die spätere russische Kaiserin) empörte sich darüber, daß in einer Schrift »Clausewitz und Consorten als die größten Ehrenmänner und Vaterlandsfreunde« hingestellt worden seien (zit. nach Marwedel, *Carl von Clausewitz*, S. 33f.).

7 Gneisenau, *Militärische Schriften*, S. 374f. Derlei Befürchtungen waren jedoch durch nichts gerechtfertigt. Zwar hatte Clausewitz 1819 in der kleinen Schrift »Unsere Kriegsverfassung« (*Kleine Schriften*, S. 275–299) die Landwehr, d. h. die Volksbewaffnung, verteidigt und mit der provokanten Feststellung geschlossen: »Preußen hat das Bedürfnis sein ganzes Volk zu bewaffnen, damit es den beiden Kolossen widerstehen könne, die es von Osten und Westen her stets bedrohen werden. Soll es sein eigenes Volk mehr fürchten als diese Kolosse?«, aber derselbe Clausewitz hat in dem bald danach entstandenen Aufsatz »Umtriebe« (*Politische Schriften*, S. 153–195) sich ganz entschieden gegen den »von demokratischer Herrschsucht leidenschaftlich zerfressenen Görres« (S. 179) gewandt. Und wenn er in demselben Aufsatz schreibt: »Der Verfasser, welcher im Frühjahr 1817 durch die Eifelgegenden eine Reise zu Pferde machte, wo er meist in Dörfern und kleinen Städten übernachtete, hatte oft den herzzerreißenden Anblick dieses Elends (nach einer Mißernte, H. M.), weil diese Gegenden zu den ärmsten des Landes gehören. Verfallene Gestalten, Menschen kaum ähnlich, sah er in den Feldern umherschleichen, um aus den nicht geernteten, unreif gebliebenen und schon halb verfaulten Kartoffeln noch Nahrung zu suchen«, und wenn er hinzufügt, er habe »nie anders als mit Bitterkeit und empörtem Herzen an die Gewissenlosigkeit denken können, mit welcher die preußische Regierung diese Angelegenheit hat fallen lassen« (ebd., S. 190, 191), so ist dies nicht sozialrevolutionär, sondern eher patriarchalisch-obrigkeitsstaatlich zu verstehen. Worin sich Clausewitz von vielen seiner Zeitgenossen unterschied, war, daß er die Legitimation des Obrigkeitsstaates ernst nahm. Dabei steht freilich außer Frage, daß er auf eine schrittweise konstitutionelle Ausgestaltung des Obrigkeitsstaates baute. So schrieb Gneisenau, der sich mit Clausewitz' politischen Überzeugungen weitgehend einig wußte, am 20. August 1818 an diesen (*Militärische Schriften*, S. 375f.), alle Pläne zur militärischen Sicherung der preußischen Grenzprovinzen seien zum Scheitern verurteilt, »wenn nicht der Gesamtmonarchie eine gute Verfassung gegeben wird. Dieses ist das einzige Band, welches um die locker verbundenen Teile des neuen Reiches gewunden werden kann, um solches zu einer festen Masse zu vereinigen. Der Anfang müßte in den Rheinprovinzen gemacht werden, wo wenige Hindernisse dem entgegenstehen. Repräsentation in zwei Kammern, öffentliches peinliches Verfahren, Freiheit der Presse mit Schutz gegen persönliche Angriffe ohne Beweis und gegen Sittenlosigkeit, Verantwortlichkeit der Machtgeber, Abschaffung der

Geheimen Polizei, der Brieferöffnungen und des Gebrauchs der Verhaftung ohne Verhör, dies müßten die Pfeiler der neuen Verfassung sein.«

8 Sehr deutlich zeigt sich dieser Wandel in Clausewitz' Vorstellungen darüber, wie die Einigung Deutschlands zustande gebracht werden könne: Hatte er zuvor gehofft, das deutsche Volk werde diese Einheit im Kriege gegen Napoleon erkämpfen, so faßte er in dem Aufsatz »Umtriebe« (*Politische Schriften*, S. 153 ff.) – sicherlich auch aus Enttäuschung über die Ergebnisse des Wiener Kongresses – eine Einigungspolitik ins Auge, wie sie später von Bismarck exekutiert worden ist: »Deutschland kann nur auf *einem* Wege zur politischen Einheit gelangen, dieser ist das Schwert, wenn einer seiner Staaten alle anderen unterjocht.«

9 Dazu gehört, daß sich bei Clausewitz der nach 1945 vielzitierte Satz findet, Rußland sei »nicht anders zu erobern als mit Hilfe inneren Zwiespalts« (*Der russische Feldzug von 1812*, S. 129); ähnlich heißt es in *Vom Kriege* (VIII, 9, S. 1024): »Ein solches Land kann nur bezwungen werden durch eigene Schwäche und durch die Wirkungen des inneren Zwiespalts.« Mit Clausewitz ließ sich also Hitlers Strategie gegenüber der Sowjetunion kritisieren, ohne sich weiter mit der dieser Strategie zugrunde liegenden Ideologie auseinandersetzen zu müssen.

10 Hans-Joachim Arndt (»Bleiben die Staaten die Herren des Krieges?«) und Robert Hepp (»Der harmlose Clausewitz«) haben Aron deswegen vorgehalten, er verwandle Clausewitz in einen »harmlosen«, kampfunlustigen Denker. Sie haben sich dabei in gewisser Hinsicht auf den frühen Clausewitz berufen können. Aron hat diese Kritik unter Verweis auf den späten Clausewitz zurückgewiesen (*Erkenntnis und Verantwortung*, S. 420 ff.). Auf der Linie von Arndt und Hepp liegt das Buch von Panajotis Kondylis, *Theorie des Krieges*, S. 28 ff. Kritiker und Kritisierter haben sich einander nicht verständlich machen können, weil sie sich offenbar nicht darüber im klaren waren, daß sie je verschiedene Etappen der Clausewitzschen Theoriebildung gegeneinander ausspielten.

11 Michel Foucault (*Dispositive der Macht*, S. 71) schreibt: »Die Macht ist der Krieg, der mit anderen Mitteln fortgesetzte Krieg; man würde somit die Formel von Clausewitz umkehren und sagen, daß die Politik die Fortsetzung des Krieges mit anderen Mitteln ist.«

12 Großes Unglück bietet in Clausewitz' Sicht freilich nur die *Chance*, nicht die *Garantie* der Umkehr; wird diese Chance nicht wahrgenommen, so greift dieses Unglück ans kollektive Selbstbewußtsein: Die Nation, so Clausewitz nach der preußischen Niederlage von Jena und Auerstedt, »muß frei und geachtet leben; ohne diese Bedingungen wird das Selbstbewußtsein, wenn es ja nicht bloß bei den Einzelnen, sondern in der ganzen Nation vorhanden wäre, sehr bald verschwinden« (zit. nach Schwartz, *Leben des Generals von Clausewitz*, I, S. 193). Aber nicht nur das nationale, sondern auch das individuelle Selbstbewußtsein wird durch die Niederlage in Mitleidenschaft gezogen: »Ein spurloses Dasein ist mein Leben, ein Mann ohne Vaterland, entsetzlicher Gedanke. Sein Leben ist der Faden eines aufgelösten Gewebes, zu nichts mehr tauglich« (ebd., S. 280). Auch hier kommt also dem (siegreichen) Krieg existentielle Bedeutung zu.

13 In seiner Analyse der Ursachen für die französische Niederlage von 1940 hat Marc Bloch ähnliche Überlegungen angestellt wie Clausewitz: »Ich wünsche

auf jeden Fall, daß wir noch Blut zu vergießen haben, auch wenn es das von Menschen sein sollte, die mir teuer sind (...). Denn es gibt keine Rettung, ohne daß man ein gewisses Opfer bringt, und keine vollständige nationale Freiheit, wenn man nichts daran gesetzt hat, sie zu erringen.« (*Die seltsame Niederlage*, S. 230f.)

14 Unmittelbar nach Ende des Zweiten Weltkriegs, am 21. Juli 1945, notiert Ernst Jünger über Clausewitz: »Er lebte noch ganz im Klassenstaat, stand Kant näher als Hegel und, obwohl er in Scharnhorsts Büro arbeitete, den Kabinettskriegen näher als den Volkskriegen. Er liebte architektonische Bilder, verwendete noch Worte wie ›Kriegstheater‹; der Feldherr steht wie ein Obelisk im Mittelpunkt der Landschaft, die großen Straßen führen auf ihn zu. – Der Verlauf unserer Kriege stimmt nicht mehr zu Clausewitz' Theorie« (*Jahre der Okkupation*, S. 112). Aus seiner radikal existentialistischen Sicht des Krieges heraus mußte Jünger Clausewitz' instrumentelle Kriegsauffassung entweder grundsätzlich ablehnen oder sie zumindest doch als historisch überlebt bezeichnen. »Der Krieg«, so Jünger in *Der Kampf als inneres Erlebnis* (S. 2), »aller Dinge Vater, ist auch der unsere; er hat uns gehämmert, gemeißelt und gehärtet zu dem, was wir sind.«
Ähnlich auch Hans Freyer in seiner Schrift *Pallas Athene*: »Wie die Einheit des politischen Volkes aus Gewalt und Krieg geboren wurde und billiger nicht zu haben ist, so stellt sich der Staat vom ersten Augenblick seiner Existenz an in den Krieg mitten hinein und verpflichtet sich zur Gewalt. (...) Der Krieg ist nicht nur der klarste Fall der staatlichen Aktion, er sei das Element, in dem der Staat steht« (S. 82). Auch für Freyer ist in diesen Passagen eine instrumentelle Subsumtion des Krieges unter die Politik undenkbar (zu weiteren Beispielen für diese Sicht des Krieges vgl. Münkler (»Die politischen Ideen der Weimarer Republik«, S. 306ff.).

15 Die instrumentelle Auffassung des Krieges ist in ihrer Geltung nicht nur an soziale und politische Voraussetzungen gebunden, sondern auch abhängig von der Möglichkeit zur juristischen Hegung bewaffneter Konfliktaustragung: Friedrich Engels und Carl Schmitt haben diese beiden Aspekte voneinander separiert, thematisiert und daraus unterschiedliche, wenn nicht gegensätzliche politische Perspektiven entwickelt (vgl. oben, S. 63ff.).

16 Eine existentielle Kriegsauffassung ist auch beobachtbar bei einigen Intellektuellen, die nach 1915 den Kriegseintritt der USA zu forcieren suchten: So haben Walter Lippmann und John Dewey im Krieg nicht nur eine Möglichkeit der weltweiten Durchsetzung der Demokratie gesehen, sondern auch die Möglichkeit, das demokratische Bewußtsein in den USA zu fördern und zu festigen: Vom Krieg erwartete man ein neu sozialisiertes Volk, eine gefestigte Gemeinschaft (vgl. Michael Walzer, *Zweifel und Einmischung. Gesellschaftskritik im 20. Jahrhundert*, Frankfurt/M. 1991, S. 84f.).

Der Partisan

Unveröffentlichtes Manuskript eines Vortrages, den ich im Sommer 1990 auf Einladung des Instituts für Politikwissenschaft an der TH Darmstadt gehalten habe. In die Ausarbeitung des Vortrags wie in seine Überarbeitung für die Veröffentlichung gingen Überlegungen ein, die ich bereits in dem Aufsatz »Die Gestalt des Partisanen. Herkunft und Zukunft«, in *Der Partisan. Theorie, Strategie, Gestalt.* Hrsg. von Herfried Münkler, S. 14–39 entwickelt habe.

1 Zur Regularisierung des Militärs vgl. den Abschnitt »Dialektik des Militarismus oder Hegung des Krieges«, oben S. 54ff.; zur Differenz zwischen Partisan und Terrorist vgl. den Abschnitt »Guerillakrieg und Terrorismus«, oben S. 142ff.; weiterhin Münkler, »Die Gestalt des Partisanen. Herkunft und Zukunft«; in: Ders. (Hrsg.): *Der Partisan*, S. 14–39.
2 Als Beispiel hierfür kann die Entstehung der 8. Armee aus den kommunistischen Partisanengruppen in China angesehen werden. Für Aron (*Clausewitz*, S. 427) war dies freilich kein unproblematischer Vorgang, denn er spricht von einer »Dualität und Rivalität zwischen der Armee und den Partisanen«, die daraus entstanden sei. Der Gegensatz zwischen Partisan und regulärem Soldaten trifft jedoch eher auf die »Partisanen der Tradition« als auf die »Partisanen der Revolution« zu.
3 Ist im Verlauf des Partisanenkrieges keine politisch-militärische Monokephalie entstanden, so wird diese nach dem Sieg durchgesetzt: in Kämpfen rivalisierender Gruppen; Beispiele hierfür sind Nicaragua und zuletzt wieder Äthiopien und Somalia.
4 Carl Schmitts *Theorie des Partisanen* erhebt den Anspruch, beide, revolutionäre wie traditionalistische Partisanen, gleichermaßen zu erfassen; dies gelingt nur sehr bedingt; vgl. dazu den Abschnitt »Partisanen der Tradition«, oben, S. 127ff.
5 Diese Unterscheidung kann auch als eine Kritik Schmitts an der unscharfen Begrifflichkeit Jüngers gelesen werden, wenn dieser schreibt: »Der Widerstand des Waldgängers ist absolut, er kennt keine Neutralität, keinen Pardon, keine Festungshaft« (*Der Waldgang*, S. 66).
6 Vgl. Willi Steul, *Paschtunwali. Ein Ehrenkodex und seine rechtliche Relevanz*, Wiesbaden 1981, sowie Christian Sigrist, »Pashtunwali – das Stammesrecht der Pashtunen«; in: *Revolution in Iran und Afghanistan.* mardom nameh – Jahrbuch zur Geschichte und Gesellschaft des Mittleren Ostens, Frankfurt/M. 1980, S. 264–279.
7 Vgl. hierzu den Abschnitt »Instrumentelle und existentielle Auffassung des Kriegs bei Carl von Clausewitz«, oben, S. 92ff.

Partisanen der Tradition

Erstveröffentlichung in *Der Monat*, Nr. 282, Januar–März 1982. Überarbeitete und ergänzte Fassung.

1 Zu den lebensweltlichen Aspekten, die diesem Widerstand zugrundeliegen, vgl. den Aufsatz des Verf., »Afghanistan: Legitimität der Tradition und Rationalität der Modernisierung«; in: *Aus politik und zeitgeschichte*, B 21/82, S. 34ff.; dort auch weiterführende Literaturhinweise.
2 Zum Partisanenkrieg in der Vendée vgl. Peter Paret, *Internal War*, sowie Marcel Faucheux, *L'insurrection vendéenne*; zur Guerilla in Spanien vgl. Sir Charles Oman, *A History of the Peninsula War*; zum Aufstand der Tiroler Bergbauern

Gabriele Schneider, »Andreas Hofer: Für Gott, Kaiser und Vaterland«, in: Münkler (Hrsg.): *Der Partisan*, S. 324–340.

3 Clausewitz, *Schriften*, Bd. 1, S. 394, dazu »Übersicht des Krieges in der Vendée 1793«; in: Clausewitz, *Hinterlassene Werke über Krieg und Kriegführung*, Bd. 10, S. 323–348.

4 Clausewitz, »Précis de la guerre en Espagne et en Portugal«; in: ders., *Schriften*, Bd. 1, S. 599–611.

5 Vgl. dazu Marcus Llanque, »Ein Träger des Politischen nach dem Ende der Staatlichkeit. Der Partisan in Carl Schmitts politischer Theorie«, in: Münkler (Hrsg.): *Der Partisan*, S. 61–80, sowie Joachim Klaus Ronneberger, »Der Partisan im terroristischen Zeitalter. Vom gehegten Kriegsraum zum reinen Krieg. Carl Schmitt und Paul Virilio im Vergleich«, in: Münkler (Hrsg.): *Der Partisan*, S. 81–95.

6 Aron schreibt (*Clausewitz*, S. 426): »Der *Franktireur*, der sich selbst überlassen ist, greift überraschend einen einzelnen Verband, einen Marodeur, einen Nachzügler oder einen schlecht verteidigten Posten an. Er macht kaum Gefangene, weil seine Lebens- und Kampfesweise es ihm nicht gestattet. Der *Partisan* im Dienste einer politischen Sache, Kämpfer einer Partei ebenso wie Soldat einer Armee, bemüht sich, seine Gegner, die Masse der Bevölkerung, zu gewinnen.«

7 Vgl. hierzu *Revolution in Iran und Afghanistan*. mardom nameh – Jahrbuch zur Geschichte und Gesellschaft des Mittleren Orients, hrsg. vom Berliner Institut für vergleichende Sozialforschung, Frankfurt/M. 1980.

8 Aufschlußreich hierfür sind zwei an der Freien Universität Berlin entstandene Dissertationen: Rahmat R. Djan-Zirakyar, *Stammesgesellschaft, Nationalstaat und Irredentismus am Beispiel der Pashtunistanfrage*, Frankfurt/M. 1978, sowie Mohammad S. Sarwari, *Afghanistan zwischen Tradition und Modernisierung*, Bern und Frankfurt/M. 1974.

9 Vgl. Münkler, »Afghanistan: Legitimität der Tradition und Rationalität der Modernisierung«, S. 36ff., sowie ders., »Afghanistan im Kontext«, in: *neue politische literatur*, XXVII. Jg., 1982, S. 336ff.; dort auch Hinweise auf weiterführende Literatur.

10 Der Begriff ist von Christian Sigrist entwickelt worden: *Regulierte Anarchie. Untersuchungen zum Fehlen und zur Entstehung politischer Herrschaft in segmentären Gesellschaften Afrikas*, Frankfurt/M. 1979.

Guerillakrieg und Terrorismus

Erstveröffentlichung in *neue politische literatur*, XXV. Jg., 1980, Heft 3. Überarbeitet und ergänzt.

1 Frank Kitson, *Im Vorfeld des Krieges*, S. 17

2 Peter Lösche, »Terrorismus und Anarchismus. Internationale und historische Aspekte«, in: *Extremismus im demokratischen Rechtsstaat*, S. 82.

3 Walter Laqueur, *Terrorismus*, S. 7.

4 Wolf Middendorff, *Der politische Mord*, S. 32f.; Middendorffs historisch interessante Monographie über den politischen Mord von Charlotte Corday bis zur Unabhängigkeit Israels bleibt hinsichtlich der Differenzierung des jeweili-

gen Status dieser Morde indifferent. Dies gilt auch für die vom gleichen Autor verfaßte Studie: *Menschenraub, Flugzeugentführungen, Geiselnahmen, Kidnapping. Historische und moderne Erscheinungsformen*, Bielefeld 1972. Auch die ältere Arbeit von Paul Liman (*Der politische Mord im Wandel der Geschichte*) hat ihren Wert mehr in ihrem Materialreichtum als in der begrifflich-systematischen Durchdringung des dargebotenen Stoffes; das gilt auch für die neueren Arbeiten von Wolfgang Plat (*Attentate*) und Franklin L. Ford (*Der politische Mord*).

5 John Dugard, »International Terrorism: Problems of Definition«; in: *International Affairs*, No. 1, Jan. 1974, S. 68 ff.

6 Alex Meyer, »Der Begriff ›Terrorismus‹ im Lichte der Erörterungen auf dem fünften Kongreß der Vereinten Nationen betr. die Verhütung von Verbrechen und die Behandlung von Verbrechern in Genf, 1. bis 12. Sept. 1975«: in: *Zeitschrift für Luft- und Weltraumrecht*, Bd. 25, 1976, Heft 3, S. 226.

7 Ibid.

8 Dugard, »International Terrorism«, S. 78 f.

9 Karl Markus Kreis, »Der internationale Terrorismus«; in: *Terrorismus*. Hrsg. von Manfred Funke, S. 159.

10 Werner Hahlweg, »Moderner Guerillakrieg und Terrorismus. Probleme und Aspekte ihrer theoretischen Grundlagen als Widerspiegelung der Praxis«, S. 137.

11 Werner Hahlweg, »Theoretische Grundlagen der modernen Guerilla und des Terrorismus«.

12 André Beaufre, *Die Revolutionierung des Kriegsbildes*, S. 56 f.

13 Ibid., S. 108.

14 Gerd Langguth, »Guerilla und Terror als linksextremistische Kampfmittel«; in: *Extremismus*, hrsg. von Manfred Funke, S. 96.

15 Ibid., S. 94.

16 Franz Wördemann, *Terrorismus*, S. 27.

17 Während sich Wördemann vorwiegend auf die Formen des Terrorismus nach dem 2. Weltkrieg beschränkt, greift Laqueur bis auf den Terrorismus der Narodniki zurück.

18 Laqueur, *Terrorismus*, S. 6.

19 Rolf Tophoven, »Der internationale Terrorismus. Herausforderung und Abwehr«, in: *Terrorismus*, Hrsg. von M. Funke, S. 241.

20 Gaston Bouthoul, »Definitions of Terrorism«, S. 51.

21 Richard Clutterbuck, *Terrorismus ohne Chance*, S. 141.

22 Eric J. Hobsbawm, *Die Banditen*, S. 10; vgl. ders., *Sozialrebellen*, S. 27 ff.; dazu auch Alto Loibl, »Revolution, Rache, Raub – Zur Abgrenzung von Partisanen, Sozialrebellen und Banditen«, in: Münkler, *Der Partisan*, S. 276–291.

23 Fritz René Allemann, *Macht und Ohnmacht der Guerilla*, S. 21 und 254.

24 Die beste Arbeit zur Entwicklung und Ideologie des italienischen Terrorismus ist das Buch von Alessandro Silj, *Mai più senza fucile*, Florenz 1977; dazu auch Münkler, »Legitimationen politischer Gewalt«, S. 223 ff.; zu Lateinamerika vgl. jetzt: Hertoghe / Labrousse, Die *Koksguerilla*, S. 11 ff., 187 ff.

25 Mao Tse-tung, *Theorie des Guerillakrieges oder Strategie der Dritten Welt*, S. 53.

26 Ernesto Che Guevara, *Der Partisanenkrieg*, S. 14.

27 Ernesto Che Guevara, *Episoden aus dem Revolutionskrieg*, S. 136, 142, 191.
28 Carlos Marighella, »Handbuch des Stadtguerilleros«, S. 41.
29 Ibid., S. 64.
30 Clutterbuck, *Terrorismus ohne Chance*, S. 19.
31 Emilio Lussu, *Theorie des Aufstandes*, S. 116.
32 Ibid., S. 115.
33 Paul Wilkinson, *Political Terrorism*, S. 12.
34 Antonio Tellez, *Sabaté. Stadtguerilla in Spanien nach dem Bürgerkrieg 1945–1960*, München 1974, S. 112.
35 Victor Marchetti – John D. Marks, *CIA*, München 1977, S. 309.
36 J. B. S. Hardman, »Terrorism«; in: *Encyclopaedia of Social Sciences*; vol. 13/14, New York 1957 (11. repr.), S. 576.
37 Hier sind vor allem zu nennen: *Der Baader-Meinhof-Report. Dokumente – Analysen – Zusammenhänge*, Mainz 1972, ein nur als tendenziös zu bezeichnendes Machwerk, das mehr von dem Intellektuellenhaß als von der Sorgfalt seiner Herausgeber gekennzeichnet ist; dagegen beschränkt sich der von Reinhard Rauball herausgegebene Band *Die Baader-Meinhof-Gruppe*, Berlin – New York 1973, im wesentlichen auf dokumentarisches Material. Jillian Bekkers Buch: *Hitlers Kinder? Der Baader-Meinhof-Terrorismus*, Frankfurt/M. 1978, bietet, von der These einer Affinität zwischen Nazi und »RAF« einmal abgesehen, eine interessante und mit großer Sachkenntnis geschriebene Darstellung der Geschichte der »RAF«; dies gilt auch von der Arbeit von Thomas Meyer, *Am Ende der Gewalt? Der deutsche Terrorismus – Protokoll eines Jahrzehnts*, Frankfurt/M. – Berlin – Wien, in dem neben der »RAF« auch die »Bewegung 2. Juni« und die »Revolutionären Zellen« kurz dargestellt werden.
38 Horst Mahler, »Die revolutionäre Linke ist kriminell«, in: *Bewaffneter Kampf – Texte der RAF. Auseinandersetzung und Kritik*, Utrecht 1973, S. 175.
39 Ulrike Meinhof, »Die Massen und der Konsum«, hektograph. Broschüre, S. 9.
40 Wohl am weitesten in der Einebnung der Differenzen zwischen kriminell und politisch motivierten Handlungen geht das »Provisorische Kampfprogramm für den Kampf um die politischen Rechte der gefangenen Arbeiter«, das im Herbst 1974 als hektographierte Broschüre verbreitet worden ist.
41 Immanuel Kant, *Grundlegung zur Metaphysik der Sitten*; Werke, ed. Weischedel, Bd. 6, S. 52f.
42 David Fromkin, »Die Strategie des Terrorismus«.
43 T. E. Lawrence, *Die sieben Säulen der Weisheit*, S. 215f.; zu Lawrence jetzt auch Ulrich Habfast: »T. E. Lawrence. Guerilla-Kämpfer und Geheimagent«; in: Münkler (Hrsg.), *Der Partisan*, S. 341–361.
44 Lawrence nennt drei Prinzipien seiner Kriegführung: »Erstens, daß irreguläre Truppen keine festen Plätze angreifen könnten und daher nicht imstande wären, Entscheidungen zu erzwingen. Zweitens, daß sie, ebenso wie zum Angriff, auch zur Verteidigung von Stellungen oder einzelnen Punkten ungeeignet wären. Drittens, daß der Wert irregulärer Truppen nicht auf der Stoßkraft ihrer Front, sondern auf ihrer weiten Tiefenausdehnung beruhe« (ibid., S. 258).
45 Mao Tse-tung, *Theorie des Guerillakrieges*, S. 74, dazu auch Antje Schrupp: »Die Partisanentheorie Mao Tse-tungs«; in: Münkler (Hrsg.), *Der Partisan*, S. 98–115.

46 Guevara, *Der Partisanenkrieg*, S. 85; ebenso ders., *Partisanenkrieg – eine Methode*, S. 19f.; dazu Andreas Wolf: »Che Guevara. Die Strategie des ›foco‹ und ihr Scheitern in Bolivien«, in: Münkler (Hrsg.), *Der Partisan*, S. 116–127.

47 Außer bei Fromkin findet sich diese Definition terroristischer Strategie auch bei Manfred Funke, »Terrorismus – Ermittlungsversuch zu einer Herausforderung«, in: *Terrorismus*, hrsg. von M. Funke, S. 15f.

48 Walter Laqueur, »Interpretationen des Terrorismus: Fakten, Fiktionen und politische Wissenschaft«; in: *Terrorismus*, hrsg. von Manfred Funke, S. 51.

49 Ibid., S. 80.

50 Max Weber, *Wirtschaft und Gesellschaft*, Tübingen 1972, S. 11.

51 Chalmers Johnson, *Revolutionstheorie*, S. 22.

52 Fromkin, »Die Strategie des Terrorismus«, S. 93.

53 Kollektiv RAF (i. e. Horst Mahler), *Über den bewaffneten Kampf in Westeuropa*, Berlin 1971, S. 34.

54 Ulrike Meinhof, »Rede im Baader-Befreiungsprozeß 13.9.1974«; in: *texte: der RAF*, Lund 1977, S. 72.

55 Dazu Middendorff, *Der politische Mord*, S. 38f.

56 Rolf Schroers, *Der Partisan*, S. 192. Zweifellos ist der antike und spätmittelalterliche Tyrannenmord, auch wenn ihm nicht die Machtübernahme durch die Attentäter folgte, nicht als Terrorismus zu bezeichnen, da hier das Interesse an der Tötung einer bestimmten Person dominierte (dazu vor allem Wilkinson, *Political Terrorism*, S. 20). Zugleich ist aber die Kluft unübersehbar, die in der römischen Geschichte den ersten vom zweiten Brutus trennt: Begründete das Handeln des ersten die römische Republik, so war die Tat des zweiten, historisch gesehen, nur noch ein heroischer Irrtum. Das Ende der Republik vermochte der Caesar-Mörder Brutus nicht zu verhindern (dazu Liman, *Der politische Mord*, S. 145f.).

57 Raymond Aron, *Frieden und Krieg*, S. 205.

58 Funke, »Terrorismus – Ermittlungsversuch zu einer Herausforderung«, S. 15.

59 Guevara, *Der Partisanenkrieg*, S. 104.

60 Wördemann, *Terrorismus*, S. 15.

61 Andreas Baader, masch.-schriftl. Zellenzirkular, abgedruckt in: *Dokumentation über Aktivitäten anarchistischer Gewaltverbrecher* (hrsg. vom Bundesministerium des Innern), Bonn 1975; mit »aktion gegen Buddeberg« ist der Sprengstoffanschlag auf den gegen die »RAF« ermittelnden Bundesrichter Buddeberg am 16.5.1972 gemeint, bei dem dessen Frau schwer verletzt wurde; mit »aktionen nach dem dilettantischen und unentschlossenen muster witter« tätliche Angriffe auf den im Rahmen von Prozessen gegen inhaftierte »RAF«-Angehörige tätigen Psychiater Bernhard Witter.

62 Sepp Binder, *Terrorismus*, Bonn 1978, S. 56.

63 Fromkin, »Die Strategie des Terrorismus«, S. 94.

64 Wilkinson, Political Terrorism, S. 14.

65 Wördemann, *Terrorismus*, S. 98.

66 Carl Schmitt, *Theorie des Partisanen*, S. 56f.

67 Wohl erheblich mehr als Theorie und Praxis des Guerillakrieges dürfte die – von Europa ausgehende – Entwicklung der modernen Kriegstechnologie zur Suspendierung der Unterscheidung von Kombattant und Nonkombattant bei-

getragen haben. Weniger die Guerillatheorie als der Bombenkrieg hat diese Unterscheidung hier obsolet gemacht.

68 Dazu Arthur Holitscher, *Ravachol und die Pariser Anarchisten*, Frankfurt/M. o.J., S. 61.

69 Dazu Harald Irnberger, *Die Terrormultis*, S. 9ff.; bei Irnbergers Buch handelt es sich um ein journalistisches Protokoll des internationalen Terrorismus in den letzten zehn Jahren; insgesamt ist die Arbeit besser, als der sensationelle Titel befürchten läßt.

70 Zit. nach Wördemann, *Terrorismus*, S. 140.

71 Zit. nach Tophoven, »Die Palästinenser und das Netz des internationalen Terrors«, in: Terrorismus, hrsg. von M. Funke, S. 200.

72 Horst Mahler, »Erklärung zum Prozeßbeginn«, in: *Bewaffneter Kampf – Texte der RAF*, S. 194.

73 Hans-Jürgen Müller-Borchert, *Guerilla im Industriestaat*, S. 12.

74 Guevara, *Der Partisanenkrieg*, S. 27.

75 Cléa Silva, »Die Irrtümer der Focustheorie«; in: Huberman u. a.: *Focus und Freiraum*, S. 30.

76 Régis Debray, *Revolution in der Revolution?*, S. 78.

77 Ibid.

78 Marighella, »Handbuch des Stadtguerilleros«, S. 72.

79 Es sollte freilich nicht unterschlagen werden, daß Marighella den städtischen Terrorismus immer nur als Vorbereitung einer effektiven Landguerilla, also als Initiationsphase, angesehen hat (dazu Márcio M. Alves, »Zerschlagt die Wohlstandsinseln der Dritten Welt?«; in: Alves/Detrez/Marighella: *Zerschlagt die Wohlstandsinseln der Dritten Welt*, Reinbek 1971, S. 20).

80 Allemann, *Macht und Ohnmacht der Guerilla*, S. 283.

81 Hahlweg, »Moderner Guerillakrieg und Terrorismus«, S. 118f.; Müller-Borchert: *Guerilla im Industriestaat*; Bernd Guggenberger: »Guerilla in Deutschland? Schwierigkeiten und Gefahren in der Demokratie«; in: *Die politische Meinung*, Jg. 21, 1976, Heft 166, S. 58ff.

82 Wördemann, *Terrorismus*, S. 101f.

83 Irnberger, *Die Terrormultis*, S. 152.

84 Guevara, *Partisanenkrieg – eine Methode*, S. 21.

85 Wördemann, *Terrorismus*, S. 58.

86 Laqueur, *Terrorismus*, S. 138.

87 Fromkin, »Die Strategie des Terrorismus«, S. 91.

88 Guevara, *Partisanenkrieg – eine Methode*, S. 2.

89 Mao Tse-tung, *Theorie des Guerillakrieges*, S. 67.

90 Debray, *Revolution in der Revolution?*, S. 48.

91 Müller-Borchert, *Guerilla im Industriestaat*, S. 23.

92 Régis Debray, *Kritik der Waffen*, S. 68.

93 Allemann, *Macht und Ohnmacht der Guerilla*, S. 224ff.

94 Martha C. Hutchinson, »The Concept of Revolutionary Terrorism«, S. 394.

95 Fromkin, »Die Strategie des Terrorismus«, S. 86.

96 Laqueur, *Terrorismus*, S. 78.

97 John Dunn, *Moderne Revolutionen*, S. 138 und 156.

98 Aron, *Frieden und Krieg*, S. 205; ebenso Wilkinson: *Political Terrorism*, S. 97.

99 Fromkin, »Die Strategie des Terrorismus«, S. 91.

100 Dazu insbes. Dunn, *Moderne Revolutionen*, S. 138ff.; Aron: *Frieden und Krieg*, sowie Brian Crozier: *Die Rebellen*, S. 10ff.

101 Fromkin, »Die Strategie des Terrorismus«, S. 98.

102 Ze'ev Iviansky, »Individual Terror: Concept und Typology«, S. 52.

103 Schroers, *Der Partisan*, S. 272.

104 Schmitt, *Theorie des Partisanen*, S. 78.

105 Auch in Carl Schmitts *Theorie des Partisanen* fungiert der »interessierte Dritte« als die vor dem Absinken in die Kriminalität bewahrende Instanz, indem sie »die Art politischer Anerkennung verschafft, deren der irregulär kämpfende Partisan bedarf, um nicht wie die Räuber und der Pirat ins Unpolitische, das bedeutet hier: ins Kriminelle »abzusinken« (ibid., S. 78); vgl. hierzu auch die Beiträge von Hans Grünberger, Marcus Llanque und Joachim-Klaus Ronneberger in Münkler (Hrsg.), *Der Partisan*, S. 42–95.

106 Ulrike Meinhof, »Natürlich kann geschossen werden«, in: *Der Spiegel*, Nr. 25, 16.6.1970, S. 75.

107 Interview mit der brigate rosse; in *L'Espresso*, Rom, Nr. 20, 1974.

108 Schroers, *Der Partisan*, S. 234.

109 Dazu Helga Grebing, »Arbeiterbewegung und Gewalt«, in: *Gewerkschaftliche Monatshefte*, Nr. 2, 1978, S. 65ff.; die scharfe Ablehnung des Terrorismus als Instrument politischer Veränderung findet sich auch in August Bebels Rede vom 2.11.1898, die wiederabgedruckt ist bei Iring Fetscher, *Terrorismus und Reaktion*, Köln–Frankfurt/M. 1977, S. 123ff.

110 Als die in ihrer Beweisführung bedenkenlosesten und am wenigsten mit den von der »RAF« verfaßten Texten vertrauten Beiträge sind das Referat von Ernst Topitsch auf dem CDU-Kongreß über Terrorismus (»Die Masken des Bösen«; in: *Der Weg in die Gewalt. Geistige und gesellschaftliche Ursachen des Terrorismus und seine Folgen*, hrsg. von Heiner Geißler, München–Wien 1978, S. 80ff.) und das Buch von Martin Rock (*Anarchismus und Terror. Ursprünge und Strategien*, Trier 1977) zu nennen.

111 Ulrike Meinhof, Das Konzept Stadtguerilla; in: *texte: der RAF*, S. 251.

112 Zit. nach Laqueur, *Terrorismus*, S. 45.

113 Ibid., S. 54.

114 Robert Spaemann, »Moral und Gewalt«, S. 221.

115 Wilkinson, *Political Terrorism*, S. 16.

116 Zit. nach Middendorff, *Der politische Mord*, S. 108.

117 Dazu vor allem Becker, *Hitlers Kinder?*, S. 55ff. und 93ff.

118 Wilfried Gottschalch, »Antidemokratische Dispositionen in der Gegenwart«; in: Brüggemann u. a., *Über den Mangel an politischer Kultur in Deutschland*, Berlin 1978, S. 24; in demselben Sinne auch Iring Fetscher, »Probleme des Terrorismus«; in: *Richte unsere Füße auf den Weg des Friedens*, Helmut Gollwitzer zum 70. Geburtstag, hrsg. von Andreas Boudis, München 1979, S. 194, sowie Ernest Borneman: »Der Staat, die Herrscher und der Terror. Semantische Notizen eines alten Sozialisten«; in: *Frankfurter Hefte*, Nr. 10, 1975, S. 29.

119 Iring Fetscher, »Zum Problem der Ethik im Lichte der Marxschen Geschichtstheorie«; in: *Probleme der Ethik*, hrsg. von G. G. Grau. Freiburg–München 1972, S. 16.

120 Laqueur, *Terrorismus*, S. 26f.

121 Zit. nach Fetscher, »Probleme der Ethik«, S. 40f.

122 Dazu die aufschlußreiche Legitimation, die Ernst von Salomon, einer der Rathenau-Attentäter, für sein Handeln gegeben hat: »Denn was die in Berlin taten, so dachten wir, das taten sie nicht unbedingt, es war ihnen Deutschland nicht der zentrale Wert, wie uns, da wir sagten: wir sind Deutschland.« Ernst von Salomon, *Die Geächteten*, S. 111 f.
123 Frantz Fanon, *Die Verdammten dieser Erde*, S. 66.
124 *Weatherman*, hrsg. von H. Jacobs, San Francisco 1970.
125 Middendorff, *Der politische Mord*, S. 23.
126 Dazu der »brief von andreas an die gefangenen«; in: *texte: der RAF*, S. 182.
127 Horst Mahler, »Erklärung zum Prozeßbeginn«, in: *Bewaffneter Kampf*, S. 184 ff. sowie das vom gleichen Autor stammende Papier: Erstens existieren Widersprüche..., masch.-schriftl. Zirkular, S. 17 ff.
128 Ulrike Meinhof, »Die Masse und der Konsum«; hierzu ausführlicher Fetscher/Münkler/Ludwig: »Ideologien der Terroristen in der Bundesrepublik Deutschland«; in: Fetscher/Rohrmoser, *Ideologien und Strategien*, S. 71 ff.
129 Laqueur, *Terrorismus*, S. 78.
130 Es kommt hinzu, daß sich »die nationalistisch-separatistischen terroristischen Gruppen (...) immer aus jungen Leuten mit niedrigerem sozialen Hintergrund zusammengesetzt (haben) als die sozialistisch-revolutionären Gruppen« (ibid., S. 119).
131 Wördemann, *Terrorismus*; Irnberger: *Die Terrormultis*; Clutterbuck: *Terrorismus ohne Chance*, sowie J. Bowyer Bell: *A Time of Terror*, New York 1978.
132 Laqueur, *Terrorismus*, S. 114 f.
133 Debray, *Kritik der Waffen*, S. 54 f.
134 Zit. nach Iring Fetscher, »Flucht aus der Verzweifung. Gesellschaftlich-politische Ursachen«; in: *Extremismus, Terrorismus, Kriminalität*, Bonn 1978, S. 55.
135 Dies ist zugleich eine wichtige Relativierung der Feststellung Ivianskys: »The main goal of ›individual terror‹ is to prevent compromise« (Iviansky: »Individual Terror«, S. 58). Daß jedoch auch bei einer i. S. von O'Brian irredentistisch-sezessionistischen Gruppe wie der IRA in den Jahren von 1916 bis 1921 massiver Widerstand gegen politische Kompromisse vorhanden war, zeigt die Ermordung ihres Anführers Michael Collins nach dessen Kompromiß mit Großbritannien, der nur einen Teil Irlands in die Autonomie entließ.
136 Günter Maschke, *Kritik des Guerillero*, S. 106.
137 Wördemann, *Terrorismus*, S. 103; ebenso Iviansky, »Individual Terror«, S. 56; auch Carl Schmitt nennt als eines der Merkmale des »echten Partisanen« seinen »tellurischen Charakter« (*Theorie des Partisanen*, S. 26).
138 Siehe oben, S. 153.
139 Daß diese britische Unterstützung ihnen die Entscheidungsschlacht ersparte, mußten die Araber bei den Friedensverhandlungen nach 1918 teuer bezahlen, als sie nicht als selbständiger Faktor auftreten konnten, sondern vom britischen Wohlwollen abhängig waren.
140 Wördemann, *Terrorismus*, S. 92, sowie Schroers, *Der Partisan*, S. 272.
141 Schmitt, *Der Begriff des Politischen*, S. 18.
142 Schmitt, *Theorie des Partisanen*, S. 77.
143 Karl Marx, Rheinische Zeitung 1842, *MEW*, Bd. 1, S. 60.
144 Max Weber, *Politik als Beruf*, Berlin 1968.
145 Siehe oben, S. 156 f.

146 Schroers, *Der Partisan*, S. 34; diejenigen, die im Jahre 1977 nach der Schleyer-Entführung die Gegengeiselnahme im Umkreis dessen gefordert haben, was sie die »Sympathisanten« nannten, haben übersehen, daß eine Geiselnahme durch den demokratischen Staat dessen Kapitulation gleichgekommen wäre: »Geiselnahme, die an im Tatsinn Unschuldigen aus der zur Revolution aufgerufenen sozialen Klasse vollstreckt würde, enthielte die faktische Kapitulation vor dem revolutionären Ziel. Sie höbe die Verbindlichkeit der Ordnung, die durch die Revolution getroffen werden soll, partiell schon auf. Sie zeigte, daß die herrschende Macht an ihre eigene Legitimation schon nicht mehr glaubt« (ibid., S. 37).

147 Die Ereignisse nach den Entführungen von Schleyer und Moro sind schreckliche Beispiele für diese Logik der Geiselnahme. Hierzu die *Dokumentation zu den Ereignissen und Entscheidungen im Zusammenhang mit der Entführung von Hanns Martin Schleyer und der Lufthansa-Maschine ›Landshut‹*«, hrsg. vom Presse- und Informationsamt der Bundesregierung, Bonn 1977, sowie Leonardo Sciascia, *Die Affäre Moro*, Königstein/Ts. 1979.

148 Nur die Narodnaja Volja versuchte bei ihren Bombenanschlägen diese Unterscheidung aufrechtzuerhalten. Dazu Wördemann: *Terrorismus*, S. 86, sowie Albert Camus: *Der Mensch in der Revolte*, S. 138.

149 Fromkin, »Die Strategie des Terrorismus«, S. 96.

150 Dazu Alexander Bekzadian: *Der Agent-Provokateur unter besonderer Berücksichtigung der politischen Provokation in Rußland. Ein Beitrag zum Strafrecht und zur Kriminalpolitik*, Zürich 1913, S. 16ff.

151 Laqueur, *Terrorismus*, S. 113f.

152 Fetscher, *Terrorismus und Reaktion*, S. 50.

153 Meyer, *Am Ende der Gewalt?*, S. 14.

154 Debray, *Kritik der Waffen*, S. 83.

Schlachtbeschreibung

Stark überarbeitete und ergänzte Fassung des Essays »Schlachtbeschreibung: Der Zweite Weltkrieg in der Wahrnehmung und Erinnerung der Deutschen«, der in der Zeitschrift *Leviathan*, 13. Jg., 1985, Heft 1, erschienen ist. In die Überarbeitungen gingen Überlegungen und Formulierungen des Essays »Wenn Tod und Grauen sichtbar werden. Das Bild vom Krieg« ein, den ich in Heft 581 des *FAZ-Magazins* (19. April 1991) veröffentlicht habe.

1 Franz Kugler selbst hat den Blick vom Feldherrnhügel mit der Nahperspektive kombiniert, wenn er die Vorgeschichte des entscheidenden Bajonettangriffs von Lobositz so berichtet: Preußische Truppen verfolgen den aus einem Weinberg vertriebenen Feind und werfen ihn auf Lobositz zurück, hier jedoch stellen sich ihnen frische Truppen der Österreicher entgegen, während die Preußen nach inzwischen mehrstündigem Gefecht verschossen haben. Ihr Mut sinkt, die Ordnung löst sich auf. »Doch der Herzog von Bevern, der diesen Teil der preußischen Armee führte, rief den Seinen heiteren Mutes zu: ›Burschen, seid darüber unbekümmert! Weshalb hätte man euch sonst gelehrt, den Feind mit gefälltem Bajonett anzugreifen.‹«

2 Das heißt freilich nicht, daß alle zeitgenössischen Schlachtdarstellungen diesen Vorgaben gefolgt wären. So zeigt Jacques Callots Radierung »Die Schlacht« von 1633 ein wildes Schlachtgetümmel ohne jede erkennbare taktische Ordnung: einzelne Reitergruppen, die aufeinander zusprengen, dazu im Vordergrund mehrere tote Menschen und Pferde; im Hintergrund, erkennbar an den emporgereckten Spießen, Infanterie, die gegeneinander antritt. Was hier dargestellt wird, ist offenbar das Haupttreffen, wobei die Reitergefechte im Vordergrund den Kampf um die Flanken darstellen. Die taktische Ordnung muß in das Bild mehr hineingelesen werden, als daß sie aus ihm herausgelesen werden kann (vgl. Elmar Stolpe, *Klassizismus und Krieg. Über den Historienmaler Jacques-Louis David*, Frankfurt/M. – New York 1985, S. 116f.). Auch die von Veronese, Bassano, Tintoretto und anderen stammenden Schlachtenbilder in der Sala del Maggior Consiglio im Dogenpalast von Venedig (vgl. Wolfgang Wolters, *Der Bildschmuck des Dogenpalastes. Untersuchungen zur Selbstdarstellung der Republik Venedig im 16. Jahrhundert*, Wiesbaden 1983, S. 196ff.) zeigen nichts von der Ordnung der Schlacht und den taktischen Dispositionen des Siegers, sondern lösen das Geschehen in einzelne Kampfhandlungen auf. Die Nahperspektive, zumeist noch aus der Untersicht gemalt, hat den Blick vom Feldherrnhügel hier gänzlich verdrängt.

3 Im Unterschied zu den Schlachtenbildern vom 16. bis zum 18. Jahrhundert, in denen entweder aus der Sicht des Feldherrn die taktischen Dispositionen oder aus der Nahperspektive einzelne Kampfhandlungen dargestellt wurden, haben die Maler der Napoleonischen Kriege versucht, beide Perspektiven miteinander zu verbinden. Als Beispiel hierfür mag Louis-François Lejeunes Bild »Schlacht von Marengo« dienen (abgebildet in: Klessmann/Jürgens: *Napoleon. Lebensbilder,* Bergisch Gladbach 1988, Abb. 28–32); Lejeune hat als Adjutant des Generalstabschefs Berthier an der Schlacht teilgenommen. In der Bildmitte der Kampf der gegeneinander angetretenen Infanteriemassen: von rechts her weit in die Bildmitte hineingeschoben der Keil der Österreicher, tief gestaffelt, jedoch in einer sich auflösenden Ordnung; man kann erkennen, wie sich die ersten Soldaten zur Flucht wenden. Links davon die drei Mann tiefe Linie der Franzosen, die im Begriff ist, zum Angriff überzugehen. Das Gefecht dauert schon einige Zeit an: überall Trümmer von Waffen, gefallene und verwundete Soldaten. Hier werden auch Einzelszenen der Schlacht sichtbar: ein schwer verwundeter österreichischer Offizier, dem die Gedärme heraushängen, tötet sich durch einen Pistolenschuß in den Mund, sein Kamerad, der offenbar die Pistole geladen und schußbereit gemacht hat, hält ihm eine weitere Pistole hin, hat sich aber abgewandt; neben einem seiner Uniform beraubten Toten (offenbar ein Offizier, der ausgeraubt worden ist) sitzt ein Hund und beklagt den Tod seines Herrn; an anderer Stelle reicht ein französischer Soldat einem verwundeten Österreicher seine Feldflasche; erkennbar ist auch der in einen grauen Mantel gekleidete Napoleon, der den entscheidenden Angriff der soeben eingetroffenen Verstärkungen selbst anführt. – Lejeune hat den Augenblick dargestellt, in dem sich das Kriegsglück wendet: Gegen Nachmittag schien die Schlacht für die Franzosen schon verloren, als endlich die langersehnten Verstärkungen eintrafen, deren Angriff die Wende herbeiführte. In Lejeunes Verbindung von Feldherrn- und Nahperspektive wird dem Ruhm Napoleons und dem Ruhm eines jeden seiner Soldaten gleichermaßen Tribut gezollt.

4 Vgl. dazu jetzt die Beiträge von Hagener, Sterz, Mohrmann, Ulrich, Latzel und Harsch in Knoch (Hrsg.), *Kriegsalltag*; dort auch weitere Literaturhinweise.

5 Knoch weist darauf hin, daß ein stichprobenartiger Vergleich zwischen deutschen Feldpostbriefen des Ersten und des Zweiten Weltkriegs eine höhere Betroffenheit durch die Destruktionsgewalt des Krieges bei den Soldaten des Ersten als denen des Zweiten Weltkrieges zeigt; neben der Wirkung nationalsozialistischer Erziehung und der Angst vor der Briefzensur führt er dies auch auf Veränderungen des Kriegsgeschehens zurück: Die Kampfhandlungen des Zweiten Weltkrieges sind durch eine größere kampftechnische Distanz gekennzeichnet, zum Nahkampf mit blanker Waffe kam es selten – im Unterschied zum Ersten Weltkrieg. Darin verallgemeinert sich ein Unterschied, der bereits in den Feldpostbriefen des Ersten Weltkriegs beobachtbar war: Infanteristen haben die Schlachtfelder mit größerer Intensität und mehr Abscheu beschrieben als Artilleristen.

6 In seinen »Desastres« hat Goya diese Grausamkeit als das Wesentliche des Partisanenkrieges gekennzeichnet: Das Kriegsgeschehen löst sich in seiner Darstellung folgerichtig in Einzelszenen auf, denn im Partisanenkrieg gibt es weder Fronten noch große Schlachten. Wenn man so will, ist die Guerilla geradezu durch die Auflösung der sich in Fronten und Schlachten darstellenden Ordnung gekennzeichnet. In den Einzelszenen nun hat Goya neben dem Einzelkampf vor allem den grausamen Umgang mit dem besiegten Gegner dargestellt – gleich ob seitens der Regulären oder der Partisanen. Goyas Darstellung des Krieges ist im wesentlichen Darstellung der *Kriegsgreuel.*

7 Norbert Elias (*Studien über die Deutschen*, S. 274–281) hat, bezogen auf Ernst Jünger, den Unterschied zwischen kriegsbejahender und kriegsverneinender Literatur daran festzumachen versucht, daß erstere geschrieben sei aus der Perspektive eines Offiziers, letztere hingegen aus der Sicht der Mannschaften und Unteroffiziere. Dies läßt sich bei genauerer Durchsicht des Materials kaum halten; ein Gegenbeispiel ist u. a. Köppens *Heeresbericht*.

8 Als Tolstoi in *Krieg und Frieden* die Schlacht von Borodino beschrieb, lag Stendhals Roman *Die Kartause von Parma* mit der berühmten Beschreibung der Schlacht von Waterloo bereits vor, in welcher der junge Napoleon-Verehrer Fabrizio del Dongo über das Schlachtfeld reitet und nichts vom Gang des Geschehens begreift, weder die eigenen Operationen noch die des Feindes – und dies, wiewohl er sich zeitweise der Eskorte des Marschalls Ney angeschlossen hat, also den Ablauf der Schlacht eigentlich ›vom Feldherrnhügel aus‹ sehen müßte. Aber sowohl Ney als auch Napoleon, dem del Dongo einmal begegnet, reiten auf dem Schlachtfeld hin und her, während die Schlacht weitergeht, so als hätten beide nichts miteinander zu tun. Was bei Stendhal der subjektive Eindruck des Schlachtenbummlers del Dongo war, hat Tolstoi zur ›authentischen‹ Sicht des Geschehens werden lassen: Der ›Blick vom Feldherrnhügel‹ ist nichts als Täuschung. Die Rolle del Dongos hat in *Krieg und Frieden* übrigens Pierre Besuchow übernommen.

9 »Der Krieg«, schreibt Clausewitz (*Vom Kriege*, S. 191), »ist also ein Akt der Gewalt, um den Gegner zur Erfüllung unseres Willens zu zwingen.«

10 Dan Diner (*Krieg der Erinnerungen*, S. 37ff.) hat die These vertreten, der Protest gegen den Golfkrieg in Deutschland habe nicht zuletzt daraus seine Kraft bezogen, daß sich die aktuellen Bilder vom Krieg mit der Erinnerung an die alli-

ierten Luftangriffe des Zweiten Weltkrieges verbunden hätten, denen zuletzt ebenfalls Zivilisten hilflos ausgeliefert waren. Der Protest gegen die alliierte Luftoffensive war danach Aufarbeitung der eigenen Geschichte und zugleich Durchbrechung eines Tabus, zumindest auf seiten der Linken: Thematisierung alliierter Kriegsverbrechen.

Bibliographie

Primärtexte

Anders, Günther: *Die Antiquiertheit des Menschen.* 2 Bde., München ^{7}1985 (Bd. 1 erstmals 1956).
Ders.: *Die atomare Bedrohung. Radikale Überlegungen.* 4., durch ein Vorwort erweiterte Auflage von *Endzeit und Zeitenende*, München 1973.
Aristophanes: *Sämtliche Komödien.* Hrsg. von Hans-Joachim Newiger, München 1976.
Aristoteles: *Politik.* Übersetzt und hrsg. von Olof Gigon, München 1976.
Beck, Ludwig: »Die Lehre vom totalen Krieg. Eine kritische Auseinandersetzung«; in: *Clausewitz in Perspektive*, hrsg. von Günter Dill, Frankfurt/M. u. a. 1980, S. 520–541.
Bräker, Ulrich: *Lebensgeschichte und natürliche Abenteuer des Armen Mannes im Tockenburg*, Stuttgart 1965.
Buchbender, Ortwin und Reinhold Sterz: *Das andere Gesicht des Krieges. Deutsche Feldpostbriefe 1939–1945.* München 1982.
Camus, Albert: *Der Mensch in der Revolte.* Aus dem Frz. von J. Streller, Reinbek 1969.
Clausewitz, Carl von: *Vom Kriege.* 19. Aufl., hrsg. von Werner Hahlweg, Bonn 1980.
Ders.: *Politische Schriften und Briefe*, hrsg. von Hans Rothfels, München 1922.
Ders.: *Schriften, Aufsätze, Studien, Briefe.* Hrsg. von Werner Hahlweg, Bd. 1: Göttingen 1966; Bd. 2: Göttingen 1991.
Ders.: *Verstreute kleine Schriften.* Zusammengestellt, bearbeitet und eingeleitet von Werner Hahlweg, Osnabrück 1979.
Ders.: *Der Russische Feldzug von 1812*, Essen o. J.
Commynes, Philippe de: *Memoiren. Europa in der Krise zwischen Mittelalter und Neuzeit.* In neuer Übertragung hrsg. von Fritz Ernst, Stuttgart 1972.
Dante Alighieri: *Monarchie (De Monarchia).* Übersetzt von C. Sauter, Aalen 1974.
»Das Oberkommando der Wehrmacht gibt bekannt...« Der Wehrmachtbericht. Vollständige Ausgabe der 1939–1945 durch Presse und Rundfunk veröffentlichten Texte mit einem Orts-, Personen- und Formationsregister von Günter Wegmann, Osnabrück 1982, 3 Bde.
Debray, Régis: *Revolution in der Revolution? Bewaffneter Kampf und politischer Kampf in Lateinamerika.* Aus dem Frz. von E. v. Derschatta, München 1967.
Ders.: *Kritik der Waffen. Wohin geht die Revolution in Lateinamerika?* Aus dem Frz. von M. López, Reinbek 1975.
Dibelius, Otto: *Gottes Ruf in Deutschlands Schicksalsstunde*, Berlin 1915.
Diels-Kranz: *Die Fragmente der Vorsokratiker.* Berlin ^{10}1961.
Droysen, Johann Gustav: *Briefwechsel.* Hrsg. von R. Hübner, 2 Bde., Stuttgart 1929.

Eibl-Eibesfeldt, Irenäus: *Der vorprogrammierte Mensch. Das Ererbte als bestimmender Faktor im menschlichen Verhalten*, München 1976.
Ders.: *Krieg und Frieden aus der Sicht der Verhaltensforschung* (überarb. Neuausg.), München 1984.
Engels, Friedrich → Marx, Karl.
Fanon, Frantz: *Die Verdammten dieser Erde*. Vorwort von Jean-Paul Sartre. Aus dem Frz. von Traugott König, Reinbek 1969.
Ders.: *Aspekte der algerischen Revolution*. Aus dem Frz. von Peter-Anton von Arnim, Frankfurt/M. 1969.
Fichte, Johann Gottlieb: *Schriften zur Revolution*. Hrsg. und eingel. von Bernard Willms, Frankfurt/M. u. a. 1973.
Ders.: *Reden an die Deutsche Nation*. Mit einer Einleitung von Reinhard Lauth, Hamburg 1978.
Fontane, Theodor: *Sämtliche Romane, Erzählungen, Gedichte, Nachgelassenes*. Hrsg. von Walter Keitel und Helmuth Nürnberger, Frankfurt/M. u. a. 1976ff.
Foucault, Michel: *Dispositive der Macht. Über Sexualität, Wissen und Wahrheit*, Berlin 1978.
Freyer, Hans: *Pallas Athene. Ethik des politischen Volks*, Jena 1935.
Fuller, J. F. C.: *The Conduct of War. 1789–1961*, London 1961; dt.: Die entartete Kunst, Krieg zu führen, Köln 1964.
Gneisenau, August Wilhelm Anton Neidhardt von: *Ausgewählte militärische Schriften*. Hrsg. von Gerhard Förster und Christa Gudzent, Berlin (Ost) 1984.
Grimmelshausen, Hans Jacob Christoffel von: *Der abenteuerliche Simplicissimus*, Gütersloh 1970.
Grotius, Hugo: *De Jure belli ac pacis libri tres. Drei Bücher vom Recht des Krieges und des Friedens*. Neuer dt. Text und Einl. von W. Schätzel, Tübingen 1950.
Guevara, Ernesto Che: *Der Partisanenkrieg*. Dt. von Fred Herms, Berlin (Ost) 1962.
Ders.: *Der Partisanenkrieg – eine Methode*, München 1968.
Ders.: *Episoden aus dem Revolutionskrieg*. Dt. von Kristina Herwig, Frankfurt/M. 1979.
Hegel, Georg Wilhelm Friedrich: *Werke*. Red. Eva Moldenhauer und Karl Markus Michel, 20 Bde., Frankfurt/M. 1971.
Hobbes, Thomas: *Leviathan oder Stoff, Form und Gewalt eines kirchlichen und bürgerlichen Staates*. Hrsg. von Iring Fetscher, übersetzt von Walter Euchner, Frankfurt/M. 1984.
Hölderlin, Friedrich: *Werke, Briefe, Dokumente*. Hrsg. von Pierre Bertaux, München 1969.
Hume, David: »Über das Machtgleichgewicht«; in: ders., *Politische und ökonomische Essays*. Übersetzt von Susanne Fischer. Mit einer Einl. hrsg. von Udo Bermbach, Hamburg 1988, Bd. 2, S. 255–265.
Jünger, Ernst: *In Stahlgewittern*, Stuttgart 1961 (26. Aufl.).
Ders.: *Der Kampf als inneres Erlebnis*, Berlin 1925.
Ders.: Vorwort zu: *Aufmarsch des Nationalismus*, hrsg. von Friedrich Georg Jünger, Leipzig 1926.
Ders.: *Der Arbeiter. Herrschaft und Gestalt*, Stuttgart 1982 (1932).
Ders.: *Blätter und Steine*. Hamburg 1934.
Ders.: *Jahre der Okkupation*, Stuttgart 1958.

Ders.: *Der Waldgang*, Stuttgart 1986 (1951).
Kant, Immanuel: *Werke*. Hrsg. von Wilhelm Weischedel, 10 Bde., Darmstadt 1964.
Kleist, Heinrich von: *Sämtliche Werke*, Zürich 1975.
Köppen, Edlef: *Heeresbericht*. Mit einem Nachwort von M. Goldbach, Kronberg/Ts. 1977 (1930).
Kriegstagebuch des Oberkommandos der Wehrmacht (Wehrmachtführungsstab). Hrsg. von Percy Ernst Schramm, bearbeitet von Hans-Adolf Jacobsen, Andreas Hillgruber, Walter Hubatsch und Percy Ernst Schramm, Herrsching 1982, 4 Bde. in 8 Teilen.
Lawrence, T. E.: *Die sieben Säulen der Weisheit*. Dt. von D. v. Mikusch, München 1978.
Liddell Hart, Basil H.: *Strategy: The Indirect Approach*, London 1954; dt.: Strategie, Wiesbaden o. J.
Livius, Titus: *Römische Geschichte*. Übertragen von J. Feix, 3 Bde., München o. J.
Lorenz, Konrad: *Das sogenannte Böse. Zur Naturgeschichte der Aggression*, München 1974.
Ludendorff, Erich von: *Der totale Krieg*, München 1935.
Lussu, Emilio: *Theorie des Aufstandes*. Dt. von A. Zahorsky-Suchodolsky und G. Kaunda, Wien 1969.
Luther, Martin: *Werke in Auswahl*. Hrsg. von Otto Clemen, Bonn 1912; ND Berlin 1966.
Mao Tse-tung: *Theorie des Guerillakrieges oder Strategie der Dritten Welt*. Eingel. von Sebastian Haffner, Reinbek 1966.
Marighella, Carlos: »Handbuch des Stadtguerilleros«; in: Alves/Detrez/Marighella: *Zerschlagt die Wohlstandsinseln der Dritten Welt*, Reinbek 1971.
Marx, Karl und Friedrich Engels: *Werke* (= MEW). Hrsg. vom Institut für Marxismus-Leninismus beim ZK der SED, Berlin.
Morus, Thomas: *Utopia*. Übersetzt von Gerhard Ritter. Mit einer Einleitung von Hermann Oncken, Darmstadt 1979 (Nachdr. d. Ausg. Berlin 1922).
Platon: *Sämtliche Dialoge*. Hrsg. von Otto Apelt, Hamburg 1988.
Ranke-Graves, Robert von: *Goodbye to all that*, London 1929; dt.: *Strich drunter!*, Reinbek b. Hamburg 1990.
Remarque, Erich Maria: *Im Westen nichts Neues. Der Weg zurück*, Gütersloh o. J.
Renn, Ludwig: Der Krieg. Leipzig 1979.
Salomon, Ernst von: *Die Geächteten*, Reinbek 1962 u. ö.
Scharnhorst, Gerhard Johann David von: *Militärische Schriften*. Hrsg. von Frhr. von der Goltz, Berlin 1881.
Scheler, Max: *Der Genius des Krieges und der deutsche Krieg*. Leipzig 1915.
Schmitt, Carl: *Der Begriff des Politischen*. Text von 1932 mit einem Vorwort und drei Corollarien. Berlin 1963.
Ders.: *Staatsgefüge und Zusammenbruch des Zweiten Reiches. Der Sieg des Bürgers über den Soldaten*, Hamburg 1934.
Ders.: *Die Wendung zum diskriminierenden Kriegsbegriff*, Berlin 1938.
Ders.: »Großraum und Universalismus« (1939); in: ders., *Positionen und Begriffe*, Berlin 1988 (Hamburg 1940), S. 295–302.
Ders.: »Der Reichsbegriff im Völkerrecht« (1939); in: ders. *Positionen und Begriffe*, S. 303–312.

Ders.: *Der Nomos der Erde im Völkerrecht des Jus Publicum Europaeum*, Köln 1950.
Ders.: *Land und Meer. Eine weltgeschichtliche Betrachtung*. Stuttgart 1954.
Ders.: »Die geschichtliche Struktur des heutigen Welt-Gegensatzes von Ost und West; in: *Freundschaftliche Begegnungen*. FS Ernst Jünger zum 60. Geburtstag. Hrsg. von Armin Mohler, Frankfurt/M. 1955, S. 135–167.
Ders.: »Die planetarische Spannung zwischen Ost und West und der Gegensatz von Land und Meer« (1959); in: *Schmittiana* Bd. III. Hrsg. von Piet Tommissen, Brüssel 1991, S. 19–44.
Ders.: *Theorie des Partisanen. Zwischenbemerkung zum Begriff des Politischen*, Berlin 1963.
Ders.: »Die vollendete Reformation. Bemerkungen und Hinweise zu neuen Leviathan-Interpretationen«; in *Der Staat*, Bd. 4, 1965, Heft 1, S. 51 ff.
Ders.: »Clausewitz als politischer Denker. Bemerkungen und Hinweise«; in: *Der Staat*, Bd. 6, 1967, S. 479–502.
Ders. und Joachim Schickel: »Gespräch über den Partisanen«; in: *Guerilleros, Partisanen. Theorie und Praxis*. Hrsg. von Joachim Schickel, München 1970.
Schroers, Rolf: *Der Partisan. Ein Beitrag zur politischen Anthropologie*, Köln–Berlin 1961.
Ségur, Philippe Paul Graf von: *Napoleon und die Große Armee in Rußland.* Aus dem Frz. von J. A. H. von Theobald, hrsg. und eingel. von Peter Berglar, Birsfelden-Basel o. J.
Solschenizyn, Alexander: *August Vierzehn*, Darmstadt und Neuwied 1971.
Sombart, Werner: *Händler und Helden. Patriotische Besinnungen*. München und Leipzig 1915.
Spengler, Oswald: *Preußentum und Sozialismus*, München 1920.
Ders.: *Jahre der Entscheidung. Deutschland und die weltgeschichtliche Entwicklung* (1933), München 1961.
Thukydides: *Geschichte des Peloponnesischen Krieges*. Hrsg. und übertragen von Georg Peter Landmann, München 1973.
Tocqueville, Alexis de: *Über die Demokratie in Amerika*. Aus dem Frz. von Hans Zbinden. Mit einem Nachwort von Theodor Eschenburg, 2 Bde., Zürich 1987.
Tolstoi, Leo: *Krieg und Frieden*. Aus dem Russischen von Marianne Kegel, München 1956.
Zweig, Arnold: *Erziehung vor Verdun*, Frankfurt/M. 1974 (1935).

Sekundärliteratur

Albert, Sigrid: *Bellum iustum. Die Theorie des ›gerechten Krieges‹ und ihre praktische Bedeutung für die auswärtigen Auseinandersetzungen Roms in republikanischer Zeit* (= Frankfurter Althistor. Studien, Bd. 10), Kallmünz 1980.
Alexeijewitsch, Swetlana: *Zinkjungen. Afghanistan und die Folgen*. Aus dem Russ. von Ingeborg Kolinko, Frankfurt/M. 1992.
Allemann, Fritz René: *Macht und Ohnmacht der Guerilla*, München 1974.
Arendt, Hannah: *Macht und Gewalt*, München 1970.
Arndt, Hans-Joachim: »Bleiben die Staaten die Herren des Krieges? Zum Clausewitz-Buch von Raymond Aron«; in: *Der Staat*, Bd. 16, 1978, S. 229 ff.

Aron, Raymond: *Frieden und Krieg. Eine Theorie der Staatenwelt*. Aus dem Frz. von Sigrid von Massenbach, Frankfurt/M. 1963, Neuaufl. 1986.
Ders.: *Clausewitz. Den Krieg denken*. Aus dem Frz. von Irmela Arnsperger, Frankfurt/M. u. a. 1980.
Ders.: *Erkenntnis und Verantwortung. Lebenserinnerungen*. Aus dem Frz. von Kurt Sontheimer, München und Zürich 1985.
Baumgart, Winfried (Bearb.): *Die Julikrise und der Ausbruch des Ersten Weltkrieges 1914*, Darmstadt 1983.
Beaufre, André: *Die Revolutionierung des Kriegsbildes. Neue Formen der Gewaltanwendung*. Aus dem Frz. von W. Schütze, Stuttgart-Degerloch.
Beloch, Karl Julius: *Griechische Geschichte*, Straßburg, Berlin, Leipzig 1912–1927.
Bengtson, Hermann: *Griechische Geschichte. Von den Anfängen bis zur römischen Kaiserzeit*, München 1979.
Berve, Helmut: *Friedensordnungen in der griechischen Geschichte*, München 1967.
Best, Geoffrey: *War and Society in Revolutionary Europe, 1770–1870*. Bungay 1982.
Blasius, Dirk: »Carl von Clausewitz und die Hauptdenker des Marxismus«; in: *Wehrwissenschaftliche Rundschau*, Bd. 16, 1966, Heft 5 und 6, S. 278ff. und 335ff.
Bloch, Marc: *Die Feudalgesellschaft*, dt. von E. Bohm u. a., Frankfurt/M. 1982.
Ders.: *Die seltsame Niederlage. Frankreich 1940. Der Historiker als Zeuge*. Aus dem Franz. von Matthias Wolf, Frankfurt/M. 1992.
Borst, Arno: *Lebensformen im Mittelalter*, Frankfurt/M. u. a. 1979.
Bouthoul, Gaston: »Definitions of Terrorism«; in: *International Terrorism and World Security*, hrsg. von D. Carlton und C. Schaerf, London 1975.
Bracher, Karl Dietrich: *Europa in der Krise. Innengeschichte und Weltpolitik seit 1917*, Frankfurt/M. u. a. 1979.
Büsch, Otto: *Militärsystem und Sozialleben im alten Preußen 1713–1807. Die Anfänge der sozialen Militarisierung der preußisch-deutschen Gesellschaft*, Frankfurt/M. u. a. 1981.
Burnham, James: *Die Strategie des Kalten Krieges*, Stuttgart 1950.
Cartier, Raymond: *Der Zweite Weltkrieg*, 3 Bde., München 1967.
Clark, Sir George: *War and Society in 17th Century*, Cambridge 1958.
Clutterbuck, Richard: *Terrorismus ohne Chance. Analyse und Bekämpfung eines internationalen Phänomens*. Aus dem Engl. von F. Rödiger, Stuttgart-Degerloch 1975.
Craig, Gordon A.: *Die preußisch-deutsche Armee. Staat im Staate*, Königstein/Ts. 1980.
Crozier, Brian: *Die Rebellen. Anatomie eines Aufstandes*. Aus dem Engl. von R. Kaufmann, München 1971.
Ders. und Alexander L. George: *Zwischen Krieg und Frieden. Konfliktlösungen in Geschichte und Gegenwart*. Dt. von Karl Heinz Siber, München 1984.
Dehio, Ludwig: *Gleichgewicht oder Hegemonie. Betrachtungen über ein Grundproblem der neueren Staatengeschichte*. Krefeld o. J.
Delbrück, Hans: »Über die Verschiedenheit der Strategie Friedrichs und Napoleons«; in: ders., *Historische und Politische Aufsätze*, Berlin ^{2}1907, S. 224–302.
Ders.: *Geschichte der Kriegskunst im Rahmen der politischen Geschichte*, 4 Bde., Berlin 1908ff.

Diesner, Hans-Joachim: *Stimmen zu Krieg und Frieden im Renaissance-Humanismus* (= Abhandlungen der Akademie der Wissenschaften Göttingen. Phil.-hist. Klasse, 3. Folge, Nr. 188), Göttingen 1990.

Diner, Dan: *Der Krieg der Erinnerungen und die Ordnung der Welt*, Berlin 1991.

Dülffer, Jost: *Regeln gegen den Krieg? Die Haager Friedenskonferenzen von 1899 und 1907 in der internationalen Politik*, Berlin u. a. 1981.

Dunn, John: *Moderne Revolutionen. Analyse eines politischen Phänomens*. Aus dem Engl. von R. Ruft, Stuttgart 1974.

Eberwein, Wolf-Dieter und Peter Reichel: *Friedens- und Konfliktforschung. Eine Einführung*, München 1976.

Eksteins, Modris: *Tanz über den Gräben. Die Geburt der Moderne und der Erste Weltkrieg*. Aus dem Engl. von Bernhard Schmid, Reinbek b. Hamburg 1990.

Elias, Norbert: *Studien über die Deutschen. Machtkämpfe und Habitusentwicklung im 19. und 20. Jahrhundert*. Hrsg. von Michael Schröter, Frankfurt/M. 1989.

Elliot, J. H.: *Das geteilte Europa. 1559–1598*, München 1980.

Engelhardt, Paulus: »Die Lehre vom ›gerechten Krieg‹ in der vorreformatorischen und katholischen Tradition«; in: *Der gerechte Krieg: Christentum, Islam, Marxismus*, Frankfurt/M. 1980, S. 72–125.

Epstein, Klaus: *Die Ursprünge des Konservativismus in Deutschland*. Der Ausgangspunkt: Die Herausforderung durch die französische Revolution. 1770–1806. Dt. von J. Zischler, Frankfurt/M. u. a. 1973.

Erdmann, Karl Dietrich: *Der Erste Weltkrieg* (= Bruno Gebhardt, Handbuch der deutschen Geschichte, Bd. 18), München 1980.

Faber, Richard: »›Großraumordnung‹. Das imperialistische Friedenskonzept Carl Schmitts«; in: *Um Kopf und Krieg*. Hrsg. von Christoph Schulte, Neuwied 1987, S. 135–158.

Faucheux, Marcel: *L'insurrection vendéenne de 1793. Aspects économiques et sociaux*, Paris 1964.

Felken, Detlef: *Oswald Spengler. Konservativer Denker zwischen Kaiserreich und Diktatur*, München 1988.

Ferro, Marc: *Der Große Krieg 1914–1918*. Aus dem Frz. von Michael Jeismann, Frankfurt/M. 1988.

Fetscher, Iring: *Modelle der Friedenssicherung*, München 1972.

Ders. und Günter Rohrmoser: *Ideologien und Strategien. Analysen zum Terrorismus*. Hrsg. vom Bundesministerium des Innern, Bd. 1, Opladen 1981.

Fiedler, Siegfried: *Kriegswesen und Kriegführung im Zeitalter der Revolutionskriege*, Koblenz 1988 (= Heerwesen der Neuzeit, Abt. III, Bd. 2).

Fischbach, Claudius R.: *Krieg und Frieden in der französischen Aufklärung*. Münster–New York 1990.

Fischer, Fritz: *Krieg der Illusionen. Die deutsche Politik von 1911–1914*, Kronberg/Ts. 1978.

Ders.: *Griff nach der Weltmacht. Die Kriegszielpolitik des kaiserlichen Deutschland 1914/1918*, Kronberg/Ts. 1979.

Ford, Franklin L.: *Der politische Mord. Von der Antike bis zur Gegenwart*. Dt. von Ilse Utz, Hamburg 1990.

Fromkin, David: »Die Strategie des Terrorismus«, in: *Terrorismus*, hrsg. von M. Funke, Bonn 1977, S. 83–99

Fueter, Eduard: *Geschichte des europäischen Staatensystems von 1492–1559* (= Handbuch der Mittelalterlichen und Neueren Geschichte, hrsg. von G. von Below und F. Meinecke, Abt. II, 1), München und Berlin 1919, ND Osnabrück 1972.
Funke, Manfred (Hrsg.): *Terrorismus. Untersuchungen zur Strategie und Struktur revolutionärer Gewaltpolitik*, Bonn 1977 (= Schriftenreihe der Bundeszentrale für politische Bildung, Bd. 123).
Ders.: *Extremismus im demokratischen Rechtsstaat. Ausgewählte Texte und Materialien*, Bonn 1978 (= Schriftenreihe der Bundeszentrale für politische Bildung, Bd. 122).
Galtung, Johan: »Gewalt, Frieden und Friedensforschung«; in: Dieter Senghaas (Hrsg.), *Kritische Friedensforschung*, Frankfurt/M. 1981, S. 55–104.
Ders.: *Strukturelle Gewalt. Beiträge zur Friedens- und Konfliktforschung*, Reinbek b. Hamburg 1975.
Gellner, Ernest: *Pflug, Schwert und Buch. Grundlinien der Menschheitsgeschichte*. Aus dem Engl. von U. Enderwitz, Stuttgart 1990.
Grant, Michael: *Klassiker der antiken Geschichtsschreibung*. Aus dem Engl. von Lotte Stylow, München 1981.
Groh, Dieter: *Negative Integration und revolutionärer Attentismus. Die deutsche Sozialdemokratie am Vorabend des Ersten Weltkrieges*, Frankfurt/M. u. a. 1973.
Ders.: »Die Sozialdemokratie im Verfassungssystem des Zweiten Reiches«; in: *Sozialdemokratie zwischen Klassenbewegung und Volkspartei*. Hrsg. von Hans Mommsen, Frankfurt/M. 1974.
Hahlweg, Werner: »Clausewitz und die Französische Revolution«; in: *Zeitschrift für Religions- und Geistesgeschichte*, Bd. 27, 1954, S. 240–251.
Ders.: *Clausewitz. Soldat – Politiker – Denker*, Zürich u. Frankfurt/M. 1969.
Ders.: »Theoretische Grundlagen der modernen Guerilla und des Terrorismus«; in: Rolf Tophoen (Hrsg.), *Politik durch Gewalt*, Bonn 1976.
Ders.: »Moderner Guerillakrieg und Terrorismus. Probleme und Aspekte ihrer theoretischen Grundlagen als Widerspiegelung der Praxis«; in: *Terrorismus*, hrsg. von M. Funke, Bonn 1977, S. 118–139.
Ders.: »Lenin und Clausewitz. Ein Beitrag zur politischen Ideengeschichte des 20. Jahrhunderts«; in: *Clausewitz in Perspektive*, hrsg. von Günter Dill, Frankfurt/M. u. a., S. 592–651.
Hein, Max: *Friedrich der Große. Ein Bild seines Lebens und Schaffens*, Berlin 1901.
Hepp, Robert: »Der harmlose Clausewitz. Kritische Bemerkungen zu einem deutschen, englischen und französischen Beitrag zur Clausewitz-Renaissance«; in: *Zeitschrift für Politik*, 25. Jg., S. 303 ff. und 390 ff.
Hertoghe, Alain und Alain Labrousse: *Die Koksguerilla. Der Leuchtende Pfad in Peru*. Aus dem Frz. von Klaus Laabs, Berlin 1990.
Hillgruber, Andreas: *Hitlers Strategie. Politik und Kriegführung 1940–1941*, München 1965.
Hobsbawm, Eric J.: *Sozialrebellen. Archaische Sozialbewegungen im 19. und 20. Jahrhundert*, Neuwied und Berlin 1962.
Ders.: *Die Banditen*, Frankfurt/M. 1972.
Howard, Michael: *Der Krieg in der europäischen Geschichte. Vom Ritterheer zur Atomstreitmacht*. Aus dem Engl. von Karl Heinz Siber, München 1981.
Ders.: *Clausewitz*, Oxford 1983.

Huberman, Leo u. a.: *Focus und Freiraum: Debray, Brasilien, Linke in den Metropolen*, Berlin 1970.

Hutchinson, Martha C.: »The Concept of Revolutionary Terrorism«; in: *Journal of Conflict Resolution*, Bd. XVI, Nr. 3, 1972.

Irnberger, Harald: *Die Terrormultis*, München 1976.

Iviansky, Ze'ev: »Individual Terror. Concept and Typology«; in: *Journal of Contemporary History*, Bd. XII, 1977.

Johnson, Chalmers: *Revolutionstheorie*. Aus dem Amerikan. von K. Römer, Köln-Berlin 1971.

Keegan, John: *Die Schlacht. Azincourt 1415 – Waterloo 1815 – Somme 1916*. Aus dem Engl. von H. Kusterer, München 1981.

Kehr, Eckhart: *Der Primat der Innenpolitik. Gesammelte Aufsätze zur preußisch-deutschen Sozialgeschichte im 19. und 20. Jahrhundert*. Hrsg. und eingel. von Hans-Ulrich Wehler, Frankfurt/M. u. a. 1970.

Kennedy, Paul: *Aufstieg und Fall der großen Mächte. Ökonomischer Wandel und militärischer Konflikt von 1500 bis 2000*. Dt. von Catharina Jurisch, Frankfurt/M. 1989 (amerik. Originalausg.: *The Rise and Fall of the Great Powers*, 1987).

Kessel, Eberhard: »Die Wandlung der Kriegskunst im Zeitalter der Französischen Revolution«; in: *Historische Zeitschrift*, Bd. 148, 1933, S. 248 ff.

Ders.: »Zur Genesis der modernen Kriegslehre. Die Entstehungsgeschichte von Clausewitz' Buch ›Vom Kriege‹«; in: *Wehrwissenschaftliche Rundschau*, Bd. 3, 1953, S. 405–423.

Kiechle, Franz: »Ursprung und Wirkung der machtpolitischen Theorien bei Thukydides, in: *Gymnasium*, Bd. 70, 1963, S. 279–312.

Kimminich, Otto: »Der gerechte Krieg im Spiegel des Völkerrechts«; in: *Der gerechte Krieg: Christentum, Islam, Marxismus* (= Friedensanalysen 12, Red. Reiner Steinweg), Frankfurt/M. 1980, S. 206–223.

Ders.: »Die Entstehung des neuzeitlichen Völkerrechts«; in: *Pipers Handbuch der politischen Ideen*. Hrsg. von I. Fetscher und H. Münkler, München 1985, Bd. 1, S. 73–100.

Kirchheimer, Otto: »Zur Frage der Souveränität«; in: ders., *Politik und Verfassung*, Frankfurt/M. 1964, S. 57–95.

Kitson, Frank: *Im Vorfeld des Krieges. Abwehr von Subversion und Aufruhr*. Aus dem Engl. von K. Jaeger und F. Roediger, Stuttgart-Degerloch 1974.

Knoch, Peter: »Gewalt wird zur Routine. Zwei Weltkriege in der Erfahrung einfacher Soldaten«; in: *Geschichtswerkstatt* 16, 1988, S. 17–23.

Ders. (Hrsg.): *Kriegsalltag. Die Rekonstruktion des Kriegsalltags als Aufgabe der historischen Forschung und der Friedenserziehung*, Stuttgart 1989.

Kondylis, Panajotis: *Theorie des Krieges. Clausewitz – Marx – Engels – Lenin*, Stuttgart 1988.

Koselleck, Reinhart: *Kritik und Krise. Eine Studie zur Pathogenese der bürgerlichen Welt*, Frankfurt/M. 1973.

Kramme, Rüdiger: *Helmuth Plessner und Carl Schmitt. Eine historische Fallstudie zum Verhältnis von Anthropologie und Politik in der deutschen Philosophie der zwanziger Jahre*, Berlin 1989.

Krippendorff, Ekkehart: *Staat und Krieg. Die historische Logik politischer Unvernunft*, Frankfurt/M. 1985.

Kunisch, Johannes: *Der Kleine Krieg. Studien zum Heerwesen des Absolutismus*, Wiesbaden 1973.
Kutz, Martin: *Realitätsflucht und Aggression im deutschen Militär*, Baden-Baden 1991.
Langewiesche, Dieter (Hrsg.): *Revolution und Krieg. Zur Dynamik historischen Wandels seit dem 18. Jahrhundert*, Paderborn 1989.
Laqueur, Walter: *Terrorismus*. Aus dem Engl. von R. Wichmann, Kronberg/Ts. 1977.
Liddell Hart, Basil H.: *Geschichte des Zweiten Weltkrieges*, 2 Bde., Düsseldorf und Wien.
Liman, Paul: *Der politische Mord im Wandel der Geschichte. Eine historisch-psychologische Studie*, Berlin 1912.
Lübbe, Hermann: *Politische Philosophie in Deutschland*, München 1974.
Lukacs, John: *Konflikte der Weltpolitik nach 1945* (= dtv-Weltgeschichte, Bd. 12), München 1970.
Mann, Michael: *Geschichte der Macht*. Aus dem Engl. von Hanne Herkommer, Frankfurt/M. 1990ff.
Markov, Walter: *Die Revolution auf dem Zeugenstand. Frankreich 1789–1799*, 2 Bde., Frankfurt/M. 1987.
Marwedel, Ulrich: *Carl von Clausewitz. Persönlichkeit und Wirkungsgeschichte seines Werkes bis 1918*, Boppard 1978.
Maschke, Günter: *Kritik des Guerillero. Zur Theorie des Volkskrieges*, Frankfurt/M. 1973.
Ders.: *Der Tod des Carl Schmitt. Apologie und Polemik*, Wien 1987.
Mayer, Gustav: *Friedrich Engels. Eine Biographie*. 2 Bde., Frankfurt/M. u. a. 1975.
McNeill, William H.: *Krieg und Macht. Militär, Wirtschaft und Gesellschaft vom Altertum bis heute*. Aus dem Engl. von Chr. Spiel, München 1984.
Meier, Heinrich: *Carl Schmitt, Leo Strauss und ›Der Begriff des Politischen‹*, Stuttgart 1988.
Meinecke, Friedrich: *Das Zeitalter der deutschen Erhebung (1795–1815)*. Mit einem Geleitwort von Siegfried A. Kaehler, Göttingen 1957.
Ders.: *Die Idee der Staatsräson in der neueren Geschichte*, München/Wien 1976.
Middendorff, Wolf: *Der politische Mord. Ein Beitrag zur historischen Kriminologie*, Wiesbaden 1968.
Mohler, Armin: *Die Konservative Revolution in Deutschland. 1918–1932. Ein Handbuch*, Darmstadt ^{3}1989.
Müller-Borchert, Hans-Jürgen: *Guerilla im Industriestaat. Ziele, Ansatzpunkte und Erfolgsaussichten*, Hamburg 1973.
Münkler, Herfried: »Perspektiven der Befreiung. Die Philosophie der Gewalt in der Revolutionstheorie Frantz Fanons«; in: *Kölner Zeitschrift für Soziologie und Sozialpsychologie*, 33. Jg., 1981, S. 437–468.
Ders.: *Machiavelli. Die Begründung des politischen Denkens der Neuzeit aus der Krise der Republik Florenz*, Frankfurt/M. 1982.
Ders.: *Das Blickfeld des Helden. Zur Darstellung des Römischen Reichs in der germanisch-deutschen Heldendichtung*, Göppingen 1983.
Ders.: »Legitimationen politischer Gewalt. Zur Funktion der Ideologie im italienischen Linksterrorismus der siebziger Jahre«; in: Udo Bermbach (Hrsg.): *Politische Theoriegeschichte*. PVS-Sonderheft 15, Opladen 1984, S. 223–236.

Ders: »Carl von Clausewitz«; in: *Pipers Handbuch der politischen Ideen*. Hrsg. von I. Fetscher und H. Münkler, Bd. 4, München 1986, S. 92–103.
Ders.: *Im Namen des Staates. Die Begründung der Staatsraison in der Frühen Neuzeit*, Frankfurt/M. 1987.
Ders., »Staat, Krieg und Frieden. Die verwechselte Wechselbeziehung. Eine Auseinandersetzung mit Ekkehart Krippendorff«, in: *Kriegsursachen*. Red. Rainer Steinweg, Frankfurt/M. 1987, S. 135–144.
Ders.: »Die politischen Ideen der Weimarer Republik«; in: *Pipers Handbuch der politischen Ideen*. Hrsg. von I. Fetscher und H. Münkler, Bd. 5, München 1987, S. 283–318.
Ders. (Hrsg.): *Der Partisan. Theorie, Strategie, Gestalt*, Opladen 1990.
Ders.: »Analytiken der Macht: Nietzsche, Machiavelli, Thukydides«; in: *Macht in der Demokratie*, hrsg. von Michael Th. Greven, Baden-Baden 1991, S. 9–44.
Oman, Sir Charles: *A History of the Peninsula War*, 7 Bde., London 1902 bis 1930.
Paret, Peter: *Internal War and Pacification. The Vendée 1789–1796*, Princeton/N.J.
Ders.: »Bemerkungen zu dem Versuch von Clausewitz, zum Gesandten in London ernannt zu werden«; in: *Jahrbuch für die Geschichte Mittel- und Ostdeutschlands*, Bd. XXVI, 1977, S. 162–172.
Ders.: »Die politischen Ansichten von Clausewitz«; in: *Freiheit ohne Krieg? Beiträge zur Strategie-Diskussion der Gegenwart im Spiegel der Theorie von Carl von Clausewitz*. Hrsg. von der Clausewitz-Gesellschaft, Bonn 1980, S. 333–348.
Ders.: *Kunst als Geschichte. Kultur und Politik von Menzel bis Fontane*. Aus dem Engl. von Holger Fliessbach, München 1990.
Parker, Geoffrey: *Die militärische Revolution. Die Kriegskunst und der Aufstieg des Westens 1500–1800*. Aus dem Engl. von Ute Mihr, Frankfurt/M. 1990.
Perrin, Noel: *Keine Feuerwaffen mehr. Japans Rückkehr zum Schwert*, Frankfurt/M. 1982.
Pertz, Georg von und Heinrich Delbrück: *Das Leben des Feldmarschalls Grafen Neidhardt von Gneisenau*, Berlin 1864–1880.
Pfaff, William: *Die Gefühle der Barbaren. Über das Ende des amerikanischen Jahrhunderts*. Dt. von Max Looser, Frankfurt/M. 1989 (amerik. Originalausg. *Barbarian Sentiments*, 1989).
Plat, Wolfgang: *Attentate. Eine Sozialgeschichte des politischen Mordes*, Düsseldorf und Wien 1982.
Rajewski, Christiane: »Der gerechte Krieg im Islam«; in: *Der gerechte Krieg: Christentum, Islam, Marxismus*, Frankfurt/M. 1980, S. 13–71.
Rapoport, Anatol: »Tolstoi und Clausewitz«; in: *Clausewitz in Perspektive*, hrsg. von Günter Dill, Frankfurt/M. u. a. 1980, S. 696–718.
Reinhart, M.: *Le Grand Carnot*, 2 Bde., Paris 1950.
Repgen, Konrad: *Kriegslegitimationen in Alteuropa. Entwurf einer historischen Typologie* (= Schriften des Historischen Kollegs, Vorträge 9), München 1985.
Ritter, Gerhard: *Staatskunst und Kriegshandwerk. Das Problem des ›Militarismus‹ in Deutschland*, 4 Bde., München 1954–1968.
Rosenblum, Nancy: »Romantic Militarism«; in: *Journal of the History of Ideas*, XLIII. Jg., 1982, S. 249ff.

Rosinski, Herbert: »Die Entwicklung von Clausewitz' Werk ›Vom Kriege‹ im Lichte seiner ›Vorreden‹ und ›Nachrichten‹«, in: *Historische Zeitschrift*, Bd. 151, 1935, S. 278–293.
Rothfels, Hans: *Carl von Clausewitz. Politik und Krieg. Eine ideengeschichtliche Studie*, Bonn 1980 (1920).
Ders.: »Clausewitz«; in: Edward Mead Earle (Hrsg.): *Makers of Modern Strategy. Military Thought from Machiavelli to Hitler*, Princeton 1941, S. 93–113.
Schadewaldt, Wolfgang: *Die Anfänge der Philosophie bei den Griechen* (= Tübinger Vorlesungen Bd. 1), Frankfurt/M. 1978.
Schell, Jonathan: *Das Schicksal der Erde. Gefahren und Folgen eines Atomkrieges*, München und Zürich 1982.
Schering, Walter Malmsten: *Die Kriegsphilosophie von Clausewitz. Eine Untersuchung über ihren systematischen Aufbau*, Hamburg 1935.
Schnur, Roman: »Land und Meer – Napoleon gegen England. Ein Kapitel der Geschichte internationaler Politik«; in: ders., *Revolution und Weltbürgerkrieg*, Berlin 1983, S. 33–58.
Schössler, Dietmar: *Carl von Clausewitz*, Reinbek b. Hamburg 1991.
Scholder, Klaus (Hrsg.): *Die Mittwochsgesellschaft. Protokolle aus dem geistigen Deutschland*, Berlin 1982.
Schramm, Wilhelm von: *Clausewitz. Leben und Werk*, Esslingen 1976.
Schüddekopf, Otto-Ernst: *Der Erste Weltkrieg*. Mit einer Einleitung von Michael Freund, Gütersloh 1977.
Schulz, Gerhard (Hrsg.): *Partisanen und Volkskrieg. Zur Revolutionierung des Krieges im 20. Jahrhundert*, Göttingen 1985.
Schwabe, Klaus: *Wissenschaft und Kriegsmoral. Die deutschen Hochschullehrer und die politischen Grundfragen des Ersten Weltkrieges*, Göttingen 1969.
Schwartz, Karl: *Leben des Generals von Clausewitz und seiner Frau Marie von Clausewitz geb. Gräfin Brühl*, 2 Bde., Berlin 1878.
Seidlmayer, Michael: »Dantes Reichs- und Staatsidee«; in: ders., *Wege und Wandlungen des Humanismus*, Göttingen 1965, S. 33–46.
Senghaas, Dieter (Hrsg.): *Kritische Friedensforschung*, Frankfurt/M. 1971.
Soboul, Albert: *Die große Französische Revolution. Ein Abriß ihrer Geschichte (1789–1799)*, Frankfurt/M. 1973.
Spaemann, Robert: »Moral und Gewalt«; in: *Rehabilitierung der praktischen Philosophie*, hrsg. von Manfred Riedel, Freiburg 1972.
Sternberger, Dolf: *Über die verschiedenen Begriffe des Friedens*, Stuttgart 1984.
Stolleis, Michael: »Carl Schmitt«; in: *Staat und Recht. Die deutsche Staatslehre im 19. und 20. Jahrhundert*. Hrsg. von Martin J. Sattler, München 1972, S. 123–146.
Tuchman, Barbara: *August 1914. Der Ausbruch des Ersten Weltkrieges*. Dt. von Grete und Karl-Eberhard Felten, Bergisch Gladbach 1981.
Dies.: *Die Torheit der Regierenden. Von Troja bis Vietnam*. Dt. von Reinhard Kaiser, Frankfurt/M. 1984.
Dies.: *Der erste Salut*. Dt. von Malte Friedrich, Frankfurt/M. 1988.
Türpe, Andrée: »Carl von Clausewitz' Verhältnis zur Philosophie seiner Zeit«; in: *Militärgeschichte*, Bd. 5, 1979, S. 529–538.
Vagts, Alfred: *A History of Militarism. Civilian and Military*, New York 1959.
Ders.: *Bilanzen und Balancen. Aufsätze zur internationalen Finanz und internationalen Politik*. Hrsg. von H.-U. Wehler, Frankfurt/M. 1979.

Vollrath, Ernst: »›Neue Wege der Klugheit‹. Zum methodischen Prinzip der Theorie des Handelns bei Clausewitz«; in: *Zeitschrift für Politik*, 1984, S. 53–76.
Vondung, Klaus: *Die Apokalypse in Deutschland*, München 1988.
Wachtler, Günther (Hrsg.): *Militär, Krieg, Gesellschaft. Texte zur Militärsoziologie*, Darmstadt 1983.
Wagner, Wilhelm: *Die preußischen Reformer und die Philosophie*, Köln 1956.
Wallach, Jehuda L.: *Die Kriegslehre von Friedrich Engels* (= Hamburger Studien zur neueren Geschichte. Hrsg. von Fritz Fischer, Bd. 10), Frankfurt/M. 1968.
Ders.: *Das Dogma der Vernichtungsschlacht. Die Lehren von Clausewitz und Schlieffen und ihre Wirkung in zwei Weltkriegen*, München 1970.
Ders.: *Kriegstheorien. Ihre Entwicklung im 19. und 20. Jahrhundert*, Frankfurt/M. 1972.
Walzer, Michael: *Gibt es den gerechten Krieg?* Aus dem Amerikan. von Chr. Ferdinand, Stuttgart 1982.
Ders.: *Zweifel und Einmischung. Gesellschaftskritik im 20. Jahrhundert.* Dt. von A. Ehlers und H.-H. Henschen, Frankfurt/M. 1991.
Wehler, Hans-Ulrich: »›Absoluter‹ und ›totaler‹ Krieg. Von Clausewitz zu Ludendorff«; in: *Politische Vierteljahresschrift*, Bd. 10, 1969, S. 220ff.
Weniger, Erich: »Philosophie und Bildung im Denken von Clausewitz«; in: *Schicksalswege deutscher Vergangenheit.* Hrsg. von Walter Hubatsch, Düsseldorf 1950.
Wette, Wolfram: *Kriegstheorien deutscher Sozialisten. Marx, Engels, Lassalle, Bernstein, Kautsky, Luxemburg. Ein Beitrag zur Friedensforschung*, Stuttgart u.a. 1971.
Ders.: »Von Kellogg bis Hitler (1928–1933). Die öffentliche Meinung zwischen Kriegsächtung und Kriegsverherrlichung«; in: *Der gerechte Krieg: Christentum, Islam, Marxismus*, Frankfurt/M. 1988, S. 233–269.
Wilkinson, Paul: *Political Terrorism*, London 1974.
Windelband, Wolfgang: *Die auswärtige Politik der Großmächte in der Neuzeit. Von 1494 bis Versailles*, Darmstadt 1964 (ND der 5., erw. Aufl. Essen 1942).
Wördemann, Franz (unter Mitarbeit von H.-J. Löser): *Terrorismus. Motive, Täter, Strategien*, München und Zürich 1977.
Zinn, Karl Georg: *Kanonen und Pest. Über die Ursprünge der Neuzeit im 14. und 15. Jahrhundert*, Opladen 1989.

Namenregister

Fischer Wissenschaft

Eine Auswahl

Ralf Konersmann
Lebendige Spiegel
Die Metapher des Subjekts
Band 10726

Dominick LaCapra
Geschichte und Kritik
Band 7395

Dominick LaCapra /
Steven L. Kaplan (Hg.)
Geschichte denken
Band 7403

Charles William Morris
Grundlagen der Zeichentheorie
Ästhetik der Zeichentheorie
Band 7406

Lionel Trilling
Das Ende der Aufrichtigkeit
Band 7415

Stephen Toulmin /
June Goodfield
Entdeckung der Zeit
Band 7360

Thorstein Veblen
Theorie der feinen Leute
Band 7362

Jean-Pierre Vernant
Tod in den Augen
Band 7401

Paul Veyne
Die Originalität des Unbekannten
Für eine andere Geschichtsschreibung
Band 7408

Bildersturm
Die Zerstörung des Kunstwerks
Herausgegeben von
Martin Warnke
Band 7407

Lew Semjonowitsch Wygotski
Denken und Sprechen
Band 7368

Fischer Taschenbuch Verlag

fi 513 / 4 b